줄기세포 연구와
생명의료윤리

이 저서는 2010년도 정부재원(교육과학기술부 인문사회연구역량강화사업비)으로
한국연구재단의 지원을 받아 연구되었음(NRF-2010-371-A00005)

줄기세포 연구와 생명의료윤리

줄기세포 연구의 현황과 논쟁점을 중심으로

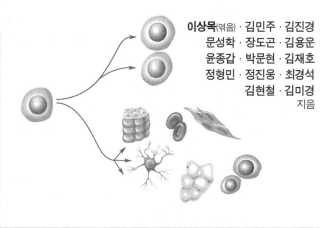

이상목(엮음) · 김민주 · 김진경
문성학 · 장도곤 · 김용운
윤종갑 · 박문현 · 김재호
정형민 · 정진웅 · 최경석
김현철 · 김미경
지음

아카넷

오늘날 생명과학은 21세기를 주도하는 새로운 학문으로 그 영역을 확장 시키고 있다. 그런데 이러한 생명과학의 발전이 인류의 삶의 질을 향상 시키는 데 지대한 공헌을 하는 것은 사실이지만 인류사회에 미치는 역작용 또한 크다. 이러한 점에서 생명과학은 적절한 윤리적 가치에 근거하여 연구될 때 그 분야의 지속적인 발전을 이룩할 수 있을 것이다.

진화윤리학자들은 윤리학이 과학의 진보에 따라 바뀌어야 한다는 주장을 하고 있다. 이 경우 윤리학은 과학의 파생물이 되어버릴 것이다. 그러나 이는 비판적 특성을 갖고 있는 윤리학의 본질에 모순된다. 윤리학은 생명과학 연구의 방향을 정하는 데 비판적 역할을 담당해야 할 것이다. 특히 인간유전학과 생식기술과 관련해 생명윤리는 그들의 연구를 지도하는 주된 역할을 하고 있다. 생명윤리학에서 조언을 얻으려는 요구는 현대 생명과학에 대한 비판에서 나타나는 것만큼이나 과학과 기술의 발전을 옹호하고 촉진하는 사람들에게서도 나타난다. 생명윤리는 현대 생명과학 연구에서 합리적인 결정을 내리기 위한 절차와 기준이 점점 더 많이 요청된다는 점에서 그 필요성과 정당성을 갖게 된다. 또한 생명윤리는 윤리적 규범의 재구성을 통해 생명과학의 연구에서 파생하는 사회적 갈등의 해소에 도움을 주며, 그들의 새로운 연구의 개척영역을 열어주기도 한다.

생명윤리와 관련된 논쟁들은 언제나 뜨겁다. 사람들은 생명과학 연구가 사회의 가치체계에 따라 수행되는지에 지대한 관심을 가지고 있다. 생명과학 연구는 대체로 사회가 받아들이고 있는 가치체계와 기준보다 더 빨리 움직인다. 연구과정의 초기에는 윤리적 논쟁들을 규정하기 어려울 수 있다. 그래서 생명과학 연구에 대한 윤리적 논쟁은 빨리 시작할수록 더 좋다. 이를 위해서 먼저 생명윤리학자들은 생명과학에 대한 올바른 이해와 생명과학자들이 희망하는 대로 생명과학이 생명의 본성에 관해 말해주는 것에서 정보를 얻는 데 그쳐서는 안 되고 더 나아가 인간적 가치판단에 바탕을 두어야 할 것이다.

21세기를 주도할 지식의 패러다임이 학문 간의 경계허물기와 학제 간의 융합이라고 한다면, 오늘날 인문학과 생명과학의 학제 간 소통은 절실히 요청된다. 생명과학과 관련되는 여러 가지 문제들은 단지 생명과학자 뿐만 아니라 윤리학자, 철학자, 인문학자, 의학자, 사회과학자 등의 전문가들이 참여하는 학제 간 접근을 통해 고찰되어야 할 필요가 있다.

이에 동아대학교 석당학술원 생명의료윤리연구소는 철학, 윤리학, 종교학, 생명과학, 의학, 법학, 생명윤리정책 등 각 분야 전문가들이 함께 모여, 〈줄기세포 연구와 치료의 생명윤리〉라는 주제로 2011년 2월 19일에 심포지엄을 개최하였다. 이 책은 이 심포지엄에 발표된 논문을 중심으로 구성되었다.

줄기세포 연구는 궁극적으로 질병 연구의 분야와 의약품의 발전을 목표로 하고 있다. 예를 들어, 파킨슨병과 소아 당뇨와 같은 질병과 유전적으로 일치하는 줄기세포를 유도하고 연구함으로써 어떻게, 언제 그리고 왜 구체적인 질병 세포가 환자에게 적절하게 기능하는지를 연구하는 것이다.

최근의 줄기세포 연구는 이론적 지식을 넘어서 임상적 적용으로 변화하고 있다. 소위 '줄기세포 클리닉(stem cell clinic)'으로 불리는 의료 기관들이 줄기세포 치료의 정당성과 명확성에 대한 검증 없이 환자의 절박함을 이용하여 환자들이 원하는 줄기세포 치료를 시행함으로써 환자를 위험에 빠뜨리는 사례들이 종종 발생한다. 그리고 줄기세포 연구의 윤리적 담론은 환자와 피험자 보호와 설명동의, 분배와 공유와 같은 사회정의의 중요성을 강조하는 방향으로 나아가고 있다.

과학은 외부와 단절되어 발생하는 것이 아니며, 그 사회의 가치에 토대를 두고 발전해야 한다. 줄기세포 연구 역시 사회의 윤리적 토대를 바탕으로 진행되어야 할 것이며, 그 결과 폭넓은 공공의 이익에 대한 약속은 줄기세포 연구의 실행을 정당화하는 중요한 조건이 되었다. 이러한 점에서 줄기세포 연구를 통한 공공의 이익에 대한 현실적이고 상당한 가능성이 없다면, 줄기세포 연구는 그것을 지지하는 중요한 도덕적 토대를 잃고 말 것이다.

이러한 맥락에서 줄기세포 연구와 관련된 지침들과 감독 메커니즘은 줄기세포 연구와 결합된 다양한 윤리적 논쟁점과 더불어 공동의 가치에 대한 폭넓은 이해를 바탕으로 진행되어야 할 것이다. 그리고 이러한 과정 속에 확립된 윤리적 토대는 줄기세포 연구에 참여하는 연구자들을 위한 지침과 그 분야의 과학적 진보에 있어 유용한 것이 될 것이다.

끝으로 〈줄기세포 연구와 치료의 생명윤리〉 심포지엄에서 발표를 하고, 완성된 논문을 작성하여 주신 집필자들과 이 책을 만드는 데 참여한 저자들에게 감사의 말씀을 드린다. 그리고 심포지엄 준비와 편집에 도움을 주신 생명의료윤리연구소의 연구팀 모두에게도 감사의 말씀을 드린다. 이 책은 한국연구재단이 지원한 학제 간 융합연구 〈인간을 위한 생명과학의 윤리적 토대구축〉 연구사업단 연구의 일환으로 이루어진 첫 번째 성과물로

서, 앞으로 이를 기점으로 하여 바이오뱅크와 뇌과학에 대한 연구 성과를
계속하여 출간할 계획이다. 아무쪼록 이 책이 줄기세포 연구의 인간학적
토대를 구축하는 데 작으나마 도움이 되기를 바란다.

2012년 8월
동아대학교 석당학술원 생명의료윤리연구소
소장 이상목

차례

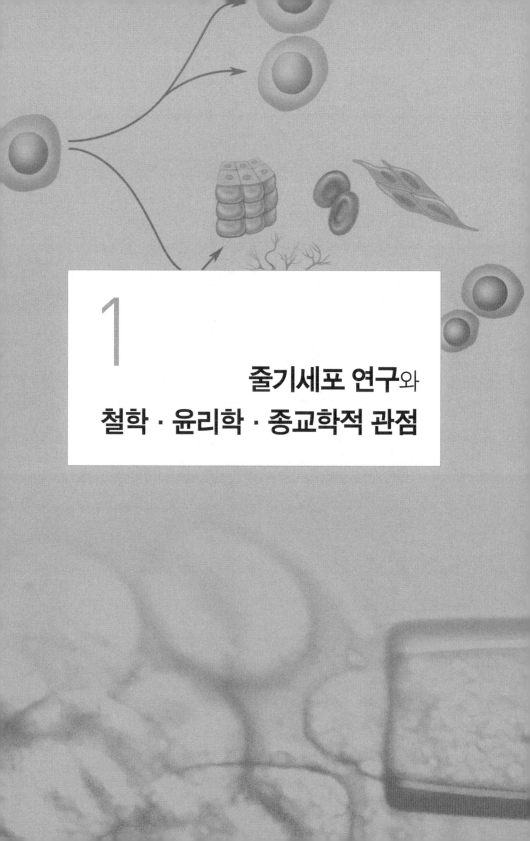

1

줄기세포 연구와
철학 · 윤리학 · 종교학적 관점

01
줄기세포 연구 방법들에 대한 이해와 그 윤리적 쟁점들*

| 이상목 |

동아대 윤리문화학과

1. 들어가는 말

줄기세포는 스스로 재생할 수 있는 능력을 갖고 있고 또한 혈액, 근육, 신경세포와 같은 다양한 유형의 세포로 전문화될 수 있는 능력을 가진, 분화되지 않은 세포이다. 구체적으로 배아에서 생성된 배아줄기세포(embryonic stem cells)[1]는 종국에는 수많은 종류의 세포들과 기관들로 발전해가는 세포로서 배아 내부의 삼배엽 세포[2] 각각을 분화시키는 능력

---

* 이 글은 한국의료윤리학회에서 발간하는 《한국의료윤리학회지》 제14집(2011년 12월)에 게재된 원고를 일부 수정한 것이다.

1) 배아줄기세포란 인간의 경우 수정 후 4일 내지 5일째의 배반포(blastocyst)의 내부세포괴(inner cell mass)를 기계적 또는 면역수술적 방법으로 분리한 후 성장이 멈추도록 처리된 생쥐 섬유아세포(fibroblasto) 또는 인간 유래 세포로 준비한 지지세포 위에 올려 내부세포괴 고유의 성질을 유지한 채 무한 증식할 수 있는 세포주로 확립한 것을 말한다. 자세한 설명은 김계성, 「인간 배아줄기세포에 대한 다양한 관점과 현실」, 《철학과 현실》 65호(철학문화연구소, 2005), 52쪽.

2) 삼배엽이란 외배엽(피부, 신경, 뇌), 중배엽(뼈, 근육), 그리고 내배엽(폐, 소화계)이다.

을 갖고 있기 때문에 전분화능(Pluripotent)[3]을 갖고 있다. 그리고 척수, 피부, 내장과 같은 대부분의 조직과 기관에서 발견되는 미세한 양의 성숙한 줄기세포는 신체의 전문화된 세포를 재생하고 복구시키는 역할을 맡고 있다. 이것은 성체줄기세포(adult stem cells)로서 전분화능줄기세포보다는 덜 다능하기 때문에 다분화능(multipotent)[4]줄기세포로 불린다.

오늘날 이와 같은 줄기세포의 연구는 생명·의과학 연구의 다양한 목표들을 달성하기 위해 필요하다. 특히 배아줄기세포 연구는 어떻게 원시세포가 보다 전문화된 세포로 분화되고, 신체의 여러 기관들이 어떻게 발생하는가와 같은 발생생물학의 근본적인 의문들을 풀 수 있도록 하며, 태아의 기형 원인 또한 더 잘 이해할 수 있도록 도와주기 때문에 그 중요성은 더욱 강조된다. 더불어 배아줄기세포 연구가 가지는 또 다른 중요성은 질병연구와 표적약물 개발에 있다. 예를 들어, 파킨슨 질환과 같은 질병들과 유전적으로 일치하는 배아줄기세포의 유도와 이에 관한 연구는 질병특화(disease-specialized) 세포들이 언제, 어떻게, 왜 개별 환자에게 적합하게 기능하는지 또는 기능하지 못하는지를 알아내도록 하는 복잡한 의학적 조건들의 발전과정을 규명하는 데 도움을 줄 수 있다. 또한 이러한 '접시 속에 들어 있는 질병(disease-in-a-dish)' 모델 체계는 연구자들에게 유전 질병을 연구하는 새로운 방법을 제공할 뿐만 아니라, 이를 통해 연구자들은 질병특화 배아줄기세포로부터 얻은 살아 있는 인간세포조직 배양에 대한 새로운 표적 약물의 안전성과 효능을 적극적으로 검사할 수 있다. 이와 같은 검사 방법은 임상실험연구와 관련하여 피험자의 위험을 감소시킬 수 있

---

3) 전분화능줄기세포(pluripotent stem cell)는 거의 대부분의 조직이나 장기, 세포 등으로 분화할 수 있는 세포를 말한다.

4) 다분화능줄기세포(multipotent stem cell)는 일정한 몇 가지의 조직이나 세포로 분화할 수 있는 세포를 의미한다. 예를 들어 혈액조직세포는 여러 가지 유형의 혈액세포로 발달할 수 있지만, 신경세포나 뇌세포로 발달할 수는 없다.

도록 할 것이다.

이러한 맥락에서 오늘날 줄기세포를 연구하는 생명·의과학자들은 많은 유전적 질환들에 대한 질병특화 줄기세포를 개발하기를 희망하고 있으며, 이를 통해 질병으로 고통 받는 환자들에게 새로운 치료의 기회를 제공하고 더 나아가 의학의 혁신적 진보를 도모하고자 한다. 그러나 줄기세포 연구가 생명·의과학의 발전과 난치병 치료를 위한 획기적인 방법을 제공할 수 있다는 유용성에도 불구하고 많은 윤리적 문제를 갖고 있음을 부정할 수 없다.

현재 줄기세포 연구와 관련된 주된 윤리적 쟁점은 크게 두 가지로 구분해 볼 수 있다. 첫째, 인간배아를 이용한 연구로서 줄기세포를 추출할 때 일어나는 배아 파괴와 관련된 윤리적 쟁점이다. 둘째, 배아를 이용하지 않은 줄기세포 연구와 관련된 문제로서, 성체줄기세포 연구나 역분화줄기세포(induced pluripotent stem cells)[5] 연구에서 발생하는 윤리적 쟁점들이다. 이에 따라 본 연구에서는 현재 줄기세포 연구의 진행 현황과 그에 따른 윤리적 쟁점을 분석함으로써 보다 바람직한 줄기세포 연구의 방향을 제시하고자 한다.

2. 인간배아줄기세포 연구의 윤리적 쟁점
   : 배아의 도덕적 지위를 중심으로

배아줄기세포를 얻기 위한 필수 과정인 배아의 파괴에 대한 윤리적 허용성에 대해서는 열띤 논쟁이 있었다. 구체적으로 배아줄기세포 연구에서 발생

---

5) 역분화줄기세포(induced pluripotent stem cells, iPS cells)는 일반 세포에 레트로바이러스(retrovirus)로 재프로그램하여 배아줄기세포와 같은 작용을 하도록 만든 세포를 말한다.

하는 배아의 도덕적 지위에 관한 논쟁은 크게 두 가지로 나누어 볼 수 있다.

첫 번째 쟁점은 배아를 개별 인간으로 볼 것인가, 아니면 단순한 세포 덩어리로 볼 것인가의 문제이다. 실험실에서 만들어진 수정란은 인간의 모든 권리와 도덕적이고 법적인 지위를 가지는 새로운 인간 내지는 개인이라고 생각하는 입장이 있다.[6] 이들의 논리에 따르면, 모든 착상 전의 배아도 살아 있는 사람들과 동일한 도덕적 지위를 가지고 있기 때문에 인간배아줄기세포 연구는 허용될 수 없다. 인간 배아줄기세포 연구를 반대하는 사람들은 배아를 완전한 인간존재로 생각하는데, 이러한 주장은 1995년 램지 콜로키엄에서 다음과 같이 제기되었다. "만약 5일 내지 15일 된 배아가 인간으로 보인다면, 이것은 정확히 인간이 5일 내지 15일 발달된 상태에 있는 것으로 보인다는 것을 의미하는 것이다."[7] 따라서 연구과정에서 착상 전 배아를 파괴하는 것은 살인과 동일하기 때문에 배아줄기세포 연구의 목적이 아무리 숭고하다고 할지라도 그것은 결코 받아들여질 수 없다는 것이다.[8]

반면, 배아줄기세포 연구를 지지하는 사람들에 의하면, 배아는 세포 덩어리에 불과하며 개별 인간으로 규정하기 위한 적절한 단계에 도달하지 않았기 때문에 배아에게 도덕적 지위를 부여하는 것은 타당하지 않다. 특히 미국의 대통령 자문위원회에서 이러한 입장을 취하는 사람들은 다음과 같이

---

6) John AR. "Embryo Stem Cell Research: Ten Years of Controversy", *Journal of Law, Medicine and Ethics* (2010), Vol. 38, No. 2, 192쪽.

7) The Ramsey Colloquium, "First things: the inhuman use of human beings – a statement on embryo research", 1995 (49), 17~21쪽.

8) 지금까지 우리 학계에서 배아의 도덕적 지위에 관해 많이 논의해 왔기 때문에 여기서는 개괄적으로만 언급할 것이다. 배아줄기세포 연구에 반대하는 주장은 기독교와 불교와 같은 종교적 입장에서 출발하여 배아가 완전한 인간이기에 줄기세포의 연구는 금지되어야 한다는 관점과 인격주의 생명윤리학자 그리고 또 다른 철학적 입장에서 출발하여 배아의 파괴를 금지하는 관점들이 있다. 반면 유교와 불교적 입장에서 배아의 연구를 제한적으로 허용하자는 관점도 있다. 자세한 논의는 문성학·정창록, 「인간배아복제연구의 도덕성 논쟁」, 《철학논총》 제62집, 제4권(2010); 이상목, 『한국인의 생명관과 배아복제 윤리』(석당학술총서, 2005), 12쪽 참조.

주장했다. "초기 단계의 인간배아를 특별한 어떤 것, 혹은 조직 배양에 있는 인간 체세포보다 더 많은 도덕적 지위를 가지는 것으로 다루기 위한 적합한 이유들이 없다는 것이 우리의 견해이다. 배반포는 신경계의 영향이 부족하고 어떤 형태의 고통, 혹은 의식 있는 경험의 능력이 없으며 …… 우리의 입장에서 볼 때 생물학적 조직 및 존경과 권리의 가치를 가지는 인간 생명으로서 어떠한 특징적인 차이점이 없기 때문이다."[9] 즉 그들에 따르면 배아는 아직 제대로 발달하지 않았고, 따라서 이익 내지 권리를 가질 수 없으므로 합법적이고 중요한 과학 연구에 이용되어야만 한다.[10] 더 나아가 인간배아에게 도덕적 지위를 제공하는 것은 태아가 자궁 밖에서의 생존 가능한 단계(임신과정의 후기)에 도달할 때 부여된다고 주장하는 사람들도 있다.[11]

배아의 도덕적 지위에 관한 두 번째 핵심적인 쟁점은 배아가 나중에 인간이 될 잠재성을 가지고 있는가의 문제이다. 배아의 도덕적 지위에 관한 논의에서 잠재성은 크게 두 가지로 사용된다. 첫째, 이는 배아줄기세포 연구를 반대하는 사람들이 사용하는 잠재성의 의미이다. 이러한 입장에 따르면, 배아에 적용되는 '잠재적 인간'의 적절한 의미는 4일에서 6일까지의 배아는 일상적인 상황 하에서 그 자체로 내부 조직과 그러한 의미로 발달할 수 있는 생물학적 프로그램을 가지는 통합적인 생물학적 독립체라는 사실이라는 것이다.[12] 즉 배아줄기세포 연구에 반대하는 사람들은 이러한 개념을 토대로 모든 착상 전의 배아들은 인간 존재가 될 잠재성을 가지고 있기

9) President's Council on Bioethics: Human cloning and human dignity: an ethical inquiry, 147~148쪽, http://www.bioethics.gov/reports/cloningreport/pcbe_cloning_report.pdf.

10) John AR, 앞의 글, 192쪽.

11) Cohen CB, *Renewing the Stuff of Life: Stem Cells, Ethics and Public Policy* (New York: Oxford University Press, 2007), 24쪽.

12) Ellen S, "Human Embryonic Stem Cell Research: A Critical Survey of the Ethical Issues", *Advances in Oediatrics* (2008), 55, 88쪽.

때문에 배아의 잠재성을 파괴하는 것은 도덕적으로 그르다고 주장한다.

반면 배아줄기세포 연구의 지지자들에 따르면 모든 초기단계의 배아가 완전한 인간 생명을 위한 잠재성을 가진다고 주장하는 것은 잘못이다. 그들에게 잠재성이란 단지 통계학적인 의미에 지나지 않는다. 즉 배아가 '잠재적 인간'이라는 정도는 그것이 인간으로 실제로 발달할 수 있는 통계학적 가능성에 의해 결정된다.[13] 이러한 논리에 따르면, 모든 초기단계 배아들이 완전한 인간 생명의 잠재성을 갖는 것은 아니다. 예를 들어, 수정 클리닉에서 만들어진 배아들 중에 건강하지 않은 배아들로 줄기세포는 만들 수 있지만 임신이 될 수 없는 경우가 많다. 그리고 자연적인 생식에서도 유전적 원인으로 말미암아 만들어진 배아의 75~80%가 착상에 실패하고 자연 소멸된다고 한다.[14] 마이클 샌들(Michael Sandel)은 "착상배아, 태아, 신생아에 이르는 발달의 연속성에 대한 사실을 통해 배아가 도덕적으로 동일하다는 결론을 내릴 수는 없다."[15]고 말하면서, 배아를 불가침의 권리를 가진 인격으로 보는 것에 반대한다. 그렇다고 해서 샌들이 배아를 마음대로 처분할 수 있는 사물로 보는 것은 아니다. 그가 주장하는 바는 배아줄기세포 연구를 허용하되 규제를 통해 적절한 도덕적 제한을 가해야 한다는 것이다.

한국의 경우, 2010년 5월 27일 선고사건인 '생명윤리 및 안전에 관한 법률에 관한 2005헌마346 헌법소원심판청구 사건'에서 "수정 후 착상 전의 배아는 인간으로 인식되거나 인간과 같이 취급하여야 할 필요성이 있다는 사회적 합의가 있다고 보기는 어렵다."고 판시함으로써 기본적으로 배아와

13) Ellen S. 앞의 글, 55, 88쪽.

14) Insoo H. "The Bioethics of Stem Cell Research and Therapy", *The Journal of Clinical Investigation* (2010), Vol. 120, No. 1, 71쪽.

15) 마이클 샌델, 『생명의 윤리를 말하다』, 강명신 옮김(서울: 동녘, 2010), 168쪽.

인간은 동일하지 않다는 해석을 하고 있다. 그러나 법원의 이러한 결정에도 불구하고 현재까지 줄기세포 연구와 관련해서 배아의 도덕적 지위에 관한 물음은 끊임없이 제기되고 있으며, 이에 대한 명확한 기준은 마련되지 않았다.

3. 배아줄기세포 생산을 위한 대안적 방법과 윤리적 쟁점

줄기세포의 주된 윤리적 쟁점들은 연구를 위한 배아줄기세포의 유도와 사용에 대한 것이다. 이러한 윤리적 논쟁을 피하기 위해서, 전능성줄기세포를 대신할 수 있는 대안적 방법이 필요하다. 이에 따라 새로운 배아줄기세포주를 추출하는 과정에서 발생하는 윤리적이고 정치적인 문제들을 완화시킬 수 있는 대안적인 방식에 대한 연구가 진행되고 있다. 그러나 새로운 인간배아줄기세포주를 만들기 위한 대안적 기술들은 시험관에서 유전자 단계의 조작을 요구하고, 그 결과 자연적인 발생학의 연구를 위해 그것의 사용을 제한하고자 한다. 특히 그처럼 수정된 세포주가 통제된 방식에 의해 구체적인 세포 타입으로 분화하는 능력에 대한 의문이 강하게 제기된다. 따라서 아래에서는 줄기세포를 만들기 위한 새로운 대안들에 대해 알아보고 이에 대한 윤리적 문제점들을 논의해 보고자 한다.

1) 체세포 핵이식(somatic cell nuclear transfer, SCNT)

질병특화줄기세포를 추출하는 하나의 가능한 방법은 체세포 핵이식(SCNT), 즉 다른 용어로는 '연구 복제(research cloning)'로 알려진 기술을 통한 것이다.[16] 1997년 복제양 돌리의 탄생으로 인해 성인 체세포 핵을 사용한 체세포 핵이식 복제기술은 막연한 이상이 아닌 구체적인 현실이 되었다. 체세포 핵이식이란 유전물질이 완전히 제거된 난자에 체세포 핵을 도입시킨 후 난자를 활성화하여 정상 개체로의 발생을 유도하는 기술이다. 이 기술을 통해 수정되지 않은 난자 DNA를 환자의 체세포 DNA로 대체함으로써 환자의 특정 질환과 유전적으로 일치하는 배아줄기세포를 생산할 수 있다는 것이다.

SCNT는 최근에 인간이 아닌 영장류에서 기증자와 일치하는 줄기세포를 만들기 위해 연구되고 있다. 그리고 지금까지 작고 큰 동물들을 이용한 수많은 연구를 통해 SCNT 배반포에서 배아줄기세포가 성공적으로 만들어졌다. 또한 "핵이식 줄기세포(nuclear transfer stem cell)는 기능 영양포 혹은 다른 신체 기관들을 요구하지 않는 이전과 같이 생명 탄생을 만들어내는 것보다 훨씬 더 성공적인 과정이다."[17]라는 주장을 펴며 질병 연구를 위한 인간 SCNT가 원칙적으로 가능하다고 한다.

그러나 이러한 연구 결과들에도 불구하고 인간 핵이식줄기세포는 아직 분리되지 못하고 있다. 더불어 SCNT를 통해 배아줄기세포를 추출해내는 방식은 다음과 같은 윤리적 문제점을 내포하고 있다. 첫째, 핵이식줄기세포의 생산은 필연적으로 배아의 파괴를 요구한다. 인간 SCNT에 관한 또 다른 윤리적 문제는 현재의 기술적 비효율성의 측면에서 풍부한 인간 난모세포의 공급을 필요로 할 때 발생한다. 많은 사람들은 이득이 없고 고통스러우며 잠재적으로 위험한 외과적 그리고 호르몬 상의 조작을 포함하는, 그 결과 윤리적으로 받아들이기 어려운 일반 여성 자원자들로부터 수많은

16) Insoo H, "Stem Cell," Mary Crowley, Garrison(ed.), *From Birth to Death and Bench to Clinic: The Hasting Center Bioethics Briefing Book for Journalists, Policymaker, and Campaigns* (NY: The Hasting Center, 2008), 160쪽.

17) Zachary JK. & Jon SO, "Alternative sources of pluripotency: science, ethics, and stem cells", *Transplantation Review* (2008), Vol.22, 216쪽.

난모 세포를 수집하는 과정을 고려할 것이다.[18] 그러나 여성들에게 어떠한 보상도 제공하지 않은 채 연구를 위한 난자 제공을 바라는 것은 현실적으로 매우 어려운 일이다.

이러한 맥락에서 현재 대부분의 국가에서는 연구목적으로 만들어진 배아가 아니라 잔여 시험과 아기시술(IVF)에 의한 배아에서 나온 줄기세포주를 이용하는 것만 허용하고 있고 SCNT 연구는 허용하고 있지 않다. 구체적으로 살펴보면, 독일과 이탈리아와 같은 일부 국가에서는 수입된 세포주를 가지고 행해지는 인간배아줄기세포 연구만을 허용하고, 잔여 IVF 배아나 SCNT로부터 나온 새로운 인간배아줄기세포주의 추출을 금지한다.[19] 캐나다와 덴마크와 같은 일부 국가에선 인간배아줄기세포 연구와 기증된 IVF 배아로부터 새로운 인간배아줄기세포주를 추출하는 것은 허용하지만 SCNT는 금지한다.[20]

한국의 경우, 2009년 5월 6일 보건복지부가 차의과대학의 체세포 복제 배아줄기세포 연구를 승인하였으며, 그 결과 환자 자신의 체세포(體細胞)를 복제해 줄기세포를 만드는 연구가 진행되고 있다. 이것이 성공하면 환자 자신의 세포에서 유래한 면역 거부반응이 없는 '환자 맞춤형 배아줄기세포'가 세계 최초로 탄생하는 것이다. 그러나 이러한 연구 결과와 관계없이 앞서 제시한 SCNT가 발생시키는 연구 과정에서의 배아 파괴의 문제와 연구에 필요한 많은 인간 난자를 조달해야하는 윤리적 문제점은 남아 있다. 그러므로 연구 진행과 더불어 이에 대한 적절한 해결책을 모색하고자 하는 윤리적 논의가 필요할 것이다.

---

18) Zachary JK. & Jon SO. 앞의 글, 2008, 217쪽.
19) Insoo H. 앞의 글, 2010, Vol 120, No. 1, 73쪽.
20) Insoo H. 앞의 글, 2010, Vol 120, No. 1, 73쪽.

2) 변성 핵이식(Altered nuclear transfer, ANT)

변성 핵이식(ANT)은 메이스너(Meissner)와 루돌프 재니스(Rudolf Jaenis)가 mouse에서 SCNT 기술을 변형, 발전시킨 것이다. 즉, SCNT를 만드는 과정 중 Cdx2 유전자의 결함을 유도한 배아를 만들어 낸 것이다. Cdx2 유전적 돌연변이로서 배아는 포배 단계에서 발생과정을 멈추며, 이때 줄기세포를 획득할 수 있는 ICM(inner cell mass)은 만들어져 있으나 자궁 착상이 가능한 단계인 포배 이후 단계로 진행이 불가능하다. 즉, 완전한 인간으로 발생할 수 있는 생물학적 잠재성이 결여되어 있다. 그러므로 이러한 산물은 제한된 세포체계 때문에 독자 생존이 가능한 인간배양이라기보다는 복잡한 조직배양, 즉 인공산물과 같은 생물공학적인 배아로 보아야 한다.

그러나 줄기세포 추출을 위한 새로운 대안으로써 ANT 또한 몇 가지 문제점을 가진다. 첫째, ANT도 역시 인간 ANT 배아 창조의 과정에서 인간 배아 연구를 요구할 것이라는 점이다. 또한 연구를 통해 밝혀진 mouse 배아와 인간배아가 똑같은 양상으로 행동할 것인지 여부가 정확히 알려져 있지 않다. 그리고 ANT가 다분화능줄기세포를 추출할 수 있다 할지라도 Cdx2 유전자를 제거하기 위한 기증자 세포에 대한 추가적인 조작은 그 산물과 환자의 구체적인 줄기세포주에 대한 안전성 문제를 제기할 것이다. 이러한 맥락에서 ANT가 줄기세포를 추출해 내는 새로운 대안으로 제시되고 있지만 ANT가 실행가능하고 효과적이며 인간에게 임상에 적용할 수 있는지 여부를 결정하는 것은 상당한 시간이 요구될 것으로 보인다.

3) 유도만능줄기세포 (induced pluripotent stem cell, iPS)

질병에 특화된 줄기세포의 추출을 위한 또 다른 기술은 일본 교토에서 신야 야마나카(Shinya Yamanaka)와 그의 동료들이 2006년에 개발하였다.[21] 2006년 일본 교토의 카즈토시 타카하시(Kazutoshi Takahashi)와 신야 야마나카는 mouse 피부섬유아세포에 레트로바이러스(retrovirus)를 사용하여 4개((Oct3/4, Sox2, c-Myc, Klf4)의 유전자를 삽입하여, 일반세포가 배아줄기세포처럼 작용하도록 재프로그래밍 하였다. 이를 유도만능줄기세포(induced pluripotent stem(iPS) cell)라고 한다. iPS 세포는 분화된 성인 세포의 재프로그래밍을 통해 발생되고 넓은 범위의 세포 유형들로 발전하도록 유도한다.[22] iPS 세포는 환자에 대한 새로운 이론을 발견하는 데 있어 높은 가능성을 가진다는 줄기세포 생물학에 대한 우리의 총체적인 이해를 확장시키는 데 있어 큰 도움이 될 것으로 기대되며, 일반적으로 임상에 적용하기 위한 가장 유용한 방법으로 여겨진다. 이러한 점에서 iPS는 연구 그리고 재생 의학으로의 활용을 위한 광범위한 잠재성을 가진다고 할 수 있다. 더불어 iPS 세포 접근법은 질병특화줄기세포가 환자로부터 얻은 피부줄기세포를 통해 만들어질 수 있기 때문에, 인간의 난자를 필요로 하지 않는다는 점에서 지속적으로 줄기세포 연구에서 제기되어야 인간배아 연구의 윤리적 문제에 대해 비교적 자유로울 수 있다고 주장된다.

그러나 iPS cell은 위에서 제시한 바와 같은 무한한 과학적 가능성을 가지는 동시에 줄기세포 연구와 관련된 새로운 윤리적 문제를 제기하고 있다. 우선 연구 과정에서 인간배아를 필요로 하지 않는다는 iPS 세포 연구는 다양한 중요한 이유들로 인해 여전히 인간배아줄기세포 연구를 필요로 한다. 왜냐하면 인간배아줄기세포 연구는 iPS 세포 연구를 진행하는 연구자들의 연구 결과를 이해하고 분석하는 데 있어 반드시 필요하기 때문이다. 구체적으로 iPS 세포를 연구하는 자들은 이들 두 종류의 세포가 유전적·임상적으로 어떻게 동일하고 다른지를 결정함으로써 iPS 세포의 가능성과 효율성을 분석해야만 하기 때문에 이에 대한 대조군으로서 인간배아

---

21) Insoo H. 앞의 책, 2008, 160쪽.

22) Martin FP, "The dark side of induced pluripotency", *Nature* (2011), No. 471, 46쪽.

줄기세포 연구를 필요로 한다.

둘째, 현재 진행되고 있는 줄기세포 연구의 궁극적인 목적지는 임상 치료에 있다. 이런 점에서 다능성 유도 유전자를 삽입하는 데 쓰인 레트로바이러스가 스스로 암과 다른 해로운 돌연변이들로 변했기 때문에(야마나카 연구 그룹이 사용한 다능성을 유도하는 요인들 중 하나는 c-Myc으로 종양 형성과 관련되어 있다) 안전성의 문제도 인간 iPS 세포에 대한 주요한 관심사이다.[23] 최근 설문조사에 따르면 재프로그래밍 과정과 체외에서 iPS 세포의 연속적인 배양은 이들 세포에 유전적이고 후천적인 이상을 야기할 수 있다.[24] 물론 2009년 미국 하버드 대학의 김광수 교수(차병원 통합줄기세포 연구소장)가 이끄는 미국·한국 연구팀이 사람 피부세포를 줄기세포로 바꾸는 안전한 방법을 처음 구현해 국제 학술지《셀 스템 셀》온라인 판에 발표하는 등 이와 관련된 기술의 발전이 급격하게 이루어지고 있다고 한다.[25] 하지만 여전히 iPS세포 연구와 관련된 안전성의 문제는 잔재해 있으며, 그 결과 이를 위한 대조 표본으로 쓰일 배아 줄기세포 연구가 계속해서 필요할 것이다.

셋째, iPS 세포 연구는 연구에서의 설명 동의와 관련하여 새로운 문제를 제기하고 있다. 왜냐하면 인간배아줄기세포와 달리 iPS 세포는 다양한 형태의 살아 있는 기증자의 신체조직으로부터 추출될 수 있기 때문이다. 세계줄기세포 연구학회(International Society for Stem Cell Research: ISSCR)가 2007년에 만든 줄기세포 연구 지침에 따르면, 모든 신체 세포 기증자들 또는 그들의 법적 보호자 몇몇의 특별한 예외적 사항을 제외하고는 줄기세

---

23) Insoo H, "Stem Cells from Skin Cells: The Ethical Questions", *Hasting Center Report* (2008), 20쪽.

24) Martin FP. 앞의 글, 2011, No. 471, 46쪽.

25) http://www.hani.co.kr/popups/ (2011년 9월 접속) 참조

포 연구에서 기증자의 신체 조직 사용을 위한 동시적인 설명동의(informed consent)를 제공해야만 한다.[26] 위에서 말하는 몇몇 예외들은 대체적으로 저장된 조직 샘플을 사용하는 것을 포함하는데, 이것들은 주로 iPS 세포 연구 등을 위한 자원이 될 것이다. ISSCR 지침에 따르면, 연구자들은 단지 동의 문서들이 구체적으로 기증자의 조직의 사용 가능한 것들 가운데 하나로써 줄기세포 연구를 위한 핵 재프로그래밍 방법을 지목한 신체 세포들을 조직 은행으로부터 조달하는 경우와 기증자들이 이와 같은 사용에 대해 구체적으로 동의한 경우에만 조직 샘플을 동시적인 설명동의 없이 연구를 위해 사용할 수 있을 것이다.[27] 그러나 문제는 ISSCR 지침은 iPS 세포 연구가 구체적으로 제시되기 이전에 만들어졌기 때문에, 조직 은행으로부터의 총괄(blanket) 동의 형식들 혹은 구체적인 조직 기증자 동의로부터의 예외들이 iPS 세포 연구에도 적용되는지에 대한 논쟁이 야기되고 있다. 또한 iPS 세포 연구는 궁극적으로 구체적인 개별 환자 및 질병특화줄기세포를 양산하는 것을 목적으로 한다. 그러므로 이러란 맥락에서 iPS 연구를 위해서 조직을 수집하고 이에 대한 동의를 받는 과정에서 해당 환자와 가족들에 대한 특별한 관심이 요구될 것이다.

넷째, iPS 세포 연구에서 진행하고 있는 재프로그래밍 기술의 한계를 정확히 모른다는 위험성이 존재한다. 야마나카와 톰슨 연구팀에 따르면 평범한 피부 세포를 초기의 다능성을 가진 배아 상태로 돌아가게 만들 수 있다고 하는데, 만일 인간 iPS 세포가 진정으로 다능성을 갖추고 있다면, 그것은 인간 성 세포 역시 발생시킬 수 있는 것이다. 따라서 이러한 사실은 평범한 피부 세포가 인간의 정자 내지는 난자로 변화할 수 있으며, 그 결과 인간의 생식과 불임에 대한 기존의 이론들이 크게 도전받을 수 있다는 위

---

26) Insoo H, 앞의 글, 2008, 20쪽.
27) Insoo H, 앞의 글, 2008, 20쪽.

험성을 내포하고 있다는 사실을 기억해야 할 것이다.

4. 줄기세포 연구를 둘러싼 윤리적 쟁점들
   : 배아의 범위를 넘어서

현재 줄기세포 연구에 대한 논의의 주요점은 연구 진행의 여부를 결정하는 문제에서 어떻게 하면 윤리적 논쟁들을 줄이며 좀 더 바람직한 방향으로 연구를 진행할지에 대한 윤리적 담론으로 변화하고 있다. 이러한 맥락에서 줄기세포 연구와 관련된 윤리적 쟁점들은 앞에서 제시한 배아줄기세포 연구 방법들과 관련된 문제들 외에도 다양한 측면에서 제기되고 있다. 따라서 아래에서는 배아의 범위를 넘어 줄기세포 연구가 가지는 윤리적 문제점들을 논의해 봄으로써 이를 위한 바람직한 방향을 모색해 보고자 한다.

1) 줄기세포 치료윤리 : 의학적 혁신과 줄기세포 관광의 균형

현재 전 세계의 상업적인 클리닉들은 척수 부상, 심근병근, 파킨슨 질환 등의 질병을 위한 줄기세포 치료들을 선전하고 있다. 그러나 최근의 사회학 연구에 따르면 이들 클리닉들은 그들이 제공하는 줄기세포의 이익을 과장하고 치료에 수반되는 위험들은 경시하거나 무시한다.[28] 구체적으로 줄기세포 치료를 제공하는 클리닉 가운데 어느 한 군데도 치료의 증후, 안정성과 효능 등에 대한 과학적 설명을 내놓지 않고 있다. 뿐만 아니라 클리닉에서 행해지는 치료의 대부분은 정식 임상 시험의 과정을 거쳐 승인된 것이

---

28) Insoo H, "Allowing Innovative Stem Cell-Based Therapies Outside of Clinical Trials: Ethical and Policy Challenges, Law, Science, and Innovation: The Embryonic Stem Cell Controversy", *Journal of Law, Medicine & Ethics* (2010), 278쪽.

아니다. 이와 관련하여 아마리글리오(Amariglio) 등은 줄기세포 클리닉에서 처방된, 충분하게 설명되지 않은 배아줄기세포 이식으로 치료 받은 후 뇌와 척수에 종양이 진행된 아동에 대해 기록했다.[29] 이와 같이 검증되지 않은 채 행해지고 있는 줄기세포 치료가 환자에게 끼칠 물리적·정신적 착취의 위험성은 매우 높다. 게다가 줄기세포 치료의 문제는 대개 치료법이 발견되지 않은 질병을 앓고 있는 절망적인 환자들을 대상으로 행해지기 때문에 줄기세포 치료를 받기 위한 줄기세포 관광의 문제는 심각한 국제적 문제가 되고 있다.

최근 두드러지게 나타나는 줄기세포 관광의 문제는 혁신적인 치료들에 대한 적절한 규제의 필요성을 제기한다. 벨몬트 보고서에 따르면, 연구와 혁신적인 의료의 목적은 서로 다르기 때문에 각각 다른 맥락을 통한 접근이 이루어져야 한다. 구체적으로 말하자면, 연구는 새로운 임상 치료에 관한 보편적인 지식 산출이 목표인 반면, 혁신적인 치료는 보편적인 지식 창출보다는 의학적 대안이 거의 또는 전혀 없는 개별 환자를 위해 합리적인 성공 가능성을 지닌 새로운 형태의 임상 진료 제공을 주된 목표로 삼는다.[30] 그러므로 혁신적인 치료의 주요 목표는 개별 환자의 상태를 향상시키거나 개선시키는 것이다. 이러한 점에서 줄기세포 연구는 일반적인 임상 연구가 아닌 혁신적인 치료의 관점에서 인식되어야 할 것이다. 왜냐하면 신뢰할 수 있는 의학적 혁신은 외과적 패러다임이나 줄기세포 기반 치료들과 같이 임상 시험 과정에 딱 들어맞지 않는 치료의 개발을 위한 중요한 수단이 될 수 있기 때문이다. 예를 들어, 지난 40년 동안 전체 외과 기술들 중 10~20%만이 임상 시험 과정을 거쳐 개발되었으며 심장 이식과 복강경 수

29) Olle L, et al., "Medical Innovation Versus Stem Cell Tourism", *Science* (2009), Vol. 324, No. 1664.
30) Insoo H. 앞의 글, 2010, 279쪽.

술과 같은 일부 전문 분야들은 전적으로 임상 시험 없이 개발되었다.[31]

따라서 혁신적인 줄기세포 치료는 개별 환자를 위한 치료에 초점을 맞추어야 하고, 이에 대한 감독과 규제는 줄기세포 과학의 빠르게 움직이는 속도에 맞추어 만들어져야 한다. 더불어 이러한 의학적으로 혁신적인 시술에 대한 경험을 바탕으로 그 분야의 전문가인 임상의에 의한 임상 시험 과정을 거쳐서 개별 환자에게 책임 있게 시행되어야 할 것이다.

2) 설명 동의(informed consent)

줄기세포에 기반 한 의학적 혁신은 과학적 설명을 어느 정도 제공하고 있으며, 동물 실험을 통해 심각한 부작용이 없는 효능은 증명하였지만 임상적으로는 아직 구체적으로 확립되지 못했다. 그러므로 줄기세포 치료는 현재로는 어떠한 치료적 대안이 없는 극소수 중환자들을 위해 행해지는, 정식 임상 시험 외의 영역의 치료로 인정되어야 한다. 그러나 줄기세포 치료가 의학적 혁신의 관점에서 고려되어야 한다는 것을 받아들인다 할지라도 과학과 윤리에 대한 고려를 통한 적절한 환자 보호의 문제는 줄기세포 치료에서 가장 중요하고 핵심적인 사항이 되어야 할 것이다. 이러한 맥락에서 세계줄기세포학회에 의해 초안이 마련된 줄기세포의 임상적 해석을 위한 지침(The Guidelines for the Clinical Translation)은 다수의 이식 줄기세포학에서 임상 시험 과정을 강조하고 있다. 그 원칙은 일관된 개시 재료들, 동물 모델 시험, 규약의 재검, 그리고 환자로부터의 설명 동의를 포함한다.[32]

임상 연구에서 피험자의 자발적인 충분한 정보에 근거한 동의의 문제는 윤리적 연구를 위한 시금석이다. 특히 줄기세포 연구 및 치료에서 피험

---

31) Olle L, et al. 앞의 글, 2009, No. 1664 참조.
32) Olle L, et al., 앞의 글, 2009, No. 1665 참조.

자와 환자의 충분한 정보에 근거한 동의 과정은 더욱 강조되어야 한다. 왜냐하면 줄기세포 연구와 치료는 개별 환자의 치료에 초점을 맞추는 의학적 혁신으로서, 이것은 아직 완전한 검증을 거치지 않은 단계이며 이 과정에는 세포 산물의 시료, 종양의 형성, 면역 부작용, 예상치 않은 세포의 작용과 알려지지 않은 부작용 등의 위험성이 존재하기 때문이다. 다시 말해 줄기세포는 복합 메커니즘을 통해 작용할 수 있고, 그 결과 세포 배양 연구만으로는 인간에 대한 부작용 여부를 예측하기가 어렵다. 그러므로 관련 동물 모델에 대한 충분한 전 임상 연구는 줄기세포에 근거한 임상 연구를 윤리적으로 만들기 위한 필수적인 과정이다. 더불어 전 임상 연구자들과 임상 연구자들 사이의 빈번한 상호작용은 치료과정에서의 위험성을 줄이기 위한 중요한 과정이다. 이 과정을 통해 줄기세포 치료의 안전성을 확보하고, 종양 형성 가능성의 위험과 부작용을 사전에 평가할 수 있다. 결국 개별 환자의 치료를 위해 행해지는 줄기세포 치료는 전문가들에 의해 수행된 재검 과정을 통과해 승인받아야 한다. 그런 후에 줄기세포 연구 및 치료에서 세포 공여자와 환자에게 줄기세포 연구 및 치료에 따른 위험을 충분히 이해시키고 이에 대한 구체적인 환자의 동의과정을 거쳐야 한다.

3) 지적 재산과 이익 갈등

줄기세포 연구와 치료는 궁극적으로 인류에게 이익을 가져다 줄 수 있는 가능성에 바탕을 두어야 하고 사회 정의의 원칙 또한 고려해야 한다. 다시 말해 줄기세포 연구와 치료가 대중적 지지를 얻기 위해서는 연구 과정이 공정하고 그 결과가 사회적으로 이익이 될 것이라는 믿음을 바탕으로 해야 한다. 따라서 연구를 통한 피험자 선택과 연구와 치료에서의 공정함이 유지되어야 하고 이득은 정의롭게 공유되어야만 할 것이다.

구체적으로 줄기세포 연구에서의 분배와 관련하여서는 경제적·비경제적 영역으로 구분해서 살펴볼 수 있다. 먼저 비경제적 영역은 구체적으로 계산될 수 없기 때문에 그 중요성을 간과하기 쉽다. 그러나 최근 매우 영향력 있는 저널의 사설은 다음과 같이 주장한다. "경쟁은 좋다. 그럼에도 불구하고 과학의 빠른 움직임은 일부 유쾌하지 못한 경향들을 보이고 있다. 예컨대 연구자들의 지나친 경비 절약은 실수를 범하게 한다. 그들은 지킬 수 없는 과장된 약속들을 남발하고 있는 것 같다."[33] 이러한 점에서 비록 연구의 비경제적 영역을 평가하고 다루는 것이 어렵겠지만 줄기세포 연구에 참여하는 사람들은 좋은 과학과 좋은 의학의 가능성을 최대화하기 위해서 비경제적 이익의 가능성을 의식하면서 연구를 진행해야 할 것이다.

반면, 연구를 통한 경제적 이익은 계산이 가능하고 과학적 · 전문적인 관심의 발전과 같은 비경제적인 영역보다 쉽게 설명될 수 있기 때문에, 이에 대한 논의는 더 쉽게 진행되는 듯하다. 일반적으로 우리는 연구를 통해 야기되는 다양한 측면의 경제적 이익을 인정한다. 그러나 이익에 대한 경제적 충돌은 연구 노력의 충실성과 연구 참여자들의 복지를 위협할 수 있다는 사실을 간과해서는 안 될 것이다.

실제로 연구와 관련한 지적 재산과 이익 충돌이 야기하는 문제는 비단 줄기세포 연구에만 해당되는 것은 아니다. 그러나 현재 줄기세포 연구를 두고 야기되는 지적 · 경제적 · 도덕적 이해관계는 매우 복잡하기 때문에 이에 대한 정확한 기준이 마련되어야 한다. 또한 줄기세포 연구에서의 지적 재산권의 정당함을 인정할 때 연구의 진전을 기대할 수 있는 것이다. 따라서 지적 재산에 대한 인정은 연구를 위한 개인 노력의 보상과 줄기세포 생물학과 관련된 과학적 진보 사이에서 균형점을 찾아야 할 것이다.

최근 줄기세포 연구를 둘러싼 지적 재산에 대한 관심은 줄기세포 연구

---

33) Jeremy S. "Human Stem Cell Ethics: Beyond the Embryo", *Cell Stem Cell* (2008), Vol. 2, No. 532.

기관을 비롯해 기업과 상업적/비상업적 공동체의 협력과 더불어 국제적 협력의 중요성을 일깨워주고 있다. 예를 들어, ISSCR은 과학의 진보와 대중의 이익 속에서 비상업적 공동체에 재료의 이용가능성을 최대화하고자 하는 정책을 마련하기 위해서 이러한 문제들에 관해서 협력하는 공동체들 간의 협상을 독려한다.[34] 또한 ISSCR의 새로운 윤리 지침들은 연구자와 회사, 그리고 학문 기관들이 발표한 연구를 입증하거나 많은 연구를 행하는 다른 과학자들에게 필요한 연구 시료들과 데이트, 그리고 지적 재산권을 공유하도록 지시한다.[35]

결론적으로 줄기세포 연구와 관련해서 요청되는 분배 기준들은 연구가 진정으로 대중의 이익을 위한다는 것, 사회적 가치에 위배되지 않는 범위에서 실행된다는 것 그리고 경제적·지리적으로 다양한 조건에 있는 참여자들에게 정당하게 이익을 분배해야 한다는 것을 전제로 확립되어야 한다. 더불어 지적 재산권을 획득하는 데 있어서 다른 접근 방식을 가진 나라들의 과학자들과 데이터와 자료 접근에 대한 평등성을 유지하고 그것의 이익에 대한 대중의 접근을 세계적으로 평등화하는 방향을 모색해야 할 것이다.

5. 맺음말

현재 줄기세포 연구와 치료에 대한 논쟁은 배아의 파괴와 관련된 물음을 넘어 다양한 윤리 문제들에 집중되어 있다. 예를 들어 배아의 도덕적 지위에 대한 논쟁은 줄기세포 연구와 관련된 다양한 윤리적 문제로 이동함으

---

34) Jeremy S, 앞의 글.
35) Patrick LT, "Research sharing, ethics and public benefit", *Nature Biotechnology* (2007), Vol. 25(4), No. 398.

로써 줄기세포 연구의 윤리적 담론은 환자와 피험자 보호, 설명 동의, 분배와 공유와 같은 사회 정의의 중요성을 강조하고 있다.

과학은 외부와 단절되어 발전하는 것이 아니며, 그 사회의 가치에 토대를 두고 발전해야 한다. 줄기세포 연구 역시 현대 사회의 윤리적 토대를 바탕으로 진행되어야 하며, 나아가 폭넓은 공공의 이익을 약속할 때 줄기세포 연구의 실행은 정당화될 수 있다. 이러한 점에서 줄기세포 연구를 통해서 공공의 이익에 대한 현실적이고 충분한 가능성을 찾을 수 없다면, 줄기세포 연구는 중요한 도덕적 토대를 잃고 말 것이다.

이러한 맥락에서 줄기세포 연구와 관련된 지침들과 감독 메커니즘은 줄기세포 연구와 결합된 다양한 윤리적 논쟁점과 더불어 공동의 가치에 대한 폭넓은 이해를 바탕으로 진행되어야 한다. 그리고 이러한 과정 속에 확립된 윤리적 토대는 줄기세포 연구에 참여하는 연구자들을 위한 지침과 그 분야의 과학적 진보에 기여할 것이다.

| 이상목 |

계명대학교 철학과를 졸업하고 서울대학교 대학원 윤리교육학과에서 석사학위를, 계명대학교 철학과 대학원에서 박사학위를 받았다. 현재 동아대학교 윤리문화학과 교수 및 생명의료윤리연구소 소장으로 있다. 저역서로는 『동서양의 생명윤리』, 『한국인의 생명관과 배아복제윤리』(공저), 『한국인의 죽음관과 생명윤리』(공저), 『정치적 자유』 등이 있으며, 논문으로는 「바이오뱅크 연구에서 포괄적 동의」, 「의학적 의사 결정에서 환자의 결정과 가족의 결정」, 「공동체에 기초한 생명의료윤리 접근법」 등 다수가 있다.

02
줄기세포 연구와 윤리적 문제*

| 김민주 |

동아대 생명의료윤리연구소

1. 들어가는 말

본 논문은 줄기세포 연구의 접근방법과 이에 따른 윤리적 문제점을 고찰하고 있다. 줄기세포 연구는 난치병 치료라는 희망의 메시지를 제시하고 있음에도 불구하고 인간의 존엄성과 연관된 많은 문제점을 노출하였다. 최근에는 이명박 대통령이 줄기세포 연구에 1천 억 원 가까운 투자를 할 계획이라고 밝히면서 황우석 박사 사건 이후 잠잠하던 줄기세포 연구에 관한 윤리적 문제가 다시 수면 위로 떠오를 조짐이다. 본 논문의 목적은 줄기세포 연구에 관한 지금까지의 연구 방법을 종합적으로 살펴보고, 각 연구 방법에 따른 윤리적 문제점이 무엇인가를 고찰하려는 것이다.

우리 몸은 신경세포, 피부세포, 혈구세포 등을 포함한 약 210여 가지의

* 이 글은 한국동서철학회에서 발간하는 《동서철학연구》 제62집(2012년 12월)에 「줄기세포 연구의 접근방법과 윤리적 문제」라는 제목으로 게재된 원고를 일부 수정한 것이다.

다양한 세포들로 구성되어 있으며 세포의 종류에 따라 수명은 각각 다르다. 세포가 잘못 유지되거나 수명을 다해서 죽게 되면 새로운 세포가 그 자리를 대체해 그 기능을 담당하게 되는데, 이러한 기능을 담당하는 세포가 줄기세포(stem cell)이다. 줄기세포는 아직 분화되지 않은 미성숙 상태의 세포로 분화가 진행되지 않은 채 유지되다가 필요할 경우 신경, 혈액, 연골 등 몸을 구성하는 모든 종류의 세포로 분화할 가능성을 갖고 있는 세포를 말한다. 줄기세포는 미분화 상태에서 조건을 맞춰주면 자기 복제능력뿐만 아니라 적어도 서로 다른 두 종류 이상의 세포로 분화하는 능력을 동시에 가지고 있다. 이러한 줄기세포는 출생 후부터 인체에 존재하는 신경, 근육, 지방 조직 등에 존재하는 성체줄기세포(adult stem cell)와 생명의 시초가 되는 수정란의 발생과정에서 획득되어질 수 있는 배아줄기세포(Embryonic Stem cell, ES cell), 그리고 체세포를 리프로그래밍하여 줄기세포로 변화시키는 유도만능줄기세포(induced Pluripotent Stem Cell, iPS cell)와 같이 세 종류가 있다.

줄기세포 연구는 파킨슨병, 알츠하이머 치매, 루게릭병, 소아당뇨병 등과 같은 현대 의학이 풀어야 할 난치병과 인간의 수명 연장 등 미래 의학 발전의 모든 영역에서 필요로 하는 분야이다. 또한 이러한 연구는 현재 동물 모델시스템 또는 질병환자를 관찰하는 것만으로 진행되고 있는 질병모델시스템 연구에서 가능하지 않았던 유전병 연구에 획기적이고 새로운 방법을 제공할 것으로 기대된다. 뿐만 아니라 줄기세포 연구는 질병 특이화된 세포를 사용하여 새로운 목표를 가진 의학품의 독성 및 안정성, 효능성 검사를 가능케 할 것이다. 이처럼 줄기세포 연구가 21세기 의학 발전을 주도적으로 이끌어갈 중요한 학문 영역임은 자명한 일이다.

이러한 필요성에도 불구하고 줄기세포 연구는 연구의 수행과정과 임상 적용에서 발생하게 될 여러 가지 윤리적 문제에 맞닥뜨려 있다. 지금까지 환자 치료의 과정에 활용되고 있는 성체줄기세포는 배아를 사용하고 있지 않기 때문에 윤리적인 문제가 없다고 여겨질 수 있다. 그러나 환자 및 줄기세포 제공자에게 바이러스 감염이나 기타 위험을 안겨줄 수 있으며 골수 이식을 제외한, 현재의 성체줄기세포 치료의 대부분은 치료가 아닌 연구 단계에 있기 때문에 오히려 환자에게 해를 끼칠 소지가 크다. 또한 배아줄기세포 연구에서 가장 논쟁이 되고 있는 윤리적 관점은 배아의 도덕적 지위와 인간이 될 수 있는 잠재성에 초점을 두고 있다. 뿐만 아니라 2005년 우리나라를 떠들썩하게 만들었던 황우석 박사 사건의 체세포 복제 배아줄기세포 연구는 배아의 지위에 관한 쟁점 이전에 난자의 사용 문제에 대한 또 다른 윤리적 논쟁을 일으켰다.[1] 이러한 윤리적 쟁점을 피하기 위해 발달된 유도만능줄기세포 즉, 역분화줄기세포 연구는 최근 들어 가장 활발하게 진행되고 있는 연구 분야로 난자의 사용 및 배아의 파괴도 없으면서 인체에 다량 존재하고 있는 체세포의 일부를 사용하는 방법이다. 그러나 이러한 모든 연구는 임상 적용을 주된 목적으로 하고 있기 때문에 단순히 연구의 과정에서 나타나는 윤리적인 문제와 우려에 대한 쟁점을 넘어서 줄기세포의 최종 목적이라 할 수 있는 임상 적용 과정에서 나타날 수 있는 다양한 문제점들을 되짚어 보고 인체에 적용해야 할 것이다.

본 논문에서는 줄기세포를 획득하는 방법과 그에 대한 윤리적인 문제점들을 성체줄기세포, 배아줄기세포, 유도만능줄기세포로 나누어 비교론적으로 논의하고자 한다.

---

1) 홍석영, 「인간배아줄기세포 연구에 대한 윤리적 고찰」, 《윤리연구》 제60호 (한국윤리학회, 2005), 85쪽.

2. 줄기세포 연구 방법 및 윤리적 문제

1) 성체줄기세포 연구 방법과 윤리적 문제

성체줄기세포는 조직이나 장기에 있는 미분화된 세포로 재생이 가능하고 조직이나 장기의 주된 기능을 하는 세포로 분화할 수 있는 능력을 가지고 있으며, 다 자란 성인의 골수, 제대혈, 피부, 지방조직, 신경조직, 간, 췌장, 담도 등에서 발견되는, 줄기세포의 총괄적 집합체를 일컫는다. 성체줄기세포는 우리 신체를 구성하는 장기 조직에 존재하면서 장기 조직을 구성하는 세포가 손상되거나 수명을 다 하게 되면 정상적 기능을 수행할 수 있도록 유지해주는 근간세포이다. 이미 백혈병 등과 같은 혈액질환이나 면역질환의 치료를 위해 골수세포나 태아 조혈모세포를 이용한 세포치료기술이 적용되고 있다.

성체줄기세포는 인체의 체세포를 이용하여 얻을 수 있기 때문에 난자 및 수정란을 이용하는 배아줄기세포가 가지고 있는 윤리적인 문제를 피해 갈 수 있는 큰 장점을 지닌다. 과거에는 한 조직에서 추출한 성체줄기세포는 오직 그 조직의 세포로만 분화한다고 알려져 있었으나 최근에는 다른 조직의 세포로도 분화할 수 있다는 연구결과가 보고되었다. 특히 지방조직에 존재하는 성체줄기세포인 중간엽줄기세포는 분화 능력이 매우 우수한 것으로 밝혀졌다. 뿐만 아니라 성체줄기세포는 면역거부반응이 없다는 장점이 있어 현재 활발하게 연구가 진행되고 있기 때문에 실제 환자의 임상치료를 위해 적용될 수 있는 안전성을 지닌 줄기세포이다. 그러나 우리 신체의 여러 조직이나 장기에 존재하고 있는 줄기세포의 양은 매우 적을 뿐만 아니라 이를 분리해 내었을 때 판단할 수 있는 정확한 지표가 아직 개발되지 않았으며, 순수한 줄기세포를 분리해 냈다 하더라도 배아줄기세포에 비해 그 분화 능력이 떨어진다.

현재 성체줄기세포 중 가장 많이 연구되고 있는 부분은 골수에 존재하는 조혈줄기세포와 간엽줄기세포, 그리고 탯줄 및 태반, 즉 제대혈에서 유래된 혈액줄기세포 등이 있다. 골수 유래 조혈줄기세포는 이미 임상적으로 적용되어 백혈병과 같은 혈액암의 치료에 사용되고 있으며 혈액세포 생성뿐만 아니라 간엽줄기세포와 탯줄혈액줄기세포와 같이 지방, 연골, 뼈, 근육, 피부, 신경 등 다양한 종류의 세포재생 가능성이 검토되고 있고 그에 따른 다양한 조직재생을 위한, 임상적 응용 가능성에 대한 연구가 진행되고 있다.[2] 탯줄 및 태반은 과거에는 출산 과정에서 버려지는 불필요한 물질로 여겨졌다. 그러나 1980년대 초반 여기에서 다량의 줄기세포를 획득할 수 있다는 연구가 밝혀진 후 새롭게 인식되기 시작했다. 특히 탯줄 및 태반에는 줄기세포가 풍부하다고 알려져 나중에 가족에게 발생할지 모르는 질병을 치료하기 위해 개인적 은행인 '제대혈 은행'이라는 기관을 통해 따로 보관하는 사람들이 늘고 있다. 제대혈은 산모가 신생아를 분만할 때 분리된 탯줄 및 태반에 존재하는 혈액으로 정의되며,[3] 개인 또는 가족이 겪을 수 있는 난치성 질환을 대비할 수 있는 최선의 방법으로 간주되고 있다.

줄기세포의 궁극적인 목적은 치료에 있다. 현재 가장 일반적으로 진행되고 있는, 골수 이식을 제외한 모든 성체줄기세포치료는 '응급임상시험'과 '연구자임상시험'의 과정을 거쳐 연구되고 있다. 이는 불치 또는 난치병으로 고통 받는 환자에게 임상시험의 절차를 간소화시켜 실시하는 방법이다. 특히, 최근 들어 성체줄기세포나 제대혈줄기세포를 이용하여 임상실험을 하는 경우가 비일비재하다. 이는 동물 실험이나 다른 과학적 증거가 충분히 축적되지 않은 상태에서 막연하게 환자에게 줄기세포를 주입하는 식

---

2) 한지영, 「줄기세포 연구의 법적 윤리적 문제」, 《과학기술과 법》 제1권 제1호 (한국과학기술법학회, 2010), 332쪽.
3) 「제대혈 법」 제2조 제1호

의 연구를 하는 것으로서 치료가 아닌 연구 단계의 과정에 해당한다. 따라서 임상에 적용할 수 있는 안정성과 효능성이 입증된 것이 아니기 때문에 오히려 환자의 희망과 기대감을 담보로 불필요하게 많은 돈을 쓰게 만들 뿐만 아니라 상태가 더 나빠져 건강에 해를 끼칠 소지도 매우 크다.

성체줄기세포 역시 윤리적 쟁점을 피해 가기에는 여전히 쟁점이 되는 부분이 많다. 현재 가장 많이 이식되고 있는 성체줄기세포 중 하나인 골수는 골수 기증자가 기증하는 과정에서 신체적인 불편을 느끼거나 의학적인 실수로 인한 바이러스 및 세균의 감염에 항시 노출되어 있다. 또한 기증에 필요한 의학적 절차 과정을 통해 알려지기를 원하지 않는 경우에도 자신의 의학적 개인정보가 노출될 가능성이 크다. 또 다른 성체줄기세포로 이용되고 있는 제대혈의 경우에도 태아 출산 시 배출되는 탯줄과 태반에 대한 산모의 연구목적 이용 동의가 있어야 연구에 사용할 수 있다. 생명윤리 및 안전에 관한 법률에서는 유전자 검사의 동의의 경우 연구목적 이용 동의가 포함되어 있으나[4] 제대혈은 일부 제대혈 은행에서 분만 시 제대혈 수집을 위한 일부 최소한의 동의만을 얻고 있는 실정이며 연구목적에 대한 산모의 동의는 받고 있지 않는 실정이다. 수집된 제대혈을 개인 및 가족의 질환 치료의 목적으로만 사용한다면 문제가 없으나 만약 대중을 위한 일반화를 위해 일부 연구 목적으로 사용한다면 동의를 받는 시기와 방법에 대해 생각해 보아야 할 것이다. 또한 여러 가지 기초질환 및 바이러스 검사로부터 안전하다는 것을 판단하기 위한 사전검사에서 제대혈 뱅킹으로 말미암아 예기치 못한 위험성이나 해로움이 발생할 수 있다. 이러한 검사 결과를 받

---

4) 생명윤리 및 안전에 관한 법률[(타)일부개정 2010.1.18. 법률 제 9932호] 제 26조(유전자 검사의 동의) ①유전자검사기관 또는 유전자에 관한 연구를 하는 자가 유전자 검사 또는 유전자연구에 쓰일 검사대상물을 직접 채취하거나 채취를 의뢰하는 때에는 검사대상물을 채취하기 전에 검사대상자로부터 다음 각호의 사항이 포함된 서면동의를 얻어야 한다.〈개정2008.2.29., 2010.1.18.〉

아 든 부모의 입장에서 신생아에게 할 수 있는 일이 아무것도 없다면 부모는 어떻게 아이를 대하게 될 것인지, 원하지 않은 또 다른 걱정을 안고 살아갈 것이다. 뿐만 아니라, 장기와 마찬가지로 기증을 위한 제대혈 뱅킹화 사업이 진행된다면 공정하고 효율적인 관리를 위하여 기증된 제대혈의 정보 검색, 공급, 조정 및 제대혈 이식에 관한 자료 수집 등의 업무를 하나로 통합하고 관리해야 할 것이다.

현재 이러한 과정에서 개인, 즉 가족에게 닥칠지 모르는 위험을 대비하기 위해 개인의 비용을 들여 위탁, 보관하고 있던 사람들의 제대혈을 대중의 뱅킹화를 위해 데이터베이스화 한다면 그들의 정보를 보호하기 위한 충분한 기반을 마련해 주어야 한다. 또한 이러한 대중 뱅킹화 사업이 진행되면 줄기세포를 필요로 하는 사람에게 줄기세포 이식이 발생될 것이고 이는 영리목적이 개입되므로 단순한 연구의 목적을 뛰어 넘어 이익이 창출되기 때문에 뱅킹을 위해 기증한 사람들에게 효율적인 방법으로 이익을 배분할 수 있는 제도의 마련이 필요하다. 그 외 지방세포, 간세포, 피부세포와 같은 다른 체세포의 수집에서도 반드시 사전 동의를 통해 줄기세포 배양이 비현실적인 기대가 아니라는 실험적, 임상적 결과를 첨부하여 요청하는 환자에게 이를 확인시켜 줄 필요가 있다. 나아가 궁극적으로 개인의 이익이 신장된다는 확신을 줄 필요가 있다. 또한, 기증자에게는 자신의 세포가 체내에서 실행되는 실험, 유전자 조작, 타기관 이식, 잠재적 사업을 포함하여 미래의 불확실한 상황에서 사용될 수 있다는 것을 이해할 수 있도록 해야 할 것이다.

2) 배아줄기세포 연구 방법과 윤리적 문제

앞서 이야기한 성체줄기세포의 이용은 살아 있는 사람에게서 조직을 대량으로 얻는 데 한계가 있고 이미 상당히 분화가 진행된 상태라 분화 능력이 제한적이기 때문에 사용이 한정적인 반면, 배아줄기세포는 전분화능(pluripotent)을 가지고 있기 때문에 재생의학 도구로서는 필수적이다. 배아줄기세포는 수정란 또는 체세포 복제로 얻을 수 있다. 수정란 배아줄기세포는 1998년, 불임치료를 위해 만들어진 배아를 더 이상 사용할 의도가 없었던 커플로부터 기증받아 분리, 배양되어졌다. 수정란의 발생과정 중 포배기 단계에 형성된 내세포괴(Inner Cell Mass, ICM)를 채취하여 배양을 계속하면 어떤 세포로도 분화 가능한 전분화능을 가진 줄기세포가 만들어진다. 체세포 복제 배아줄기세포는 난자를 이용하는 방법으로 난자의 핵을 제거하고 체세포 핵으로 치환한 뒤 발생과정이 진행되는 동안 ICM을 획득하는 방법이다.

수정란을 이용한 배아줄기세포 연구는 인공수정으로 생성된 배아 중 임신의 목적으로 이용하고 남은 배아인 잔여배아를[5] 이용하고 있으나 배아의 도덕적 지위와 생명의 존엄성에 대한 윤리적인 문제는 여전히 논쟁중이다. 배아파괴에 대한 반대론자들은 착상 전 또는 착상 후의 모든 배아는 도덕적 지위를 갖고 있을 뿐만 아니라 완벽한 인간이 될 수 있는 잠재성을 가지고 있기 때문에 잠재성을 파괴하는 것은 도덕적으로 옳지 않다고 주장한다. 따라서 착상 전 포배 단계에서 생성되는 배아로부터 줄기세포를 채취하는 것은 하나의 생명체로 탄생할 수 있는 태아를 파괴하는, 살인과 동일한 행위라고 본다.

그러나 줄기세포 연구 지지자들은 착상 전의 태아는 생명에 대한 도덕적 지위를 획득하지 않으며 잠재적인 생명력을 가지고 있는 모든 배아가 인간이 되는 것은 아니라고 주장한다. 일반적으로 여성의 임신 과정을 살펴보면 정자와 난자의 수정에 의해 만들어진 수정란은 수란관에서 만들어지며

---

5) 최경석, 김현철, 『생명윤리 및 안전에 관한 법률의 쟁점과 이해』 (생명윤리정책연구센터, 2010), 15쪽.

이 수정란은 수란관의 가는 섬모를 통해 자궁으로 내려오게 되며, 이 과정에서 하나의 세포에서 여러 개의 세포로 분화되는 난할 과정을 거친다. 또한 난할 과정이 끝나고 나면 분열된 세포들이 재배열되는 과정이 진행되는데 이를 포배기라고 하며 이 단계에서 배아줄기세포를 얻을 수 있다. 이는 수정이 되고 난 뒤 약 5일 동안 발생된 단계에서 획득될 수 있으나 아직까지 산모의 자궁에 착상되지 않은 단계이다. 배아의 자궁 착상은 대략 수정 후 10일이 지나야 진행되는 과정이며, 14일이 지나면 완전한 착상이 이루어지며 임신의 과정이 진행된다. 다시 말해, 우리가 얻는 줄기세포는 착상되기 이전의 포배 단계에서 얻을 수 있다는 것이다.

여성의 생식기 내에서 수정란이 형성된다고 해서 모두 다 착상이 되는 것은 아니다. 예를 들면, 여성의 생식기적 결함이 없고 호르몬의 분비가 적절하여 착상하기 좋은 자궁벽의 상태가 만들어져 있어야 착상과 임신의 상태가 가능하다. 그러나 모든 배아의 75~80%는 착상하는 데 실패하고 자연적으로 소멸된다고 추측하고 있다.[6] 뿐만 아니라 일란성 쌍둥이의 경우 발생 초기에 발생중인 할구가 어떠한 이유로 완전히 분리되어 각자 다른 생명체로 발생한다. 어떤 경우에는 두 개의 수정란이 있다가 하나가 다른 쪽에 융합되어 하나의 개체로 발생하기도 한다. 이를 유전적 모자이시즘(genetic mosaicism)이라 부르는데 한 개체에 서로 다른 유전자형이 존재하는 것이다.[7] 따라서 줄기세포를 획득할 수 있는 포배시기, 즉 이러한 발생 초기 단계의 배아가 개별적인 인간으로 취급되어 도덕적 지위와 잠재성을 가지고 있다고 말하는 것은 추상적인 견해에 지나지 않는다. 또한, 수정 이후 일정한 시점을 기준으로 인간존엄성을 인정하고자 하는 인간 시기의

6) Hyun I., Jung K. W., "Human research cloning, embryos, and embryo-like artifacts", *Hastings Cent Rep.* (2006), Vol. 36(5), 34~41쪽.

7) 권복규, 『생명윤리이야기-꿈꾸는 과학 도전받는 인간』 (책세상, 2007), 66~67쪽.

단계화설에 따른 착상설, 즉 14일설에 따르면, 원시선(primitive streak)의 출현 시점은 매우 중요하다. 원시선이란 포배기 단계에 들어간 배아에서 나타나는 움푹 들어간 선으로 원시선이 나타나면 그 배아는 하나의 개체로 발생하는 비가역적인 시점을 지나간 것이며, 그 상태에서는 세포를 떼어내도 이 세포가 다른 개체로 발생할 수 없다. 원시선을 인간 생명이 시작하는 시점으로 보는 입장에서는 그 전 단계까지의 배아는 인간 개체가 아닌 세포의 집합으로 보기 때문에 충분한 이유가 있다면 이들 세포에 대한 연구가 가능하다고 주장한다. 따라서 이 시점까지는 배아(embryo)로 지칭되기보다는 전배아(pre-embryo)로 지칭되고 아직까지 개별 인간으로서의 정체성이 없다고 보기 때문에 생명과 더 이상 분리될 수 없는 단계는 착상 시부터 존재한다고 본다.[8]

이러한 윤리적 쟁점을 우회하기 위해 배아를 파괴하지 않는 생검(biopsy)을 이용한 방법이 제시되었다.[9] 생검은 유전질환을 가진 환자에게 건강한 2세를 가지게 하는 매우 유용한 진단 방법으로 시험관 아기 시술과정에서 생산된 착상 전 인간배아에서 하나의 할구를 생검하고 이를 이용하여 염색체의 수적, 구조적 이상이나 단일유전자의 진단을 통해 정상배아를 이식하는 착상 전 유전진단법으로 이용된다. 생검은 정상적인 염색체를 가졌음에도 불구하고 계속되는 습관성 유산, 남성 불임환자로부터 임신실패의 원인을 기존의 다른 방법으로 찾아내지 못할 때 배아의 할구에서 보다 정밀한 염색체 검사를 실시하기 위한 과정으로 개발되었다. 생검을 이용한 기술은 배아의 능력을 보존하기 위해 난할 과정 중 8세포기 단계에 마우스 배아로부터 하나의 할구를 분리해 내고 그것으로부터 마우스 배아줄기세포를 추

---

8) 방승주, 「배아와 인간존엄」, 《법학논총》 제 25집(2호), 2008, 9~10쪽.

9) Chung L., et al., "Embryonic and extraembryonic stem cell lines derived from single mouse blastomeres", *Nature* (2006), Vol. 439(7073), 216~219쪽.

출하는 데 성공하였다. Chung 등[10]은 인간배아 줄기세포의 파괴 없이 할구를 떼 내어 실험한 결과 생검된 배아의 80~85%가 건강한 포배 단계로 성장하며 분리된 할구는 50회 이상의 계대배양이 진행[11]되는 동안 일반적인 핵형과 전형성능의 마크를 유지하고 삼배엽층으로 분화되는 것을 확인하였다.

또 다른 기술인 체세포 복제 배아줄기세포는 환자의 체세포를 직접 이용하여 줄기세포를 생산하기 때문에 면역거부반응이 없으며 환자 맞춤형으로 만들어질 수 있는 기술로 비춰졌다. 그러나 인간유래 체세포 복제 배아줄기 세포를 자궁 내에 착상시킬 경우 배아줄기세포 파생물이 완전한 인간이 될 수 있는 잠재적 가능성을 갖기 때문에 근본적인 윤리적 문제가 제기된다. 이러한 연구는 인간복제, 인간 생물 재료의 상업화, 인간과 동물 종의 복합체와 인간의 불멸성에 대한 반이상적인 생각을 가지게 만든다. 그러나 새로운 기술인 체세포 핵이식 변형기술은 마우스의 체세포에서 태반 발달에 필요한 영양외배엽을 발달시키는 유전자인 *Cdx2*의 발현을 저지시킨 뒤, 수정되지 않은 난자의 DNA를 준비된 체세포 DNA로 핵 치환시켜 발생과정을 진행시킴으로 줄기세포만 발생시키고 더 이상 발생과정이 진행되지 않는 배아를 만들어 내었다. 이는 배아가 포배 단계에서 발생과정을 멈추기 때문에 줄기세포에 필요한 ICM은 만들어져 있으나 포배 이후의 단계로는 진행이 불가능해 완전한 인간으로 발생할 수 있는 생물학적 잠재성이 결여되어 있음을 의미한다. 또한 이러한 산물은 제한된 세포체계 때문에 독자 생존이 가능한 인간 배양이라기보다는 복잡한 조직배양,

---

10) Chung Y., Klimanskaya I., Becker S., Li T., et al., "Human embryonic stem cell lines generated without embryo destruction", *Cell Stem Cell* (2008), Vol. 2(2), 113~117쪽.

11) 배아 줄기 세포를 40~70회 정도 세포 분열시키면 소위 불멸화 되어 무한정 분열하면서 죽지 않는 세포가 된다. 이러한 세포를 줄기 세포주(stem cell line)라고 하며 이렇게 줄기 세포주를 만드는 것을 줄기세포주 확립이라고 부른다.

즉 인공산물과 같은 생물공학적인 배아로 보아야 한다고 제안한다.[12] 그러나, 이러한 기술에도 전혀 문제점이 없는 것은 아니다. *Cdx2* 유전자를 제거하기 위한 체세포의 추가적인 유전자 조작은 줄기세포의 안정성 평가를 더욱 복잡하게 만들고 이로부터 생산된 줄기세포를 임상에 적용할 수 있을지 그 여부를 판단하는 데 상당한 시간이 요구될 것으로 보여진다. 뿐만 아니라 이러한 우회의 노력에도 불구하고 생산된 줄기세포의 안정성과 임상적 용을 위해서는 그 대조군으로 여전히 배아 줄기세포를 필요로 할 것이다.

2005년 겨울, 줄기세포 연구와 관련된 논쟁적인 사건이 우리나라에서 일어났다. 줄기세포에 새로운 핵심기술의 장을 열어 줄 것만 같았던 황우석 박사의 연구, 즉 '황우석 사태'는 전세계의 이목을 집중시켰다. 이전의 윤리적 관심은 배아의 도덕적 지위 및 체세포 복제 배아줄기세포의 찬반 등에 쏠렸지만 황우석 사태를 조사하는 과정에서 새로운 윤리적 문제의 쟁점으로 떠오른 것은 연구에 필요한 난자의 이용 문제였다. 과학계에서 연구의 진실성 문제로 황우석 박사의 연구성과를 재조명하고 있는 사이, 윤리학 및 종교계에서는 황우석 박사의 연구과정에 사용된 난자에 대해서 집요하게 문제를 제기했다. 1997년 세계 최초의 복제 동물인 돌리의 탄생에 적용된 체세포 핵치환 기술은 활성화 유도 물질 변경, 리프로그래밍에 소요되는 시간 변경, 세포를 배양하는 배양 배지의 변경 등으로 소, 돼지, 염소 등 많은 포유류를 대상으로 한 실험에서 이미 성공한 기술이다. 황우석 사태의 전개 과정을 살펴보면 황우석 박사는 체세포 핵이식 기술을 사용하여 체세포 핵을 치환한 수정란으로부터 포배기를 만드는 기술을 확보한 것으로 보이며 인간의 경우에도 이전 기술을 이용하여 충분한 재료와 숙련된 기술진이 있다면 가능하리라는 것이 일반적인 견해이다. 그러나 황우석

---

12) Meissner A., Jaenish R., "Generation of nuclear transfer-derived pluripotent ES cells from cloned Cdx2-deficient blastocysts", *Nature* (2006), Vol. 439(7073), 212~215쪽.

박사가 인간 체세포 복제 배아줄기세포를 위한 포배를 만들 수 있었던 것은 다량의 신선한 난자를 얻을 수 있었기 때문으로 보인다. 유럽 연합과 미국에서는 인간 난자를 이용한 체세포 핵이식 연구는 윤리적인 이유로 금지되어 있고 생명과학과 복제 기술이 앞선 영국에서도 선뜻 추진하지 못하고 있었으나 황우석 박사 연구팀은 129명의 젊은 여성에게서 2,061개의 난자를 채취했다. 난자를 제공한 여성 가운데 12명만이 순수하게 기증했고 나머지는 금전적으로 보상을 받아 실질적인 매매 행위를 했다. 황우석 박사가 시도한 체세포 복제 배아줄기세포 연구는 다량의 난자를 채취함으로써 여성의 몸을 실험 도구화하고 난자를 상품화했다는 문제를 비롯해 난자 기증의 자발성의 문제, 충분한 설명에 근거한 동의의 문제, 불임 시술에서 환자−의사 관계와 피험자−연구자 관계의 갈등 문제 등 여러 가지 쟁점을 부각시켰다.

수정란 배아줄기세포 및 체세포 복제 줄기세포 연구를 필요로 하는 분야가 있음은 사실이다. 한 예로 특정 유전병 환자의 체세포 핵을 난자에 이식해 그 세포가 어떻게 증식, 분화하는지 살펴본다면 질병의 발생 원인을 파악할 수 있다. 체세포 복제 배아줄기세포는 환자 치료용 맞춤형 줄기세포로 면역학적 거부 반응을 극복하리라는 장점이 예상되고 있지만, 이 세포 치료를 원하는 사람들 중 일부는 유전적인 원인에 기인한 난치병 환자라는 점이 문제가 된다. 이 줄기세포는 그런 사람들의 체세포를 이식하는 것이므로 문제가 있는 유전자가 그대로 남아 있기 때문에 치료용으로 사용하려면 유전자 치료 등으로 유전자를 변형해야 하는데 이는 또 다른 엄청난 도전이 될 것이다. 또한 배아줄기세포의 경우 배아파괴라는 윤리적인 문제보다도 실제로 기능성세포로 분화 된 후 암 발생 위험을 가진다는 것이 근본적인 장애요인이다.[13] 가장 결정적인 단점은 전분화능력을 가지고 있어 분화 또는 분열능력에 한계점은 없으나 그 증식능력을 조절하기 어렵고 테라토마(teratoma)[14]와 같이 암세포화될 수 있다는 것, 계대수가 얼마 지나지 않아 변이가 나타난다는 것이다. 배아줄기세포가 암세포가 되지 않게 안전하게 제어할 수 있는 기술, 즉 증식능력을 조절할 수 있는 기술이 반드시 필요하다. 세포의 증식능력 조절은 배아줄기세포가 테라토마가 되지 않도록 하는 중요한 기술인 동시에 암세포가 되지 않게 제어하는 기술로 바로 암을 정복하는 기술을 의미한다. 만약 이러한 기술을 확보한다면 암을 치료할 수 있는 의학적 장을 마련하는 것이며, 경제적인 측면에서도 무한한 장래성을 가지게 될 것이다.

3) 유도만능줄기세포 연구 방법과 윤리적 문제

성체줄기세포의 제한적 사용 및 배아줄기세포의 윤리적 문제와 한계점을 극복하기 위한 새로운 줄기세포 개발의 필요성이 제기됨에 따라 연구자들은 성체세포를 리프로그래밍하여 유도만능줄기세포를 만들었다. 이는 체세포에 전분화능을 유도하는 주요인자를 직접 도입시키는 방법으로서 유전자, 단백질, 기능성 소분자 등을 다양한 체세포에 직접 전달하여 iPS세포를 생성할 수 있으며 난자 및 배아 사용의 윤리적 문제가 없기 때문에 현재 가장 활발하게 연구가 진행되고 있는 분야라 할 수 있다.

Oct3/4, Sox2, Nanog 등 배아줄기세포의 특성 분석을 통해 알려진 몇 가지 전사인자들이 배아줄기세포의 표지인자로 사용되는 동시에 배아나 배아줄기세포의 전분화능을 유지하는 기능적 전사임을 인식하고[15] 배아줄

---

13) 류춘제, 「줄기세포의 어두운 곳」, 《생화학분자생물학뉴스》(2005), 177~178쪽.

14) 테라토마는 종양학에서 비정상적으로 분화된 세포를 말하는데 보통 암은 외형적으로 혹처럼 보이지만 테라토마는 손톱이 나고 털이 생기는 등 기형적으로 관찰된다.

15) Avilion A. A., Nicolis S. K., Pevny L. H., et al., "Multipotent cell lineage in early mouse development depend on SOX2 function", *Genes Dev* (2003), Vol.17, 126~140쪽; Chambers I., Colby D., Robertson M., et al., "Functional expression cloning of nanog,

기세포와 유사한 전분화능세포를 만들고자 하는 연구들이 시도되었다. 일본의 타카하시 등[16]은 마우스의 피부 섬유아세포에 레트로바이러스를 사용하여 4가지 전사인자 Oct3/4, Sox2, c-Myc, Klf4를 세포 내로 도입시킴으로써 처음으로 iPS 세포가 만들어짐을 보고하였고 다른 연구도 마우스 피부 섬유아세포가 직접적으로 배아 줄기세포와 같은 행동을 하도록 리프로그래밍할 수 있다고 증명하는 내용을 발표하였다.[17] 이들이 특정 세포로 재분화 하는 것이 가능하다는 연구가 여러 차례 보고되고 있다.[18]

iPS 세포의 가장 큰 장점은 무엇보다도 난자 및 수정란을 사용하지 않기 때문에 윤리적인 쟁점을 일으키지 않으며 환자의 체세포를 이용하여 줄기세포를 만들어 사용하기 때문에 환자와 유전자가 일치하여 성체줄기세포나 수정란 배아줄기세포가 가지고 있었던 단점인 면역거부반응이 전혀 나타나지 않는다는 것이다. 또한 이전에 질병 발현 경로나 약물의 효력을 검증하기 위해 사용하였던 동물 시스템을 사용하지 않고 직접 분화된 줄기세포에 적용해 볼 수 있기 때문에 환자 맞춤형 전분화능줄기세포를 공급할 수 있다. 하지만 상업적 또는 임상적으로 사용하기 위해서는 무엇보다

a pluripotency sustaining factor in embryonic stem cell.", *Cell* (2003), Vol.113, 643~655쪽; Nichols J., Zevnik B., Anastassiadis K., Niwa H., et al., "Fornation of pluripotent stem cells in the mammalian embryo depends on the POU transcription factor Oct4", *Cell* (1998), Vol. 95, 379~391쪽.

16) Takahashi K., Yamanaka S., "Induction of pluripotent stem cells from mouse embryonic and adult fibroblast cultures by defined factors", *Stem* (2006), Vol. 126, 663~676쪽.

17) Okita, K., Ichisaka, T., Yamanaka, S., "Generation of germline-competent induced pluripotent stem cells", *Nature* (2007), Vol. 448, 313~317쪽.

18) Mauritz C., Schwanke K., Reppel M., et al., "Generation of functional murine cardiac myocytes from induced pluripotent stem cells", *Ciculation* (2008), Vol. 118, 507~517쪽; Meyer J. S., Shearer R. I., Capowski E. E., et al., "Modeling early retinal development with human embryonic and induced plurupotent stem cells", *Proc Natl Acad Sci USA*(2009), Vol. 106, 16698~16703.

도 iPS 세포 자체가 가지는 문제점, 즉 게놈 내에 유전자를 삽입하기 위해 사용되는 바이러스 백터에 의해 발생되는 외래 유전자 삽입성 돌연변이 및 이와 관련된 암 발생 등이 먼저 해결되어야 할 것이다. 또한 바이러스 벡터를 대체할 전달체의 필요성, iPS 세포의 낮은 효율성, 검증된 분화방법 부재 등의 문제를 거론할 수 있으며 현재 이러한 문제점들을 해결하기 위한 연구들이 활발히 진행되고 있다.[19] 암 발생은 주로 세포 내 유전자 도입 효율이 우수한 레트로바이러스 벡터를 사용할 때 유전자가 게놈 내의 원치 않는 장소로 불규칙적으로 삽입됨에 따라 세포내 암 발생 유도인자들이 조절되지 않은 채 활성화됨으로써 일어난다.[20] 따라서 iPS 세포에 사용되는 벡터는 임상 적용을 위해 보다 신중하고 광범위한 연구가 필요하다.[21] 이러한 문제점을 극복하기 위해 유전자가 게놈 내로 삽입되지 않는 아데노바이러스 벡터나[22] 플라스미드(plasmid)[23] 등을 사용하는 방법, 유전자 전달 후 바이러스 벡터나 도입 유전자가 제거되도록 하는 방법,[24] 하나의 발현 프로모터로 여러 유전자를 동시에 발현시키는 바이러스 벡터의 사용법,[25] 도입 유전자를 줄이고 소분자 화학물질 등과 함께 이용하여 전분화능을 유도하

---

19) 조명수, 오선경, 이학섭, 「배아줄기세포의 대안으로써 전분화능유도줄기세포의 활용 가능성 및 한계점」, 《인구의학연구논집》(2009), 41쪽.

20) Nienhuis A. W., Dunbar C. E., Sorrentino B. P., "Genotoxicity of retroviral intrgration in hematopoietic cells", *Mol. Ther.* (2006), Vol. 13, 1031~1049쪽.

21) 조명수, 오선경, 이학섭, 앞의 논문, 39쪽.

22) Stadtfeld M., Nagaya M., Utikal J., et al., "Induced pluripotent stem cells generated without viral integration", *Science* (2008), Vol. 322, 945~949쪽.

23) Okita K., Nakagawa M., Hyenjong H., et al., "Generation of mouse induced pluripotent stem cells without viral vectors", *Science* (2008), Vol. 322, 949~953쪽.

24) Kaji K., Norrby K., Paca A., et al., "Virus-free induction of pluripotency and subsequent excision of reprogramming factors", *Nature* (2008), Vol. 458, 2008, 771~775쪽; Soldner F., Hockemeyer D., Beard C., "Parkinson's disease patient derived induced pluripotent stem cells free viral reprogramming factors", *Cell* (2009), Vol. 136, 964~977쪽.

는 방법[26] 등이 보고되고 있다.

배아줄기세포와 iPS 세포는 증식능력과 전분화능에 있어서 기능적으로 유사할 뿐 아니라 배양방법이 같기 때문에 형태학적인 유사성도 가지고 있다. 배아줄기세포의 표지인자들이 iPS 세포에서도 공통적으로 발현되고 테라토마 형성 및 발생과정에서 기여하는 정도가 유사함이 보고된 바 있다. 따라서 인간 배아줄기세포 연구를 반대하는 사람들은 iPS 세포의 유도 기술로 인해 이제는 배아줄기세포 연구가 더 이상 필요 없다고 판단하고 있으나 실제로는 그렇지 않다. 배 발생과정에서 얻어진 배아줄기세포와 인위적으로 이미 분화된 세포를 몇 개의 전사인자를 도입하여 다시 리프로그래밍한 iPS 세포는 유전자발현 microRNA 등의 분자생물학적 발현 시스템이나 methylation, X inactivation 등의 후생학적 변이 양상에서 많은 차이점을 보여주고 있다.[27] 그러나 최근 들어 iPS 세포의 생성을 위한 전분화능을 부여하는 방법, 재료, 생성물의 성격 등에서 큰 차이를 나타내고 있어 아직까지는 검증되어야 할 부분들이 많이 남아 있다고 볼 수 있다.[28] 또한 인간 배아줄기세포는 인간 iPS 세포를 이해하고 분석하는 데 필수적이며 행동과

---

25) Carey B. W., Markoulaki S., Hanna J., et al., "Reprogramming of murine and human somatic cells using a single polycistronic vector", *Proc. Natl. Acad. Sci. USA.* (2009), Vol. 106, 157~162.

26) Kim D., Kim C. H., Moon J. I. et al., "Generation of human induced pluripotent stem cells by direct delivery of reprogramming proteins", *Cell Stem Cell* (2009a), Vol.4, 472 ~476 ; Shi Y., Desponts C., Do J. t. et al., "Induction of pluripotent stem cells from mouse embryonoic fibroblasts by Oct4 and Klf4 with smallmolecule compounds", *Cell Stem Cell* (2008), Vol. 3, 568~574.

27) Chin M. H., Mason M. J., Xie W., et al., "Induced pluripotent stem cells and embryonic stem cells are distinguished by gene expression signatures", *Cell Stem Cell* (2009), Vol.5, 111~123쪽; Maherali N., Sridharan R., Xie W., et al., "Directly reprogrammed fibroblast show global epigenetic remodeling and widespread tissue contribution", *Cell Stem Cell* (2007), Vol.1, 55~70쪽.

28) 조명수, 오선경, 이학섭, 앞의 논문, 39쪽.

완전한 과학적 잠재성을 평가하기 위한 대조군으로 사용되어져야 하며 인간 배아줄기세포와 iPS 세포가 유전적으로 임상적으로 중요한 경로에서 차이가 있는지 함께 연구하는 것이 반드시 필요하다. 뿐만 아니라 iPS 세포는 인간 발달의 중요한 과정인 초기 인간 발달 과정을 설명할 수 없다. 따라서 iPS 세포의 생성기술이 발달되는 어느 시점부터는 대조군으로 인간 줄기세포가 필요하게 될 것이기 때문에 인간 줄기세포 연구에 대한 과학적 발전도 지속적으로 요구 될 것이다. 이외에도 iPS 세포를 유도하기 위한 유전자를 삽입하기 위해 사용하는 레트로바이러스는 암이나 다른 해로운 돌연변이를 야기시킬 수 있으며, c-Myc과 같은 유전자는 종양형성과 관련된 유전자이기 때문에 iPS 세포가 임상에 적용되기 위해서는 안정성의 확립이 무엇보다도 절실하다. iPS 세포는 살아 있는 기증자의 체세포로부터 분리, 유도되어졌기 때문에 기증자가 갖는 권리의 범위와 크기, 유전적으로 일치하는 줄기세포주에 대한 상업적인 이로움 등의 분배와 같은 문제를 수반한다.

우리가 성체줄기세포나 배아줄기세포보다 iPS 세포를 주목하는 이유 가운데 하나는 다음과 같다. 즉 iPS 세포는 개개인의 유전적 형질을 그대로 지닌 체세포를 이용할 뿐만 아니라 줄기세포가 필요할 때 언제든지 준비할 수 있다는 편리함을 갖고 있다. 따라서 iPS 세포는 종전에 이용했던 동물 모델을 대신하여 의약품 후보 물질의 안정성 및 유효성의 평가에 이용되어 약물개발에 응용될 수 있다. 또한 질환이나 사고로 조직, 기능을 잃어 회복, 재생을 필요로 하는 환자에게 자신의 조직 및 장기를 재생, 이식하여 치료할 수 있는 재생의학에 사용되는 장점을 갖고 있다. 나아가 여러 제공자로부터 획득한 인간 iPS 세포를 이용하여 iPS 세포 은행을 설립함으로써 언제든지 많은 환자들에게 폭넓게 적용할 수 있는 시스템이 갖추어지면 선천성 질환, 난치병을 치료하는 등의 실용화에 이바지할 수도 있을 것이다.[29]

3. 나가는 말

현대 생명과학과 의학의 발전은 인간에게 파킨슨병, 알츠하이머, 치매, 루게릭병, 소아당뇨병 등의 난치병을 극복하고 수명을 연장시킬 수 있다는 희망의 메시지를 던져 주었으며, 그 핵심에 자리 잡고 있는 연구 분야가 줄기세포 연구라고 할 수 있다. 줄기세포의 임상적용이 인류에게 새로운 삶의 장을 열어주는 것은 자명한 일이다. 줄기세포 연구가 시작된 이래 몇몇 질환에서 줄기세포치료가 적용되고 있으며 아직 극복하지 못한 미래 의학 발전의 많은 영역에서도 도움을 주고 있다. 필자는 미래의 줄기세포는 다른 어떤 분야 못지않게 뛰어난 활약을 펼칠 것이라고 기대하고 있다. 인간의 원시세포가 어떻게 보다 전문화된 세포로 분화될 수 있는지, 그 기작에 대한 해답, 서로 다른 기관계가 어떻게 세포를 기준으로 질서 정연하게 체계를 갖추는지에 대한 발생학적인 연구, 태아 기형의 원인에 대한 연구, 나아가 암을 발생시키는 유전자적 오류에 대한 연구 등은 인간에게 현재의 과학기술로는 치유할 수 없는 병에 대한 치료의 길을 열어주게 될 것이며, 난치병 및 불치병, 불의의 사고로 인한 신체적인 결함으로 불확실한 미래를 안고 살아가야 하는 사람들에게도 희망을 가져다줄 수 있을 것이라 기대된다.

그러나 줄기세포 연구는 빛과 어둠의 양면성을 지니고 있다. 예컨대 난치병 및 불치병 환자를 위한 혁신적인 치료의 길이 될 수도 있겠지만, 인간의 존엄성을 훼손하는 여러 가지 윤리적인 문제점을 동시에 갖고 있기 때문이다. 줄기세포 연구 및 치료에서 결코 간과할 수 없는 중요한 윤리적 쟁점들은 다음과 같다. 첫째, 배아의 도덕적 지위와 잠재성에 관한 문제이

---

29) 강경선, 「유도만능줄기세포를 중심으로 한 줄기세포 연구개발동향」, 《생화학분자생물학뉴스》(2009), 46~51쪽.

다. 이는 오래 전 줄기세포 연구가 시작된 이래로 가장 많은 논쟁을 일으켰던 문제로 법적으로도 어느 정도 체계를 갖춘 것으로 판단된다. 현재 사용되는 배아줄기세포는 불임치료를 위해 사용하고 남은, 더 이상 사용할 의도가 없는 수정란이나 5년 이상 냉동 보관된 폐기용 수정란을 이용하며 임상시험위원회의 승인절차를 받아 사용되고 있다. 둘째, 줄기세포 평가시스템의 확립이 시급한 문제이다. 인체를 구성하고 있는 각 세포들의 특성은 천차만별이기에 어떤 것을 줄기세포라 할 수 있는지 그 생산과정의 기준 및 시험법의 확립이 절실하다. 셋째, 줄기세포를 생산하는 과정에서 사용된 물질들이 임상적용 시 얼마나 안전한지 안정성과 효용성에 대한 엄밀한 검증이 필요하다. 가령 iPS 세포를 유도하기 위해 사용하는 유전자는 암을 유발할 수 있다. 아울러 게놈의 유전자를 변형시킬 가능성을 가지고 있는 유전자 전달매체인 바이러스 대신 좀 더 안전한 전달매체, 예를 들면 단백질, 나노물질 등의 형태로 삽입할 수 있는 방법의 개발이 필요하다. 넷째, 임상적용의 지침을 마련하여야 한다. 현재 이용되고 있는 '응급임상시험' 또는 '연구자임상시험'과 같이 환자의 안정성이 확립되지도 않은 상태에서 무분별하게 인체에 적용하는 것은 인체를 두고 도박을 하는 것과 동일하다. 따라서 제도화된 임상적용 지침의 확립은 빠른 시간 내에 안정적인 방법으로 줄기세포치료의 길을 확립시켜 줄 것이다. 이는 연구자들에게 불필요한 행정적인 절차로 인한 연구 및 임상적용의 지연을 막게 해 줄 것이며 환자에게는 좀 더 빠른 치료와 쾌유를 가져다주어 삶의 질을 향상시켜 줄 것이다. 마지막으로, 명확한 인지동의 및 사전동의의 필요성이다. 줄기세포의 뱅킹화 사업이 시작되면 개인의 많은 유전적인 정보가 노출될 것이며 신체적인 불편함도 일부 느끼게 될 것이다. 뱅킹화 사업에 참여하는 사람들에게 개인이 제공한 재료는 연구 및 임상적용에 사용될 수 있다는 사실을 명확히 하고 긍정적인 측면뿐만 아니라 개인의 부정적인 측면에 대해서도 인지시킨 다음 인지동의와 사전동의를 받는 것이 필요할 것이다.

| 참고문헌 |

강경선, 「유도만능줄기세포를 중심으로 한 줄기세포 연구개발동향」,
　　《생화학분자생물학뉴스》, 2009.
권복규, 「생명윤리이야기-꿈꾸는 과학 도전받는 인간」, 책세상, 2007.
방승주, 「배아와 인간존엄」, 《법학논총》 제25집(2호), 2008.
류춘제, 「줄기세포의 어두운 곳」, 《생화학분자생물학뉴스》, 2005.
조명수, 오선경, 이학섭, 「배아줄기세포의 대안으로써 전분화능유도줄기세포의 활용 가능성 및 한
　　계점」, 《인구의학연구논집》, 2009.
최경석, 김현철, 「생명윤리 및 안전에 관한 법률의 쟁점과 이해」, 생명윤리정책연구센터, 2010.
한지영, 「줄기세포 연구의 법적 윤리적 문제」, 《과학기술과 법》 제1권 제1호,
　　한국과학기술법학회, 2010.
홍석영, 「인간배아줄기세포 연구에 대한 윤리적 고찰」, 《윤리연구》 제60호, 한국윤리학회, 2005.
「제대혈 법」 제2조 제1호.
Avilion A. A., Nicolis S. K., Pevny L. H., et al., "Multipotent cell lineage in early mouse
　　development depend on SOX2 function", *Genes Dev.*, Vol.17, 2003.
Chambers I., Colby D., Robertson M., et al., "Functional expression cloning of nanog, a
　　pluripotency sustaining factor in embryonic stem cell.", *Cell*, Vol.113, 2003. Chung
　　L., et al., "Embryonic and extraembryonic stem cell lines derived from single
　　mouse blastomeres", *Nature*, Vol. 439(7073), 2006.
Carey B. W., Markoulaki S., Hanna J., et al., "Reprogramming of murine and human
　　somatic cells using a single polycistronic vector", *Proc. Natl. Acad. Sci. USA.*
　　Vol.106, 2009.
Chin M. H., Mason M. J., Xie W., et al., "Induced pluripotent stem cells and embryonic
　　stem cells are distinguished by gene expression signatures", *Cell Stem Cell*, Vol.5,
　　2009.
Chung Y., Klimanskaya I., Becker S., Li T., et al., "Human embryonic stem cell lines
　　generated without embryo destruction", *Cell Stem Cell*, Vol. 2(2), 2008.

Hyun I., Jung K. W., "*Human research cloning, embryos, and embryo-like artifacts*", *Hastings Cent Rep.*, Vol. 36(5), 2006.

Kaji K., Norrby K., Paca A., et al., "Virus-free induction of pluripotency and subsequent excision of reprogramming factors", *Nature*, Vol.458, 2008.

Kim D., Kim C. H., Moon J. I. et al., "Generation of human induced pluripotent stem cells by direct delivery of reprogramming proteins", *Cell Stem Cell*, Vol.4, 2009.

Maherali N., Sridharan R., Xie W., et al., "Directly reprogrammed fibroblast show global epigenetic remodeling and widespread tissue contribution", *Cell Stem Cell*, Vol.1, 2007.

Meissner A., Jaenish R., "Generation of nuclear transfer-derived pluripotent ES cells frem cloned Cdx2-deficient blastocysts", *Nature*, Vol. 439(7073), 2006.

Meyer J. S., Shearer R. I., Capowski E. E., et al., "Modeling early retinal development with human embryonic and induced plurupotent stem cells", *Proc Natl Acad Sci USA*, Vol.106, 2009.

Nichols J., Zevnik B., Anastassiadis K., Niwa H., et al., "Fornation of pluripotent stem cells in the mammalian embryo depends on the POU transcription factor Oct4", *Cell*, Vol.95.

Nienhuis A. W., Dunbar C. E., Sorrentino B. P., "Genotoxicity of retroviral intrgration in hematopoietic cells", *Mol. Ther.*, Vol.13, 2006.

Okita, K., Ichisaka, T., Yamanaka, S., "Generation of germline-competent induced pluripotent stem cells", *Nature*, Vol.448, 2007, Mauritz C., Schwanke K., Reppel M., et al., "Generation of functional murine cardiac myocytes from induced pluripotent stem cells", *Ciculation*, Vol.118, 2008.

Okita K., Nakagawa M., Hyenjong H., et al., "Generation of mouse induced pluripotent stem cells without viral vectors", *Science*, Vol.322, 2008.

Soldner F., Hockemeyer D., Beard C., "Parkinson's disease patient derived induced pluripotent stem cells free viral reprogramming factors", *Cell*, Vol.136, 2009.

Shi Y., Desponts C., Do J. t. et al., "Induction of pluripotent stem cells from mouse embryonoic fibroblasts by Oct4 and Klf4 with smallmolecule compounds", *Cell Stem Cell*, Vol.3, 2008.

Stadtfeld M., Nagaya M., Utikal J., et al., "Induced pluripotent stem cells generated without viral integration", *Science*, Vol.322, 2008.

Takahashi K., Yamanaka S., "Induction of pluripotent stem cells from mouse embryonic and adult fibroblast cultures by defined factors", *Stem*, Vol.126, 2006.

| 김민주 |

동아대학교 생물학과를 졸업하고 동 대학원에서 석사 및 박사(이학박사) 학위를 받았다. 현재 동아대학교 생명의료윤리연구소 연구교수와 동서대학교, 경성대학교, 동명대학교 외래교수로 있다. 주요 저서로는 『생명과학실험』(공저, 동아대학교 출판부)가 있다.

03
인간 배아줄기세포 연구를 둘러싼
윤리적 쟁점들

| 김진경 |

동아대 윤리문화학과

1. 들어가는 말

줄기세포 연구를 지지하는 사람들은 줄기세포 연구와 치료는 알츠하이머, 파킨슨 병, 당뇨병 등과 같은 치료하기 어려운 질병을 낫게 할 수 있을 것이라는 사실을 강조한다. 반면 실제 줄기세포를 연구하는 연구자들은 체내에서 줄기세포의 실행성과 시험관에서 줄기세포의 생존능력 및 적응성 등에 관한 기초과학의 현실적인 물음들을 제기하면서 현재 진행되고 있는 다양한 줄기세포 연구는 시험에서 임상에 이르기까지 여전히 많은 과학적, 기술적, 사회적 그리고 윤리적 장애가 있다는 사실을 지적한다. 그러나 줄기세포 연구와 치료를 둘러싼 이상과 현실의 문제에도 불구하고 현재 많은 나라는 줄기세포 연구의 중요성과 그 치료 가능성을 인식하고 이에 대한 육성 정책 수립 및 지원을 확대하고 있는 추세이다.[1]

한국 또한 줄기세포 연구와 치료의 잠재적 가능성에 대해 상당한 관심을 가지고 있으며, 줄기세포 치료제의 허가 과정을 쉽게 하기 위한 각종 입법안들이 현재 국회에 제출된 상태다. 최근까지 한국에서의 줄기세포 연구는 윤리적으로나 법적으로 논란의 소지가 크지 않은 성체줄기세포 내지 제대혈줄기세포 연구에 집중되었다. 이에 반해 배아줄기세포[2] 연구는 제한적으로 진행되어져 왔다. 최근 줄기세포 연구와 관련하여 주목할 만한 일은 2011년 4월 27일 대통령 직속 국가생명윤리심의위원회가 차병원 계열사인 차바이오앤디오스텍(CHA Bio & Diostech)의 배아줄기세포를 이용한 세포치료제 임상 시험을 승인[3]하였다는 것이다. 배아줄기세포 연구와 관련하여 차바이오앤은 현재 한국에서 허용하고 있는 잔여배아를 통해 줄기세포를 만들어 이를 세포치료제로 개발함으로써 배아의 지위 관련 윤리적 논란에서 어느 정도 벗어났다고 할 수 있다.

그러나 배아줄기세포와 관련된 윤리적 논란을 벗어나기 위한 이와 같은 노력에도 불구하고 여전히 다양한 윤리적 문제점들이 제기되고 있다. 이러한 맥락에서 본 논문에서는 줄기세포 연구와 치료의 잠재적 가능성이 점점

---

1) 미국은 2009년 1월 FDA가 제론(geron)사의 배아줄기세포를 이용한 척추 손상 환자치료 임상 시험을 승인한데 이어 2009년 3월 오바마 대통령은 줄기세포 연구지원을 허용하는 내용의 행정명령에 서명하였다. EU의 경우 제 7차 Framework Program(07~13년)을 수립하고 줄기세포 연구를 강화하고 있으며, 최근 유럽의회는 EURO Stem Cell 컨소시엄에 1,100만 유로를 투자하기로 결정했다. 한편 일본은 2000년 Millenium Project에 세포치료분야를 선정한 바 있으며, 체세포 역분화를 통한 만능줄기세포 확립으로 관련 기술 개발에 2009년 약 45억 엔을 반영하였다. 조순로 · 설성수, 「인체유래 생물자원 관련 생명윤리정책 제언」, 《생명윤리》 제11권 제1호(2010), 19쪽.

2) 인간배아를 보면 4일 내지 5일 후에는 세포 안에 내부 세포덩어리가 형성되고, 내부 세포덩어리는 나중에 심장, 근육, 신경 등 인체의 모든 조직으로 성장할 잠재력을 가진다. 특정한 세포로 분화가 진행되지 않은 채 유지되다가, 필요할 경우에 신경, 혈액, 연골 등 신체를 구성하는 모든 종류의 세포로 분화할 능력을 갖춘 세포를 줄기세포라고 한다. 그러므로 줄기세포는 무한증식할 수 있는 자가재생산(self-renewal)과 다양한 세포로 분화할 수 있는 전능력(pluripotent)을 가진 만능세포로서의 성질을 가진다. 줄기세포와 관련된 자세한 내용은 김민중, 「인간배아 줄기세포 연구의 민사법적 의미」, 《저스티스》 통권 제103호(2008), 6~8쪽 참조.

현실화 되어가고 있는 현 시점에서 다양한 방식의 줄기세포 연구 가운데 가장 근원적인 것으로 여겨지는 배아줄기세포 연구를 둘러싼 다양한 윤리적 쟁점들을 고찰해보고자 한다.

2. 인간 배아줄기세포 연구의 필요성

줄기세포는 모든 종류 또는 다양한 종류의 기능세포로 분화가능(pluripotency)하고, 무한 증식(infinite proliferation)이 가능하며 스스로 동일한 세포를 만들어낼 수 있는 능력이 있는 세포이다. 인간 줄기세포와 관련된 중요한 생명윤리문제는 줄기세포의 추출과 연구에서 배아를 사용한다는 데 있다. 이러한 맥락에서 배아 파괴를 둘러싼 윤리적 논쟁을 우회하고 줄기세포 연구의 발전을 위해서 미국 대통령생명윤리자문위원회(President's Council on Bioethics)는 2005년에 인간 배아를 파괴하거나 상해를 입히지 않는 만능줄기세포(pluripotent stem cell)의 "대안적 근원(alternative source)"을 추구하도록 제안했다.[4] 그러나 배아 파괴에 대한 논란을 비껴가려는, 줄기세포 추출을 위한 다양한 대안적 방식들의 개발에도 불구하고 여전히 많은 연구자들은 줄기세포 연구의 발전을 위해서 인간 배아줄기세포에 대한 지속적인 연구가 필요하다고 주장한다.

먼저 줄기세포를 추출하는 대안적인 방식은 체세포 핵이식(Somatic cell

---

3) 차바이오앤은 식품의약품안전청의 승인을 받기 위해 7년 동안 ① 품질관리와 관련한 30여 가지 검사 ② 동물 대상의 유효성, 안전성 및 종양 발생 등 부작용 검사 ③ 서류심사 ④ 면담 심사 ⑤ 공장 현장실사 등을 거쳤고 식약청의 임상시험 승인에 앞서 '생명윤리 및 안전에 관한 법률'에 따라 생명윤리심의위원회의 윤리 심의를 거쳤다.

4) Insoo Hyun, "The bioethics of stem cell research and therapy", *The Journal of Clinical Investigation* (2010), Vol. 120 No. 1, 72쪽.

nuclear transfer, SCNT)을 통한 것이다. 체세포 핵이식은 성인 체세포로부터 추출한 세포핵에서 핵을 없애고 미수정된 난세포에 이식하는 것이다.[5] 즉 유전물질이 완전히 제거된 난자에 체세포 핵을 도입시킨 후 난자를 활성화하여 정상 개체로의 발생을 유도하는 기술을 말한다. 따라서 이를 통해 수정되지 않은 난자 DNA를 체세포 DNA로 대체함으로써 환자와 유전적으로 일치하는 배아줄기세포를 생산할 수 있는 것이다. 그러나 일부 과학자들은 전분화능줄기세포를 만들기 위한 방안으로 체세포 핵이식이 제안된다 하더라도 핵이식 줄기세포의 생산은 필연적으로 배아 파괴를 필요로 할 것이라고 비판한다. 더불어 많은 사람들은 다양한 일반 여성 참가자들로부터 많은 양의 난세포를 모으는 과정이 여성에게 아무런 혜택을 주지 않고 고통을 동반하며 잠재적으로 위험한 수술과 호르몬 조작을 포함하고 있기 때문에 체세포 핵이식의 방식은 도덕적으로 받아들여지기 어렵다고 주장한다.

두 번째 대안적 방식으로는 변성 핵이식(Altered nuclear transfer, ANT)을 들 수 있다. 변성 핵이식은 체세포 핵이식을 만드는 과정 중 Cdx2 유전자의 결함을 유도한 배아를 만들어 내는 것이다. 그러나 이 또한 인간 ANT 배아 창조의 과정에서 인간 배아연구를 필요로 한다. 왜냐하면 연구를 통해 밝혀진 마우스 배아와 인간 배아가 똑같은 양상으로 진행될지의 여부는 확실하지 않기 때문이다. 구체적으로 마이스너(Messiner)와 제니쉬(Jaenisch)는 그들의 연구에서 Cdx2 결함이 있는 인간 배아가 후기 배반포 단계에서 전분화능을 유도해 내는 마우스 쥐 배아와 똑같이 진행될 것인지의 여부가 불확실하다는 것을 인정했다.[6] 그러므로 연구자들은 ANT

5) Zachary J. Kastenberg & Jon S. Odorico, "Alternative sources of pluripotency: science, ethics, and stem cells", *Transplantation Reviews* 22(2008), 216쪽.

6) Insoo Hyun, "The bioethics of stem cell research and therapy", 2010, 72쪽.

에 대한 대조군으로 인간 배아연구의 지속적 연구를 강조한다. 이러한 맥락에서 비록 ANT가 기술적으로 발전하고, 이론적으로 향후 임상 치료를 가능하게 하는 환자 맞춤식 전분화능줄기세포의 대표적인 방식으로 간주되더라도 줄기세포 연구과정에서의 배아의 파괴에 대한 논의로부터 완전히 자유로울 수는 없을 것이다.

질병에 특화된 줄기세포의 창출을 위한 또 다른 기술은 일본 교토에서 신야 야마나카(Shinya Yamanaka)와 그 동료들이 2006년에 개발했다.[7] 그들은 마우스의 피부를 채취하여 iPS 세포(induced pluripotent stem cell)를 만들기 위해 네 개의 유전자를 피부 세포 속에 주입한 레트로바이러스를 사용하였고 이후에 인간 iPS 세포를 만들기 위해 이 기술을 사용하였다. iPS 세포 접근법은 질병 특화 줄기세포가 환자로부터 얻은 피부 줄기세포를 사용하기 위해 만들어질 수 있으며, 이 방식은 SCNT와 달리 연구에 필요한 부족한 인간 난자의 조달을 요구하지 않기 때문에 줄기세포 연구에서 각광받고 있는 방식이다. 그러나 이러한 기술의 발전에도 불구하고 현재 많은 과학자들은 iPS 세포가 줄기세포 연구에서 인간 배아줄기세포 연구의 필요성을 완전히 없앨 수 있다고 여기지 않는다. 왜냐하면 인간 배아줄기세포 연구는 인간 iPS 세포에 대한 과학자들의 이해와 분석을 증진시키는 데 필수적이다.[8] 또한 다능성 유도 유전자를 삽입하는 데 쓰인 레트로바이러스 자체가 돌연변이들로 야기되었기 때문에 안전성도 인간 iPS 세포에 대한 주요한 관심사이다.[9] 따라서 iPS 세포 접근법 또한 줄기세포 추

---

7) Insoo Hyun, Stem Cells in *From Birth to Death and Bench to Clinic: The Hastings Center Bioethics Briefing Book for Journalists, Policymakers, and Campaigns*, ed. Mary Crowley, Garrison(NY: The Hastings Center, 2008), 160쪽.

8) Insoo Hyun, "Stem Cells from Skin Cells: The Ethical Questions", *Hastings Center Report* 38(2008), No. 1, 20쪽.

9) 앞의 논문, 20쪽.

출과정에서 배아의 파괴를 수반하지 않는다 할지라도 인간 iPS 세포의 안전성과 효능을 시험하는 대조 표본으로서 인간 배아줄기세포 연구는 필요하다.

이러한 맥락에서 본다면 인간 배아에 대한 윤리적 논쟁을 벗어나기 위해서 배아를 파괴하거나 상해를 입히지 않는 만능줄기세포(pluripotent stem cell)의 대안적 근원을 개발하기 위한 노력에도 불구하고 여전히 인간 배아줄기세포 연구의 필요성과 중요성은 강조될 수밖에 없다.

3. 인간 배아줄기세포 연구를 둘러싼 다양한 윤리적 쟁점들

줄기세포 연구를 둘러싼 다양한 논쟁들 가운데 가장 논란이 되는 것은 배아의 도덕적 지위를 중심으로 하는 배아줄기세포 연구로서, 우리나라에서 가장 대표적으로 윤리적 쟁점이 된 것은 2004년과 2005년에 일어난 황우석 박사의 인간 배아복제기술에 관한 사건이다. 이 사건으로 말미암아 줄기세포 연구의 의미와 중요성이 널리 알려지는 계기가 되었지만 한편으로는 줄기세포 연구의 위험성도 인식하게 되었다. 이 사건을 둘러싼 과학적, 사회적 논쟁은 2006년 황우석 박사가 국제적 생명윤리규범을 위반함으로써 윤리적으로 부적절했다는, 국가생명윤리심의위원회의 결론으로 귀결되었다.[10] 이를 계기로 우리나라에서는 배아줄기세포 연구에 대한 윤리

---

10) 당시 국가생명윤리심의위원회가 제기한 생명윤리 문제는 다음과 같다. 첫째, 연구에 제공된 난자수급과정의 윤리적 문제이다. 난자매매금지의 위반과 자발적 공여자에 대해서도 위험이나 부작용에 대한 충분한 고려가 부족했다는 점이다. 둘째, 연구팀 여성 연구원의 난자 제공의 윤리적 문제이다. 종속관계에 있는 연구원들에게 난자 공여 동의서를 일괄적으로 배포하여 서명을 받도록 함으로써 연구원들의 자유를 제한했다는 점이다. 셋째, 연구과정에 대한 기관생명윤리위원회(Institutional Reveiw Board, IRB)의 윤리적 감독의 부적절성이다. IRB 위원들은

적 기준을 마련하기 위한 노력이 다방면에서 이루어지게 되었다. 그러나 이러한 각고의 노력에도 불구하고 배아줄기세포 연구를 둘러싼 윤리적 논쟁은 여전히 지속되고 있다.

1) 배아의 도덕적 지위

인간 줄기세포 연구 윤리에 대한 논의는 인간 배아 줄기세포의 근원에 대한 논쟁으로부터 시작하여 현재 기초 연구와 임상 연구에서의 줄기세포의 윤리적 사용으로 관심이 이동하고 있다. 이러한 윤리적 논쟁점의 변화에도 불구하고 논쟁의 시작부터 끊임없이 제기되며 어떠한 의미로는 가장 격렬하게 논쟁중인 문제는 바로 배아의 도덕적 지위에 대한 논의일 것이다.

배아줄기세포 연구에 반대하는 사람들은 종교적 혹은 개인적 이유로 인해 착상 전의 모든 배아는, 생식 임상 접시에 놓여 있거나 여성의 몸속에 있거나 관계없이 살아 있는 사람과 동일한 도덕적 지위를 가진다고 믿는다.[11] 이러한 입장에 있는 사람들은 실험실에서 만들어진 수정란이 새로 태어난 인간 또는 현재 모든 권리를 가진 완전한 인간으로 여겨지는 성인과 동일한 도덕적·법적 지위를 가진다고 생각한다. 배아가 가지는 삶의 지위에 대한 권리는 인간 DNA의 중요성과 인간으로서의 잠재적 가능성에 근거한다. 따라서 배아가 의식이 없고 고통을 느낄 수 없다는 사실이나 자궁으로 이식될 기회가 결코 없을 것이라는 사실 또한 전혀 문제가 되지 않는다.[12] 그러므로 이들에 따르면 비록 줄기세포 연구에 이용되는 배아가 폐기

IRB의 역할과 기능을 잘 알지 못하였기 때문에 고도의 윤리성이 요구되는 체세포 복제배아연구에 대한 피상적인 참여와 운영을 한 것이다. 자세한 내용은 조순로·설성수, 앞의 논문, 22쪽 참조.

11) Insoo Hyun, "The bioethics of stem cell research and therapy"(2010), 71쪽.

12) John A. Robertson, "Embryo Stem Cell Research: Ten Years of Controversy", *law, science, and innovation: the embryonic stem cell controversy* (summer 2010), 192쪽.

직전의 배아라 할지라도 연구 과정에서 배아의 파괴는 허용될 수 없다.

반면, 배아줄기세포 연구를 찬성하는 입장에서는 배아를 이익 또는 권리의 관점에서 볼 수 없는 존재로 인식한다. 왜냐하면 분화되지 않은 세포 덩어리로서 착상이 안 된 배아는 도덕적 지위를 가질 수 있는 충분한 조건을 갖추지 못했다는 것이다. 따라서 중요한 과학적 연구를 위해서 배아의 희생은 정당화될 수 있다고 여긴다. 조지 아나스(George Annas), 아서 캐플란(Arthur Caplan)과 셔먼 엘리사(Sherman Elisa)는 "배아와 줄기세포 연구가 가져올 결과가 중요한 의미를 가진다 하더라도, 배아를 '존중을 가지고 대하라"는 구절은 진부하다는 결론을 내리며 "배아를 존중하라는 의미가 명확하지 않다."고 한다.[13] 이러한 맥락에서 인간의 배아는 생성부터 보존, 이용 그리고 폐기까지 투명하고 체계적인 관리와 그에 따른 책임을 필요로하며, 이미 확립된 배아줄기세포는 수많은 다른 인간 유래 세포들과 마찬가지로 인류 복지 증진을 위한 의생명과학연구의 중요한 재료로서 지위를 유지하고 그에 대한 책임을 분명히 하면 된다는 입장이다.[14]

그러나 배아의 도덕적 지위에 관한 윤리적 논쟁은 인간 생명의 시작점에 대한 명확한 기준이 마련되지 않는 한, 앞으로도 종식될 가능성은 별로 없어 보인다. 현재 대부분의 국가에서는 생명윤리와 의학 발전의 균형을 고려하여 연구를 제한적으로 인정하고 있다. 이를테면 불임치료를 위한 인공수정에 사용하고 남은 잔여동결배아를 줄기세포 연구의 소재로 허용하고 있는 정도이다. 우리나라의 경우, 현행 '생명윤리 및 안전에 관한 법률'에 따르면 잔여배아는 5년까지 보관할 수 있으며, 보존기간이 도래한 배아

---

13) Lisa Sowle Cahill, "Social Ethics of Embryo and Stem Cell Research", *Women's health issues*(2000), Vol.10 No.3, 132쪽.

14) 김계성, 「인간 배아줄기세포에 대한 다양한 관점과 현실」, 《철학과 현실》 65호(철학문화연구소, 2005), 59쪽 참조.

중 연구목적으로 이용하지 않는 배아는 폐기하게 되어 있다. 즉, 배아줄기세포 연구는 잔여배아를 이용하는 것으로써 제한적으로 시행되고 있는 것이다. 그러나 배아줄기세포 연구 반대자들은 인공수정하고 나서 폐기되는 배아 또한 도덕적 지위를 가진다고 주장하기 때문에 배아의 도덕적 지위에 대한 논쟁이 완전히 끝난 것은 아니다.

2) 난자 기증과 관련된 문제들

앞서 제시한 바와 같이 줄기세포를 획득하는 다양한 대안적 방식에도 불구하고 많은 과학자들은 줄기세포 연구를 위한 가장 유용한 근원이 여전히 인간 배아라고 주장한다. 이와 관련하여 여성은 현재 인간 배아를 만드는 데 사용하는 난자의 유일한 제공자이다. 그러나 연구에 사용할 수 있는 배아가 부족하기 때문에 여성은 공적인 영역과 사적인 영역 모두에서 연구를 위한 배아를 제공하도록 요청받고 있다.

줄기세포 연구의 재료가 되는 잔여배아와 복제배아, 난자 등을 구하는 주된 방식은 기증이다. 연구용 배아를 만들기 위한 대부분의 난자는 불임부부 당사자가 불임 치료를 위해 만든 난자, 혹은 타인의 불임 치료를 위해 제공된 난자이다. 이 경우 원래 목적보다 더 많은 난자를 제공하는 경우에 동의를 받아 연구용으로 제공된다. 이러한 과정에도 불구하고 현재 배아줄기세포 연구에 대한 윤리적 논의에서 배아 생명의 지위에 대한 논의는 부각된 반면 이 과정의 직접 시술 대상자인 여성의 고통에 대한 논의는 크게 다루어지지 않았다. 그러나 난자 기증과 관련된 문제들 또한 인간 배아줄기세포의 논의에서 배아의 도덕적 지위에 대한 논의만큼 중요하다.

먼저, 우리는 난자 기증 과정에서 기증자에 대한 위험성과 이에 대한 충분한 설명에 근거한 동의(informed consent)의 명확성을 살펴보아야 한다. 배아줄기세포 연구에서 배아 사용의 가장 기본적인 원칙은 생식세포와 배아 기증의 자율성이 되어야 한다. 실제로 줄기 세포를 채취하기 위한 배아를 만들기 위한 과정에서 여성은 상당한 양의 고통과 신체적 위험성을 감수해야 한다. 예를 들어, 난소 자극으로 인한 난소과잉자극증후근(OHSS)과 복부 불편함, 메스꺼움, 구토 및 설사와 복부팽창을 포함한 가벼운 증상부터 신장부전증, 급성호흡곤란증후군(ARDS), 난소 파열로 인한 출혈과 혈전색전증에 이르기까지 생명을 위협하는 증상까지 존재한다.[15] 그러나 난자 제공자가 가지게 될 이와 같은 다양한 위험들에도 불구하고 충분한 설명에 근거한 동의의 과정에서 이것에 대한 정확한 고지가 이루어지고 있는지에 대한 관심은 덜 하다. 이러한 맥락에서 불임 치료를 위해 난자를 기증하는 여성에게 시술과정에서 발생할 수 있는 다양한 맥락의 위험성에 대한 정확한 고지와 더불어 이에 대한 충분한 이해가 이루어졌는지를 확인하는 구체적인 과정이 필요하다. 구체적으로 충분한 설명에 근거한 동의 문제와 관련하여 불임 시술 연구를 위해 잔여배아나 난자 제공을 요청받는 경우 환자에게 연구 목적으로 쓰일 것이라는 점은 고지 받지만 구체적인 연구의 종료 혹은 상업적 목적의 세포주를 형성하는 데 쓰일 것이라는 점은 고지받지 못할 수 있다. 또한 연구자가 주치의의 역할을 겸할 경우 임신의 성공가능성을 이유로 여성에게 더 많은 난자를 추출하거나 부부에게 필요 이상의 배아를 만들어낼 가능성이 높다. 그러므로 연구를 위한 난자 기증과 관련하여 기증자는 난자 기증의 절차는 물론 기증 과정에서 자신에게 부과될 위험성에 대해 정확히 설명받아야 하고 이에 대한 이해를 토대로 일정한 숙려기간 이후에 동의를 제공해야 한다. 이외에도 난자 기증자는 배아의 대안적 사용, 기증으로부터 누가 혜택을 받을 수 있는가 등의 정보를 정확히 제공받고 이해해야 한다. 이러한 맥락에서 기증자의 정자와

---

15) Mita Giacomini, Francoise Baylis & Jason Robert, "Banking on it: Public policy and the ethics of stem cell research and development", *Social Science & Medicine* 65(2007), 1492쪽.

난자가 연구에 기증될 배아를 창조하는 데 사용되어지는 경우, 버나드 로 (Bernard Lo)와 다른 이들은 생식 세포 기증자에게는 그들의 생식 세포 기증이 파괴적인 배아줄기세포 연구를 이끌 수 있다는 사실을 알려야 한다고 주장해 왔다.[16]

이러한 맥락에서 한국에서는 생명윤리 및 안전에 관한 법률 제15조에서 충분한 설명에 근거한 동의와 관련하여 다음과 같이 규정하고 있다.

> 배아생성의료기관으로 지정받은 의료기관(이하 '배아생성의료기관'이라 한다)은 배아를 생성하기 위하여 정자 또는 난자를 채취하는 때에는 정자제공자·난자제공자·인공수태시술대상자 및 그 배우자(이하 '동의권자'라 한다)의 서면동의를 얻어야 한다. 서면동의에는 다음 각 호의 사항이 포함되어야 한다. 1. 배아생성의 목적에 관한 사항, 2. 배아의 보존기간 그 밖에 배아의 보관에 관한 사항, 3. 배아의 폐기에 관한 사항, 4. 임신 외의 목적으로 잔여배아를 이용하는 것에 대한 동의여부, 5. 동의의 철회, 동의권자의 권리 및 정보보호 그 밖에 보건복지부령이 정하는 사항이다. 배아생성의료기관은 제1항의 규정에 의한 서면 동의를 받기 전에 동의권자에게 제2항 각 호의 사항을 충분히 설명하여야 한다.

그러나 이와 같은 규제에도 불구하고 한국은 배아연구 기관과 불임시술 기관이 동일한 경우가 많기 때문에 피험자의 자발적 동의를 위해 요청되는 충분할 설명이 적절하게 이루어지지 않을 위험성이 크다. 따라서 의료인과 배아 연구 책임자가 동일 인물이 아니도록 하며, 연구 동의서의 내용을 설명하고 동의를 구하는 사람은 기증자의 치료와 관련이 없는, 공정한 제3자

---

16) John A. Robertson, 앞의 논문, 197쪽.

가 담당하도록 하는 등의 충분한 설명에 근거한, 동의에 대한 보다 엄격한 윤리적 기준이 마련되어야 할 것이다.

둘째, 난자 기증에 대한 보상과 더불어 난자 수급으로 인한 국제적 불평등에 대한 우려의 문제에 관심을 기울여야 할 것이다. 대부분의 국가에서는 불임시술을 위해서만 난자의 공여가 가능할 뿐 연구용으로 난자를 공여하는 것을 허용하지 않고 있다.[17] 그러나 난자의 잔여분을 체외수정기술로부터 수급받는 경우 그 수급량이 점점 더 부족해지고 있으며, 그 결과 향후 난자 수급 문제가 핵심으로 떠오르고 있다. 한국에서 배아는 단순한 권리의 객체로서의 '물건'(민법 제90조)이 아니라, '장차 완전한 인간으로 발달할 잠재력을 가진 존재'이므로, 배아는 '매매'(민법 제563조)와 같은 유상계약의 목적물이 될 수 없다.[18] 이러한 맥락에서 2005년 1월부터 시행된 생명윤리 및 안전에 관한 법률 제13조 제3항에 의하면 "누구든지 금전 또는 재산상의 이익, 그 밖에 반대급부를 조건으로 정자 또는 난자를 제공 또는 이용하거나 이를 유인 또는 알선하여서는 안 된다"고 규정하고 있다. 한편 대한의사협회의 의사윤리지침에 의하면 "인공수정에 필요한 정자와 난자를 매매하는 것은 허용되지 않으며, 의사는 그러한 매매행위에 관여하여서는 아니된다"고 규정하고 있다. 다만, 잔여배아의 제공의 경우 배아생성의료기관이 요구할 수 있는 금액은 ① 잔여배아 보관에 필요한 배아보관용 액체질소탱크 등의 장비 감가상각비 및 유지보수비, ② 액체 질소 등의 소모품비를 합산한 금액으로 하되, 보관 경비는 잔여배아의 보존기간이 경과한 이후의 소요비용에 대하여만 계상하여야 한다고 규정하고 있다(동법 시행규칙 제11조).

---

17) 이인영, 「난자채취 및 기증과 관련된 물음과 정책대안의 논의」, 『생명윤리』 제6권 제2호(2005), 79쪽.
18) 김민중, 앞의 논문, 13쪽.

그러나 난자 제공과 관련하여 그것이 기증의 형식을 취한다 할지라도 그에 따르는 여성의 고통과 신체적 위험성은 크다고 할 수 있다. 난자를 기증한 여성은 상당한 신체적 침범을 겪고 있으며, 이러한 점에서 그들의 수고는 보상받을 가치가 있다. 배아줄기세포에 관한 논쟁에서 안나스(Annas) 등은 연구용 난자를 기증하는 여성들은 직접적 이익이 없으면서 위험을 감내해야 한다고 주장하였다.[19] 이러한 맥락에서 미국 내에서 배아복제 연구를 주도하고 있는 ACT(Advanced Cell Technology) 윤리위원회에서는 여성의 난자 제공과 관련하여 "여성에게 아무것도 지불하지 않으면 착취가 되고 너무 많이 지불하면 강요가 된다."고 보고한 바가 있다.[20] 그러나 이에 대한 엄청난 반대가 있다. 2005년 4월 NAS는 난자 제공에 대해 조심스러운 입장을 취하면서 연구용 난자 제공에 대해서는 실비 보상만이 가능하도록 규정해두고 있다. 그리고 영국은 현재까지 연구용 난자 기증을 허용하지 않다가 최근 인간수정 및 배아발생기구(Human Fertilisation and Embryology Authority, 이하 HFEA)에서 개정안을 입법할 예정이라고 밝혔다.[21] 더불어 뉴욕 주 위원회는 현재 뉴욕에서의 불임 치료를 위한 기증의 현행 요금과 비교했을 때 10000달러까지는 연구를 위해 난자를 기증한 사람에게 주어질 수 있다고 결론지었다.[22] 이러한 맥락에서 한국에서도 난자 제공과 관련하여 필요한 합리적 경비 외에 연구를 위해 난자를 기증하는

---

19) Annas G., Caplan A. & Sherman E. "The Politics of Human-Embryo Research-Avoiding Ethical Gridlock", *New England Journal of Medicine* Vol. 334(1996), 1329~1332쪽 참조.

20) 최은경·김옥주, 「황우석 사태에서의 윤리적 쟁점의 변화: 배아윤리에서 난자윤리로」, 《한국생명윤리학회지》 제7권 제2호(2006), 93쪽.

21) 개정안에는 IVF 환자가 연구용 난자 제공시 실비 보상을 15파운드에서 250파운드로 증가시킬 계획이고, 여성 연구원 역시 다른 팀에게 난자를 제공할 수 있으며, 연구자나 환자의 가족, 친구들도 난자를 제공할 수 있음을 골자로 하고 있다. 앞의 논문, 93쪽.

22) John A. Robertson, 앞의 논문, 197쪽 참조.

여성의 고통과 신체적 위험성에 대한 적절한 고려가 이루어져야 할 것으로 생각된다.

이와 같이 난자 수급 과정에서 여성의 고통과 수급 자체의 어려움으로 인해 향후 국제적 체외수정기술(IVF) 시장의 난자 및 배아가 배아줄기세포 연구에 쓰일 수 있는 위험성이 존재한다. 줄기세포 연구에서 냉동되지 않은 신선한 난자는 연구의 성공을 위한 중요한 요인으로 여겨지며, 그 결과 연구자들은 제3세계의 난자 공여자들을 통해 신선한 난자를 얻고자 할 수 있다. 실제로 줄기세포 연구를 위한 국제적인 연구 협력기관으로 세워졌던 '세계줄기세포허브'는 비교적 난자 수급이 용이한 한국에서 구할 수 있는 난자를 바탕으로 연구를 진행하기 위한 계획이었다.[23] 이러한 맥락에서 도나 디킨슨(Dona Dickenson) 등은 배아줄기세포를 포함한 생명공학기술의 발전이 제1세계 난자의 부족과 함께 제3세계 여성들의 난자 공급으로 이어지고 있는 것에 대해 우려한다.[24] 따라서 이러한 난자 수급과 관련하여 연구자들의 윤리 의식의 향상과 미래에 발생할 수 있는 국제적 불평등에 대한 논의와 더불어 그에 대한 윤리적 기준이 마련되어야 할 것이다.

3) 줄기세포 연구와 치료에 관한 과도한 환상의 위험성

조성겸과 윤정로에 의하면 한국에서는 생명과학에 대해 긍정적인 태도를 보이고 있지만 생명과학에 대한 시민들의 관심이나 지식수준은 높지 않은 것으로 나타났다.[25] 또한 일반 시민들은 전문가보다 생명과학 기술의 실현 가능성을 좀 더 낙관적으로 보고 있다. 과거 황우석 연구의 경우, '난

---

23) 정연보, 「배아줄기세포 연구와 젠더: 난자제공과 여성의 노동 및 참여를 중심으로」, 《페미니즘 연구》 7편 1호(2007), 204쪽.

24) 최은경·김옥주, 앞의 논문, 95쪽.

25) 조성겸·윤정로, 「생명공학에 대한 사회적 인식」, 《과학기술학연구》 제1권 2호(2001), 343~369쪽 참조.

치병 환자의 꿈을 현실로 만들어 주겠다'는 식의 발언들을 지속적으로 함으로써 시민들에게 줄기 세포에 대한 환상, 구체적으로 치료와 연구의 혼동을 가져왔고 연구 결과에 대한 과도한 기대를 하게끔 만들었다. 이와 같이 일반 시민이 가진 긍정적인 태도는 과학기술이 가져오는 부정적인 측면을 충분하게 생각하지 못하게 한다는 문제점을 가진다.

줄기세포 연구와 관련된 과도한 환상의 위험성은 현재 전 세계적으로 소위 '줄기세포 클리닉(stem cell clinic)'으로 불리는 의료 기관들의 출현으로 인해 더욱 심각해지고 있다. 현재 세계 도처에서 수억의 돈을 벌기 위해서, 그러나 신뢰할 만한 과학적 근거, 명확성, 통찰력 혹은 환자 보호 없이 심각한 질병을 가진 환자들을 위한 효과적인 줄기세포 치료를 제공한다고 주장함으로써 환자의 희망을 이용하고 있는 클리닉들이 있다.[26] 그러므로 현재 줄기세포 연구자, 임상의, 생명윤리학자들 사이에 줄기세포 관광이 절망적인 환자들에게 심각한 위험이라는 폭넓은 국제적 합의가 존재한다.[27] 줄기세포 치료의 온라인 광고에 대한 라우(Lau) 등의 분석은 전 세계의 많은 임상의들이 그들이 주장하는 치료의 이익을 과도하게 약속하고 그것들이 수반하는 위험을 지나치게 경시하거나 무시한다는 점을 드러낸다.[28] 그 결과, 국제 줄기세포 연구 학회(International Society for Stem Cell Research, ISSCR)는 증명되지 않은 줄기세포 치료를 실행하는 것은 개별 환자들을 위험에 빠뜨리고 치료, 응용, 줄기세포 연구의 적절한 과정을 혼란에 빠뜨린

---

26) Insoo Hyun, Olle Lindvall et al., "New ISSCR Guidelines Underscore Major Principles for Responsible Translational Stem Cell Research", *Cell Stem Cell* 3 (2008), 607쪽.

27) Insoo Hyun, "Allowing Innovative Stem Cell-Based Therapies Outside of Clinical Trials: Ethical and Policy Challenges", *law, science, and innovation: the embryonic stem cell controversy* (2010), 278쪽.

28) Olle Lindvall & Insoo Hyun, "Medical Innovation Versus Stem Cell Tourism", *Science* Vol. 324(2009), 1664쪽.

다고 여기고 있으며, 이에 대한 적절한 규제의 필요성을 강조한다.

이러한 점에서 우리는 줄기세포에 기반을 둔 혁신적 치료를 이해하고 이에 대한 정확한 기준을 세워야 할 것이다. 다시 말해 일반적인 임상연구와 달리 줄기세포에 기반을 둔 혁신적인 치료들이 어떻게 규제되어야 하는지에 대해 관심을 기울여야 한다. 일반적으로 혁신적 치료는 보편화될 수 있는 지식을 창출하는 것을 목표로 삼지는 않는다. 대신에 수용가능한 의학적 대안이 거의 또는 전혀 없는 환자 개인을 위해 합리적인 성공 가능성을 지닌 새로운 형태의 임상 진료를 제공하는 것을 주된 목표로 삼는다.[29] 이러한 점에서 신뢰할 수 있는 의학적 혁신은 임상시험 과정에 딱 들어맞지 않는 줄기세포 기반 치료들의 개발을 위한 중요한 수단이 될 수 있다. 그러므로 줄기세포 치료를 기대하는 치료 불가능의 환자들에게는 정확하게 설계된 임상 과정을 거치는 임상연구가 아닌 개별 환자의 치료에 초점을 맞추는 혁신적 치료가 더 중요한 의미를 가질 것이다.

ISSCR에 의해 초안이 마련된 줄기세포의 임상적 해석을 위한 지침은 절대다수의 해석적 줄기세포학에서 임상시험 과정을 다음과 같이 강조한다.

줄기세포기반 의학적 혁신은 과학과 윤리가 결합된 재조사와 적절한 환자 보호라는 조건이 필요하다. 줄기세포기반 혁신들과 유사한 과정은 줄기세포과학의 복잡성에 민감해야 한다. 과학적 설명, 인간의 다른 증상을 위한 치료의 적용뿐만 아니라 동물모델에서 임상 전 연구로부터 나온 효능과 안전성의 유효한 증거, 전달된 세포의 전체적인 특성들, 세포 전달과 임상

---

29) 임상 연구와 달리 혁신적인 치료의 일반적인 목표는 환자 개인의 상태를 향상시키거나 개선하는 것이다. 이러한 맥락에서 줄기세포에 기반을 둔 혁신적 치료는 좋은 환자 치료라는 목적에 봉사해야 한다는 점이다. 혁신적인 치료에 대한 자세한 내용은 Insoo Hyun, "Allowing Innovative Stem Cell-Based Therapies Outside of Clinical Trials: Ethical and Policy Challenges", 2010, 279~280쪽 참조.

추적 방법의 설명을 포함하는 기술된 계획이어야 한다. 이 계획은 전문가들에 의해 수행된 재검 과정을 통과해 승인받아야 하며 그런 후에 견고한 자발적 설명 동의가 있어야 한다. 이 재검 과정의 투명성과 제도적 책임 역시 줄기세포 분야의 지속적인 대중적 지지를 위해서 바람직하고 중요하다. 의학적으로 혁신적인 시술에 대한 경험이 있은 후에 의사–과학자들은 가능하다면 언제나, 임상시험과정을 시작해야 한다. 줄기세포 기반 접근의 복잡함과 기초 연구에 바탕한 강한 근거들 때문에 의학적 혁신은 줄기세포 연구소와 밀접한 그 분야의 전문가들인 임상의들에 의해서만 적용되어야 한다.[30]

이와 더불어 줄기세포 연구에 대한 적절한 교육과 올바른 홍보 등을 통해서 일반 시민들이 줄기세포 연구 자체와 그 치료 가능성에 대해 정확하게 이해하고 합리적으로 수용할 수 있도록 해야 할 것이다.

4) 줄기세포 연구에서의 IRB의 역할

줄기세포 연구와 관련하여 이에 대한 심의 및 감독이 IRB(Institiutional Review Board)만으로 충분하다는 의견이 있는 반면, 일각에서는 인간을 대상으로 하는 연구 또는 시험에 있어서 피험자를 보호하기 위한 제도인 IRB만으로는 충분하지 않다는 의견도 있다. 이러한 입장에 따르면 배아줄기세포는 인간으로 여겨질 수 없기 때문에 인간 피험자를 보호하는 것을 주된 임무로 하는 IRB가 제공할 수 없는 추가적인 윤리적이고 법적인 보호를 수행할 기관이 필요하다는 것이다. 예를 들면, NIH 가이드라인은 인간전분화줄기세포심의그룹(HPSCRG) 및 과학 심의그룹을 통한 심의·감독제도를 마련했다.[31] 2005년에 발표된 NAS 가이드라인은 연구기관들로 하여금

---

30) Olle Lindvall & Insoo Hyun, 앞의 논문, 1665쪽.
31) 박준석, 「줄기세포 연구의 심의·감독: SCRO와 ESCRO를 중심으로」, 《생명윤리정책연구》 제1

인간배아줄기세포주의 확립과 사용에 관한 총괄 감독 기구로서 배아줄기세포 연구감독(ESCRO)[32] 위원회라는 독립적 기구를 설립하도록 의무화하고 있었으나, 2007년도 개정판에서는 이러한 의무를 완화하여, 반드시 스스로 ESCRO 위원회를 설립하여 운영할 필요 없이, 타기관의 ESCRO 위원회 또는 별도의 독립 ESCRO 위원회로부터 심의를 받는 것도 가능하도록 하고 있다.[33] 또한 ISSCR 가이드 라인은 치료응용연구의 검토과정에서 특정 주제 전문가들의 중요성을 강조한다.[34] 즉, 독립적인 전문가 검증(peer review)의 자발적인 충분한 설명에 근거한 동의의 높은 기준이 필요하다는 것이다.

한국의 경우, 줄기세포 관련 연구지침은 기관의 연구윤리심의위원회(IRB)의 심의 역할이 필수적 요소임을 강조하고 있다.

2001년 9월 보건의료기술연구기획평가단이 발표한 〈인간줄기세포 연구관리지침〉은 줄기세포 연구 계획서를 작성할 때에 "줄기세포 연구와 관련하여 IRB(Institutional Review Board) 승인 시 사용한 것과 동일한 동의서 양식(줄기세포관리지침에 준한 내용이 포함)을 첨부하여야 한다."고 명시하고 있다. 또한 "연구책임자는 의약품 임상시험관리기준(식약청고시)에 준하여 구성된 연구기관의 IRB 승인서를 과제선정 후 협약하기 전에 제출하여야 한다." 과학기술부 지정 세포응용연구사업단의 윤리위원회에서 2002년 12월

권 1호(생명윤리정책연구센터, 2007), 11쪽.

32) ESCRO 위원회는 제안된 연구와 관련된 줄기세포 특화 쟁점들을 살피기 위해 기초 과학자, 의사, 윤리학자, 법률 전문가, 지역공동체 구성원들을 포함해야 한다. 이들 위원회는 또한 배아 기증자들과 다른 인간 신체들이 공정하게 다루어지고 줄기세포 연구팀에게 자발적인 설명동의를 제공해야 한다는 것을 보증하기 위해 지역윤리재검위원회와도 함께 일해야 한다.

33) 박준석, 앞의 논문, 11쪽.

34) Insoo Hyun, Olle Lindvall et al., 앞의 논문, 608쪽.

발표한 〈세포응용연구사업단 줄기세포 연구지침〉에서도 줄기세포의 분리 및 확립 연구, 줄기세포 사용연구 모두에서 연구계획서를 해당 연구기관의 연구윤리심의위원회(IRB)에서 일차적으로 심의할 것을 명시하고 있다. 따라서 연구계획서를 제출하기 전 (1) 줄기세포의 분리/ 연구계획서, (2) 배아제공자의 서면동의서 양식 등 소속기관 IRB에 제출한 심의 자료, (3) IRB 승인 조건 등이 포함된 승인 공문 사본 등을 제출하도록 규정하고 있다.[35]

그러나 줄기세포에 대한 연구는 한편으로 인간을 대상으로 하는 연구로서 피험자의 권리가 침해되지 않도록 각별한 주의를 기울여야 함과 동시에, 다른 한편으로 세포치료제 개발을 위한 의약품 연구의 일부로서 충분한 임상시험을 거칠 것이 요구되는 특수한 분야야다.[36] 이러한 점에서 현재 국내 줄기세포 연구와 관련한 심의·감독 기관으로서의 IRB의 역할은 국제적 수준의 윤리성을 확보하기에 취약한 상황이라 할 수 있을 것이다. 우선, 줄기세포 연구의 윤리성 검토 및 감독을 맡기기에는 현실적으로 국내 IRB 제도의 인프라가 확보되어 있지 못하다. 둘째, IRB 제도를 포함하여 국가 단위에서 배아줄기세포 연구의 관리를 위한 법적, 제도적 장치가 구비되어 있지 못하다. 따라서 국내 배아줄기세포 연구의 윤리성을 국제적으로도 인정받기 위해서는 IRB 위원들의 교육과 더불어 이에 대한 추가적인 심의·감독 장치를 두어서 인간의 복지를 증진시키며 인간존엄성을 훼손하지 않는 연구를 수행하도록 실질적으로 제도적인 장치들을 정착시켜야 할 것이다.

---

35) 김옥주, 「연구윤리심의위원회의 역할과 줄기세포 연구」, 《의료·윤리·교육》 제6권 제1호 (2003), 73~74쪽.

4. 나가는 말

오늘날 생명윤리의 문제와 관련하여 발생하는 가장 흥미롭고 복잡한 문제는 줄기세포 연구와 이를 통한 치료의 가능성에 대한 것이라고 할 수 있다. 따라서 줄기세포 연구에 대한 현실적 가능성이 더욱 높아가는 현 시점에서 필자는 바람직한 줄기세포 연구의 발전을 위해 가장 근원적인 방법인 인간 배아줄기세포 연구에서 발생하는 몇 가지 윤리적 논쟁점들을 고찰하였고, 끝으로 이에 대한 몇 가지 제언으로 본 논문을 정리하고자 한다.

첫째, 줄기세포 연구를 위해 잔여배아 혹은 난자를 제공하는 과정에서 피험자의 충분한 설명에 근거한 동의가 제대로 이루어지기 위해서는 불임 치료를 위해 만든 난자 혹은 타인의 불임 치료를 위해 난자를 기증하는 여성에게 이 과정에서 발생할 수 있는 다양한 맥락의 위험성과 더불어 연구의 목적 및 그것의 미래사용에 대해 정확하게 고지하는 것에 대한 윤리적 기준이 확립되어야 할 것이다.

둘째, 기존의 연구 윤리의 입장에서 본다면 연구가 여성에게 직접적인 이득이 되지 않으면서 여성에게 신체적 위험을 부과한다면 이것은 비윤리적인 것이 된다. 따라서 보다 더 큰 사회적 이익을 위한 연구를 위해 자신의 난자를 기증하는 여성에게 있어 과도하지 않은 범위에서의 적절한 보상에 대한 논의가 이루어져야 할 것이다.

셋째, 생명과학은 생명윤리의 문제와 연결되면서 전문적인 과학기술의 영역인 동시에 시민들의 여론과 태도가 중요한 분야가 되었다. 이러한 측면에서 줄기세포 연구와 치료 가능성에 대한 정확한 시민들의 이해는 줄기세포 연구의 발전 가능성에 큰 역할을 할 것이다. 그러므로 줄기세포 연구

---

36) 박준석, 앞의 논문, 17쪽.

와 치료에 대한 정확한 정보 공개 및 교육 프로그램의 확립 등을 통해서 시민들의 인식 수준을 높이기 위해 노력해야 할 것이다.

넷째, 현재 국제 사회는 줄기세포 연구에 대한 심의·감독이 IRB만으로는 충분하지 않다는 입장을 중심으로 이에 대한 추가적인 심의·감독 제도의 중요성을 강조하고 있다. 이러한 맥락에서 한국에서도 줄기세포 연구를 심의하는 독립적인 심의위원회와 같은 특별한 제도가 만들어질 필요가 있을 것이다.

마지막으로 줄기세포 연구 윤리 규범이 보다 충실해지기 위해서는 기초적인 연구 윤리 실천부터 점검되어야 하고 연구 현장에서 연구 윤리에 대한 전향적 인식이 필요하다. 즉, 기관별로 연구 윤리를 실천하고 연구 윤리에 대한 인식을 함양시킬 필요가 있다. 그러므로 IRB 기능의 강화뿐만 아니라 실험실 내 멘토링과 같은 현장에서의 연구 윤리를 강화하기 위해서 실험실 담당자를 대상으로 한 연구 윤리 교육 실시, 현장 연구자를 대상으로 한 교육 실시, 학위 과정 내 연구 윤리 교육 강화와 실험실 관리 등이 뒷받침될 필요가 있을 것이다.

| 참고문헌 |

김계성, 「인간배아줄기세포에 대한 다양한 관점과 현실」, 《철학과 현실》 65호,
    철학문화연구소, 2005

김민중, 「인간배아줄기세포 연구의 민사법적 의미」, 《저스티스》 통권 제103호, 2008.

김옥주, 「연구윤리심의위원회의 역할과 줄기세포 연구」, 《의료·윤리·교육》 제6권 제1호, 2003.

박준석, 「줄기세포 연구의 심의·감독: SCRO와 ESCRO를 중심으로」,
    《생명윤리정책연구》 제1권 1호, 2007.

이인영, 「난자채취 및 기증과 관련된 물음과 정책대안의 논의」, 《생명윤리》 제6권 제2호, 2005.

정연보, 「배아줄기세포 연구와 젠더: 난자제공과 여성의 노동 및 참여를 중심으로」,
    《페미니즘연구》 7권 1호, 2007.

조성겸 · 윤정로, 「생명공학에 대한 사회적 인식」, 《과학기술학연구》 제1권 2호, 2001.

조순로 · 설성수, 「인체유래 생물자원 관련 생명윤리정책 제언」, 《생명윤리》 제11권 제1호, 2010.

최은경 · 김옥주, 「황우석 사태에서의 윤리적 쟁점의 변화: 배아윤리에서 난자윤리로」, 《한국생명윤리학회지》 제7권 제2호, 2006.

Annas G. Caplan A. & Sherman E. "The Politics of Human–Embryo Research–Avoiding Ethical Gridlock", *New England Journal of Medicine* Vol. 334, 1996.

Insoo Hyun, "Allowing Innovative Stem Cell–Based Therapies Outside of Clinical Trials: Ethical and Policy Chanllenges", *law, science, and innovation: the embryonic stem cell controversy*, 2010.

Insoo Hyun, Stem Cells in *From Birth to Death and bench to Clinic: The Hastings Center Bioethics Briefing Book for Journalists, Policymaker, and Campaigns*, ed. Mary Crowley, Garrison NY: The Hastings Center, 2008.

Insoo Hyun, "Stem Cells from Skin Cells: The Ethical Questions", *Hastings Center Report* 38 No. 1, 2008.

Insoo Hyun, "The bioethics of stem cell research and therapy", *The Journal of Clinical Investigation* Vol. 120 No. 1, 2010.

Insoo Hyun, Olle Lindvall et al., "New ISSCR Guildelines Underscore Major Principles for Responsible Translational Stem Cell Research", *Cell Stem Cell* 3, 2008.

John A. Robertson, "Embryo Stem Cell Research: Ten Years of Controversy", *law, science, and innovation: the embryonic stem cell controversy*, summer, 2010.

Lisa Sowle Cahill, "Social Ethics of Embryo and Stem Cell Research", *Women's health issues* Vol. 10 No. 3, 2000.

Mita Giacomini, Francoise Baylis & Jason Robert, "Banking on it: Public policy and the ethics of stem cell research and development", *Social Science & Medicine* 65, 2007.

Olle Lindvall & Insoo Hyun, "Medical Innovation Versus Stem Cell Tourism", *Science* Vol. 324, 2009.

Zachary J. Kastenberg & Jon S. Odorico, "Alternative sources of pluripotency: science, ethics, and stem cells", *Transplatation Reviews* 22, 2008.

| 김진경 |

현재 동아대학교 윤리문화학과 조교수. 주요 논문으로 「의료에서 의사의 실천적 지혜(phronesis)」 (2006), 「의학적 의사결정모델로서 공동의사결정의 이해」(2008), 「연명치료 중단 결정에서 의학적 무의미함(medical futility)」(2010), 「의학적 의사결정과정에서 실천적 덕의 토대로써 중용(中庸)」(2011), 「의료에서 덕과 실천의 매개로서 서사(narrative)」(2011) 등이 있다.

04
인간 배아의 도덕적 지위에 관하여*

| 문성학 |

경북대 윤리교육과

1. 머리말

복제양 돌리의 출현 이후 사람들은 즉각적으로 복제인간의 출현 가능
성을 염두에 두고 엄청난 논쟁을 벌이고 있다. 일각에서는 아무리 유전적
불치병이나 다른 질병의 치료에 도움이 된다 하더라도 인간의 배아복제
연구는 필연적으로 무고한 인간존재인 배아의 파괴를 수반하기에 어떤 경
우에도 허용해서는 안 된다고 주장한다. 주로 개신교나 가톨릭교회에서
이런 입장을 취하고 있다. 다른 쪽에서는 배아는 단순한 세포덩어리에 불
과하여 생명권을 포함한 그 어떠한 도덕적 지위도 갖지 못하므로 인류를
질병의 고통으로부터 구하기 위해 배아복제 연구는 적극 옹호되어야 한다
고 주장한다. 연구의 자유를 중시하는 일군의 과학자 집단에서 이 입장을

---

* 이 글은 한국윤리교육학회에서 발간하는 《윤리교육연구》 24집(2011년 4월 30일)에 게재된 글이다.

취하고 있다. 이 양극단의 입장 사이에 몇몇 다양한 입장들이 포진해 있다. 배아복제 연구가들은 과학의 이름으로 무고한 인간인 배아를 죽이는 살인자인가 아니면 인류를 질병으로부터 구해줄 생명공학적 희망의 전도사인가?

일부 사람들은 인간배아복제 연구를 통해 질병치료를 넘어서 인간개체복제까지도 문을 열어두어야 한다고 주장하기도 한다. 또한 『누가 인간복제를 두려워하는가?』,[1] 『인간복제의 시대가 온다』[2]는 제목의 서적들이 대중들의 눈길을 사로잡고 있다. 다른 한편에서는 인간배아복제나 인간개체복제는 신의 영역을 침범하려는 인간의 오만과 불손이며 기존의 윤리, 종교, 법 등 인류의 문화 전반에 엄청난 재앙을 몰고 올 판도라 상자를 여는 행위가 될 것이라고 경고한다.

인간배아가 온전한 인간이라면,[3] 그리고 인간배아복제이건 인간개체복제이건 배아복제 연구가 배아 파괴를 통하지 않고서는 이루어질 수 없다면, 그래서 배아 파괴는 곧 무고한 인간존재를 죽이는 살인행위라면, 인간배아복제 연구이건 인간개체복제 연구이건, 그리고 그 연구가 아무리 좋은 동기에서 행해진 것이라 하더라도 엄격히 금지되어야 할 것이다. 그뿐만 아니라 배아 파괴를 자행한 사람은 살인죄로 처벌받아야 한다. 문제는 과연 인간배아의 도덕적 지위는 무엇인가 하는 것이다. 인간배아는 온전한 인간인가 또는 단순한 세포덩어리에 불과한가, 아니면 잠재적 인간인가? 필자가 이 논문에서 집중적으로 다루어보고자 하는 것이 바로 이것이다.

---

1) 그레고리 E. 펜스, 『누가 인간복제를 두려워하는가?』(양문, 1996).
2) 김홍재, 『인간복제의 시대가 온다』(살림, 2006).

2. 인간이란 무엇인가?

배아의 도덕적 지위를 검토해보기 전에 먼저 인간이란 무엇인가 하는 문제부터 살펴볼 필요가 있다. 그래야만 배아가 인간인지, 아니면 단지 잠재적 인간에 불과한 건지, 아니면 단순히 세포덩어리에 불과한 것인지 판정할 수 있을 것이기 때문이다. 인간이란 무엇인가? 그러나 유감스럽게도 이물음에 대해 모든 사람이 동의할 수 있는 정의는 아직 없다. 그런데도 불구하고 인간 개념에 대한 모종의 정의 없이 인간배아의 도덕적 지위를 논한다는 것은 저울 없이 몸무게를 다는 꼴이 될 것이다.

피터 싱어는 『실천윤리학』에서 인공 유산을 정당화하는 논변을 펼치면서 두 종류의 인간 개념을 소개한다. 필자가 이 대목에서 피터 싱어의 입장을 소개하는 것은 그가 제시하는 인간 개념의 문제점을 지적하여 인간 개념에 대한 필자 나름의 제3의 정의를 소개하기 위해서다. 하나는 인간을 '호모 사피엔스라는 종의 구성원'으로 정의하는 것이고, 나머지 하나는 인간을 '인격체'로 정의하는 것이다.

어떤 존재가 호모 사피엔스의 일원인가 아닌가 하는 것은 과학적으로, 즉 살아 있는 유기체의 세포 속에 있는 염색체의 성질을 검사함으로써 결정할 수 있는 것이다. 이러한 의미에서는 인간인 부모에 의해 수태된 태아는 그것이 최초로 존재하게 되는 순간부터 인간임에 의심의 여지가 없다. 마찬가지로 심하게 그리고 치유불가능하게 지체된 식물인간도 인간인 것은 사실이다.[4]

---

3) 샌델은 이런 입장을 도덕적 지위 동등론(equal moral status view)으로 부르고 있다. 마이클 샌델, 『공동체주의와 공공성』(철학과 현실사, 2008), 248쪽 참조.

4) P. Singer, *Practical Ethics*(London : Cambridge Univ. Press, 1980), 74쪽.

인간 개념에 대한 이런 정의는 생물학적 정의라고 할 수 있는데, 이런 정의에 따르면 어떤 경우에도 낙태는 불가능하게 된다. 왜냐하면 태아(수정후 9주부터 출산까지)는 명백히 호모 사피엔스라는 종의 유전적 특징을 가진 생명체, 즉 인간이기 때문이다. 이 정의에 의하면 배아(수정 후 3주에서 8주까지)나 전배아(수정 후 2주까지) 역시 인간으로 분류되어야 할 것이다. 물론 피터 싱어는 인간 개념에 대한 이런 정의를 배격하며 인격체로서의 인간 개념을 지지한다. 그는 인격 개념에 대한 조셉 플레처(Joseph Fletcher)의 설명을 소개한다. 상황윤리학자인 조셉 플레처는 '인간성의 징표(indicator of humanhood)'라고 부르는 것들의 목록을 제시하고 있다. 이 목록에는 자의식, 자기통제, 미래감, 과거감, 타인과 관계 맺는 능력, 타인에 대한 관심, 의사소통, 호기심 등이 속한다.[5] 이러한 능력을 가진 존재를 싱어는 '인격체(person)'로 부른다. 인간성의 징표라는 관점에서 인간을 정의하는 것을 인간에 대한 사회학적 정의로 부르고자 한다. 이 정의에 의하면 태아나 신생아 식물인간은 결코 인격체라는 의미의 인간일 수는 없다. 오히려 원숭이 같은 고등동물은 인격체일 수 있다.

그는 인격체로서의 인간 개념의 입장에서 인공유산을 정당화하는데, 태아는 인격체가 아니기에 산모의 사생활권을 위하여 희생될 수 있다는 입장을 취한다. 물론 그는 태아가 어른인 인간으로 성장할 잠재성, 즉 온전한 인격체로 성장할 가능성을 인정한다. 태아는 잠재적 인격체라는 것이다. 그러나 그는 잠재적 인격체는 인격체가 갖는 현실적인 권리를 갖지 못한다고 말한다. 예컨대 찰스 황태자는 잠재적인 영국 왕이지만, 영국 왕이 갖는 현실적인 권리를 갖지는 못한다. 즉 태아는 현실적인 생명권을 갖지 못한다는 것이다. 싱어는 오히려 자기의식이나 과거감, 의사소통능력 등 조

---

5) 같은 책, 74~75쪽 참조.

셉 플레처가 인격성의 징표라고 하는 것들을 구비하고 있는 고등 유인원들을 단지 호모 사피엔스라는 종의 유전적 특징과 다른 특징을 지녔다고 해서 죽인다면, 그것이 바로 인간종족중심주의의 오류라고 맹비난한다.[6]

우리는 앞에서 인간이란 개념을 생물학적으로 정의할 수도 있고 사회학적으로 정의할 수 있음을 살펴보았다. 그러나 우리는 양쪽이 다 일면적인 인간 개념을 갖고 있음을 지적하지 않을 수 없다. 필자는 인간이란 개념을 호모 사피엔스라는 종족의 유전적 특징을 갖고 있는 인격체의 의미로 사용하기를 제안한다. 물론 지금 필자는 인간에 대한 모종의 약정적 정의(stipulatory definition)를 제출하고 있는 것은 아니다. 만약 우리가 인간을 인격체로 정의한다면, 우리는 고등동물의 일부와 외계인(만약 그런 존재가 있다면)도 인간에 포함시켜야 한다. 왜냐하면 일부의 고등동물들이 인격성의 징표를 갖고 있는 것은 분명한 사실이기 때문이다.[7] 그러나 이는 불합리한 일이다. 침팬지가 아무리 자기의식적이고 미래감과 과거감을 갖고 있으며 아무리 많은 호기심과 자기통제력을 갖고 있다 하더라도, 그것을 인간이라고 말할 수는 없을 것이다. 인간이란 말은 인간이란 말에 의해 지칭되는 어떤 존재들이 갖고 있는 일반적인 특징들, 즉 인격성의 징표를 표시하기 이전에 특정의 생물학적 종의 명칭을 나타내기 때문이다.

생물학적 인간 개념에도 문제가 있다. 우리가 만약 인간을 호모 사피엔스 종족의 구성원으로 정의한다면 방금 수태된 수정란도 인간으로 간주해야 할 것이다. 왜냐하면 수정란은 인격성의 징표를 갖고 있지는 않지만 호모 사피엔스 종족의 유전적 특징을 고스란히 갖고 있기 때문이다. 종종 사

---

6) 같은 책, 97~98쪽 및 120쪽 참조.

7) 이와 관련된 흥미로운 보고를 피터 싱어는 *Practical Ethics* 의 제5장에서 하고 있다. 특히 '와슈라는 침팬지는 350여 개의 수화를 이해했을 뿐만 아니라, 자기의식을 갖고 있었음도 보고되었다.

람들은 계란을 잠재적인 닭으로 부르는 대신 '껍질에 둘러싸인 작은 닭'으로 부르면서 계란과 닭의 구분을 없애려 하고, 도토리를 잠재적인 참나무로 부르는 대신 '껍질에 둘러싸인 작은 살아 있는 도토리나무'라고 부르면서 수정란이나 배아 혹은 태아는 잠재적인 인간이 아니라 온전한 인간이라고 주장한다.[8] 그러나 수정란을 인간으로 간주할 수는 없을 것이다. 만약 수정란이나 배아 혹은 태아가 100% 온전한 인간이라면, 우리는 수많은 자연유산을 막아야 하는 윤리적 의무를 갖게 된다. 익사할 위험에 처한 어린아이를 방치하여 죽음에 이르게 하는 것이 비윤리적인 것과 마찬가지로 온전히 출산에 이르지 못할 수정란이나 배아나 태아를 방치하는 것은 비윤리적인 일이 될 것이기 때문이다.

만약 우리가 인간을 인격체로 정의한다면 우리는 영리한 원숭이를 인간으로 간주해야 하는 불합리에 빠지게 된다. 이는 사회학적 정의가 빠지게 되는 불합리다. 그러나 모든 인격체가 인간이 아니듯이, 호모 사피엔스라는 종족의 모든 구성원도 인간이 아니다. 우리가 이런 불합리에 빠지지 않으려면 인간을 호모 사피엔스의 유전적 특징을 가진 인격체의 의미로 사용할 수밖에 없다는 것이 필자의 견해다.

필자는 이제 인간이 인간이기 위한 필요조건과 충분조건을 구분하고자 한다. 호모 사피엔스라는 종의 유전적 특징을 구비한다는 것은 인간이기 위한 필요조건을 구비하는 것이다.[9] 그리고 인격체의 특징을 구비한다는

---

8) 노르만 가이슬러, 『기독교 윤리학』(서울 : 기독교문서선교회, 1991), 187쪽 참조.

9) 어떤 것이 인간이기 위한 필요조건을 구비한다고 해도, 그것이 곧바로 온전한 인간이 되는 것은 아니다. 그러므로 인간 생명의 시작에 대한 모든 논의는 결국 호모 사피엔스라는 종의 유전적 특징을 가진 생명체의 생명이 시작하는 시점이 언제이냐에 대한 것인 한, 그 시작점이 수정 직후부터이건 원시선 출현부터이건 뇌파작동 때부터이건 쾌고감수능력을 가지게 되면서부터이건 간에 결국은 잠재적 인간 생명의 시작에 관한 것일 뿐이다. 이 사실을 망각하면 예컨대 수정 후 14일 정도 되어 나타나는 원시선이 출현할 때부터 인간 생명이 시작하는 것임을 인정하면서 사람들은 수정 후 14일이 지나면 곧바로 인간 생명이 시작되는 것이고 따라서 그런 인간을 죽이

것은 인간이기 위한 충분조건을 구비하는 것이다. 예컨대 늑대소년은 인간이기 위한 필요조건을 갖추었지만, 인격체의 특징을 갖추지 못했기에 온전한 인간으로 간주될 수 없다. 식물인간도 마찬가지이다. 호모 사피엔스라는 종의 유전적 특징을 가진 생명체가 온전한 인간이 되기 위해서는 인간이란 말의 한자어 '人間'이 말해주듯이 사람들 사이에서 성장해야 한다.[10] 이런 관점에서 생각한다면 침팬지나 원숭이는 아무리 인격체의 특징을 구비했다 하더라도 인간이 될 수는 없다. 인간으로 분류되기 위해서는 일차적으로 인간의 필요조건을 구비해야 한다. 인간의 필요조건을 구비하지 못한 어떤 존재가 아무리 인간과 비슷한 외양과 사고방식과 행동을 한다 하더라도, 그것은 인간이 될 수가 없다. 그 다음에 온전한 인간이 되기 위해서는 인격성의 특징을 구비하는 일이다.[11]

3. 인간 배아는 세포덩어리인가, 온전한 인간인가?

우리가 지금까지 논의한 바에 의하면 인간배아는 단순한 세포덩어리도

면 안 되는 것으로 판단하게 되는 오류를 범한다.

10) 하이데거는 이 점을 지적하여 인간의 본질을 공존이라 했다. "타인이 현재 옆에 존재하지 않고 또한 타인이 실제로는 지각되지 않는다 할지라도, 존재론적으로는 역시 공존(Mitsein)이 현존재(Dasein)를 결정한다. 독존은 다만 공존의 변태에 불과하다. 독존의 가능성은 공존의 근거이다."(M. Heidegger, *Sein Und Seit*, Tuebingen, 1931, 120쪽) 이 점은 사실 많은 고등 포유류에도 해당하는 말이다. 어린 시절부터 사람의 손에 길러진 사자는 결국 사자로서의 야성을 상실하여 사자의 유전자는 갖고 있으나 사자다움은 상실한 존재가 될 것이다.

11) 이 대목에서 우리는 인간의 유전적 특징을 구비하지는 않았지만 조셉 플레처가 인격성의 징표라고 부른 것들을 갖고 있는 어떤 지적인 생명체를 생각해볼 수 있다. 이런 지적인 생명체는 명백히 인간은 아니지만, 그렇다고 사물을 다루듯이 함부로 다룰 수 있는가 하는 것은 다른 문제이다. 만약 싱어가 주장하듯이 일부 유인원들이 이런 인격체의 특성을 구비하고 있음이 분명하다면, 우리는 이런 유인원들을 사물 다루듯이 해서는 안 될지도 모른다.

아니고, 그렇다고 온전한 인간도 아니라는 것을 즉각적으로 알 수 있다. 인간 배아는 잠재적 인간이라는 것이 가장 설득력 있는 판단이라고 생각한다. 그렇지만 이 두 극단적인 주장의 문제점을 살펴볼 필요는 있다.

먼저 인간배아는 세포덩이에 불과하다는 입장부터 검토해보자. 호주의 멜버른 가톨릭 신학대학 학장인 노만 포드 신부는 수정 후 배아가 분할되어 일란성 쌍둥이가 될 수 있다는 사실은 임신 초기의 배아는 개별적 인간이라기보다는 세포덩어리라는 것을 의미한다고 생각했다.[12] 샘 해리스 역시 인간배아는 뇌와 뉴런이 없기 때문에 배아 파괴로 배아가 고통을 느낀다는 주장의 근거가 없다고 주장한다.[13] 이러한 주장에 따르면, 느끼지도 인식할 수도 없는 인간배아 세포는 인간 생체 세포덩어리에 불과하다.

자궁에 착상되기 전의 인간배아는 단순한 세포덩어리에 불과하므로 특별한 도덕적 지위를 갖지 못한다는 견해가 있다(재산권대상설, 財産權對象說). 이 견해에 의하면, 배아는 체세포의 DNA를 제공한 자의 소유물일 따름이다. 따라서 배아는 배아를 만든 자의 의도에 따라 처분될 수 있으므로 과학적 실험의 대상이 될 수 있고, 실험과정에서 배아가 파괴되더라도 실험동물과 마찬가지로 아무런 윤리적 문제가 수반되지 않는다고 한다.[14]

그러나 단순한 세포덩어리를 자궁에 넣는다고 인간이 되는 것은 아니다. 이런 이유에서 필자는 샘 해리스의 다음 말에는 동의하지 않는다.

아마도 당신은 파리와 인간의 배아 사이에 있는 결정적인 차이점은 후자에게는 충분히 발달된 인간이 될 수 있는 잠재성이 있다는 사실에서 발견될 수 있다고 생각할 것이다. 그러나 최근의 발전된 유전공학에 따르면 당

---

12) P. Singer, *Rethinking Life and Death*(New York : St. Martin's Griffin, 1994), 94쪽 참조.
13) S. Harris, *Letter to a Christian Nation*(New York : Vintage Books, 2008), 29쪽 참조.
14) 서계원, 「생명윤리법상 생명권과 인간배아복제의 문제(국제헌법학회, 한국학회, 『세계헌법연구』 10권, 2004)」, 119 쪽.

신의 몸에 있는 모든 세포들은 잠재적 인간이다. 당신이 당신의 코를 긁을 때마다 당신은 잠재적 인간들을 대량으로 학살하는 것이 된다. 이것은 사실이다.[15]

인간배아는 결코 단순한 세포덩어리가 아니다. 어떤 인간의 피부 살점은 세포덩어리이지만, 이 세포덩어리를 여성의 자궁에 집어넣는다고 인간의 태아로 자라는 것은 아니다. 수정란이나 배아, 태아는 호모 사피엔스라는 종의 유전적 특징을 구비하고 있으며, 여러 가지 여건만 갖추어지면 온전한 인간으로 자라날 수 있는 필연적 가능성을 가진 잠재적 인간 생명체이다. 비록 인간배아가 아무것도 느끼지 못한다 하더라도 그것이 흙무덤이나 밀가루 반죽과 같은 물질은 아니다. 따라서 우리는 과학적 실험을 위해서라 할지라도 수정란이나 배아 혹은 태아를 광물을 깨고 분석하고 아무렇게나 버리듯이 그렇게 다루어서는 안 된다. 그리고 배아가 아무런 고통도 느낄 수 없기에 세포덩이에 불과하다는 주장도 잘못된 것이다. 예컨대 식물인간은 인간이기 위한 필요조건은 구비했으나 고통을 느끼지도 못하고 의사소통능력도 없고, 온전한 인간으로 간주되기 위한 이런저런 징표들을 갖추지 못하고 있다. 그렇다고 식물인간은 아무런 도덕적 권리를 갖지 못하는가? 그래서 남은 가족들이나 다른 사람들에 의해 아무렇게나 처리되어도 되는가? 우리는 아무도 그렇게 생각하지 않는다. 비록 식물인간 상태라 하더라도 우리는 부모님이나 가족들이 의식을 되찾도록 최선을 다한다. 물론 최선을 다했음에도 식물인간 상태를 벗어나지 못한다면 안락사를 생각해볼 수 있을 것이다.[16] 그러나 처음부터 안락사를 생각하지는 않는다. 인격체의 특성을 회복하여 온전한 인간이 될 가능성을 갖고 있다고 판단하는 한, 우리는 식물인간 상태의 우리 가족을 함부로 대하지 않는다. 아무리

---

15) S. Harris, 앞의 책, 30쪽

식물인간 상태라 하더라도 온전한 인간이 될 수 있는 가능성을 갖고 있는 한, 즉 잠재적 인간인 한 비록 온전한 인간이 갖는 도덕적 권리를 갖지 못할지라도 그에 준하는 도덕적 권리를 일부 갖는다고 보아야 할 것이다. 그러면 20년간 병실에 누워 있는 중증의 식물인간과 인간배아 중에 어느 것이 온전한 인간이 될 가능성이 더 큰가? 필자는 인간배아가 온전한 인간이 될 가능성이 더 크다고 생각한다. 인간배아가 자궁에 착상되기만 하면 채 1년이 안 되어 출산될 것이고 19년 뒤에는 온전한 인간으로 성장할 것이기 때문이다.

이제 인간배아는 온전한 인간이라는 주장의 문제점을 살펴보자. 인간배아가 온전한 인간이라면, 앞서 언급했듯이 수많은 자연유산을 막아야 하는 도덕적 의무가 발생한다. 그리고 전 세계 각국에서 불임부부들을 위해 행하고 있는 체외수정도 해서는 안 될 것이다. 왜냐하면 체외수정을 하기 위해 많은 배아들을 만들어 써야 하는데,[17] 이 경우 체외수정에 성공한 뒤, 만들어 쓰고 남은 잉여배아들을 이용하여 실험하는 것도 살인이 될 것이기 때문이다.[18] 최경석은 잉여배아를 죽이는 것도 생명권을 가진 배아를 죽이는 비도덕적인 행위라고 주장하면서도 잉여배아를 부득이한 경우에 파괴할 수 있다는 입장을 취한다.

잉여배아를 연구에 사용하는 것 역시 배아의 생명권을 침해하는 것이라

---

16) 물론 현행 우리나라 법에서는 안락사를 금지하고 있다. 필자의 논의는 안락사가 법적으로 허용된다는 전제 하에서 이루어지고 있다.

17) 체외수정을 위하여 쓰고 남은 배아를 잉여배아라고 하는데, 보통 5년 정도는 냉동상태로 보관한다. 그 이후에는 배아를 만들기 위해 난자와 정자를 공여한 사람의 동의를 얻어 폐기한다. 그런데 어차피 폐기할 배아라면 연구를 위해 사용하는 것이 낫지 않은가 하는 것이 배아연구를 지지하는 과학자들의 생각이다. 박병상, 『파우스트의 선택』(녹색평론사, 2004), 24~25쪽 참조.

18) M. J. Sandel, *Public Philosophy : Essays on Morality in Politics*(Massachusetts : Harvard Univ. Press, 2006), 119쪽 참조.

는 필자의 주장은 너무 강한 주장이라고 평가될 수 있을 것이다. 그러나 설사 생명권을 침해하는 행위라 하더라도 그것이 도덕적으로 정당화될 수 없는 행위라는 것을 의미하지는 않는다. 살인은 도덕적으로 나쁜 행위이지만 그렇다고 모든 살인행위가 윤리적으로 정당화될 수 없다는 것을 의미하지는 않는다. 정당방위로 인한 살인은 슬픈 일이긴 하지만 어쩔 수 없는 일로서 정당화될 수 있다.[19]

그러나 이런 논리는 잘못된 것이다. 배아의 생명권이 침해되는 것을 정당방위로 인한 생명권 침해와 동일선상에서 파악하고 있는데, 배아는 타인에게 아무런 해코지를 하지 않기 때문에 정당방위의 논리로 그 생명권이 침해되는 것이 정당화될 수 있는 것은 아니다. 배아가 인간으로서의 온전한 생명권을 갖는다면, 배아 파괴는 무고한 인간존재에 대한 살인 행위는 나쁘다는 도덕적인 대원칙의 예외적인 경우에 해당될 수 없다는 것이 필자의 생각이다.

필자가 보기에, 배아의 생명권을 온전한 인간이 갖는 생명권과 동일한 것으로 간주하는 한, 시험관 아이를 낳기 위하여 만들어지는 다수의 잉여배아들을 과학연구의 미명 하에 파괴하는 것조차도 비도덕적인 살인이 될 수밖에 없으며, 여기에 그 어떤 예외조항도 있을 수가 없다. 이는 간단명료한 논리이며, 배아의 생명권을 온전한 생명권으로 보면서도 배아 파괴가 허용될 수 있다는 논리를 펴는 것은 치명적인 논리적 혼란이라 할 수 있다. 최경석은 이미 불임의학계의 관행이 되어 있는 잉여배아의 파괴조차도 배아의 생명권 침해로 보아 비도덕적인 것으로 간주하고 있는데, 우리는 그가 무엇을 위해 배아의 생명권이 예외적으로 침해되는 경우를 허락하려는지 그 이유를 알 수가 없다. 최경석의 혼란은 배아가 비록 생명권을 갖는다

---

19) 최경석, 「인간배아의 도덕적 지위와 잠재성」(한국철학회 편, 《철학》 제86집), 122쪽.

하더라도, 그 생명권이 잠재적 생명권에 불과하다는 사실을 간과한 데서 생겨난 것 같다. 필자는 인간 생명의 시작은 수정란부터라는 그의 입장에는 동의하지만,[20] 그렇다고 수정되는 순간부터 수정란이 인간의 필요조건과 충분조건을 다 갖춘 온전한 인간이 갖는 생명권과 동일한 생명권을 갖는다는 생각은 잘못된 것이다. 수정란이든 배아이든 혹은 임신 18주 된 태아이든, 모두 인간의 필요조건을 갖춘 잠재적 인간일 뿐이고, 따라서 그들이 생물학적 인간 생명체라 하더라도, 그들이 갖는 생명권은 잠재적인 것일 뿐, 결코 온전한 인간이 갖는 현실적인 생명권은 아니다. 물론 최경석은 다음처럼 말하기도 한다.

> 어떤 공동체의 회원들 중에는 정회원이 있고 준회원이 있듯이, 배아는 모든 권리가 인정되는 정회원은 아니라 하더라도 최소한의 권리가 인정되는 준회원이라 할 수 있다.[21]

이런 비유는 최경석 역시 배아가 잠재적 인간 생명체임을 인정하는 듯이 보이게 한다. 그러나 자세히 살펴보면 이 말은 인간의 배아가 잠재적 인간임을 인정하는 것과는 거리가 멀다. 잠재적 인간은 현실적 인간이 갖는 모든 현실적 권리를 단지 잠재적으로만 갖는다. 그러나 어떤 단체의 준회원은 정회원이 갖는 모든 현실적 권리를 잠재적으로 갖는 회원은 아니다. 준회원은 정회원이 갖는 모든 현실적 권리 중의 일부 현실적 권리를 갖는 회원이다. 예컨대 회의에 참여하여 의견을 개진할 수 있는 현실적 권리는 있으나, 투표권은 없다는 식으로 말이다. 이런 관점에서 본다면, 배아는 현실적 인간이 갖는 이런저런 다른 도덕적 권리를 단지 잠재적으로만 갖는

---

20) 최경석, 『인간 생명의 시작은 언제부터인가』, 108쪽 이하 참조.
21) 같은 책, 113쪽.

다 하더라도, 생명권에 관한 한 현실적인 생명권을 갖는다는 것이 최경석의 주장이다. 그러나 현실적인 인간과 배아의 관계를 정회원과 준회원의 관계로 바꾸어 이해하는 것은 잘못된 것이다. 배아가 일단 잠재적인 인간으로 간주된다면, 배아가 가질 수 있는 모든 도덕적 권리 역시 잠재적인 것이지, 선별적으로 잠재적이고 선별적으로 현실적인 권리를 갖는 것은 불가능하다. 최경석은 수정란부터 온전한 어른에 이르기까지 인간 개체는 유전적 동일성을 유지하고 있기에 수정란이나 배아는 인간 생명체라는 입장을 표명하고 있는데, 그는 이 입장을 '유전적 동일성 논증'이라고 한다.[22] 이런 유전적 동일성 논증에 입각하여 인간배아복제 연구를 반대하는 최경석의 입장 중에서 특이한 점은 그가 " '인간 생명의 존중' 이라는 표현의 의미를 '인간개체 생명존중'이 아니라 '인간 생명체 생명존중'으로 이해하고" 있다는 점이다.[23] 그가 '인간 생명 존중'의 의미를 이렇게 이해할 수밖에 없는 이유는 원시선 형성 이전의 배아는 분할되면서 일란성 쌍둥이가 될 수 있는데, 그렇다면 그런 배아는 인간개체 생명이 아니기 때문이다. 문제는 그런 배아가 생명권을 갖는다는 것은, 앞서 언급했듯이 그런 배아는 준회원에 비유되어 어떤 현실적인 권리를 갖는다는 최경석의 다른 주장과 화합하지 못한다는 것이다. 정회원이든 준회원이든 ─ 그 회원은 개인일 수도 있고 단체일 수도 있겠지만 ─ 회원은 하나의 독립적 개체여야 하기 때문이다.

일부 기독교 신학자들은 수태되는 순간에 인간의 영혼이 주입되기 때문에 인간의 배아가 온전한 인간이라고 주장하기도 한다. 그러나 이 주장은 다음의 세 가지 이유로 받아들이기 힘들다. 첫째, 영혼주입설은 종교적 신념에 불과할 뿐 과학적 근거는 없다. 둘째, 수정될 때는 하나였던 전배아가 둘로 나누어져 일란성쌍둥이가 되는 현상은 영혼주입설을 받아들이기 힘

---

22) 같은 책, 116쪽 이하 참조.
23) 같은 책, 120쪽.

들게 만든다. 왜냐하면 영혼 역시 수정 시에는 하나였다가 둘로 나누어진다는 주장이 되는데, 이는 일반적으로 영혼의 단일성 논리에 위배되기 때문이다. 영혼의 단일성 논리에 의하면 영혼은 물질이 아니기에 어떤 경우에도 분할될 수 없는 단순체라는 것이다.[24] 셋째, 영혼주입설을 받아들이면 배양용 페트리 접시 위에서 수정되는 수정란들에도 영혼이 주입된다고 해야 하는데, 이 역시 받아들이기 힘든 어색한 주장이다. 정자와 난자의 수정이 여성의 뱃속에서만 일어날 수밖에 없었고, 여성의 몸 바깥인 실험실의 배양용 페트리 접시에서도 수정이 이루어질 수 있음을 알지 못했던 시절에는 영혼주입설은 그럴듯하게 들릴 수가 있다. 그러나 지금처럼 생명공학 기술이 눈부시게 발달한 상황에서는 버려야 할 미신이다. 영혼주입설에 대해 샘 해리스는 다음처럼 말한다.

그러나 당분간 우리는 3일된 인간배아가 윤리적 관심을 끌 만한 가치가 있는 영혼을 갖고 있다고 가정해보자. 이 단계의 배아는 종종 나누어져서 독립된 인간(일란성 쌍둥이)이 된다. 이것은 하나의 영혼이 둘로 쪼개진 경우인가? 때로는 두 개의 배아가 단일한 개체로 합쳐지기도 하는데, 사람들은 이것을 키메라라고 부른다. … (중략) … 이런 경우에조차도 의심의 여지없이 신학자들은 무엇이 여분의 인간 영혼이 되는지를 결정하려고 애쓴다. 이처럼 영혼의 숫자를 계산하는 행위가 그야말로 어리석은 짓임을 이제는 인정해야 할 때가 되지 않았는가? 세포 배양용 접시에 있는 영혼이라는 순진한 생각은 지적으로 방어할 수 없는 생각이다.[25]

---

24) I. Kant, *Kritik der reinen Vernunft*(Hamburg : Verlag von Felix Meiner, 1974), A351쪽 이하 참조.
25) S. Harris, 앞의 책, 30~31쪽.

배아를 온전한 인간으로 보아 어떤 경우에도 배아복제 연구를 허용해서는 안 된다는 것이 보수적인 기독교계의 입장이지만, 『성경』은 배아가 아니라 태아조차도 온전한 인간으로 보지 않았다.

태아의 도덕적 지위에 관한 구체적 판단을 내리는 것에 가장 근접한 성경 구절은 출애굽기 21장에서 발견된다. … (중략) … 여기에 살인에 대한 형벌은 죽음이라고 되어 있다. 그러나 만일 임신한 여자를 유산시켰을 경우에는 형벌은 단지 벌금이며, 그 벌금은 그녀의 남편에게 지불해야 한다고 적혀 있다. 살인은 태아를 포함하는 범주가 아니었다.[26]

임신한 순간부터 태아는 인간이라는 생각은 기독교계 내부에서도 최근에 생긴 것이다. 중세의 신학자 토마스 아퀴나스는 그런 생각을 받아들이지 않았는데, 그는 수정란은 임신 후 몇 주일이 지나야만 비로소 영혼을 갖게 된다고 생각했다. 그는 아리스토텔레스의 형상이론을 받아들여, 태아가 온전한 인간의 형상을 갖게 되어야만 영혼을 가질 수 있다고 생각했다. 그런데 현미경의 발명이 태아도 영혼을 갖고 있는 온전한 인간인가 하는 문제를 둘러싼 논쟁을 엉뚱한 방향으로 끌고 갔다. 현미경의 발명은 눈으로 확인할 수 없는, 미세한 사물들의 형상을 볼 수 있도록 해주었다. 예컨대 현미경은 사람들이 무질서한 것으로 생각했던 눈송이가 규칙적인 모양을 갖고 있음을 알게 해주었다. 이리하여 17세기에 몇몇 과학자는 초기의 현미경으로 수정된 난자를 자세히 관찰하다가 사람 형상을 완벽하게 갖춘 작은 인간을 보았다고 상상했다. 과학자들은 그것을 '호문쿨로

---

26) J. Rachels, *The Elements of Moral Philosophy*(New York : 2nd Edition, McGraw−Hill, Inc. 1993), 59쪽.

스(homunculus)'라고 불렀다.[27] 그 결과 기독교계는 아리스토텔레스-아퀴나스의 형상론에 기초하여 수태되는 순간부터 수정된 난자는 인간의 형상을 갖춘, 따라서 영혼을 가진 온전한 인간이라는 입장을 받아들였다. 그러나 인간 생물학에 관한 이론이 발달하면서 호문쿨로스 가설은 잘못된 것임이 백일하에 드러났다. 이런 생물학적 오류가 지적되었음에도 불구하고 교회는 여전히 태아를 죽이는 것은 온전한 인간을 죽이는 것과 마찬가지로 살인이라는 주장에 매달린다.[28]

인간배아를 단지 잠재적 인간으로 보는 필자의 입장에서 본다면, 인간 생명의 시작이 수정란(fertilized egg)부터냐 전배아(pre-embryo) 단계부터냐 배아 단계부터냐 아니면 개별생명체로서의 수적 동일성이 확립되는 원시선(primitive streak, 수정 후 대략 14일경에 생겨남)이 생겨난 뒤부터냐 하는 논쟁은 과녁을 빗나간 논쟁이다.[29] 인간 생명의 시작은 수정란부터임은 부정할 수 없는 사실이다. 다만 유념해야 할 사실은 '인간 생명의 시작은 수정란 때부터'라고 할 때 언급되는 '인간'은 어디까지나 잠재적 인간이라는 것이다. 그리고 그 이후 어떤 단계이든 다 잠재적 인간이다. 단지 그 잠재성에서 정도의 차이가 있을 뿐이며, 그 차이에 따라 그것들이 갖고 있는 잠재적 생명권도 차등적이 될 것이다. 이하에서 필자의 이런 입장에 대해 제

---

27) 괴테도 『파우스트』에서 이 호문쿨로스에 대해 언급한다. J. Goethe, *Faust*(Muenchen : Wilhelm Goldman Verlag, 1976), 비극 제2부 〈실험실〉, 6820~6985쪽 참조.

28) J. Rachels, 앞의 책, 59~60쪽 참조.

29) 수정란이 일정시간이 경과하여 분화되면서 두 개의 독립적인 생명체가 됨으로써 일란성 쌍둥이가 된다. 이 분화작용이 보통 수정 후 14일 정도 되어야 일어난다. 이 사실에 근거하여 14일 이전의 전배아는 독립된 인간개체가 아닌 세포덩어리에 불과하며, 따라서 전배아를 파괴하는 것은 도덕적으로 아무런 문제가 될 수 없다고 주장하는 사람들이 있다. 그러나 전배아 역시 잠재적 인간이다. 독립된 인간개체가 되어야만 도덕적 권리를 가질 수 있다는 생각은 잘못된 것이다. 예컨대 최근 두 개의 머리에 하나의 심장을 공유하는 샴쌍둥이가 중미 온두라스에서 태어났다. 이 샴쌍둥이는 심장을 공유하기 때문에 분리 수술이 불가능하다고 한다. 이 샴쌍둥이는 독립된 인간개체는 아니지만 도덕적 권리를 갖고 있다.

기될 수 있는 최경석과 펜스의 비판을 살펴볼 것이다. "도덕적 지위를 정도의 문제"[30]로 보는 필자의 이런 입장에 대해 최경석은 아마 다음처럼 비판할 것이다.

배아를 사용하여 다른 생명을 구하는 연구가 배아가 지닌 가치보다 더 가치 있는 일이라는 판단에는 공리주의적 사고가 개입되어 있다. 이런 사고방식을 확장할 경우, 신생아나 도덕발달이 미흡한 인간을 죽여 장기를 획득함으로써 더 큰 사회적 유용성을 얻을 수 있다면 이런 행위 역시 정당화될 수 있다는 함축을 지닌다.[31]

그러나 이런 비판은 "도덕적 지위가 정도의 문제"라는 사실을 간과한 비판이다. 최경석의 비판의 요점은 '배아를 파괴하여 3도 화상을 입은 소녀의 고통을 줄일 수 있다면, 배아 파괴는 허용된다'는 식의 주장은 미끄러운 경사길로 들어서게 되어, 결국 더 큰 사회적 유용성을 얻기 위하여 신생아를 죽여 장기를 획득하는 일도 정당화할 것이라는 것이다. 필자가 제안한 인간의 개념에 비추어볼 때, 배아와 신생아 둘 다 잠재적 인간 생명이다. 그러나 배아가 가진 잠재성과 신생아가 가진 잠재성은 그 정도가 현격히 다르며, 따라서 당연히 그것들이 가지는 잠재적인 도덕적 지위도 다르기 때문에, 배아 파괴로부터 신생아 살해로 미끄러질 것이라는 주장은 그것들이 가지는 잠재적인 도덕적 지위가 다르다는 사실을 부정하는 것이 된다. 최경석은 배아 파괴에서 신생아 살해로 미끄러진다고 말할 때, 그 스스로 인정한 "도덕적 지위가 정도의 문제"라는 전제를 인정하지 않는 자기모순을 범하고 있는 셈이다. 정도의 문제라면 더 이상 미끄러질 수 없는 한계를 가

---

30) 최경석, 앞의 논문, 109쪽.
31) 같은 곳.

질 것이기 때문이다.

배아를 잠재적 인간으로 보는 입장을 펜스(G. E. Pence)는 다음처럼 평가한다.

어떤 사람들은 인간배아가 사람일 가능성을 배제할 수 없다는 점을 지적하면서 '잠재적인 인격'이라는 개념을 제시한다. 하지만 이 주장은 두 가지 측면에서 쉽게 처리해버릴 수 있다. 첫째 이 개념은 9개월 동안의 임신과 아이가 성인이 되기까지 20년 동안 보살펴야 한다는 선택과 책임을 간과한 것이다. … (중략) … 만일 내가 당신의 정원에서 밤을 줍는다고 해도 당신은 나에게 절도죄에 대한 책임을 묻지 않을 것이지만 내가 당신의 다 자란 밤나무를 베어버린다면 나에게 법적 책임을 물을 것이다. 임신 검사에서 양성 반응을 얻은 여성을 살해한다고 해서 이를 이중 살인으로 보지는 않는다. 둘째, 임신한 여성의 인간배아가 궁극적으로 출산이라는 경험을 통해 사람이 된다고 할지라도 그것이 곧 모든 배아를 출산해야 한다는 당위성을 부여하지는 않는다. … (중략) … 물론 나는 배아가 점차 사람이 되어갈 것이라고 믿는다. 분명 8개월 된 태아는 거의 사람에 가깝지만 8세포기 배아는 사람이 아니라고 생각하는 것이 타당하다.[32]

그러나 펜스가 과연 배아가 잠재적 인간이라는 입장이 잘못임을 쉽게 처리해버렸는지는 지극히 의문스럽다. 펜스가 밤나무 비유에서 말하듯이 내가 타인의 정원에서 밤을 줍는 것이 절도죄를 범하는 것이 아니며 배아를 파괴하는 것이 살인죄를 저지르는 것이 아니라 하더라도,[33] 밤이 잠재적인

---

32) 그레고리 E. 펜스, 앞의 책, 135~136쪽.

33) 펜스의 밤나무 비유 그 자체가 적절한 비유가 아님을 지적하지 않을 수 없다. 남의 정원이나 과수원에 있는 밤을 주인의 허락 없이 줍는 것은 절도죄이기 때문이다.

밤나무이며 배아가 잠재적인 인간임이 부정되는 것은 아니다. 만약 펜스가 우리들의 비판에 대해 다음처럼 응답한다고 해보자.

나는 배아가 잠재적인 인간이 아님을 증명하려는 것이 아니라, 배아가 잠재적인 인간이라 하더라도 별다른 도덕적 중요성을 갖지 못하며, 따라서 과학적 연구를 위해 얼마든지 파괴될 수 있다는 것이다.

그러나 이런 응답은 "분명 8개월 된 태아는 거의 사람에 가깝지만 8세포기 배아는 사람이 아니라고 생각하는 것이 타당하다"는 말과 모순을 일으킨다. 응답에서는 배아가 잠재적 인간임을 인정하지만, 바로 위의 인용문에서는 태아는 잠재적 인간임을 인정하지만 배아는 그런 존재가 아니라고 말하기 때문이다.

4. 잠재적 인간 생명을 파괴하는 것은 도덕적으로 허용될 수 없는가?

현실적으로 무고한 인간을 죽이는 것은 살인이다. 이는 어떤 경우에도 허용될 수 없는 범죄행위이다. 그렇다면 인간의 배아는 잠재적인 인간이기에, 인간의 배아를 파괴하는 것은 단순한 세포덩어리를 파괴하는 것과는 차원이 다른 문제이다. 인간의 배아는 어떤 경우든 현실적인 인간의 생명에 준하는 방식으로 존중되어야 한다. 우리가 직면하게 되는 문제는 다음과 같다. 그렇다면 잠재적 인간인 인간배아를 질병치료의 연구목적으로라도 파괴하는 것 역시 허용될 수 없는 범죄인가? 결론부터 말한다면 필자는 그렇게 생각하지는 않는다. 도토리는 적당한 환경에 처하게 되어 장기간

자라게 되면 참나무가 되겠지만, 한 알의 도토리를 파괴하는 것과 다 자란 한 그루의 참나무를 베어 죽이는 것은 다른 것이다.

'잠재적인 인간'이라는 개념도 좀 더 세분해서 살펴볼 필요가 있다. 예컨대 수정란, 전배아, 배아, 3개월 된 태아, 6개월 된 태아, 9개월 된 태아, 출산이 임박한 태아 등 이 모두가 잠재적 인간이다. 그렇지만 이 모두가 동일하게 온전한 인간에 준하는 도덕적 권리를 갖는 것으로 보기는 힘들 것이다. 이 경우 그 차별성을 만들어내는 요소로서 여러 가지를 생각해볼 수 있다. ① 수정란이 자궁에 착상하였는지 여부 ② 개체로서의 수적 동일성이 확인되기 시작하는 원시선이 출현하였는지 여부 ③ 뇌파가 발생하는지 여부 ④고통을 느낄 수 있는지 여부 ⑤ 태아가 자궁 밖에서도 생존할 수 있는지 여부 등. 이제 우리는 이렇게 말할 수 있다. 단순한 수정란보다는 자궁에 착상한 수정란이 더 큰 도덕적 권리를 갖고, 자궁에 착상한 수정란보다는 전배아가, 전배아보다는 원시선이 출현한 배아가, 원시선이 출현한 배아보다는 뇌파활동을 하는 태아가, 뇌파활동을 하는 태아보다는 자궁 밖에서도 생존할 수 있는 태아가 더 큰 도덕적 권리를 갖는다는 것이다.

잠재적 인간의 잠재적인 도덕적 권리는 존중되어야 하지만, 그 권리는 현실적 인간의 현실적인 도덕적 권리처럼 어떤 경우에도 침해되어서는 안 되는 그런 권리는 아니다. 그렇다면 어느 단계의 잠재적 인간의 잠재적 권리가 과학적 탐구를 위해 희생될 수 있는가? 다시 말해서 줄기세포 연구를 위해 부정되어도 될 만한 잠재적 인간은 어느 수준의 인간일까? 단연히 배아단계의 잠재적 인간이다. 출산이 임박한 태아인 잠재적 인간은 이미 기관분화가 끝나서 줄기세포 연구에 도움이 되지 않을 것이고, 그런 태아는 비록 잠재적 인간이라 하더라도 배아보다는 더 많은 도덕적 권리를 가질 것이다. 그렇다면 배아 단계의 잠재적 인간은 어떤 모습인가? 줄기세포를 추출해낼 배아는 인간의 형태나 특징들을 보여주지 않는다. 착상되지도,

여성의 자궁에서 자라지도 않고 있다. 기껏해야 페트리 접시에서 배양 중이고 육안으로는 간신히 식별할 수 있을 정도의 포배로 180~200개 정도의 세포덩어리에 불과하다.[34] 물론 단순한 세포덩어리는 아니지만 말이다. 이 정도의 배아라면 3도 화상을 입고 고통 속에서 죽어가는 소녀의 현실적 이익을 위해서 얼마든지 희생될 수 있을 것이다.

우리는 배아가 잠재적 인간 생명체라는 사실로부터 배아 역시 현실의 온전한 인간이 갖는 도덕적 권리에 준하는 잠재적인 도덕적 권리를 갖고 있다고 추리했다. 그리고 배아의 잠재적인 도덕적 권리는 현실의 온전한 인간들의 현실적인 권리들을 위해 희생될 수 있다고 말했다. 그렇다면 배아는 잠재적인 도덕적 권리만을 갖고 있기 때문에, 인류를 질병으로부터 구해내려는 동기에서 행해지는 생명공학적 실험 대상이 되는 것은 허용되어야 할 것이다. 그러나 그런 명분으로라도 수정란이나 배아 혹은 태아를 광물을 깨고 분석하고 아무렇게나 버리듯이 그렇게 다루어서는 안 된다는 점 역시 강조되어야 한다. 필자의 이런 입장은 배아는 존중되어야 하지만 그렇다고 배아가 사용되어서는 안 됨을 말하는 것은 아니라는 샌델의 입장과 유사하다. 그는 말한다.

나는 배아를 인간으로 간주하는 견해를 비판하지만, 배아는 우리가 원하는 대로 사용하거나 조작할 수 있는 사물에 불과하다는 것 역시 내 입장이 아니다. 배아는 불가침의 권리를 가진 것은 아니지만 우리 마음대로 처분할 수 있는 그런 대상도 아니다. … (중략) … 배아를 하나의 단순한 사물에 지나지 않는 것으로 여기는 견해는 잠재적인 인간의 생명으로서의 배아의 중요성을 무시하는 생각이다. 배아를 마구잡이로 파괴하는 것이나 새로운 화

---

34) M. J. Sandel, *The Case against the Perfection* (Massachusetts : The Belknap Press of Harverd University Press, 2009), 112~113쪽 참조.

장품 개발을 위해 배아를 사용하도록 허가할 사람은 없다. 그러나 인간배아가 단순한 사물로만 취급되어선 안 된다는 생각이 배아가 인격임을 입증하지는 못한다.[35]

샌델의 입장에 대해 최경석은 비판적이다. 필자는 샌델의 입장에 동의하고 있기에 최경석의 샌델 비판을 검토해보고자 한다. 샌델은 배아가 온전한 성인 인간과 똑같은 도덕적 지위를 갖고 있다는 주장을 비판하기 위해 세 가지 예를 든다. 최경석은 그 예들을 소개한 뒤에 조목조목 비판하고 있기에 필자도 그 예를 차례로 소개한다.

내가 알고 있는 한 조지 애너스가 최초로 제안한 다음의 가상 사례를 고찰해보자. 불임클리닉에 불이 났다고 가정하라. 지금 당신은 다섯 살 난 여자아이와 냉동배아 20개 중 하나만 구할 수 있는 시간적 여유밖에 없다. 여자아이를 구출하는 것이 잘못된 것일까? 나는 여전히 자신은 배아 트레이를 구출하겠다고 말하는 동등한 도덕적 지위 찬성론자를 만날 수가 있을 것이다. 그런데 배아들이 정말로 인간이라고 믿는다면, 다른 사정이 동일할 때, 즉 당신이 여자아이나 배아와 아무런 개인적인 인연이 없다고 할 때, 당신은 여자아이의 구출을 어떤 근거로 정당화하겠는가?[36]

아마 이런 경우 대부분의 사람들은 소녀를 먼저 구할 것이다. 그리고 사정이 허락한다면 배아를 건질 것이다. 그러고도 사정이 허락하면 값나가는 물건을 챙길 수도 있다. 이것이 말해주는 바는 배아가 비록 사물들보다 더 존중되어야 하지만 온전한 인간은 아니라는 것이다. 이에 대해 최경석은

---

35) 같은 책, 125~126쪽.
36) 같은 책, 121~122쪽.

이 예가 배아와 온전한 성인의 지위가 도덕적으로 동등하지 않음을 성공적으로 보여주지 못했다고 평가한다.

> 왜냐하면 … (중략) … 소녀를 구하는 것을 비난받을 만한 일은 아니라 하더라도 배아를 구하지 못한 일에 대해 아무런 감정이 없다고 할 수는 없을 것이기 때문이다. 그리고 소녀를 구하는 것이 정당화되는 일은 배아의 도덕적 지위가 사람과 차이가 나서만은 아닐 수도 있다. 만약 사고 현장에서 박지성과 일반 시민 중 어느 한 사람만을 구해야 하는 상황이라면 박지성을 구한 일이 비난받을 일은 아닐 수 있다. 그러나 그렇다 하더라도 이 사실로부터 일반 시민을 구하지 않은 것이 그 사람의 생명이 박지성보다 존중받을 만한 가치가 없어서라고 추론해야 하는 것은 아니다. 우리가 긴급 상황에서 어떤 결정을 내리느냐로 도덕적 지위의 높고 낮음을 단정하기는 어렵다.[37]

그러나 박지성 이야기는 참으로 복잡한 논의거리를 내포하고 있다. 예컨대 어떤 사람이 박지성을 먼저 구했다고 하자. 그러나 그 사람이 박지성을 구한 이유는 박지성과 일반인의 사회적 지위가 다르고 구하는 사람이 축구광이기 때문일 것이다. 최경석이 말한 대로 두 사람의 도덕적 지위가 달라서 일반인을 포기하고 박지성을 구한 것이 아니다. 문제가 되고 있는 것은 배아와 온전한 인간이 도덕적으로 동등한 지위를 가졌느냐 하는 것인데, 박지성의 이야기에서는 박지성과 일반시민의 도덕적 지위는 동등하다는 데 대해서 우리들은 아무런 이견이 없다. 박지성의 사회적 지위가 고려되지 않았다면 도덕적 지위가 동등한 두 사람 중에 박지성은 구출하고 시민은 버려야 할 아무런 이유도 없을 것이다. 그런데 화재가 난 불임클리닉의 경우,

---

37) 최경석, 앞의 논문, 112쪽.

소녀와 배아 중에 소녀를 먼저 구출하는 이유는 소녀가 배아보다 사회적인 지위가 높아서가 아니라 바로 도덕적 지위가 높기 때문이다. 최경석은 소녀-배아의 관계를 박지성-일반시민의 관계로 치환한 뒤, 박지성과 일반시민의 도덕적 권리는 동등하기 때문에, 소녀와 배아의 도덕적 권리도 동등하다는 논리를 전개하고 있다. 그러나 이는 잘못이다. 그는 그렇게 치환해버림으로써 배아와 소녀가 도덕적으로 동일한 지위를 갖는다는 것을 전제하게 된다. 그러나 그것은 전제되어서는 안 되고 증명되어야 한다. 최경석은 "긴급 상황에서 어떤 결정을 내리느냐로 도덕적 지위의 높고 낮음을 단정하기는 어렵다."고 말하는데, 긴급 상황에서의 구조 순위 결정은 도덕적 지위의 높낮이에 따라 결정될 수도 있고 아닐 수도 있다. 예컨대 부모님 두 분이 물에 빠져 긴급한 조치를 취하지 않으면 익사하게 되었다고 가정해보자. 이 경우 어머니를 먼저 구할 것인가 아니면 아버지를 먼저 구할 것인가 하는 문제는 두 사람 중에 누가 도덕적 지위가 더 높은가 하는 차원에서 결정하는 문제가 아니다. 그러나 불이 난 불임클리닉에 애완용 강아지가 있었는데 애완용 강아지와 소녀 중에서 하나를 구해야 한다면 당연히 사람들은 소녀를 구할 것이다. 이 경우에는 명백히 구출되는 순서가 도덕적 지위의 높고 낮음을 말해준다. 결국 문제는 배아-소녀의 관계는 강아지-소녀의 관계에 가까운 것이냐, 아니면 일반시민-박지성의 관계에 가까운 것이냐 하는 것이다. 강아지-소녀의 관계에 가까운 것이라면 그 둘의 도덕적 지위에 따라 구출 순서가 결정되는 것이고, 일반시민-박지성의 관계에 가까운 것이라면 구출순서와 도덕적 지위의 높고 낮음과는 아무런 관계가 없다고 해야 할 것이다. 그런데 샌델이나 필자는 배아-소녀의 관계를 강아지-소녀의 관계에 가까운 것으로 보고 있다면, 최경석은 일반시민-박지성의 관계로 보고 있는 셈이다. 결국 박지성 이야기를 통해 최경석은 배아는 온전한 인간이라는 주장을 증명하는 것이 아니라 전제하고 있을 뿐이다. 최경석의 입장에서 할 수 있는 반론은, '샌델이 들고 있는 불이 난 불임클리닉 사례도 결국 배아와 소녀의 도덕적 지위가 다르다는 것을 전제할 뿐인 게 아닌가?' 하는 것이다. 그러나 그 경우 많은 사람들이 그런 위급한 상황에서 배아보다 소녀를 구하는 것이 합당하다고 주장한다면 그 전제는 최경석의 전제보다 더 설득력이 있음을 보여주는 것이 될 것이다.

동등한 도덕적 지위 논변을 주장하는 사람들에 의하면 배아는 온전한 인간이기에 배아로부터 줄기세포를 추출하는 것은 혐오스러운 영아살해가 된다. 이에 대해 샌델은 다음처럼 말한다.

> 도덕적 지위동등론의 또 다른 함축은 6일된 미분화배아세포로부터 줄기세포를 획득하는 것은 어린아이로부터 장기를 적출하는 것과 마찬가지로 도덕적으로 혐오스럽다는 것이다. 그러나 정말 그러한가? … (중략) … [그렇다면 – 필자] 이것은 섬뜩한 살인의 형태로 취급되어야 하고 이것을 수행하는 과학자는 종신형이나 사형이 언도되어야 한다.[38]

이에 대해 최경석은 다음처럼 비판한다.

> 인간배아 연구가 어린아이를 살해하고 장기를 추출하는 것만큼이나 혐오스러운 것은 아니지만 그것 역시 혐오스러운 일이라고 여길 수도 있다. 어떤 것이 더 혐오스러운 것이냐 아니냐는 도덕적 지위와 무관하게 우리의 현 관습이나 문화와 관련된 일일 수 있다.[39]

이에 대해 샌델 역시 배아 파괴가 아주 미약하게나마 혐오스러울 수 있

---

38) 샌델, 앞의 책(2008), 249쪽.
39) 최경석, 앞의 논문, 112쪽.

음을 인정할 것이다. 그래서 그 역시 배아는 존중되어야 한다는 견해를 내놓는 것이 아니겠는가. 문제는 최경석이 혐오스러울 정도로 도덕적 지위를 판정하려 해서는 안 된다고 주장할 때 생겨난다.[40] 샌델은 그런 시도를 하지 않는다. 샌델이 앞선 인용문에서 배아 파괴가 혐오스러운 일임을 언급할 때, 그는 도덕적 지위동등론자들의 감정을 대변하고 있을 뿐이다. 샌델 본인은 배아 파괴를 그렇게 '혐오스러운' 일로 보지 않는다. 그가 하고자 하는 주장은, 도덕적 지위동등론자들이 주장하듯이 그것이 그렇게 혐오스러운 일이라면, 배아 파괴는 장기적출에 의한 살인이기에, 그런 살인죄에 대해서는 그에 상응하는 형벌을 가해야 한다는 것이다. 그렇다면 도덕적 지위동등론자들은 배아 파괴를 살인죄로 다스려야 한다고 강력하게 주장해야 하는데, 현실은 그렇지 않다는 것이다. 이는 도덕적 지위동등론자들조차 기실은 배아 파괴를 살인으로 보지 않음을 말해준다는 것이 샌델의 분석이다. 필자가 보기에 이 분석은 매우 타당하다. 논쟁의 핵심은 혐오스러움의 개념이 아니라 살인이냐 아니냐이다.

샌델은 도덕적 지위동등론자들을 향해 다음과 같은 문제를 제기한다. 배아가 온전한 인간 생명이라면, 배아의 죽음을 막기 위해 애써야 할 것이다.

> 배아가 자연적으로 손실되는 경우에 대해 우리가 대응하는 방식은 우리가 배아의 손실을 영아의 죽음과 종교적·도덕적으로 같은 비중을 두지 않는다는 것을 암시한다. 초기 인간의 생명에 대해 세심하게 배려하는 종교적 전통에서도 배아의 손실이 일어날 때 아이의 죽음과 동일한 장례를 하도록

---

40) 물론 혐오스러움은 문화에 따라 다르다. 예컨대 우리는 원숭이 골을 먹는 것이 혐오스럽지만, 일부 중국인들에게는 아무렇지도 않은 일이다. 그리고 대부분의 사람들은 원숭이 골을 먹는 것은 매우 혐오스러운 일이기에 도덕적으로 잘못된 것이라는 주장을 펼치지는 않는다. 물론 일부 프랑스 사람들은 우리나라의 보신탕 식문화를 혐오스럽고 비도덕적이라고 비난하지만, 지나친 비난이라는 것이 일반적인 평가이다.

지시하지 않는다. 게다가 자연생식에 수반되는 배아의 손실이 영아의 죽음과 도덕적으로 동격이라면, 임신은 전염병으로 인한 사망과 같은 정도의 보건 위기로 여겨지는 게 마땅하다. 자연적 배아 손실을 경감시키는 일은 낙태, 체외수정, 줄기세포 연구를 합한 것보다 더 급박한 도덕적 쟁점이 될 것이다.[41]

이에 대해 최경석은 다음처럼 응수한다.

> 동일한 장례절차의 유무, 또는 슬퍼함의 정도가 도덕적 지위의 차이를 추론하는 데 적절한지 의문이다. 장례절차는 문화적인 것이며, 슬픔의 유무나 정도는 그 대상과의 정서적 친밀감과 관련된 것일 수 있다.[42]

물론 최경석이 주장하듯이 슬픔의 정도로 도덕적 지위의 차이를 도출해서는 안 된다. 그럼에도 불구하고 필자가 보기에 최경석의 이 비판 역시 과녁을 빗나가고 있다. 샌델이 말하고자 하는 것은 필자가 보기에 다음과 같은 것이다.

> 도덕적 지위동등론자들이 주장하듯이 배아 손실이 영아의 죽음과 같은 정도로 받아들여져야 한다면, 첫째로 당연히 도덕적 지위동등론자들은 배아의 손실이 생겨날 때 영아의 죽음에 버금가는 애도의식을 통해 슬픔을 표현하는 것이 도리이며, 둘째로, 슬픔의 감정이 생겨나지는 않더라도 무수하게 발생하는 배아의 자연적인 손실을 막기 위해 엄청난 의료적 노력을 기울여야 한다.

---

41) M. J. Sandel, 앞의 책(2009), 124~125쪽.
42) 최경석, 앞의 논문, 112쪽

필자는 샌델의 논리에서 아무런 문제점을 발견할 수가 없다.

5. 맺음말

우리는 앞서서 인간 개념에 대한 정의 없이 배아가 온전한 인간인지 아니면 단순한 세포덩어리에 불과한지, 아니면 잠재적 인간인지를 논하는 것은 저울 없이 몸무게를 다는 것이라고 했다. 필자는 인간이란 개념을 '호모 사피엔스라는 종의 유전적 특징을 가진 인격체'로 정의함이 올바르다고 주장했다. 그리고 어떤 생명체가 호모 사피엔스라는 종의 유전적 특징을 갖고 있다는 것은 그 생명체가 인간이기 위한 필요조건을 충족시키는 것이고, 그러한 필요조건을 충족시킨 것에 더하여 인격체의 특징을 갖는다는 것은 그 생명체가 인간이기 위한 충분조건을 갖추는 것이라고 했다. 이 두 조건을 동시에 다 갖춘 생명체만이 온전한 인간이며, 생명권을 포함한 도덕적 권리를 갖는다. 이런 관점에 비추어볼 때 배아는 인간이기 위한 필요조건을 갖추고 있기에 단지 잠재적 인간존재일 뿐이다. 그리고 필자는 수정란, 전배아, 배아, 태아, 뇌파가 생긴 태아, 고통감지능력을 갖춘 태아, 혹은 출산이 임박한 태아이든 다 같이 잠재적인 인간이라고 했다. 단지 그 잠재성에서 정도의 차이가 있을 뿐이며, 그 차이에 따라 그것들이 갖고 있는 잠재적 생명권도 차등적이 될 것이다. 그런데 잠재적인 인간존재로서 배아가 갖는 잠재적 권리는 너무나 미미하여, 현실적으로 온전한 인간의 현실적인 권리를 위해 희생될 수 있다는 것이 필자의 결론이다.

| 참고문헌 |

김홍재, 『인간복제의 시대가 온다』, 파주: 살림, 2006.

박병상, 『파우스트의 선택』, 녹색평론사, 2004.

서계원, 「생명윤리법상 생명권과 인간배아복제의 문제」, 국제헌법학회, 한국학회,
《세계헌법연구》 10권, 2004.

최경석, 「인간배아의 도덕적 지위와 잠재성」, 한국철학회 편, 《철학》 제86집.
『인간 생명의 시작은 언제부터인가』, 서울: 프로네시스, 2006.

그레고리 E. 펜스, 『누가 인간복제를 두려워하는가?』, 서울: 양문, 1996.

노르만 가이슬러, 『기독교 윤리학』, 기독교문서선교회, 1991.

마이클 샌델, 『공동체주의와 공공성』, 서울: 철학과현실사, 2008.

J. Goethe, *Faust*, Muenchen: Wilhelm Goldman Verlag, 1976.

S. Harris, *Letter to a Christian Nation*, New York: Vintage Books, 2008.

M. Heidegger, *Sein Und Seit*, Tuebingen, 1931.

I. Kant, *Kritik der reinen Vernunft*, Hamburg: Felix Meiner Verlag, 1974.

J. Rachels, *The Elements of Moral Philosophy*, 2nd Edition,
New York: McGraw-Hill, Inc., 1993.

M. J. Sandel, *The Case against the Perfection*,
Massachusetts: Harverd University Press, 2009.

P. Singer, *Practical Ethics*, London: Cambridge Univ. Press, 1980.
Rethinking Life and Death, New York: St. Martin's Griffin, 1994.

| 문성학 |

경북대학교 철학과를 졸업하고 동 대학원에서 석사 및 박사학위(철학박사)를 받았으며, 현재 경북대학교 윤리교육과 교수로 재직 중이다. 주요 논저로 『인식과 존재』, 『칸트철학과 물자체』, 『칸트 인간관과 인식 존재론』, 『칸트 윤리학과 형식주의』, 『삶의 의미와 윤리』, 『삶의 의미와 철학』, 『어느 철학자의 한국사회 읽기』 등 다수가 있다.

05
배아줄기세포 연구에 대한 기독교 윤리적 대안
: 무조건적인 찬성과 반대를 넘어서*

| 장도곤 |

동원대학교 기독교윤리학

1. 머리말: 무성생식 시대와 수정란의 지위

생명과학의 발달 이후 체외수정, 체세포핵이식 등의 새로운 기술의 발전은 과거에는 상상도 하지 못했던 '자궁 밖에서 인공적으로 형성되는 수정란'이라는 새로운 현실을 등장하게 했다. 과거에 모든 수정란은 자궁 안에서 정자와 난자의 만남으로 형성되었다. 그러므로 수정란 형성 이후의 인간발생 과정은 자연적이며 연속적인 과정이었다. 그러나 현 시대에는 자궁에 착상되는 수정란을 인위적으로 선택할 수 있게 되었다. 착상이라는 과정은 더 이상 인간발생의 자동적이며 연속적인 과정이 되지 못한다. 현대인은 선택 받지 못하여 '자궁에 삽입되는 기회를 갖지 못하는 수정란'은 인

* 이 글은 2005년도 정부(교육인적자원부)의 재원으로 한국학술진흥재단의 지원을 받아 수행된 연구이며(KRF-2005-041-A00233), 한국기독교사회윤리학회, 《기독교사회윤리》 제12집(2006)에 동일한 제목으로 게재되었던 논문임을 밝힌다.

간으로 발생될 수 없다는 새로운 현실에 직면하게 되었다. 생명과학과 관련하여 제기되고 있는 "새로운 이론들은 지난 시대의 자연과학의 전제조건들을 의문 안에 몰아넣고 있다."[1]

이러한 영향으로 각 분야에서 수정란의 인간적 지위에 대한 전통적 입장에 의문이 제기되고 있다. "생식의학의 맥락에서는 자궁 내의 배아와 시험관 내(in vitro)의 배아의 도덕적 지위가 다르다."는 주장이 제기되기도 한다.[2] 이에 따라 수정란은 완전한 인간이라는 입장과 단순한 생명세포에 불과하다는 입장이 서로 팽팽하게 대립하여 논쟁하고 있으며, 근래에는 "인간배아가 완전한 인간은 아니지만 잠재적인 인간"이므로 조심스럽게 다루어야 한다는 중간적 입장도 그 세력을 더하며 제기되고 있다. 이들은 "배아의 인간으로서의 도덕적 지위를 인정하기는 하지만 인간배아의 생명의 가치와 우리가 현재 만나고 얼굴을 대하는 환자들의 생명의 가치 사이에는 차이가 있다."는 주장을 하기도 한다.[3] 생명과학의 발전은 신비로 여겨졌던 복잡한 생명 발생 과정을 밝혀내고, 생명에 대한 새로운 패러다임을 제시하며, 생명과 인간의 본질에 대한 전통적인 이해에 정면으로 도전하고 있다.

이 논문의 목적은 배아줄기세포 연구와 관련하여 현실적으로 적용 가능한 구체적인 기독교 윤리적 대안을 제시하는 것이다. 이를 위한 기초 작업으로 이 논문은 먼저 기독교 전통과 새로운 과학이 갈등하고 대립했던 역사적 사례를 살펴본다. "어떤 과정을 거쳐 신학과 과학의 갈등이 해결되었는가?"를 역사적으로 살펴보는 이러한 논의는 생명과학과 관련된 논쟁을

---

1) 김균진, 신준호, 『기독교 신학과 자연과학의 대화』(서울: 대한기독교서회, 2004), 13쪽.
2) 박재현, 신민선, 「인간배아의 도덕적 지위」, 한국기독교사회윤리학회, 《기독교사회윤리》 제10집 (2005), 12쪽.
3) 앞의 글.

신학적으로 해결하는 건전한 자세를 인지하게 할 것이다. 이는 첨단생명과학에 대한 무조건적인 찬성과 반대가 무의미함을 깨닫게 하고, 현실을 직시하며 진지한 신학적 연구를 정진할 필요성을 부각시킬 것으로 기대된다. 계속하여 이 논문은 '수정설'과 '수정 후 14일설'을 중심으로 과학적, 신학적 고찰을 통하여 '인간의 시작점'을 찾는 존재론적인 접근을 시도한다. 이러한 존재론적인 논의를 기초로 작금의 현실을 반영하여 수정란의 지위를 정립하려는 시도는 배아줄기세포 연구와 관련하여 구체적이며 적용 가능한 윤리적 대안을 제시해줄 것이다.

2. 전통과 생명과학: 충격, 거부, 정립

새로운 과학이 우주와 그 운행원리를 인지하는 새로운 패러다임을 제시하며 기독교의 전통적인 교리에 도전하는 경우가 역사적으로 종종 발생한다. 이 경우 전통적인 교리를 수호하려는 그룹과 새로운 패러다임을 수용하려는 그룹 사이에서 논쟁이 발생하게 된다. 이런 새로운 발견과 주장이 어떤 경우는 과학절대주의적인 오류로 판명되기도 하고, 어떤 경우는 전통적인 신학을 수정하거나 재정립하게 하는 새로운 패러다임으로 수용되기도 한다. 새로운 과학 이론이 과학적으로 검증된 것이 아닌데도 현재까지 논쟁이 계속되는 경우로는 진화론을 들 수 있고, 교회의 전통적 이해가 수정된 가장 유명한 사례로서는 지동설을 들 수 있다.[4] 강희원은 지동설과

---

4) 맥그래스는 지동설 논쟁을 단순한 '과학과 종교의 대립'으로 보지 않고, 그 배경에는 "법원정책, 개별적 알력, 신교에 대항해 자신을 옹호하려는 가톨릭교회 측의 투쟁, 또한 성경을 올바로 이해하려는 순수한 시도가 깔려 있다."고 주장한다. Alister McGrath, *Historical Theology: A History of Christian Thought*, 소기천 외 옮김, 『신학의 역사: 교부시대에서 현대까지 기독교 사상의 흐름』(서울: 知와 사랑, 2001), 324쪽.

관련된 갈등과 논쟁의 무의미성을 다음과 같은 평을 통하여 지적한다. "천동설을 신봉하였던 그 당시 유럽인들은 아마 세상이 무너지는 것과 같은 경악을 금하지 못하였을 것이다. …… 그러나 지동설은 천동설을 극복하고 말았다. 그렇지만 우주에는 아무런 변화가 일어나지 않았고, 다만 인간의 의식만이 변했을 뿐이다."[5]

의학과 생명과학의 발전이 기독교 전통에 도전을 주는 경우도 적지 않게 발생하고 있다. 19세기 중엽 출산의 고통을 줄이기 위해 클로로포름이 처음 사용되었을 때, 많은 사람들이 반대하였다. 그 이유는 "출산의 고통이란 원죄를 지은 인간에게 하나님이 내리신 징계이며 모성을 키우는 자연의 조화이므로 인간이 인위적으로 그것을 피하려고 해서는 안 된다는 것이었다."[6] 1978년 영국에서 체외수정에 의하여 최초의 시험관 아기, 루이스 브라운이 출생했을 때도 많은 논란이 있었다. 로마 교황청은 '자연의 섭리를 거스른, 근원적인 악'이라고 강하게 비판했다. 시험관 아기는 정상적인 인간으로 성장하지 못할 것이라는 우려의 목소리도 있었다.[7] 김은혜에 따르면 당시에는 "찬반양론이 심각하게 대두되었으나 지금은 반대의견은 소수가 되었다."[8] 우려와는 달리 루이스 브라운은 건강한 여자로 성장하여, 자연임신을 하였고 2007년 1월 출산 예정이다.[9]

이러한 사례를 기초로 유승원은 "전통적 교의의 손상을 두려워하는 종교는 사실 규명에 진실하려는 과학과의 싸움에서 종종 자동반사적인 거

5) 강희원, 「생명 대(對) 공학 대(對) 법의 풀리지 않는 3차방정식으로서 "대화적 생명공학법"」, 호남신학대학교 해석학연구소, 『생명과학과 인류의 미래』(서울: 한들출판사, 2001), 203쪽.

6) 오덕호, 「생명복제에 대한 성서적 고찰」, 호남신학대학교 해석학연구소, 『생명과학과 인류의 미래』(서울: 한들출판사, 2001), 10쪽.

7) '최초의 시험관 아기 엄마 된다', 《조선일보》, 2006년 7월 12일자.

8) 김은혜, 「"한기채 교수의 인간복제, 축복이냐 재앙이냐"에 대한 논찬」, 한국기독교윤리학회, 『생명, 신학, 윤리』(서울: 한들출판사, 2003), 75쪽.

부감을 보이다가 결국은 자랑스럽지 못한 기억만을 남기고 패배하고는 했다."고 진술한다.[10] 이러한 역사적 사례는 "과학 활동과 그 결과물에 대한 종교의 지나친 거부감이 오히려 종교를 비현실적인 도그마로 전락시킬 수 있다."는 자각을 하게 한다. 이런 조망을 하는 학자들은 이러한 "종교계의 아픈 경험이 작은 목소리나마 생명공학에 대한 반성적 수용을 논의할 수 있게끔 만든 것이 아닌가 생각한다."고 진술한다.[11]

이러한 역사적 사례를 통해 우리가 얻어야 할 교훈은 새로운 과학에 의한 충격으로 그 부작용을 침소봉대하여 무조건 반대하는 것보다는 역사와 현실을 직시하고 진지한 신학적 검토를 해야 할 필요성을 인정해야 하는 것이다. 급변하는 세상 속에서, 과거의 한정된 시간과 공간 속에서 형성된 전통적 이해만 절대적인 불변의 진리라고 고집하며 새로운 각도의 조망을 거부하는 것은 새로운 과학과 문화가 제기하는 새로운 이슈를 거부하는 우를 범하게 된다. 이는 신학 연구의 필요성을 원천적으로 봉쇄하는 것과 마찬가지이다. 새로운 과학과 문화에 대한 무조건적인 반대는 교리적 독단이 될 수 있으며, 이에 대한 무조건적인 찬성은 과학주의적 허구라고 본다.

생명과학의 발전은 21세기에 들어와 인류 사회에 커다란 충격과 변화를 불러일으키고 있다. 지금은 새로운 과학이 생명과 인간에 대한 전통적인 이해에 의문을 제기하며, 이에 따른 혼란을 겪고 있는 과도기적인 시기이다. 특히 생명복제의 초기, 종교계는 이 놀랍고 엄청난 과학에 대한 자동반사적 과민반응을 보이며 지금은 오해로 판명되고 있는 근거 없는 문제점을 지적하였다. 이러한 지적 중의 하나는 생명복제는 하나님의 창조영역을

---

9) 조선일보, 앞의 글.

10) 유승원, 「오덕호 교수의 "생명복제에 대한 성서적 고찰」, 호남신학대학교 해석학연구소, 『생명과학과 인류의 미래』(서울: 한들출판사, 2001), 56쪽.

11) 이진우 외 3명, 《인간 복제에 대한 철학적 성찰: 독일 슬로터다이크 논쟁을 중심으로》(서울: 문예출판사, 2004), 107쪽.

침범하는 '하나님 노릇하기'라는 것이었다.[12] 그러나 시간이 지나며 생명복제 과정에 대한 차분한 과학적, 신학적 검토는 결국 생명복제가 주어진 세포와 난자를 이용하는 '생명조작'에 불과하며 무에서 유를 창조하는 하나님의 창조와 그 차원이 다른 것임을 깨닫게 하였다. 생명복제가 창조질서를 파괴하는 것이라는 지적에 대해 오덕호는 "창조질서가 기본질서만을 의미한다면 생명복제는 창조질서를 파괴하는 것이다. 그러나 과학의 발달과 더불어 과거의 질서를 바꾼 것을 다 창조질서의 파괴라고 할 수는 없다."는 반론을 제시한다. 따라서 "생명복제도 그 행위 자체만으로 창조질서의 파괴라고 하기보다는 그 동기와 결과가 얼마나 해로운지에 따라 문제를 삼아야 한다."고 주장한다.[13]

우리는 생명복제 기술 그 자체는 선도 아니고 악도 아니라는 사실을 이해해야 한다. 생명과학을 포함한 인간의 자연에 대한 탐구와 노력은 창세기 1장의 "정복하고 다스리라"는 하나님의 문화명령의 성실한 수행으로 볼 수 있다.[14] 인류의 역사를 통해 과학과 신학의 대립 및 갈등의 해결 과정을 냉정히 살펴보면, 과학과 기술 자체가 문제의 핵심이라기보다는 그것을 이용하는 인간의 자세가 더 큰 문제인 것을 인지하게 된다. 과학과 기술을 하나님의 뜻에 순종하여 선하게 사용하느냐, 아니면 인간의 욕심과 교만의 충족을 위해 사용하느냐에 따라 그 결과는 엄청나게 차이를 보인다.[15] 인간에게 주어진 창조력, 즉 인간의 달란트를 최대한 계발하는 것이 하나님

---

12) 많은 학자들이 이렇게 주장했다. 대표적인 예로 김상득, 『생명의료 윤리학』(서울: 철학과현실사, 2001), 102쪽; 김영선, 「인간복제와 영혼」, 대한기독교서회, 《기독교사상》 제506호(2001년 2월), 116쪽을 들 수 있다.

13) 오덕호, 앞의 글, 39쪽.

14) 이러한 입장을 보려면 Ronald Cole-Turner, *Beyond Cloning: Religion and the Remaking of Humanity*(Harrisburg, Pennsylvania: Trinity Press International, 2001), 39~46쪽을 참조하라.

께 충성된 종이 되는 한 방법이라는 성경의 교훈은 생명과학과 관련된 일을 하는 사람들에게도 똑같이 적용되는 하나님의 진리의 말씀이다. 오덕호는 "해로운 일이 일어날까 두려워서 이로운 것을 계발하지 않는 것은 성서가 꾸짖는 악하고 게으른 모습이다."라고 진술하며 생명복제의 해로운 점은 피하되, 유익한 점을 살려 하나님의 청지기로서의 의무를 다할 것을 피력한다.[16] 세부적인 검토를 거쳐 명확한 윤리적 지침이 선행된 후에 연구가 진행되어야 하지만, 생명과학자들에게도 자신들의 달란트를 개발할 기회가 주어져야 한다는 주장은 지극히 성서적인 것이다.

그러나 '생명복제 기술을 하나님의 창조 능력과 비교할 수 없다'는 입장과 '무비판적으로 그 기술을 허용하자'는 입장은 전혀 별개의 것이다. 우리는 새로운 과학의 오용과 남용을 통해 과거에는 생각도 할 수 없었던 엄청난 규모의 악을 행할 수 있다는 사실을 간과할 수 없다. 생명복제를 통해 창조주 하나님의 권위가 손상되지 않는다는 이해가 배아줄기세포의 연구나 인간복제를 지지하는 윤리적 근거는 될 수 없다.

생명복제에 대한 신학의 또 다른 주요 거부반응은 인간의 정체성이 파괴된다는 것이다. 생명복제 초기에 사람들은 복제된 생물이 원본생물과 생물학적으로 똑같은 개체라는 오해를 했다. 그러나 시간이 지나며, 더 발전된 과학의 이해를 통하여 이들이 생물학적으로 동일한 존재가 아님을 인지하게 한다. 원본인간과 복제인간의 생물학적 동일성은 일란성 쌍둥이보다 더 차이가 난다.[17]

인간복제는 절대로 허용될 수 없지만, 우리가 냉정히 검토해야 할 것은

---

15) 바버는 유전자 조작에 대한 견해가 다른 것은 종교와 과학과의 갈등이 아니라, "과학이 응용에 대한 서로 다른 윤리적 판단 간의 갈등"이라고 본다. 따라서 모든 형태의 유전자 조작을 부정할 것이 아니라 그것들을 구별할 필요가 있다고 주장한다. Ian G. Barbour, *When Science Meets Religion*, 이철우 옮김, 『과학이 종교를 만날 때』(서울: 김영사, 2001), 219쪽.

16) 오덕호, 앞의 글, 42쪽.

인간복제를 통해 동일한 인간이 태어나는 것은 아니라는 사실이다. 복제인간과 원본인간은 유전자는 동일하지만, 생물학적으로 동일한 존재는 아니다. 이뿐만 아니라 이들은 정신적, 영적으로도 다른 존재이다.[18] "복제를 한다고 할지라도 또 하나의 당신은 결코 존재하지 않을 것이다."[19] 인간복제가 원본인간과 복제인간 사이의 가족관계 혼란이나 복제인간의 대량생산 등을 통해 사회적 문제를 일으키며 인간의 정체성을 침해할 것은 분명하다. 하지만 생명복제 초기에 우려한 바와는 달리, 인간복제가 생물학적으로 동일한 인간을 생산하여 인간의 정체성을 파괴하는 것은 아니다.

이외에도 생명복제 초기에는 복제인간은 영혼이 없을 것이라는 주장도 있었다.[20] 그러나 동물복제의 결과는 무성생식으로 태어난 동물도 유성생식으로 태어난 동물과 마찬가지로 그 종의 모든 특성을 소유한 개체라는 입장에 힘을 실어주고 있다.[21] 오덕호는 "복제인간이 원본인간과 다르다는 것은 복제인간이 독립된 영혼을 가지고 있다는 것을 의미한다."고 진술한다.[22] 체세포핵이식을 통해 형성된 수정란을 자궁에 착상시키면, 그 이후의 과정은 자연 임신과 동일하므로 인간의 모든 특성을 갖춘 온전한 인간이

---

17) 난자의 미토콘드리아 등 현재 과학이 인지하지 못하는 다른 요소가 개체 형성에 커다란 영향을 미치므로, 두 개체는 생물학적으로 서로 다르다. 복제된 생물체의 생물학적, 정신적, 영적 특성에 대한 자세한 설명을 보려면 장도곤, 「복제고양이 Cc 탄생의 신학적 의미: 인간의 영혼육의 재조명」, 한국기독교사회윤리학회, 《기독교사회윤리》 제7집(2004), 223~265쪽을 참조하라.

18) Cole-Turner는 "개체는 유전자에 의해 규정되지만, 개체는 유전자 이상의 존재"라고 주장한다. "유전자가 인간의 정신적, 도덕적, 영적인 선결조건이며 소인이 되기는 하지만, 그것이 인간의 세부적인 행위와 믿음을 통제할 수는 없다."는 것이다. R. Cole-Turner, 앞의 책, 144~145쪽.

19) Gregory E. Pence, *Flesh of My Flesh: The Ethics of Cloning Humans*, 류지한 외 옮김, 『인간복제 무엇이 문제인가』(서울: 울력, 2002), 128쪽.

20) 예를 들어 김영선은 하나님이 창조하지 않은 피조물인 복제인간은 구원의 대상이 될 수 없으며, "혼은 물질이 아니기 때문에 복제가 불가능하다."고 주장했다. 김영선, 「생명복제와 인간복제에 대한 조직신학적 고찰」, 한국개혁신학회, 『생명복제와 개혁신앙』(서울: 한들출판사, 2000), 124~125쪽.

출생될 것이라는 유추를 거부할 이유가 없다. 체외수정으로 태어난 최초의 시험관 아기 루이스 브라운이 성장하여 자연임신을 한 것과 현대 신학자들이 제기하는 '영혼 창발설'은 이런 유추에 힘을 실어준다.[23] 그러므로 복제된 인간도 영혼을 가졌으며, 하나님의 구원의 대상이라는 이해가 더 설득력이 있다. 이외에도 유성생식만이 하나님이 주신 방법이므로 무성생식은 비성서적이라는 주장도 있었다. 그러나 이러한 주장의 주관적 한계를 지적하는 학자는 "남녀 간의 성적 결합을 통한 유성생식만이 자손생산의 유일한 방법이라는 근거를 성서에서 찾아낼 수가 있는가?"라는 의문을 제기한다.[24]

위의 사례에서 보는 바와 같이, 생명과학에 대한 충격으로 인해 반사적으로 형성되는 과민반응들은 과거의 전통적 이해만을 진리로 제한하는 문제점을 노출한다. 김균진과 신준호는 "우주적 현실은 '상향식 인과율(bottom up causality)'과 '하향식 인과율(top down causality)'이 상호 작용하는 복잡계의 구조를 가지고 있다."고 설명하며, 이런 "구조에 비추어볼 때 자연과 신학의 전통적 전제들은 상대적이며 제한적인 것에 불과하다."고 주장한다.[25] 전제가 잘못되면 진리에 도달할 수 없다. 새로운 과학에 의

---

21) 복제양 돌리가 나이보다 여섯 살 많은 세포를 가졌고, 여러 가지 병이 있었음에도 불구하고, 모든 것을 종합해볼 때 돌리는 하나의 고유한 개체로서 양의 모든 특성을 갖춘 온전한 양으로 봐야 할 것이다.

22) 오덕호, 앞의 글, 30쪽.

23) 예를 들어 김성봉은 부모를 통하여 육체를 조성하는 과정 속에서 하나님이 신비하게 영혼을 조성한다는 창발설에 힘을 실어준다. 김성봉, 「개인 영혼의 기원에 대하여」, 개혁주의성경연구소, 『영혼문제와 인간복제』(서울: 도서출판 하나, 1997), 75~76쪽. 창발설을 수용한다면, 무성생식 대리모를 통해 육체를 조성하는 과정 속에서 하나님이 유성생식과 같은 방법으로 영혼을 조성할 것이라는 유추를 배제할 이유가 있을까?

24) 장석정, 「강성열 교수의 "구약성서의 생명공학: 다시 읽는 창조 이야기"에 대한 논찬」, 호남신학대학교 해석학연구소, 『생명과학과 인류의 미래』(서울: 한들출판사, 2001), 117쪽.

25) 김균진, 신준호, 앞의 책, 149쪽.

해 우주와 사물 인식의 패러다임이 변화하는 것을 인식하지 못하고 무조건적인 거부만 고집한다면, 신학은 현실과 단절된 독단적이고 고립된 영역, 또는 우리의 삶과 관련이 없는 형이상학적, 초월적 영역으로 스스로를 축소하게 될 것이다. 이러한 종교적 관점에 의한 윤리적 규범의 일방적 강요는 설득력을 잃고 구속력 없는 메아리로 전락되고 말 것이다.

생명과학과 기술의 발전은 근대 윤리학이 다룰 필요가 없는 새로운 질문을 던져주었다. "예를 들어, '인간을 목적으로서 존중하라'는 칸트의 윤리학적 명제는 이미 인간이 누구인지를 전제했다. 그런데 생명공학 기술은 인간의 생명이 언제부터 시작되는가라는 문제를 제기했다."[26] 현대 교회는 '생명과 인격의 존엄성'이라는 명제에 대해서는 이의를 제기하지 않는다. 그러나 '언제부터 인간인가'라는 질문에 대해서는 논쟁이 분분하다. 배아의 지위에 대한 논쟁은 자연히 생명과 인간의 본질에 대한 진지한 검토의 기회를 제공하게 된다. 21세기 말이 되면 인간이라는 개념조차 크게 바뀔 것이라는 예측도 제기되고 있다.[27] 인간의 시작점이 언제인가라는 질문에 대해 교회는 계속적인 연구와 논의를 통해 성서적이며, 동시에 과학적 진리에 기초한 답변을 제시해야 할 것이다.

3. 인간의 시작에 대한 주요 견해

과학의 발전으로 인간발생의 복잡한 과정이 점점 더 자세히 밝혀짐에 따

26) 이경직, 「기독교 생명윤리학 방법론」, 한국기독교사회윤리학회, 《기독교사회윤리》 제10집 (2005), 38쪽.

27) Dominique LECOURT, *Humain, Post Humain*, 권순만 옮김, 『인간복제논쟁: 인간 복제 이후의 인간은 어디로 가는가』(서울: 지식의 풍경, 2005), 72, 82쪽.

라 수정란을 인간으로 보는 설이 부인되고, 인간의 시작점을 착상, 14일, 28일, 40일, 5개월 등으로 보는 다양한 이론이 제시되고 있다. 그중에서도 14일설은 배아줄기세포의 연구와 관련되어 가장 강력하게 대두되고 있다. 따라서 이 논문에서는 '수정 후 14일설'과 기독교가 전통적으로 받아들여오던 '수정설'에 대한 집중적 조사를 통하여 인간의 시작에 대한 논의를 하려고 한다.

1) 과학적, 철학적 접근

과학은 하나의 배아에서 두 개의 원시선이 발생하면 쌍둥이가 된다는 것을 밝혀냈다. 이는 배아에서 원시선이 발생하는 14일까지는 배아가 하나의 개체로 발전할 것인지, 아니면 쌍둥이가 될지 알 수 없음을 의미한다. 이런 발생학적인 발견에 기초하여 원시선이 출현하고 태아가 형성되기 시작하는 수정 후 14일을 인간의 시작점으로 봐야 한다는 주장이 대두되고 있다.

14일설을 주장하는 사람들은 수정란을 단순히 세포덩어리로 간주한다. 이들은 수정란이 신체기관으로 분화하기 시작할 때를 인간의 시작점으로 본다. 14일 이전의 세포는 "신체 중 어떤 기관으로도 성장할 수 있는 만능 세포의 성격을 가지고 있기 때문에 아직은 한 개체 인간으로 볼 수 없다."는 것이다.[28] 만약 인간의 수정란을 다른 동물의 자궁에 착상시키면, 그 개체가 인간과 근접한 다른 동물로 발생될 수도 있다. 자궁이 "태아가 자라는 데 결정적으로 중요한 위치를 차지하기 때문이다."[29] 인간의 수정란이 다른 동물의 자궁에서 인간이 아닌 다른 동물에 가까운 개체로 발생된다면, 수정란이 곧 인간이라는 등식은 성립되지 못할 것이다. 그러므로 이들은 14일 이전의 배아를 인간으로 보지 않는다.

---

28) 박충구, 『생명복제 생명윤리』 (서울: 가치창조, 2001), 68쪽.
29) 오덕호, 앞의 글, 18쪽.

그러나 14일설을 주장하는 사람들이 인간의 존엄성 자체를 무시하는 것은 아니다. 오덕호는 "수정란을 인간으로 본다면, 체세포의 핵을 다른 난자에 이식하여 수정란을 형성하는 핵치환 실험을 해서는 안 된다."고 전제하고, "인간은 그 존엄성 때문에 인간의 생존과 관련된 것은 실험 대상이 될 수 없다."는 그의 기본 입장을 밝힌다. 그러나 이러한 기본 입장이 수정란에는 적용되지 않는다. 수정란을 인간으로 보지 않기 때문이다. 더불어 이들은 14일설이 "배아나 태아의 계급화"를 조장하는 것은 아님을 밝힌다. 피터슨(Peterson)은 "착상(6~9일), 개체화(14일) 또는 형상화(28일)에 근거해 사람됨을 인정하는 것은 사람이 되는 과정에 계급적인 특성이 있어서 인간이 일정한 기능을 습득함에 따라 점점 더 사람으로 완성되어감을 제시하는 것은 아님을 상기시키고 싶다."고 기술한다. 즉 "위에 묘사된 경계는 각각 시작점으로 제시"될 뿐이라는 것이다.[30]

14일설을 주장하는 사람들은 수정란에 인간의 윤리적 지위를 부여하기를 거부한다. 이들은 "개체화 전 또는 착상 전의 배아는 아직 태아가 가진 하나의 완전한 성체로서의 윤리적인 입장을 가지지 못한다."고 주장한다.[31] 이들의 견해대로 14일설을 받아들인다면, 인간의 배아를 원하는 만큼 추출하고, 복제하고, 냉동 저장하더라도 인간의 존엄성이 훼손되지 않고 살인행위가 되지도 않는다. 따라서 아직 인간이 아닌 14일 이전의 배아를 사용하여 줄기세포 연구를 무제한으로 진행할 수 있게 된다.

수정란을 인간의 시작점으로 보는 학자들은 수정란이 인간임을 부인하

---

30) James C. Peterson, "Is a Human Embryo a Human Being?" in *God and the Embryo: Religious Voices on Stem Cells and Cloning*, eds. by Brent Waters and Ronald Cole-Turner(Washing, D. C.: Georgetown University Press, 2003), 84쪽.

31) Gene Outka, "The Ethics of Human Stem Cell Research," in *God and the Embryo: Religious Voices on Stem Cells and Cloning*, eds. by Brent Waters and Ronald Cole-Turner(Washing, D. C.: Georgetown University Press, 2003), 54쪽.

는 모든 다른 입장을 거부한다. 이들은 "일단 임신이 되면 각 존재는 하나의 기본적이며 원시적인 인간 생명"이라고 주장한다.[32] 그 이유는 수정란은 정자와 난자의 염색체가 합쳐진 생명체의 근원이 되는 최초의 완전한 존재이기 때문이다. 이들은 "수정이 되면 정자의 염색체 23개와 난자의 염색체 23개[가] 합쳐져 전혀 다른 46개의 염색체를 소유한 새롭고 독특한 존재가 시작된다."고 주장한다.[33] 모든 수정란은 46개의 염색체를 소유했으므로 인간으로 발생하는 데 필요한 모든 유전정보를 가진 유일한 존재라는 이해이다.

이들은 모든 수정란은 인간 생명의 가능태이며, 모든 인간 배아는 "여전히 미숙하기는 하지만 완전히 갖춰진, 다른 존재와 같지 않은 인간 존재"라고 주장한다. 또한 수정란으로부터 배아, 태아, 인간으로 발생하는 과정은 자연적인 상태에서 단절이 없고 연속되는 과정이므로 "적절한 환경을 박탈하지 않고 사고나 질병이 없다면" 수정란은 당연히 인간이 된다고 주장한다.[34] 이는 생명의 연속성과 잠재성을 인간의 시작점을 판단하는 근거로 수용하는 것이다. 그러므로 수정란이 유성생식에 의해 만들어졌든, 아니면 무성생식에 의해 만들어졌든 관계없이 모든 수정란은 인간이다. 따라서 이들은 "한 사람이라도 사람이라고 이해하는 존재를 살해하는 것은 사람을 살해하는 것이다."라는 생명 우선의 입장을 고수한다.[35] 생명의 시작과 인간의 시작을 구분하는 것을 거부하며, 생명체인 수정란을 곧 인간으

---

32) 같은 책, 55쪽.

33) 박재현, 신민선, 앞의 글, 24쪽.

34) 같은 글.

35) Robert Song, "To Be Willing to Kill What for All One Knows Is a Person Is to be Willing to Kill a Person," in *God and the Embryo: Religious Voices on Stem Cells and Cloning*, eds. by Brent Waters and Ronald Cole-Turner(Washing, D. C.: Georgetown University Press, 2003), 102쪽.

로 보는 이들이 배아줄기세포 연구를 반대하는 것은 당연한 귀결이다.

문제는 14일설을 주장하는 사람들도 수정설을 주장하는 사람들처럼 그 주장의 근거를 연속성과 잠재성에 둘 수 있다는 것이다.[36] 그 시기만이 다를 뿐이다. 14일설을 주장하는 사람들은 연속성의 시작점을 개체화가 시작되는 14일로 본다. 피터슨은 14일설에 의거하여 수정 시에 인간에게 영혼이 부여된다는 이론을 거부한다. 수정 시부터 배아 하나에 영혼 하나가 부여된다면, 자궁에 착상되지 못하고 유산되는 수많은 수정란은 "하나님의 인간 설계가 잘못되었음"을 의미하기 때문이다.[37] 전능하신 하나님이 인간 설계를 잘못할 수가 없기 때문에 수정란은 인간이 아니라고 봐야 한다는 논리이다. 체외수정 기술과 체세포핵이식 기술의 발달 이후 자궁 밖에서 형성되어, 자궁에 착상되지 않고, 자궁 밖에 존재하는 수정란에 대한 인식의 확산은 수정설의 생명의 연속성의 개념에 막대한 손상을 입히고 있다. 개체화 때에 영혼이 부여된다고 보는 학자들은 수정란이 하나의 생명이기 때문에 존중되어야 한다는 관점에 큰 의미를 두지 않는다. 오히려 언제 하나의 개체, 하나의 인간이 시작되느냐에 의미를 둔다.

이러한 관점에서 볼 때 연속성을 주장의 근거로 삼는 것은 수정설이나 14일설이나 마찬가지이다. 다른 점은 '생명을 가진 수정란을 연속성의 시작으로 보느냐, 아니면 개체화가 시작되는 14일된 배아를 연속성의 시작으로 보느냐'는 것뿐이다. 위와 같은 이유로 피터슨은 "우리도 과거에는 배

---

36) 수정란과 배아의 연속성, 잠재성과 관련된 자세한 과학적, 철학적 논의는 장도곤, 「배아줄기세포의 연구와 윤리적 대안」, 한국복음주의신학회, 《성경과 신학》 제38권(2005), 332~337쪽을 참조하라.

37) 기독교 초기의 교부들은 수정 시에 영혼이 부여된다는 '동시획득설'과 형성되지 않은 육체에 영혼이 깃들 수 없다는 '지연획득설'을 놓고 격렬한 논쟁을 벌였다. 동시획득설은 "19세기 말에 가서야 빛을 보게 되었고, 요한 바오로 2세가 공식화함으로써 승리를 굳히게 되었다." 이에 대한 자세한 내용은 도미니크 르쿠르, 앞의 글, 116쪽을 참조하라.

아에 불과했기 때문에 배아도 인간"이라는 논리가 논쟁을 해결할 수 없음을 지적한다. "인간 생명의 발달에는 그러한 단계가 있음을 인정한다. 그러나 여전히 제기되는 질문은 그러한 발달과정 중 언제 존재가 있는 사람(a person present)이 되는가?"라고 기술하며 반론을 전개한다.[38]

피터슨이 14일설을 주장하는 다른 근거는 배아의 잠재성의 거부이다. 가능성과 실존을 엄격히 구별하는 그는 "우리 모두가 인간으로 발달할 가능성이 있다고 인정하는 존재를 인간과 동일한 존재로 보는 주장에는 의문의 여지가 있다."고 피력한다.[39] 14일설을 주장하는 사람들은 인간으로 발달할 잠재성을 가진 수정란과 실제로 인간이 되기 시작한 14일 이후의 배아를 분명히 구분한다. 피터슨은 "잠재성은 아직 되지 않았음을 의미하며, 된다고 하더라도, 이미 그 잠재성을 가진 존재가 되어 있음을 의미하지는 않는다. 또한 그것이 가진 잠재성을 이룬 존재가 될 것을 보장하는 것도 아니다."라고 주장하며 수정란을 인간으로 대우할 것을 거부한다.[40]

14일설을 주장하는 학자들은 위와 같이 잠재성의 불연속적 가능성과 '잠재적 존재'와 '잠재성을 이룬 존재'의 상이성에 기초하여 수정란을 인간으로 간주하는 논리의 부당성을 보여준다. 문제는 이와 같은 맥락에서 수정란의 인간으로서의 잠재성을 부인하면, 동일한 맥락에서 14일설도 부인될 소지를 제공하게 된다는 것이다. 인간의 시작점을 14일설보다 뒤로 잡는 사람들은 14일된 배아를 온전한 인간으로 보지 않는다는 점을 간과할 수 없다. 예를 들어 출산을 인간의 시작점으로 보는 사람에게 14일된 배아는 잠재적인 인간에 불과하다. 배아나 태아의 잠재성을 인정하지 않는다면, 자궁 안에서 전개되는 모든 발달 과정의 배아나 태아는 인간으로 인정

---

38) Peterson, 앞의 책, 83쪽.

39) 같은 곳.

40) 같은 곳.

되지 않을 수 있다. 이런 논리를 받아들인다면, 출산 후 모태 밖으로 나와 하나의 온전한 육체를 가지고 세상에 존재할 때에야 비로소 한 인간으로 인정될 것이다. 더 심한 경우 출생 후 상당한 시간이 지나 자아의식을 가지고 행위판단이 가능한 존재만이 진정한 인간이라는 주장이 제기될 수도 있다. 비인격주의자들은 이런 논리를 받아들여 스스로 판단하고 행위하지 못하는 배아나 태아보다 스스로 행위하는 하등동물이 더 가치가 있다고 주장하며 낙태나 유아살해를 정당화하고 있다.[41] 배아나 태아의 인간으로서의 잠재성을 부인하기 시작하면, 결국은 '미끄러운 경사길'의 위험에 직면하게 될 수밖에 없다. 수정설과 14일설을 주장하는 양측이 모두 나름대로의 과학적, 철학적 근거를 제시하고 있으므로, 현재로서는 논의를 통해 하나의 결론에 이를 가능성은 매우 희박해 보인다.

2) 신학적 전통과 새로운 성경해석

몇 개의 특별한 경우를 제외하면, 기독교의 전통은 초기 교부시대부터 시작하여 중세를 거쳐 현대까지 '수정란은 곧 인간이다'라는 입장을 수용했다고 본다.[42] 그러나 이와 다른 입장이 간헐적으로 제기된 것도 사실이다. 교부 토마스 아퀴나스는 남자는 40일, 여자는 90일부터 인간으로 간주된다는 특이한 기준을 제시했다.[43] 이러한 전통은 17세기 로마 가톨릭의 진보적인 사상을 통해 표출되기도 했다. 20세기 후반 이후, 개신교와 가톨릭의 진보적인 그룹은 새로운 과학에 의거하여 수정란이 인간임을 부인하

---

41) Peter Singers, *Practical Ethics*, 2nd ed.(Cambridge: Cambridge University Press, 1993), 169~171쪽.

42) Brent Waters and Ronald Cole-Turner eds, *God and the Embryo: Religious Voices on Stem Cells and Cloning*(Washing, D. C.: Georgetown University Press, 2003), 191~194쪽.

43) Aquinas, *Commentary on the Sentences* book IV, d. 31 exp. text. Waters and Cole-Turner eds., 80, 191쪽에서 재인용.

며 태아의 발생정도에 따라 '신분과 보호의 차별화'를 주장하고 있다.[44] 이와는 별개로 정통 유대교인들은 수정 후 40일부터를 인간 생명으로 본다. "40일 전의 존재를 살아 있는 인간으로 볼 수도 있지만, 인간의 다른 세포도 이런 특성을 가지고 있으므로 이는 아직 동질의 사람은 아니다."라는 것이 유대교인들의 이해이다.[45]

인간의 시작점이 수정란이라는 주장의 근거로 제시되는 성경 구절로는 이사야 44:2, 시편 139:13, 예레미야 1:5, 에베소 1:4 등을 들 수 있다. 근대 이후 기독교의 주류는 이런 구절을 근거로 하나님의 섭리가 모태로부터 역사하므로 수정란이 생명을 가진 인간임을 주장해왔다. 이승구는 이런 구절을 기초로 "수정되는 과정도 하나님께서 관여"하시며, 또한 "우리가 수태되어 생물학적 생명을 부여받기 전부터도 이미 하나님의 관념 가운데서 존재하는 것으로 여기는 것"이라고 기술한다. 더불어 이런 구절을 "그저 모든 생명의 과정에 하나님이 관여하심을 문학적으로 표현한 것으로 치부해버리는 것은 계시를 존중하지 않는 태도"라고 단언한다.[46] 따라서 이들은 성경의 한 구절, 한 구절을 중요히 여기며 성경 구절을 인용한다. 이들은 "이런 구절을 인용하는 것을 단순히 본문 들이대기(proof-texting)로 간과"해서는 안 된다고 주장한다.[47] 이들에게 하나님의 인간에 대한 섭리가 모태에서부터 시작된다는 것은 수정되는 순간부터 배아가 생명과 인격을 가진 인간이 됨을 의미한다.

이와는 상이한 해석을 제시하는 학자들이 있다. 이들의 기본입장은 성서에는 인간의 시작에 대한 정확한 문자적 기록이 없다는 것이다. 전통적으

---

44) B. Waters and R. Cole-Turner eds, 앞의 책, 191~194쪽.

45) 같은 책, 79~80쪽.

46) 이승구, 『인간 복제, 그 위험한 도전』(서울: 예영커뮤니케이션, 2003), 25쪽.

47) Outka, 앞의 책, 43쪽.

로 인간의 시작을 규정짓는 근거로 제시되는 성경구절들이 "수정란, 배아, 태아를 구별하지 않는다"는 것이 이들의 입장이다. 그러므로 이들은 이런 구절들을 기초로 "성서가 태 속의 존재 중 수정란을 사람으로 보고 있는지 배아나 태아부터 사람으로 보고 있는지 알 수 없다"고 지적한다.[48] 예를 들면, 이들은 시편 139:13이 언제 인간이 시작됨을 가르쳐주는 구절은 아니라고 다음과 같이 주장한다. "이 구절은 모태 안에 있는 그 존재가 언제 사람이 되는지에 대해서 언급을 하는 것은 아니다. 시편 기자가 될 존재의 신체를 형성하는 데 하나님이 친히 관여하고 있다. 그러나 이 구절은 언제 그 신체가 발달하여 시편 기자가 되는지는 가르쳐주지 않는다."[49] 즉 하나님이 모태 안에서 신체를 조성하는 것은 사실이지만, 이 구절이 수정란이 인간이라고 규정하지는 않는다는 것이다. 그러므로 이 구절에 따르면 인간의 시작을 수정란부터라고 규정짓는 것은 무리다. 예레미야 1:5, 에베소서 1:4도 이와 같은 맥락에서 해석된다.[50] 이런 해석을 기초로 피터슨은 "배아를 어떻게 다루는가에 대한 책임이 인간에게 있지만, 성서에는 배아가 언제 인간이 되는가에 대한 정확한 가르침은 없다."고 주장한다.[51] 보수 또는 진보라는 입장에 따라 동일한 성경구절에서 서로 다른 해석을 이끌어내며, 한 그룹은 배아줄기세포 연구의 금지를 주장하고 있고, 다른 그룹은 이를 찬성하고 있다.

3) 양 극단은 대안을 제시할 수 없다

극단적인 입장의 대립은 갈등만 심화시킬 뿐 대안을 제시하지 못한다. 예를 들어 문자주의와 과학주의의 대립은 해결점이 없는 평행선을 달리며 소모전만을 계속하게 만들 것이다. 문자주의적 성서해석은 새로운 과학과

---

48) 오덕호, 앞의 글, 19쪽.
49) Peterson, 앞의 책, 79쪽.

문화에 무조건적인 거부반응을 표출하면서 처음부터 과학과의 대화를 거부한다. "현대인들이 직면하여 고민해야 하는 대다수의 이슈들이 신약성서의 직접적인 주제"가 아니라는 사실을 고려할 때, 문자주의는 스스로의 한계를 노출하고 있는 셈이다.[52] 결국 문자주의는 시대를 따라 인간 사회에 제기되는 다양한 이슈에 대한 기독교적인 방향을 제시해주지 못하고, 교회를 세상에서 고립시키게 된다. 김균진과 신준호는 이러한 문자주의를 다음과 같이 비판한다.

이러한 믿음은 성서와 교회가 가르치는 참된 믿음과는 거리가 먼 것이며, 오히려 형이상학적 신념에 지나지 않는다. …… 문자주의적 성서 이해의 배후에는 결정론이라는 형이상학적 신념이 무비판적 공리로서 암묵적으로 전제되어 있다는 사실을 자각해야 한다. 그때 신학은 성서적 언어들이 지시하는 본래적 의미를 찾을 수 있게 되며, 그 언어들이 지시하는 현실이 자연과학이 현재 취급하는 현실과 동일한 것임을 인식할 수 있게 된다. 그러한 신학은 자연과학과의 생산적인 대화를 시작할 수 있다.[53]

계속하여 김균진과 신준호는 "신학은 시대적 추세를 정확하게 인식하여야 하며, 기독교 교리와 성서 해석들을 자연과학적 개념들과 연관된 내용으로 재구성하여야 할 것이며, 그 결과 신앙적 삶과 문화적 삶 사이의 개념적 연결을 시도하여야 한다."고 주장한다.[54] 문자주의는 생명복제와 관련

---

50) 이런 구절에 대한 해석은 같은 책, 79~80쪽; 장도곤, 『배아줄기세포의 연구와 윤리적 대안』, 339~340쪽을 참조하라.

51) Peterson, 앞의 책, 79쪽.

52) 유승원, 앞의 글, 48쪽.

53) 김균진, 신준호, 앞의 책, 153쪽.

54) 같은 책, 154쪽.

하여 과학과 신학을 연결하는 진지한 성서 연구의 필요성을 인지하지 못하고 있다.

반대로 과학주의는 정신과 종교의 초월적 영역을 무시하고 물질주의적, 환원주의적 오류를 범하게 된다. 환원주의는 부분을 분석하여 전체를 이해하려고 한다. 즉 "전체를 부분으로 쪼개고, 그 조각난 각각의 부분들을 분석한 후 전체를 재구성하여 이해하려고 시도한다."[55] 그러나 복잡한 우주와 만물의 질서의 각 부분을 분석하는 접근을 통하여 그 합인 전체를 온전하게 파악할 수가 없다. 예를 들어 분자생물학은 인간 구성의 최소 단위를 분석하는 접근을 통하여, 인간의 정신작용의 본질을 뇌세포와 화학물질의 상호작용으로 정의하며 정신을 물질적인 영역으로 국한하여, 인간 영혼의 존재 자체를 거부한다. 초월적 영역의 존재 자체를 부정하는 이러한 자세는 믿음과 영혼을 다루는 종교의 본질을 거부하게 된다. 과학이 물리적 영역을 초월하는 초과학적 영역을 인정할 때 폐쇄적인 과학절대주의를 벗어나 종교와 대화할 수 있는 가능성을 발견하게 될 것이다.

우리는 "과학은 연구결과 자체가 갖는 한계성과 윤리적 책임의 문제 앞에서 종교적 질문을 던지지 않을 수 없게 되었으며, 신학 역시 변화하는 시대 안에서 효과적으로 복음을 선포하는 새로운 방법을 모색하기 위하여 과학적 질문을 던지지 않을 수 없게 되었다."는 전망에 관심을 가져야 한다.[56] 과학과 신학이 서로의 가치와 서로의 독특한 영역을 인정할 때, 상호 대화에 기초한 학제 간 연구를 통해 21세기의 인류에 직면한 문제들을 해결해나갈 수 있을 것이다.

배아의 지위에 대한 존재론적인 합의에 이르기가 불가능해 보이는 현재, 사회학적인 측면에서 인간의 시작을 정의하는 움직임이 관심을 끌고 있다.

---

55) 같은 책, 150쪽.
56) 같은 책, 16쪽.

몰트만은 "삶이 더 이상 살아남음(Uberleben)이 아니라면, 우리 인간의 생명은 다른 사람에 의해서 수용되며, 사랑받으며, 체험되는 생명으로 이해할 수 있다. 수용되지 않으며 더 이상 체험될 수 없는 생명은 더 이상 인간적 가치를 가진 생명이라 말할 수 없다."고 주장하며 "인간의 생명이 언제 시작하는가에 관한 질문에 대하여, 부모와 사회를 통한 생명의 수용이 절박한 문제로 등장한다."고 답변한다.[57] 논란의 여지가 많은 주장이지만, 이러한 몰트만의 입장에서 분명히 보이는 전제는 생명의 시작과 인간의 시작을 구별하는 것이며, 생명관에 대한 사회적인 합의를 생명판단의 중요한 요소로 인정하고 있다는 것이다.

위에서 논의된 존재론적인 접근의 결과를 정리하면, 배아의 인격지위에 대해 과학적, 철학적, 신학적으로 대다수의 사람들에게 수용될 수 있는 답변은 아직 제시될 수 없음을 인지하게 된다. 빠르게 발전하는 과학의 영향으로 이와 관련된 이해도 빠르게 변화되고 있는 것이 현실이다. 배아의 지위와 관련해 분명히 말할 수 있는 한 가지 사실은 위의 어떠한 입장도 배아가 언제부터 인간이 되는지를 결정해주지 못한다는 것이다. "배아 연구를 지지하는 존재론적인 주장은 정당한 의심을 풀어줄 만큼 배아가 사람이 아님을 보여주지 못했고, 배아 연구를 거부하는 존재론적인 주장은 배아를 위한 윤리관이 타당함을 보여주지 못했다."[58] 따라서 필자는 '배아가 언제부터 인간인가?' 하는 존재론적인 접근을 일단 보류하고, 현재의 상황에서 배아의 생명과 인권을 최대한 존중하면서 동시에 배아줄기세포의 연구를 가능케 하는 윤리적 대안을 제시하려고 한다.

---

57) Jürgen Moltmann, *Wissenschaft und Weisheit: Zum Gespräch zwischen Naturwissenschaft und Theologie*, 김균진 옮김, 『과학과 지혜: 자연과학과 신학의 대화를 위하여』(서울: 대한기독교서회, 2003), 222~223쪽.

58) R. Song, 앞의 책, 105쪽.

4. 불확실성 시대에 제시되는 윤리적 대안

배아의 지위에 대한 존재론적 결론이 모호한 상태에서 필자가 제시하는 윤리적 대안은 "잔여배아를 이용한 줄기세포의 연구는 엄격한 관리와 규제 하에 허용될 수 있다."는 것이다.[59] 필자가 이런 대안을 제시하는 것은 "잔여배아가 생명이며, 인간이라는 입장"을 거부하는 것은 아님을 전제로 한다. 또한 시험관 아기를 생산하는 과정에서 잔여배아가 생산되는 것이 윤리적으로 무방함을 인정하는 것도 아니다. 사실 "잔여배아는 이용 가능하다"는 제안은 윤리학적 문제를 내포한다. 이는 현실을 반영하여 최선책으로 제기되는 잠정적 절충안이기 때문에 성서적 타당성을 근거로 당위(ought-to)를 제시해야 하는 기독교윤리의 기본적인 접근을 간과한 것이라는 평가를 피할 수 없다. 그러나 존재론적으로 배아의 인간적 지위를 정확히 판단할 수 없는 현재, 배아의 생명권과 인권을 최대한으로 존중하면서 동시에 인간의 복지증진을 추구하는 배아줄기세포의 연구를 계속할 수 있는 방법이 있다면, 그것을 절충안으로 제시할 가치가 있다는 것이 필자의 생각이다.[60]

더불어 복제배아와 잔여배아를 이용하는 행위에 대한 도덕성을 비교하

---

59) 진교훈은 여분의 배아를 만드는 체외수정의 과정은 엄격히 통제되어야 한다고 주장한다. 특히 인간 배아의 창출, 이용, 폐기, 관리에 대한 아무런 조치가 없는 한국의 방임 상태를 지적하며, '잔여 냉동 배아를 사용하자'는 공리적인 주장도 윤리적으로 정당화되지 못한다고 강력히 선언한다. 진교훈, 「생명과학에 대한 윤리적 성찰」, 호남신학대학교 해석학연구소, 『생명과학과 인류의 미래』(서울: 한들출판사, 2001), 258~260쪽.

60) 이종원은 "잉여배아나 냉동배아로부터 줄기세포(stem cell)를 추출하는 것이 가장 효과적인 방법"이기 때문에 그 유혹이 크며 윤리적 판단을 곤란하게 만든다고 기술하며 배아복제의 금지를 주장한다. 장래에 과학이 더 발전하면 성체 줄기세포의 배양이 일반화될 수도 있고, 다른 획기적인 기술이 개발될 수도 있다. 하지만 지금은 잔여배아를 버리는 것보다는 연구에 사용하도록 허용하는 것이 더 현명한 처사라고 생각된다. 이종원, 「배아복제의 찬반논변에 관한 윤리학적 성찰」, 기독교사회윤리학회, 《기독교사회윤리》 9집(2005), 219쪽.

는 학자들의 입장이 현저하게 다름은 현재 배아의 지위와 관련된 이해가 얼마나 혼돈의 상태에 있는지를 보여준다. 일련의 학자들은 "체세포핵이식은 잔여배아를 이용한 연구와는 달리 오로지 줄기세포를 추출하기 위해, 연구 목적으로만 인간 배아를 만들고 파괴하기 때문에 의도 면에서 윤리적으로 더 문제가 심각하다."라고 주장하는 반면, 다른 학자들은 "체세포핵이식은 정자와 난자의 만남에 의해 만들어지는 배아가 아니기 때문에 일종의 조직 배양과 같은 것으로 인간 생명이 아니라 생물학적인 인공물에 불과하기 때문에 연구를 해도 윤리적으로 문제가 없다."고 주장하기도 한다.[61] 이러한 혼란의 상태에서 필자는 시험관 아기 시술 과정에서 수술의 성공을 위해 실제 소요량보다 더 많은 잔여배아를 형성하는 행위에 대한 윤리적 판단은 보류하려 한다. 그러나 "이미 생산된 잔여배아를 사용하여 줄기세포를 연구하는 입장에는 윤리적 당위성을 부여할 수 있다."는 것이 필자의 생각이다.

이를 위한 첫 번째 근거로 '손해 무(Nothing is lost)'라는 이론을 제시할 수 있다. 우트카(Outka)는 배아줄기세포의 연구를 지지하기 위해 렘지(Ramsey)의 이론을 기초로 '손해 무'라는 이론을 제시한다. 이는 어차피 영구적으로 냉동 보관되거나 파괴될 잔여배아를 연구에 이용하는 것은 손해 볼 것 없다는 견해이다. 렘지는 "무고한 생명을 의도적으로 살해하는 살인을 절대적으로 금지"해야 한다고 주장하지만, 다음과 같은 두 가지 경우에는 예외를 인정한다고 진술한다: 1) 무고한 생명이 결국 죽을 수밖에 없을 경우, 그리고 2) 무고한 다른 생명이 구해질 때는 직접적인 살해가 허용될 수 있다.[62] 우트카는 렘지의 이론을 배아에 적용하여 줄기세포의 연구를 위해 잔여배아를 사용할 경우 발생되는 결과를 다음과 같이 정리한다:

---

61) 박재현, 신민선, 앞의 글, 15쪽.

1) 더 이상 잃을 것이 없다, 그리고 2) 손해는 적어지고, 적어도 누군가의 생명을 구한다.[63]

우트카의 첫 번째 논지는 살 가망이 전혀 없는 잔여배아의 생명을 이용해도 잃을 것이 없다는 것이다. 즉 착상되지 않은 잔여배아는 결국 영원히 냉동되거나 파기 처분이 되어 생명을 잃게 될 것이므로, 잔여배아를 실험의 대상으로 삼아도 "더 이상 잃을 것이 없다"는 것이다. 두 번째 논지는 램지의 "두 번째 예외 조항을 부분적으로 확대하여 무고한 다른 생명의 기대치를 높이는 것이다."[64] 여기서 '부분적으로(― 필자 강조)' 확대한다는 의미는 '직접적인 살해'의 범위를 한정하자는 것이다. 즉 모든 배아의 사용과 살해를 허용할 수 없다는 의지의 표현이다. 우트카는 "수정율의 확보를 위해 수정된 배아이지만, 영원히 착상되지 않을 배아"만의 사용을 허락한다. 의도적인 살생을 전제로 계획적으로 생산된 배아는 이 부분적 확대의 대상에 포함되지 않는다. 그렇기 때문에 "순전히 연구를 위해 생산된 배아"와 시험관 아기 시술로 아기를 얻게 될 부모 당사자 외에 "제삼자의 이익을 위해 의도적으로 생산"하는 행위는 금지해야 한다고 주장한다.[65]

잔여배아를 사용하지 않고 파괴할 경우, 다른 생명을 구할 수는 없다. 잔여배아의 사용을 허용할 경우, 줄기세포의 연구를 지원하게 된다. 어차피 죽게 될 잔여배아를 연구에 사용해도 더 이상 생명의 손해는 발생하지 않는다. 잔여배아를 사용하여 다른 인간의 생명을 구하는 것은 이익이지만, 그로 인한 손해는 없기 때문에 이를 금지할 이유는 없다는 것이 이런

---

62) Paul Ramsey, *War and Christian Conscience: How Shall Modern War Conducted Justly?*(Durham, N. C.: Duke University Press, 1961), 171~191쪽. Outka, 앞의 글, 46쪽에서 재인용.

63) 같은 곳.

64) 같은 글, 47쪽.

65) 같은 글.

주장의 근거가 된다.

잔여배아의 사용은 허용 가능하다는 윤리적 대안은 '선행 장려'라는 관점을 그 근거로 제시할 수 있다. 만약 수정될 때부터 배아가 인간이라는 입장을 받아들인다면, 배아의 생명과 인간의 생명은 동등한 가치를 가진다. 이를 받아들여 기독교의 이웃 사랑이라는 개념을 배아에 적용하면, 다음과 같은 가치충돌이 발생하게 된다. 눈앞에 존재하는 질병으로 고통을 받는 한 인간, 즉 다른 사람과 인간관계를 가지며 사회의 한 구성원으로 존재하는 인간의 생명을 구할 것인가, 아니면 가시적으로는 인간으로 보이지 않고, 사회적 인간관계도 유지하지 못하지만, 가장 약하고 가장 피해 입기 쉬운 존재인 배아의 생명을 구할 것인가? 다른 말로, 이웃을 치유하는 사랑인가, 아니면 약자 보호의 사랑인가? 배아가 인간임을 인정한다면 어느 사랑도 쉽게 포기할 수 없다. 한 생명을 파괴하여 다른 생명을 연장하거나 다른 생명을 구한다는 것은 아무런 이익이 없는 일이다.

그러나 잔여배아의 경우는 윤리적으로 고려할 관점이 달라진다. 줄기세포의 연구를 위해 의도적으로 배아를 생산하고 복제하는 것과 이미 생산된 잔여배아를 사용하는 것은 윤리적으로 차이가 있다. 수정설을 수용하더라도, 잔여배아의 사용을 지지할 기독교적 근거를 제시할 수 있다. 만약 잔여배아를 사용하지 않고 그냥 파괴 처리한다면, 한 생명을 잃게 되는 것이다. 아무런 이득이 없으므로 산술적으로 −1의 결과를 가져온다. 그러나 잔여배아를 사용하여 한 생명을 구하면 다시 +1의 결과를 준다. 이는 한 생명을 잃는 손해를 상쇄하며 다른 생명을 구하는 선한 일을 할 수 있다. 그러므로 잔여배아를 사용하여 고통당하는 인간의 생명을 구하려는 시도는 장려할 만하다. 워터스(Waters)는 "효과적인 의학적 치료를 제공하는 것은 곤경에 처한 이웃에 대한 사랑을 강력하게 표현하는 것"이며, 기독교인들은 "고통당하는 이웃과 단순히 함께 하는 것뿐만 아니라, 의학을 사용하도록

기독교인들이 부름을 받았다."고 주장하며 잔여배아를 사용하여 줄기세포 연구를 할 것을 주장한다.[66]

배아가 인간임을 부인하는 학자들은 '선행 우선'의 입장을 지지한다. 즉 잠정적인 인간인 배아의 생명보다는 현존하는 인간의 생명이 중요하다는 것이다. 이들은 배아의 지위가 확실치 않다면, 인간의 이익을 우선적으로 고려해야 한다는 입장을 취한다. 따라서 배아를 이용하여 "연구를 할 중요한 도덕적 사유가 있다면, 증명이 불충분한 주장에 근거하여 결정이 내려져야 한다."고 주장한다. 이는 "연구를 착수하는 데 필요한 '도덕적 중요성'이라는 사유는 초기 배아가 사람이라는 '단순한 가능성'보다 매우 중요"하기 때문이다.[67] 따라서 이들은 배아의 지위에 대한 결론을 내릴 수 없는 현실 속에서도 배아줄기세포 연구를 허락해야 한다고 주장한다.

반대로 배아가 하나의 고유한 생명이며 인간임을 인정하는 학자들은 '생명 우선'의 입장을 취한다. 이들은 한 생명인 배아를 죽여서 기존 인간의 건강과 생명을 구하는 것을 배격한다. 어떤 고귀한 목적이라도 한 생명을 죽이는 것은 인정할 수 없다. 또한 이들은 배아의 인간으로서의 지위에 대한 존재론적인 논쟁을 통하여 확실한 결정을 내릴 수 없다면, 우선적으로 배아의 생명을 보전하는 안을 택해야 한다고 주장한다. 그러므로 배아줄기세포의 연구는 거부된다. 선행 우선의 입장이 '치유하는 사랑'을 강조한다면, 생명 우선의 입장은 '약자 보호의 사랑'을 강조한다.

'선행 우선'이나 '생명 우선'의 입장과 비교할 때, 필자가 제시하는 대안은 '선행 장려'의 입장으로 정리될 수 있다. '선행 장려'의 입장이 기본적으로 생명과학 관련 연구를 선한 행위로 인정하는 것은 '선행 우선'의 입장과 비슷하나, 배아의 생명과 인권을 부인하지 아니하는 점은 '선행 우선'의 입

---

66) 같은 글, 75쪽.

67) R. Song, 앞의 책, 100쪽.

장과는 다르다. 그러므로 배아줄기세포 연구를 전폭적으로 지지하는 입장을 거부하고 배아의 부분적 사용, 즉 잔여배아의 사용만을 허용한다. '선행 장려'의 입장이 배아의 인간적 지위를 존중하는 것은 '생명 우선'의 입장과 그 의견을 같이하나, 인간배아를 사용하는 모든 연구를 절대적으로 거부하지는 않는 점은 '생명 우선'의 입장과는 다르다.

'선행 장려'는 두 극단적인 입장의 약점을 보완하는 절충안이다. 이는 시험관 아기 시술과 관련된 윤리적 판단을 보류하므로 생명 우선의 원리를 절대적으로 준수하지는 않지만, 배아의 생명의 존엄성을 무시하지는 않는다. 잔여배아라는 어차피 죽을 생명의 이용만을 허용하므로 더 이상의 생명의 손실은 없다. 반면에 이는 줄기세포를 이용한 치료가 인류에게 필요한 선한 행위임을 인정한다. 따라서 부분적인 배아의 사용을 어찌할 수 없는 현실로 인정하며 연구를 장려한다. 다른 말로 한 생명이 죽는 것은 안타까운 일이지만, 어차피 죽게 될 생명이라면 그 희생을 통하여 다른 생명을 구하는 것은 장려할 만한 일이라는 것이다. 이러한 입장은 배아를 위한 '약자 보호의 사랑'을 거부하지 않으면서, 인류를 위해 '치유하는 사랑'을 실천하게 한다. 이는 기독교의 중요한 핵심사상, 즉 '생명의 존엄성'과 '이웃사랑'의 원리를 배아와 현존 인간 양측에 최대한으로 적용하는 기독교적이며 실용적인 대안이다.

5. 맺음말

생명의 신비를 밝히는 과학적 정보의 증가는 배아의 인간적 지위에 대한 논쟁과 혼란을 야기하며 오히려 생명과 인간을 정의하는 작업을 복잡하게 만들고 있다. 새로운 과학이 전통적 신학에 충격을 주며 종교와의 갈등을 빚어낸 역사는 지금도 첨단생명과학을 통하여 반복되고 있다. 신학이 과학과 단절된 교리적 독단이 되지 않기 위해 생명과 관련된 전통적 교리의 검토가 필요한 때이며, 동시에 인본주의적 오류를 방지하고 과학절대주의적인 허구에 경종을 울리기 위해서도 신학적 재정립이 시급한 때이다. 이에 대한 답변을 제시하기 위해 필자는 인간의 시작점을 과학적, 신학적으로 규정하려는 접근을 시도했다. 그러나 이러한 접근은 현재로서는 존재론적으로 반론의 여지가 없는 명확한 답변을 제시할 수 없음을 인지하게 한다.

이러한 상태에서 수정란을 인간으로 보는 측은 배아줄기세포 연구의 절대금지를 주장하고 있고, 이를 단순한 세포덩어리로 보는 측은 연구의 전폭적인 지지를 주장하고 있다. 이에 대한 절충안으로 필자는 배아의 생명과 인권을 최대한 존중하면서, 동시에 줄기세포 연구에 배아의 사용을 가능케 하는 윤리적 대안을 제시한다. 필자가 제시하는 현실적인 대안은 '잔여배아를 사용하는 연구는 엄격한 규제 하에 허용할 수 있다.'는 것이다. 이러한 대안을 지지하는 근거로는 '손해 무'와 '선행 장려'라는 이론이 제시된다.

이러한 대안은 '미끄러운 경사길'의 문제를 내포하는 약점을 간과할 수 없으므로, 이를 시행하되 동시에 법적인 장치를 강화해야 할 것이다. 예를 들어 시험관 아기 시술 과정에서 의도적으로 배아를 과잉 생산하거나 실험용으로 배아를 복제하는 것을 금지하는 법적인 규제를 강화해야 할 것이다. 더불어 우리는 과학은 인간의 제한된 지식에 의해 발전되므로 현재 검증된 과학이라고 해도 잠정적인 진리라는 한계를 벗어날 수 없음을 인지해야 한다. 과학이 더 발달한 장래에는 논란이 많은 배아를 사용할 필요 없이 획기적인 다른 방법으로 질병치료와 건강증진을 추구하는 것이 가능해질 수도 있다.

고통과 질병의 감소는 인간이 추구해야 할 문화명령의 하나이지만, 동시에 우리는 질병과 죽음을 인생의 한 과정으로 수용해야 함을 인지해야 할 것이다. "죽음은 출생과 삶과 똑같이 인간적으로 중요한 과정이다."[68] 인류의 건강 증진과 생명 연장을 이루려는 과학적 노력을 게을리할 수 없지만, 동시에 하나님의 섭리를 직시하고 현재의 고통을 기쁨으로 승화시키며 참고 기다리는 지혜도 필요하다. 이러한 지혜를 따라 하나님이 주신 인간의 창조력을 겸손하게 사용할 때, 우리는 생명과학을 통해서 하나님이 기뻐하는 더 좋은 세상을 건설하여 나가게 될 것이다.

---

68) J. Moltman, 앞의 책, 222쪽.

| 참고문헌 |

강희원, 「생명 대(對) 공학 대(對) 법의 풀리지 않는 3차방정식으로서 "대화적 생명공학법"」, 호남신
　　　학대학교 해석학연구소, 『생명과학과 인류의 미래』, 서울: 한들출판사, 2001.

김균진, 신준호, 『기독교 신학과 자연과학의 대화』, 서울: 대한기독교서회, 2004.

김상득, 『생명의료 윤리학』, 서울: 철학과현실사, 2001.

김성봉, 「개인 영혼의 기원에 대하여」, 개혁주의성경연구소, 『영혼문제와 인간복제』,
　　　서울: 도서출판 하나, 1997.

김영선, 「생명복제와 인간복제에 대한 조직신학적 고찰」, 한국개혁신학회, 『생명복제와 개혁신앙』,
　　　서울: 한들출판사, 2000.
　　　「인간복제와 영혼」, 대한기독교서회, 《기독교사상》 제506호, 2001년 2월.

김은혜, 「한기채 교수의 인간복제, 축복이냐 재앙이냐에 대한 논찬」, 한국기독교윤리학회, 『생명,
　　　신학, 윤리』, 서울: 한들출판사, 2003.

박재현, 신민선, 「인간배아의 도덕적 지위」, 한국기독교사회윤리학회, 《기독교사회윤리》 제10집,
　　　2005.

박충구, 『생명복제 생명윤리』, 서울: 가치창조, 2001.

오덕호, 「생명복제에 대한 성서적 고찰」, 호남신학대학교 해석학연구소, 『생명과학과 인류의 미
　　　래』, 서울: 한들출판사, 2001.

유승원, 「오덕호 교수의 "생명복제에 대한 성서적 고찰"」, 호남신학대학교 해석학연구소, 『생명과
　　　학과 인류의 미래』, 서울: 한들출판사, 2001.

이경직, 「기독교 생명윤리학 방법론」, 한국기독교사회윤리학회, 《기독교사회윤리》 제10집, 2005.

이승구, 『인간 복제, 그 위험한 도전』, 서울: 예영커뮤니케이션, 2003.

이종원, 「배아복제의 찬반논변에 관한 윤리학적 성찰」, 기독교사회윤리학회,
　　　《기독교사회윤리》 제9집, 2005.

이진우 외 3명, 『인간 복제에 대한 철학적 성찰: 독일 슬로터다이크 논쟁을 중심으로』,
　　　서울: 문예출판사, 2004.

장도곤, 「배아줄기세포의 연구와 윤리적 대안」, 한국복음주의신학회, 《성경과 신학》 제38권, 2005.
　　　「복제고양이 Cc 탄생의 신학적 의미: 인간의 영혼육의 재조명」, 한국기독교사회윤리학회,
　　　《기독교사회윤리》 제7집, 2004.

장석정, 「강성열 교수의 "구약성서의 생명공학: 다시 읽는 창조 이야기"에 대한 논찬」, 호남신학대
　　　학교 해석학연구소, 『생명과학과 인류의 미래』, 서울: 한들출판사, 2001.

진교훈, 「생명과학에 대한 윤리적 성찰」, 호남신학대학교 해석학연구소, 『생명과학과 인류의 미

래」, 서울: 한들출판사, 2001.

Barbour, Ian G., *When Science Meets Religion*, 이철우 옮김, 「과학이 종교를 만날 때」, 서울: 김영사, 2001.

LECOURT, Dominique, *Humain, Post Humain*, 권순만 옮김, 「인간복제논쟁: 인간 복제 이후의 인간은 어디로 가는가」, 서울: 지식의 풍경, 2005.

McGrath, Alister, *Historical Theology: A History of Christian Thought*, 소기천 외, 「신학의 역사: 교부시대에서 현대까지 기독교 사상의 흐름」, 서울: 知와 사랑, 2001.

Moltmann, Jürgen, *Wissenschaft und Weisheit: Zum Gespräch zwischen Naturwissenschaft und Theologie*, 김균진 옮김, 「과학과 지혜: 자연과학과 신학의 대화를 위하여」, 서울: 대한기독교서회, 2003.

Pence, Gregory, E., ed. *Flesh of My Flesh: The Ethics of Cloning Humans*, 류지한 외 옮김, 「인간복제 무엇이 문제인가」, 서울: 울력, 2002.

Cole-Turner, Ronald, *Beyond Cloning: Religion and the Remaking of Humanity*, Harrisburg, Pennsylvania: Trinity Press International, 2001.

Outka, Gene, "The Ethics of Human Stem Cell Research," in *God and the Embryo: Religious Voices on Stem Cells and Cloning*, eds. by Brent Waters and Ronald Cole-Turner, Washing, D. C.: Georgetown University Press, 2003.

Peterson, James C., "Is a Human Embryo a Human Being?" in *God and the Embryo: Religious Voices on Stem Cells and Cloning*, eds. by Brent Waters and Ronald Cole-Turner, Washing, D. C.: Georgetown University Press, 2003.

Ramsey, Paul, *War and Christian Conscience: How Shall Modern War Conducted Justly?* Durham, N. C.: Duke University Press, 1961.

Singers, Peter, *Practical Ethics*, 2nd ed., Cambridge: Cambridge University Press, 1993.

Song, Robert, "To Be Willing to Kill What for All One Knows Is a Person Is to be Willing to Kill a Person," in *God and the Embryo: Religious Voices on Stem Cells and Cloning*, eds. by Brent Waters and Ronald Cole-Turner, Washing, D. C.: Georgetown University Press, 2003.

Waters, Brent and Ronald Cole-Turner eds., *God and the Embryo: Religious Voices on Stem Cells and Cloning*, Washing, D. C.: Georgetown University Press, 2003.

| 신문 |

〈최초의 시험관 아기 엄마 된다〉, ≪조선일보≫, 2006년 7월 12일자.

| 장도곤 |

서울대학교 조경과를 졸업하고 University of Pennsylvania 및 Southern Baptist Theological Seminary 에서 석사학위를 받았으며 Southern Baptist Theological Seminary에서 박사학위(Ph.D)를 취득하였다. 현재 한국복음주의윤리학회 회장을 맡고 있으며 동원대학교 교수로 재직 중이다. 저서로 『예수 중심의 생태신학』(기독교서회) 등이 있고 주요 논문으로는 "God, Humanity, and Nature: Jesus Centered Environmental Ethics" (The Southerm Baptist Theological Seminary) 등 다수가 있다.

06
생명윤리에 대한 유가사상의 현재성*

| 김용운 |

동아대 중국문학

1. 머리말

생명과학의 성과에 대한 윤리적 판단은 상품화, 법적 제도적 통어, 그리고 소비윤리 등 세 개의 축을 중심으로 전개될 전망이다. 생명에 대한 욕구와 생명과학의 대안이 시장의 기제 속에서 빠른 속도로 윤리의식의 변화와 법제화를 요구한다는 점에서 이 문제는 국가에서 세계로 범주가 확대되는 중이다. 인공수정이나 배아의 법적 지위로 유발된 논쟁은 시장경제 하의 치료제 개발과 통어, 그리고 관련 상품의 소비에 관한 윤리 등으로 그 중심축을 이동해나가고 있다. 유가사상(儒家思想)은 과학이 아니다. 그럼에도 생명윤리에 대한 유가사상의 현재성을 거론하는 까닭은 생명과학이 야기한 여러 가지 문제를 가치 판단하는 데에 유용하기 때문이다. 과학이 사상

---

* 이 글은 동아대학교 석당학술원에서 발간하는 《석당논총》 제50집(2011년 7월)에 게재된 원고를 일부 수정한 것이다.

을 낳는 시대임에도 불구하고 문화가 되어버린 사상이 일상을 근거로 삼아 과학에 대한 윤리적 판단에 개입하는 것은 아이러니다. 이 글이 유가의 기본 논리를 당시의 형태로 거론한 뒤, 생명윤리에 대한 그것의 현재성을 시장 법제 윤리의 층위에서 추론하는 것은 이미 존재하는 우리 사회의 가능성을 검토하기 위해서이다.

2. 공맹의 기저

공자(孔子)는 씨족사회의 휴머니즘을 예악(禮樂)의 심리화, 인격화로 변화시켜버렸다. 그의 탁월함은 부자(父子)간의 감성적 내용을 사회관계 전체의 휴머니즘으로 확장시킨 데 있다. 그는 효제(孝悌)의 사회적 실천을 지향하면서도 사회관계의 계급구조가 아닌 인격에 의존하는 모습이다. 맹자(孟子)의 윤리관념 또한 현실생활에 대한 관심이며, 그것을 내용으로 하는 것들이다. 맹자의 특징은 자아에 내재된 도덕의 특별한 범주, 다시 말해서 인(仁), 의(義), 예(禮), 지(智) 등을 다른 것과 구별되는 선험의 차원으로 규정하는 데에 있다. 따라서 생명윤리에 대한 공맹(孔孟)의 가치판단은 맹자가 더 엄격할 수밖에 없다.

1) 효제(孝悌) → 예의(禮儀)

공맹에게 부자(父子)는 사회관계와 가족을 매개하는 주요하고도 유일한 고리이다. 사회관계가 아버지를 통하여 부자 안에 사회적인 차원을 형성하면 부자간의 친정구조(親情構造)는 생물학적이고 개인적인 정서의 관계를 사회적인 보편성으로 확대시키게 된다. 결국 유가(儒家)는 부자(父子)의 지속을 통하여 계급관계의 영속성을 확보하고, 계급관계의 사회적 질서를 부자(父子)에, 부자의 가족적인 정서를 사회구조에 투영시킴으로써 사회현실을 가족 간의 휴머니즘이 살아 숨 쉬는 친족적 등급제도로 민주화하여 부자와 군신(君臣)을 일원적인 두 개의 층위로 전환시킨다.

이는 일상적인 감정과 사회적인 이념을 통일한 것이며 사회관계의 이념적 지향을 부자간의 정서, 나아가 개인의 내재적 요구에 연결시킴으로써 계급관계의 강제를 생활 속의 자각으로 전환시키게 된다. 유가는 인간의 감정과 심리를 부자(父子)를 핵심으로 하는 사회관계 속에 융합시킴으로써 사회이념과 개인정서, 개인과 사회를 매개하는 의식(儀式) 등을 일상의 심리와 계급 간의 윤리가 종합된 삶의 형식으로 바꾸어간다. 사회관계에서 폭력과 야만은 확대 심화되고 있었지만, 그에 대응하는 인간다운 삶의 의미와 관계라는 내용들이 채워지기 시작한 것이다.

2) 인(仁)의 우위

공자가 생각한 예(禮)와 의(義)는 씨족통치체제 하의 상하존비(上下尊卑) 등급질서를 객관적 조건으로 한다. 상하관계의 인간다운 표현이 의라면, 예는 계급관계 전체에 통용되는 보편질서의 의미이다. 하지만 "사적(私的)인 것들을 극복하여 주례(周禮)로 돌아가야 한다(克己復禮)"[1]고 주장하는 공자의 사회적 조건은 예가 무너져버린 현실이다. 씨족사회의 위격(位格)관계를 회복하기 위해서는 주례를 복원해야 한다는 그의 주장은 예의 붕괴에 대한 탄식이자 그것의 복원에 관한 꿈이 분명하다.

문제는 씨족사회의 사회관계가 고대국가를 향해 성장 전화 중이라는 데 있다. 예나 의가 사라져가는 현실에서 그것을 복원하기 위해서는 사회관계가 아니라 개인의 내면을 씨족사회의 예와 의로 회복시킬 수 있을 뿐이다.

---

1) 『논어(論語)』, 「안연(顏淵)」.

공자에게 인(仁)이 예(禮)나 의(義)보다 더 중요한 지위를 차지하는 것은 이 때문이다. 예와 의를 회복하는 것은 불가능하지만 씨족사회의 인을 회복하는 것은 사회적인 필요성 때문에도 광범위한 지지를 얻을 수 있는 상황이다.

생산양식의 발전보다 빠른 속도로 잔인해져가는 춘추시대의 억압과 착취는 주로 전쟁 때문이다. 씨족사회의 훈훈함을 그리워하게 하는 각박한 현실은 휴머니즘과 민주적인 배려를 현실보다 나은 것으로 생각하는 보편적인 경향을 낳는다. 공자가 인간의 내재적인 도덕심리, 다시 말해서 인(仁)을 사상의 근본적이고 주요한 측면으로 내세운 것은 이 같은 필요성과 가능성이 빚어낸 결과이다.

인의 구체적인 내용이 무엇인가에 대해서는 이론이 분분할 수밖에 없다. 하지만 예의 실현이 불가능해진 현실을 변화시키기 위해서는 독립된 인격에 의한 인(仁)의 내면화만이 실현 가능한 수준이자 내용임은 부인할 수 없는 사실이다. 기본적으로 그것은 부자(父子)간의 정리(情理)를 사회현실 속에 실천해야 하는 위격(位格)관계의 의무이다. 인(仁)의 내용은 씨족사회의 사회 정치관계를 배경으로 하는 인간다움이지만, 그것이 불가능할 때에는 현실 속에 그 같은 인간다움을 실현하고자 하는 사회이성의 방향이라도 설정되어야 하는 것이 공자가 생각하는 인지상정이다.

문제는 이 같은 심리지향의 보편성에도 불구하고 인(仁)의 내용은 사람에 따라 다르다는 데 있다. 인을 지향하는 인간의 심리는 그것이 씨족공동체의 휴머니즘과 민주주의를 내용으로 하는, 현실을 뛰어넘는 보편이상이 분명하지만, 개인에 따른 내용의 편차는 예(禮)의 실현에 대한 이견을 낳을 수밖에 없다. 공자는 이 같은 개인적 편차에 대하여 자유의지를 허용하는 모습을 보여준다. 예에 대한 재여(宰予)의 이견에 대해 공자는 "네가 그렇게 하는 것이 너를 편안하게 하는 것이라면 그렇게 하도록 하라(今女安, 則爲之)"[2]고 한다.

우리가 직면하고 있는 생명윤리의 각종 범주에 대해서도 공자는 이 같은 태도를 견지할 것이다. 문제는 견해의 차이를 일원적인 실천론으로 통일시키고자 하지 않는 공자의 사회이성이 보편적인 흐름을 만들어낼 수 있느냐이다. 반드시 이래야만 한다는 자기주장을 드러내지 않았던[3] 공자는 사회이성의 성과가 인간에 대한 유용성으로 드러났을 때 그것을 긍정하는 태도를 드러내곤 한다. 예를 들어 공자는 관중(管仲)이 예를 실천한 사람은 아니었지만 여러 사람의 인간적인 삶을 보장하는 인(仁)을 실현한 자라고 평가한 바 있다.[4]

이로써 보건대 공자는 생명과학의 성과가 사회이성의 지도 속에서 어떤 인도적 인간해방적 가치를 낳느냐에 따라 태도를 달리 하는 유연성을 보일 것이다. 다시 말해서 공자는 생명윤리에 관한 많은 이견들을 자유의지에 대한 존중의 관점으로 대하면서, 그것의 사회적 성과에 따라 비록 자신이 긍정할 수 없는 방법으로 이루어진 결과일지라도 더러 긍정하는 태도를 취할 것이다.

이런 공자의 대응방법은 현실에 대한 자아의 자긍에 근거한다. 예를 들어 그는 "하루라도 자기를 이겨서 예로 돌아가면 천하가 인으로 돌아갈 수밖에 없다(一日克己復禮, 天下歸仁焉)"[5]고 주장한다. 이는 선(善)에 대한 의지를 심리화하고 그것을 현실 속에서 실천하기 시작한다면 세상이 살 만한 곳이 될 것이라는 신념이다. 그리고 이 신념의 기저에는 "하늘이 나에게 덕을 내렸는데 환퇴가 나를 어떻게 하겠는가(天生德於予, 桓魋其如予何?)"[6]는

---

2) 『논어』, 「양화(陽貨)」.

3) "毋意毋必毋固毋我"(『논어』, 「자한(子罕)」).

4) "子路曰, 桓公殺公子糾, 召忽死之, 管仲不死. 曰夫仁乎. 子曰, 桓公九合諸侯, 不以兵車, 管仲之力也! 如其仁, 如其仁!"(『논어』, 「헌문(憲問)」).

5) 『논어』, 「안연」.

6) 『논어』, 「술이(述而)」.

자긍이 가로놓여 있었다.

공자의 이 같은 인(仁)의 우위는 맹자(孟子)의 이른바 현실 속의 심리원칙으로 나아가게 된다. 일찍이 맹자는 "인(仁)이 부자(父子) 사이에 있고 의(義)가 군신(君臣) 사이에 있고 예(禮)가 주객(主客) 사이에 있고 지(知)가 현자(賢者)에게 있고, 성인(聖人)이 천도(天道)에 있으면 천명(天命)이다. 그러나 이들 덕목은 인간의 본성이므로, 군자는 본성에서 추구하고, 그것을 명(命)이라고 하지 않는다(仁之於父子也, 義之於君臣也, 禮之於賓主也, 智之於賢者也, 聖人之於天道也, 命也, 有性焉, 君子不謂命也)"[7]고 말한 바 있다. 인이 부자, 의가 군신, 예가 주객 사이에 있다는 것은 양자의 내면에 인·의·예가 존재한다는 것이지 그들 사이의 사회적인 공간이나 의식형태에 이들 가치가 존재한다는 것이 아니다. 성인(聖人)이 천도(天道)에 있다는 것 또한 천도를 시공간의 개념으로 파악한 결과가 아니라 성인의 내면가치를 천도로 생각해야 한다는 의미이다. 따라서 맹자는 이 모든 가치를 자신에게서 구해야지 자기 밖에 존재하는 명(命)을 긍정해서는 안 된다는 태도를 취하게 된다.

현실사회에 대한 맹자의 방법적인 가능성은 인간 하나하나에게 내재된 도덕원칙을 모두의 보편된 심리원칙으로 구체화하는 것이다. 이때의 심리원칙이란 특정인만이 가능한 도덕적 자각이 아니라 모든 사람에게 이미 주어져 있는 윤리의 단서를 의미한다. 비참한 현실에 대응할 수 있는 거의 유일한 근거였던 이 심리원칙은 그러나 현실문제에 대응하기 위한 것이다. 부자간의 친정(親情)구조보다는 사회적 차원의 심리원칙이 더 절실하였던 맹자로서는 현실에 휴머니즘을 실천하기 위한 인류 보편의 심리원칙을 확정하는 것이 필요하고 또 효과적인 일이다.

따라서 맹자는 개체인격의 정서 중에서도 불쌍히 여기고 부끄러워하고

---

7) 『맹자(孟子)』, 「진심(盡心)」 하.

사양하고 시비를 가리는 마음을 절대적인 것으로 분리시켜버린다. 측은지심(惻隱之心), 수오지심(羞惡之心), 사양지심(辭讓之心), 시비지심(是非之心) 등이 감성이냐 이성이냐 하는 논쟁은 여기서 거론할 바가 아니다. 그보다는 이른바 '사단(四端)'이 맹자에 의하여 선험적인 범주로 설정되었을 뿐 아니라 모든 사람에 대한 동일성으로 작용하는 내재적 선험으로 심리화되었다는 데에 주목해야 한다. 맹자의 이 같은 선험 윤리는 춘추시대보다도 더 혹독해진 현실상황의 도탄 때문이지만, 그것이 유가 윤리학 전체에 끼친 영향은 전무후무하다고 할 수 있다. 맹자에 의하여 인간은 어떤 사색에도 의존하지 않는, 그러면서도 우리들 내면에서 현실을 향해 직접적으로 작용하는 도덕의 체계를 갖게 된 셈이며, 바로 우리 모두가 그 같은 인간임을 긍정하게 된 것이다.

구체의 추상이 보편이며, 그 보편이 선험적인 성격을 갖는 것이 아니라, 인간에게 내재된 선험 윤리가 현실생활의 이성적 개괄이 아닌 감성과 정서를 통하여 보편적인 심리로 확인된다는 이 특수성은 과학과는 다른 것임이 분명하다. 과학과 윤리의 분화가 이루어지기 이전에 형성된 이 윤리 사유의 체계는 도덕적 당위의 사회적인 수용임에도 불구하고, 도덕과 사회심리 간의 분화가 전혀 이루어지고 있지 않다는 점에서 절대화되기 쉬운 성격을 지니게 된다.

윤리의 형성과 확장, 곧 도덕에 대한 훈련은 내 속에 존재하는 나의 바람인 도덕의 명령을 따르는 것이다. 사회생활 속에서 계속되는 이 같은 훈련과정을 맹자는 '양기론(養氣論)'으로 설명한다. "기(氣)는 안에 의(義)를 모은 결과 생겨나는 것으로, 일시적으로 밖에 있는 의가 들어와서 호연지기(浩然之氣)를 얻은 것은 결코 아니다(是集義所生者, 非義襲而取之也.)"[8] 도덕적 판단을 요구하는 상황이 계속되면 자아에 내재된 선험 윤리는 상황에 대응하는 과정을 통하여 자기 내면에 의를 형성하고 축적하게 된다. 맹자는 이것을 '집의(集義)'라고 말한다.

맹자의 이른바 집의(集義)의 형성과정은 도덕적인 판단의 결과인 정서이자 그것을 고려하는 사회적 위격관계에서의 방안이기 때문에 이성의 형태를 띠게 된다. 실천이 도덕적 판단을 이끌어야 하기 때문에 도덕적 대응의 결과인 감정은 합목적적이고 실천 가능한 사회이성으로 전환되어야 한다. 따라서 맹자의 집의는 감성의 형태로 출발한 것이면서도 사회적 실천에 의해 통제 조절되며 합목적적으로 재편된 이성역량을 갖추게 된다. 맹자가 "사람은 모두 요순(堯舜)과 같은 성인이 될 수 있다(人皆可以爲堯舜)"[9]고 한 것은 이 때문이었다.

그리하여 선험도덕의 현실적인 대응이 합목적성과 합법칙성을 통일시키면서 천인합일의 최고경지를 열게 된다. 예를 들어 맹자는 "군자가 지나가는 곳에서는 많은 백성들이 모두 그 덕에 감화되고, 마음에 두고 있는 것은 신령의 감응과 같아서 위로는 하늘, 아래로는 땅의 운행과 함께한다(夫君子所過者化, 所存者神, 上下與天地同流.)"[10]고 주장한다. 그가 권력자들을 상대할 때 보였던 안하무인적인 태도는 바로 이 인격경지에서 비롯된 것이다. 문제는 이 같은 인격경지가 과학과 윤리를 변별한 상태가 아니라 그것을 하나로 묶어놓은 상태에서 추구된 내면의 분위기라는 점이다. 다시 말해서 과학의 윤리적인 정합성을 파악하는 데에도 윤리의 이 같은 지위 속에서 판단이 이루어질 가능성이 매우 큰 것이다.

집의(集義)의 과정이 사회이성의 윤리를 절대화하고 우리 모두가 요순(堯舜)이 되는 길을 당위로 제시할 때, 자유의지를 긍정하는 유연성은 설 곳을 잃게 된다. 맹자의 존현(尊賢)이 역성혁명(易姓革命)의 긍정으로 나아갔던

---

8) 『맹자』, 「공손추(公孫丑)」 상.

9) 『맹자』, 「고자(告子)」 하.

10) 『맹자』, 「진심」 상.

것은 이 같은 내면화의 절대적, 집단적 성격 때문이다. 그럼에도 맹자는 부자(父子) 정리(情理)의 이성적·감성적 결합을 존현(尊賢)과 애민(愛民)의 근저로 인식한 것이 분명하다. 그가 "백성이 가장 중요하고 그 다음이 사직이며 임금은 가볍다(民爲貴, 社稷次之, 君爲輕.)"[11]고 얘기했던 것은 부자간의 친정 구조와 애민을 연결시켜가는 과정이 인(仁)의 내면화 과정, 다시 말해서 사회이성의 절대화 과정이기 때문이다.

따라서 맹자는 양심에 거리끼는 어떠한 기제도 긍정하지 않으려 했다. 적어도 맹자에게는 내면의 자유 말고는 지켜야 할 것이 없기 때문이다. 생명윤리의 문제에 있어서도 맹자는 애민(愛民)과 집의(集義)의 관점으로 다양한 차원의 문제들을 판단하리라고 생각된다. 내면의 절대적인 명령이 허용하고, 나아가 고달픈 백성들의 삶에 도움이 되는 일이라면 생명과학의 성과를 긍정하겠지만, 내면세계의 지상명령을 거슬러야 하는 일이라면 타협의 여지가 없는 반대를 표명할 것이 분명하다. 다시 말해서 부자관계를 통한 생생(生生)을 보장하고 그것의 질곡을 해결해주는 방향성과 생명과학의 성과를 이루는 각 단계의 방법들이 윤리적인 정합성을 갖추고 있을 때에는 긍정하지만, 어느 한 연결환에서의 방법이라도 인륜의 지상명령에 위배될 때에는 가차 없는 거부를 표해야 하는 것이 윤리의 절대화를 향해 나아간 맹자의 태도일 것이다.

3) 도덕 〉 과학

이상과 같은 공맹(孔孟)의 방법과 지향은 과학이 아니라 윤리이며, 윤리와 과학의 상대독립을 고민하기 이전의 정서이자 이성이며 사회지향이다. 그것도 현실모순을 해결함으로써 새로운 사회 정치적인 내용을 구현하는

---

11) 『맹자』, 「진심」 하.

것이 아니라, 내면의 변화를 통하여 현실 속의 인도(人道)와 인간다운 관계를 회복하고자 하는 사회이성의 지향이다. 따라서 생명윤리와 공맹의 관계는 이들의 내면에 존재하지 않는 현실상황을 이들의 윤리지향에 맞추어 추론하려는 시도라고 할 수 있다.

일차적으로 공자나 맹자 모두는 생명윤리의 사회 내적인 시스템에 대해서는 유보의 태도를 취할 것이 분명하다. 왜냐하면 현실 전반의 생산, 유통, 소비 등을 관계하고 통어하는 일은 이들이 고민하였던 사회이성의 범주가 아닌 탓이다. 무엇보다도 구체적인 사회문제의 연계총체를 통어하기 시작하고, 사대부 자신의 경험을 역사적인 형태로 이양하는 실천이 북송(北宋)에서 이루어졌다는 점에서 이 문제를 공맹(孔孟)에게 묻는 것이 적절하지 않다고 생각된다.

또한 생명윤리의 사회 내적인 시스템에 관한 문제는 정의와 이해가 첨예하게 대립하고 결합하는 시장의 문제라는 점에서 시장경제의 규정성을 체험할 수 없었던 공맹에게 의견을 구하는 것은 합리적이지 않은 것으로 판단된다. 실제로 줄기세포주 은행의 설립, 바이오 뱅크의 개설, 줄기세포를 이용한 치료제 개발, 이를 위한 인간 대상의 임상실험, 개발된 치료제의 판매와 유통, 생명과학을 이용한 각종 치료 상품의 소비에 관한 윤리 등은 공자나 맹자의 현실상황을 벗어난 과제이다.

반면에 시장에서의 총화를 형성하기 이전의 문제들은 그것이 개별적인 차원으로 떨어져 있다는 점에서 유가의 인학(仁學)과 사회이성의 근간을 건드리지 않을 수 없는 탓에 상당한 관심을 보이리라고 생각된다. 일찍이 공자는 귀신에 관한 문제에 대하여 판단을 유보하는 입장을 드러낸 적이 있다.[12] 생명윤리의 문제에 대해서도 공자는 생명과학의 지향에 대한 자신의 윤리적인 판단을 유보하기가 쉽다. 그럼에도 불구하고 그의 인학(仁學)은 현실생활 속에서 그것을 어떻게 처리해야 할 것인가를 집요하게 파고들 것이다. 왜냐하면 "안 되는 것을 알면서도 이를 행하는(知其不可而爲之者)"[13] 것이 공자이며, 생명윤리의 문제는 귀신의 문제와 달리 경이원지(敬而遠之)할 수 있는 대상도 아니기 때문이다.

먼저 공자는 부자간의 감정을 해치지 않고, 인간의 심리에 부합하며, 사회의 모든 위격관계를 고려한 인도(人道)의 선택이라면, 그것의 사회적인 실현에 나서리라고 판단된다. 사회의 위격관계 전체를 만족시켜줄 수 있는 생명과학 연구의 가이드라인은 설정하기 힘든 것이 사실이다. 공자 또한 현실상황의 전개에 비탄과 소망을 교차시키면서 상대방의 자유의지에 많은 부분을 맡겼음을 기억하며, 가능한 모든 현실상황을 고려한 현실적인 대안을 향해 나아갔을 것이다.

예를 들어 공자는 태반이나 제대혈을 이용한 성체줄기세포의 추출에는 동의할 것이다. 비록 그것이 인간을 구성하는 장기의 일부지만 버려지는 것이 불가피한 상황이라면 인간을 위해 사용하는 것을 긍정할 것이기 때문이다. 자식을 얻기 위한 인공수정에 대해서도 자유의지를 존중하는 태도를 보일 것이다. 부자(父子)가 국가의 만대를 정초하는 윤리의 기저라는 점을 생각할 때, 공자가 자식이 없는 부모의 인공수정을 반대하기는 어려울 것이기 때문이다. 인공수정을 통하여 만들어진 잉여수정란의 이용에 대해서도 이미 이루어진 것이라면 반대하지 않고 긍정하는 그의 태도로[14] 미루어 긍정을 향한 유보의 태도를 취하리라고 생각된다. 하지만 생명과학 연구를 위한 난자의 공여와 인공수정, 만능줄기세포의 수립과 계대배양을 위한 다양한 실험 등 윤리의 기저를 생명과학이 이용하는 것에 대해서는 반대할

---

12) 공자의 이 같은 태도는 "나는 이상한 힘이나 어지럽히는 신을 말하지 않는다(子不語怪力亂神)" (『논어』, 「술이」)와 "삶도 모르는데 죽음을 어찌 알겠는가(未知生, 焉知死)"(『논어』, 「선진(先進)」)등의 구절이 대표적이다.

13) 『논어』, 「헌문」.

14) "成事不說, 遂事不諫, 旣往不咎"(『논어』, 「팔일(八佾)」).

것이다. 특히 키메라의 배양에 대해서는 타협의 여지가 없는 반대를 표할 것이 분명하다. 그러면서도 이종배합을 제외한 다른 생명과학의 성과가 인간의 삶, 특히 인간해방과 인도(人道)의 실현에 어떻게 기능하는지를 살피면서 결과론에 입각된 유연성도 발휘할 것으로 생각된다.

반면에 맹자는 도덕의 선험적인 범주를 이념화한 상태에서 이 문제에 접근할 것이다. 그러면서도 생명과학의 문제는 맹자의 내면에 이미 존재하는 것이 아닌 탓에 그것이 위민(爲民)과 존현(尊賢)의 원칙을 지키는 한, 윤리의 문제와는 층차를 달리 하면서도 절대화의 분위기를 띨 것이라고 생각된다. 예를 들어 태반이나 제대혈을 이용한 성체줄기세포의 추출은 동의하리라고 생각된다. 버려져야 할 장기를 통해서 백성을 질병으로부터 구하는 것은 위민(爲民)의 실현이기 때문이다. 자식을 얻기 위한 인공수정에 대해서도 마찬가지의 태도를 취할 것이다. 부자(父子)라는 윤리의 기저가 존현과 위민을 가능하게 하는 것이기 때문이다. 하지만 잉여수정란의 이용을 포함한 이 밖의 모든 생명과학적인 실험은 기본적으로 윤리의 절대적인 명령을 흔들 가능성이 있기 때문에 맹자가 동의하기는 어려울 것이다. 단 역전사 방법에 의하여 줄기세포를 수립하고 그것을 신경계통의 질환에 이용하는 것에 대해서는 부작용이 전혀 없다는 과학적 전제 하에서 찬성할 것이다.

3. 총체지향[性理學]의 가정

성리학의 성과는 북송(北宋)의 내우외환을 지주계급의 박애정신과 엄격한 등급질서에 입각한 우주론, 그리고 거부할 수 없는 윤리의 총체로 대응함으로써 현실에 딱 들어맞는 실천을 사회 정치, 나아가서 우주의 정합성으로 일관시켰다는 데에 있다. 그것이 인성을 천인소통(天人疏通)의 축으로 설정하는 것은 이 때문이다.[15] 게다가 그것은 개인·사회·우주를 총괄하는 보편론이며 동시에 구체적인 실천 가능성 속에서 진행된 사회이성이다. 성리학의 이 같은 성격에 입각할 때, 이들의 이른바 생명윤리 체계는 생명 과학에 대한 사회적 연관을 세계의 차원으로 확대해갈 것으로 생각된다. 사회 내적인 시스템이 통어와 발전을 매개하며 세계 공동의 방법론을 향해 나아가야 하기 때문이다.

1) 당연을 위한 필연

북송(北宋)은 세계 최고 수준의 과학을 일구었을 뿐 아니라, 거의 모든 일상의 영역에서 자연과학적인 보편의 추구가 대세를 이룰 정도였다. 그럼에도 불구하고 당시 수많은 과학정향이 실증과학으로의 전개에 실패하고 도덕적인 심성학(心性學)으로 나아가버린 것은 무엇 때문일까? 그것은 구법(舊法)과 신법(新法) 간의 대립과 요(遼), 금(金)의 잦은 침략에 대응하기 위해서는 과학보다 윤리가 더 효과적이었기 때문이다.

과학이 견해의 차이를 탐구와 논쟁의 과정을 통하여 일치시켜가는 오랜 대립과 잠깐 동안의 일치라면, 모든 사람이 동의할 수밖에 없는 윤리체계의 확립은 지배, 피지배계급 모두의 이해관계를 한꺼번에 일치시켜버리는 효과음악이다.[16] 성리학이 인식론과 윤리학이 분리되지 않은 모습을 보여주는 것은 이런 현실이 반영된 결과이다. 인식론이 윤리학에 종속되어야 일치의 심리적인 강제가 용이해지기 때문이다. 따라서 북송의 윤리학은 정

---

15) 이 가설이야말로 송명이학(宋明理學)과 선종(禪宗)이 친족적일 수밖에 없는 근거이다. 북송(北宋) 이후 『중용』과 『대학』이 『주역』보다 중시되었던 것 또한 이 두 경전이 인성의 핵심을 거론하고 있었기 때문이다.

16) 권력이 인륜의 형식으로 인도를 강제하면 힘과 윤리 모두에서 거부하기 힘든 효과를 낳게 된다. 그렇다고 해서 계급 간의 갈등이 영원히 봉합되는 것은 아니므로 지배, 피지배관계의 대립을 일정 기간의 감동으로 미봉하는 효과음악 같은 것이라 할 수 있다.

치를 지향할 뿐 아니라 정치에 의하여 지배되어야 한다. 성리학이 후기 봉건사회의 영구화를 꾀하는 한, 그것의 인식론은 윤리학의 한 부문이 되어야 목적에 부합하는 효율성을 낳게 되는 탓이다.

한편으로는 지주계급의 박애정신을 전국적으로 실천하고, 다른 한편으로는 엄격한 계급질서의 등급을 제도화하여 궁극적으로는 이것을 내용으로 하는 인륜을 개개인의 내재적, 심리적 법도로 삼아간다. 그럼으로써 북송의 착취관계가 매개하는 정치 경제적인 불평등과 억압을 영원한 것으로 만들어간다. 성리학의 천인합일(天人合一)은 바로 이 같은 현실적인 목적을 위해 동원된 심성학(心性學)이다. 자유를 제공함으로써 사랑을 이루는 것이 아니라, 일부 사랑을 미끼로 자유를 계속해서 제약해간다. 그것의 우주론이 윤리학에 종속되어 있는 것 또한 사회질서/윤리학의 내면화를 위해서이다. 무엇보다도 북송의 사대부 계급은 당시의 봉건윤리를 무상(無上)의 우주 법칙으로 간주함으로써 자연과 인간이 구성하는 현실세계를 지배하고자 하였다. 그러기 위해서는 정치의 유력한 방법인 윤리가 정치와 우주를 관통하고 있다고 믿게 해야 했다. 영원한 목적을 유비하기 위해서는 우주보다 더 나은 것이 없기 때문이다.

예를 들어 장재(張載)는 물질세계를 이루는 '기(氣)'와 기의 유한함을 초월하여 영원한 존재가치를 갖고 있는 '성(性)'을 상정함으로써 인성(人性)을 '천지지성(天地之性)'과 '기질지성(氣質之性)'으로 나눈다.[17] 그의 이른바 '천지지성'은 하늘과 땅으로서 유비된 보편필연의 영원한 질서이자 법칙이다. 반면에 '기질지성'은 인간의 감성에 유비되는 유한하고 특수한 욕구이자 작용이다. 장재(張載)가 성(性)과 기(氣)를 변별한 것은 양자 간의 관계를 결정짓기 위해서이다. 기질지성 속에서 천지지성을 찾고 후자로 전자를 통제하려

---

17) "誠者, 萬物之一源, 非有我之得私也" "形以後有氣質之性, 善反之, 則天地之性存焉. 故氣質之性, 君子有弗性者焉"(장재(張載), 『정몽(正蒙)』, 「성명(誠明)」).

드는 것은 이성적 선험적인 것으로 감성적 경험적인 것을 지배 조정하기 위해서이다.

이(理) 자체를 추구하기 위한 것이라기보다는 현실 분석에서 절대적인 권위를 얻기 위해서라고 생각되는 이 같은 성리(性理)의 체계는 상식을 벗어나지 않는 단순함을 보여주기 십상이다. 왜냐하면 이른바 성리학이란 일상 속의 사람이 추구하고 진행하는 윤리적 판단에 대한 설명이어서 상식 이상의 과학적 탐구를 요구하지 않기 때문이다. 따라서 현하의 생명윤리에 대한 성리학의 경향은 기본적으로 다음과 같은 것이 될 수밖에 없다.

무엇보다도 성리학은 생명과학의 필요성에 관한 논의를 윤리의 차원에서 수행하려 할 것이다. 과학적 성과에 대한 시장 안에서의 유통보다는 연구, 생산, 소비, 통어라는 네 측면의 입장을 윤리적인 합의에 묶어둠으로써 과학의 문제를 윤리의 문제로 전환하고 그것의 사회내적인 적용을 일원화해야 한다. 생명과학의 성과를 나누는 것이 필요하다면 그 필요성을 당연성으로 몰아가는 것도 필요하다. 그러면서도 생명과학의 혜택을 각 입장 간의 나눔이 가능한 윤리적인 방안으로 처리해야 한다. 다시 말해서 사대부 계급만이 아니라 연구자, 생산자, 관리 통어자, 소비자 모두에게 유익한 성과가 되도록 윤리적인 거간에 나서는 것이다. 생명과학의 당연이 된 필요성이 사회적인 기제를 확보하기 위해서는 우주가 윤리화하고 추상이 구체에 기능하는 필연성, 다시 말해서 윤리 이데올로기를 개입시켜야 한다. 성리학의 생명윤리는 생산과 유통에 관계하는 모든 입장의 논의가 완성되는 대로 사회적 권위를 지니고 강제되고, 그 강제는 법적, 제도적 차원뿐 아니라 인간의 기질과 심리를 관통하는 작용이 되어간다. 그러면서도 성리학의 생명윤리는 관리 통어체계에 권위를 부여하는 쪽으로 나아갈 것이다. 관리와 통어를 기축으로 생산과 소비를 윤리적으로 통제하는 시스템을 갖추어야 하기 때문이다.

2) 총체지향

성리학의 핵심적인 성과는 우주의 법칙인 필연으로 인간세상의 윤리적인 법도를 치켜세움으로써 현실정치 체제의 안정을 공고히 한다는 데에 있다. 그것의 우주론이 만들어진 필연이라면, 그것의 윤리는 현실세계 속의 정치적 권위인 당연(當然)이다. 문제는 이 같은 윤리적 당연이 정치적 권위를 초월하는 추상의 체계, 다시 말해서 모든 사람을 향한 내면화, 심리화의 사회적 필요성과 가능성을 갖춘다는 데에 있다. 따라서 그의 이른바 이(理)는 천(天), 지(地), 인(人), 물(物), 사(事)를 초월하여 그것들을 주재하는 인간세상의 윤리적 당연이며, 성(性)은 현실 속의 개개인에 대한 선험적인 요구이자 필연의 규범이다. 따라서 주자(朱子)는 현실정치를 위하여 현실을 합목적적으로 주재하고 결정하는 인성의 작용을 최고의 수준으로 구성하고자 한다. 성리학이 말하고자 하는 것은 이 같은 인성의 보편적인 심리화이며, 씨족사회의 휴머니즘이 보장되는 후기 봉건사회의 계속적인 존속이다.

성리학의 관념적인 외피는 사회생활의 일상적인 경험으로부터 획득된 윤리가 선험 윤리인 천리(天理)로 말미암는다는 데에 있다. 하지만 주자(朱子) 성리학의 진실은 경험 윤리의 절대적인 의미를 위하여 선험의 세계를 끌어들인다는 것이다. 그가 선험 윤리를 거론하는 것은 경험 윤리의 보편적인 유효성을 제공하기 위함이다. 다시 말해서 적용 가능하고 유효한 경험 윤리를 항구화하기 위하여 그것이 선험 윤리로 말미암음을 거론한다.

천리와 윤리의 이 같은 전도는 그의 이른바 선험 윤리가 천리(天理)와 인욕(人慾)을 함께 갖추고 있다는 데에서 증명된다. 성(性)이 천리뿐이고 인욕이 배제된 것이라면 성리학은 당시의 선종(禪宗)이나 도가(道家)와 다를 것이 없게 된다. 이 시기의 성리학이 인욕과 성(性)의 관계에서 그것을 배제한 도선(道禪) 비판을 수행한 것도 차별화를 위해서였다. 그래서 주자는 "천리와 인욕은 기미의 사이일 뿐이다(天理人慾, 幾微之間),"[18] "배가 고프면 먹으려 하고, 목이 말라 물을 마시려 한다면 이런 욕망이 어찌 또한 없다고 할 수 있겠는가?(若是餓而欲食, 渴而欲飮, 則此欲亦豈能無?)," [19] "비록 인욕이라 할지라도 인욕 속에는 또한 천리가 있다(雖是人欲, 人欲中亦有天理)," [20] "천리와 인욕의 사이를 확실하게 정할 수 있는 경계는 없다(天理人慾無硬定底界)" [21]고 고백한다.

주자가 찾고자 하는 것은 천리와 인욕을 함께 갖추고 있으면서도 천리에 의한 인욕의 통제를 달게 받아들일 수 있는 내재적인 가능성이다. 주자가 심(心)을 거론하는 것은 이 때문이다. 그의 사회 정치적인 목적이 윤리의 심리화라면 모든 사람이 느끼고 자각적으로 윤리화시켜갈 수 있는 주체이자 대상은 마음뿐이기 때문이다. 결국 주자는 천리(天理)인 성(性)을 육신을 벗어날 수 없는 심(心)에 둠으로써 [22] 미발(未發)과 이발(已發), 도심(道心)과 인심(人心)이 이상적으로 결합되고 또 분화되는 실천의 길을 열게 된다. 성리학이 절대명령이나 윤리지상주의가 아닌 인욕과 천리의 중용을 추구하는 것 또한 그것의 이 같은 선택과 지향 덕분이다.

성리학은 도심에 의한 인심의 통어가 가능하다고 생각한다. 성리학이 성(性)은 인성의 보편적인 심리화이며 사회적인 보편화의 가능성이라고 주장하는 것도 이 때문이다. 따라서 성리학은 생명과학의 생산, 소비 시스템을 사회 내적인 선험 윤리로 통어하는 것이 가능하다고 생각할 것이다. 다시 말해서 생명과학의 시장 내적인 생산과 소비에 대한 선험 윤리의 통어가 가능하다고 믿는 것이다. 성리학은 이 같은 통어를 위하여 선험 윤리의 우

---

18) 『주자어류(朱子語類)』 권13.

19) 채모(蔡模), 『근사록집주(近思錄集註)』 권5.

20) 『주자어류』 권13.

21) 『주자어류』 권13.

22) 사실은 심(心)이 그 같은 이중성을 갖고 있다는 것을 발견한 것이지만.

주 형식인 천리(天理)를 동원하려고 할 것이다. 하지만 21세기의 생명과학에 이 천리가 어떤 영향력을 발휘할 수는 없다. 성리학의 이른바 천리는 신도를 거느리지 않는 종교의 생명과학에 대한 비판일 뿐이기 때문이다.[23]

따라서 그들은 법적, 제도적인 권위와 선험 윤리를 결합시킴으로써 생명과학의 생산, 유통, 소비 전체를 하나의 시스템 속에서 컨트롤하려 할 것이다. 생명과학 연구의 단계로부터 상품생산, 유통, 소비에 이르는 시장 내적인 흐름을 학계, 연구소, 병원, 바이오뱅크, 줄기세포주 은행 등에 대한 관리 통어를 통하여, 그것도 도덕실천에 딱 들어맞는 중용을 찾아가며, 전체사회의 각 계급에 적절한 관계의 망으로 영속화하려 할 것이다.

3) 딜레마

성리학의 딜레마는 인심의 이중성으로 말미암는다. 기질, 인심, 형기(形氣)를 부정해버리면 물질세계와 자연감성을 부정하는 불교가 되어버리고, 자연인성에 대한 긍정은 자칫하면 자신의 욕망에 휘둘리는 불선(不善)이 되고 만다. 그런 의미에서 주자(朱子)의 윤리학은 실천에 있어서의 중용에 모든 것을 걸게 된다. 도심(道心)과 인심(人心)의 중용을 사회이성으로 실현하는 것이 이 모든 논의를 의미 있는 것으로 만들어가는 길이기 때문이다.

전통적인 인(仁)을 후기 봉건사회 속에서 새롭게 해석하고 있는 성(性), 이(理), 도(道), 심(心) 등이 심(心)이 매개하는 자연인성과 결합하면서 모든 것은 인간의 현실적인 상태, 다시 말해서 이성적이면서 감성적이고, 초자연적이면서 자연적이고, 선험 이성적이면서 현실 경험적이고, 봉건도덕이자 우주질서인 이중성을 지니게 된다. 심통성정(心統性情)의 이 같은 딜레마는 계급관계의 총화 속에서 선택할 수 있는 사회이성의 방법이 일원적일 수

---

23) 성리학의 영향력은 여론 형성에 있어서 불교나 천주교, 기독교와 비교하기 힘든 것이 사실이다.

없다는 현실을 반영한다. 그런 의미에서 이른바 심(心)의 딜레마는 후기 봉건사회에 대한 윤리적인 대안인 일원적 다성악(多聲樂)을 강제하기도 한다. 예를 들어 이일분수(理一分殊)가 그것이다.

주자(朱子)는 "하나의 이치가 흩어져 만 가지 다른 것이 되고, 만 가지 다른 것이 또 하나의 이치로 합한다(萬物皆有此理, 理皆同出一原)"[24]고 주장한다. 보편원칙인 천리(天理)가 각각의 구체적이고 다른 분수(分殊) 속에 구현되고, 각각의 구체적이고 다른 분수 모두가 이 이(理)를 구현한다는 그의 논의는 북송 사회가 지향해야 하는 윤리규범이 계급관계 속에서 구현되는 상황성을 한 마디로 유비한 결과이다. 북송의 실천적인 현실을 반영하고 있는 이일분수(理一分殊)가 심(心)의 이중성을 해결한 것처럼 보이는 것은 윤리학의 논의를 현실정치에 대한 유비가 대체한 결과이다. 이(理)가 권력의 기계적인 법칙이 아니라 계급관계의 다양한 형식과 내용으로 실현되는 일원적인 가치를 의미하는 것으로 느껴지는 것 또한 같은 이유에서다.

그렇다고 해서 주자 윤리의 이중화 가능성이 해결된 것은 아니다. 마음의 문제는 생산양식과 사회관계의 변화에 따라 내적인 균열을 드러낼 것이기 때문이다. 북송의 시대와 사상이 제공하는 가이드라인을 따라 주자가 지금의 생명윤리를 조감한다는 것은, 다성악 속의 중용 찾기여서 줄기세포 연구에 대한 이학(理學)의 판단은 매우 다양하고 또 어려운 선택이 될 수밖에 없다. 게다가 그것은 과학의 발전과 윤리적인 판단이 어떤 관련을 맺어야 하는가를 고려해본 적이 없는 자의 고민이기 때문에 그가 겪은 사회정치적인 토대를 21세기의 생명윤리에 외연시키는 것은 과학에 의한 윤리의 변화라는 논의의 전도를 겪게 하면서 모든 것을 처음부터 다시 시작하는 결과를 낳게 될 것이다.

---

24) 『주자어류』 권18.

그럼에도 주자(朱子)는 이미 존재하는 필연에 대해서는 그것의 휴머니즘 적인 실용을 추구할 것이다. 그러나 개체 인격으로의 전화 가능성을 갖고 있는 만능줄기세포의 인위적인 도구화나 키메라의 교배 등에 대해서는 반대의 태도를 취할 것이 분명하다.[25] 동시에 정치권력을 장악한 주자는 생명 윤리의 문제에 있어서도 봉건 윤리의 보편적인 내면화 심리화를 지향할 것이 분명하다. 그는 이 문제에 있어서도 이일분수(理一分殊)의 원칙을 고수함으로써 사회 각 측면의 특수성에 부합하는 방법의 총화를 하나의 이치로 귀납하려 들 것이다. 주자에게 윤리의 문제는 분수(分殊)에서 이일(理一)로 가는 필연의 과정, 다시 말해서 현장의 도덕적인 판단을 내재 도덕의 총화로 일관하는 일원화의 과정이기 때문이다.

주자(朱子)의 이와 같은 사고방식은 욕망을 기축으로 움직이는 시장과는 갈등을 빚을 수밖에 없다. 생명과학의 성과에 대한 사회적인 욕구와 그것의 생산, 유통, 소비의 체계는 윤리적 당위의 형태를 띤 적절한 선에서의 타협이 너무나도 어렵기 때문이다. 학계의 연구 성과에 대한 객관적인 검증, 바이오 뱅크나 줄기세포주 은행 설립의 법제화, 연구 성과의 생산과 소비에 대한 통제 등으로 생명에 대한 인간의 욕망이 관리되는 것은 아니다. 욕망은 이해관계의 대립을 낳고 다양한 형태의 거래를 통하여 시장 안의 각 주체를 이해관계로 전환시키기 때문에 정의가 통하는 시장의 수준을 유지하는 것 자체도 어려운 일이다.[26] 주자가 인심을 도심으로 통제할 수 있다고 믿었음을 생각할 때, 시장의 정의를 벗어나버린 욕망은 생명과학에 대한 성리학의 모든 윤리적인 노력을 헛수고로 만들어버릴 것이다. 생명과

---

25) 이상의 태도는 공맹(孔孟)과 별반 차이가 없을 것으로 생각된다. 바이러스를 이용하여 RNA 정보전달 체계를 통어해야 하는 역전사 방법의 추구에 대해서도 현하의 생명윤리 문제를 비켜가고자 한 노력은 가상히 여기면서도 과정과 결과의 안전성이 보장되지 않는 한 동의하기 어려울 것이다.

학을 중심으로 한 이해 당사자 간의 윤리는 시장논리에 매몰됨으로써 시장
의 일부분으로 바뀌어버릴 것이기 때문이다.

4. 자연인성[陽明學]의 문제

천리(天理)의 존재가 지각 불가능한 신비의 영역이며, 내면의 윤리를 위
한 방편이자 효과음이라면 도덕의 보편적인 규율을 확립하기 위한 우주론
은 본질이 아닌 장식으로 전락하는 것이 불가피하다. 왜냐하면 윤리 자체
가 내면의 문제이며 심리의 방향이라면 심리의 윤리적인 필요에 따라 이
(理)가 방법으로 제기되고, 세계 또한 감지의 과정을 통하여 내면화하기 마
련인 탓이다. 이런 사고방식 아래에서는 사회 내적인 욕구가 상황을 결정
하는 요인으로 성장 전화하게 된다.

1) 마음에 따라?

지각 가능한 세계 내의 관계만으로도 윤리적인 삶이 가능하다면 씨족사
회 수준의 휴머니즘을 보장받음으로써 후기 봉건사회의 질서를 영속시키
는 것보다는 이미 존재하는 사회 경제적인 변화를 근거로 봉건사회관계를
극복한 물질적인 조건을 확보하여 이전 시기에는 생각도 할 수 없었던 자
유를 향해 나아가는 것이 더 즐거운 일이다. 게다가 봉건사회 내부에 형성
된 자연인성은 윤리 자체를 등급질서를 벗어난 내면의 새로운 조합으로 전
환시켜가는 중이다. 정·주(程·朱)가 이(理)를 매개로 선험적인 윤리를 부

---

26) 법제가 시장의 정의를 유지하는 데에 도움이 된다는 것은 주지의 사실이다. 하지만 법제의 존
   재 자체가 시장의 정의를 보장하지는 않는다. 그것이 구비되어 있음에도 시장은 부패의 길로
   치달을 수 있다.

각시키고 있는 것에 반하여 육·왕(陸·王)이 심(心)을 매개로 경험적이고 감성적인 측면을 더 부각시키는 것은 사회 경제적인 변화에 대한 윤리의 대응을 달리 취하고 있기 때문이다.

도덕이 선험적인 천리와 단절된 내적 자각의 문제일 때, 개인에게 도덕은 늘 행위의 선택에 관한 문제로 관여하게 된다. 감성경향이 더 짙은 육·왕(陸·王)의 선택은 의지의 도움으로 선택과 행위에 있어서의 도덕을 확보하게 된다. 이런 상태에서는 순수한 도덕적인 자각, 즉 지(知)는 실천의 다른 면이다. 왕양명(王陽明)이 이 모든 과정을 '치양지(致良知)'라는 핵심적인 구호로 표현하는 것은 이런 논리에서다.

순수한 도덕적 자각이 행위를 향한 의지가 될 때, 도심(道心)은 인심(人心)의 지(知), 의(意), 각(覺)을 통해 구현되고 양지(良知)는 바로 자연에 순응하는 것이 된다. 천리(天理)가 인욕(人慾) 속에 존재하면서 이(理)가 기(氣) 속의 작용으로 변해버리는 상황에서는 이가 기를 제어하는 것이 아니라 이가 기의 결과물이 되고 만다. 도덕적 자각이 선택한 의지와 행위가 이(理)를 낳는 것이지 이(理)가 양지(良知)를 낳는 것이 아니다. 일찍이 왕양명은 맹자의 이른바 "측은지심을 충만하게 채운다면 지극한 인은 다 쓸 수 없을 만큼 많은 것이니, 이것이 바로 이치를 궁구하는 공부다(充其惻隱之心, 至仁不可勝用, 這便是窮理工夫)"[27]라고 주장한 바 있다. 측은히 여기는 마음이 무한한 인을 낳는 것이지, 인이 측은하게 여기는 마음을 낳는 것이 아니라는 주장이다.

왕양명이 공자로부터 성리학에 이르는 유가의 전통, 다시 말해서 도덕적인 자각의 전통을 잇고 있다는 것은 주지의 사실이다. 하지만 천리(天理)라는 선험 윤리를 벗어난 윤리의 근거가 마음이라는 것은 정신적인 만족이나

---

27) 왕양명(王陽明), 『전습록(傳習錄)』 상.

도덕의 높은 경지와 대척적인 감각적이고 관능적인 즐거움이나 자연적인 욕구 등이 이미 존재하는 가능성으로 작용하는 여지를 열게 된다.

이 단계에서는 소비자의 욕구가 시장의 합리성을 변화시켜가게 된다. 생명윤리에 있어서도 소비자가 관계의 축으로 성장하면서 생산자의 이윤추구의 동기와 새로운 갈등을 빚기 시작하고, 기껏해야 교환관계의 주관적인 합리성이 양지의 내용을 구성하게 될 뿐이다. 윤리가 바로 심리(心理)인 것이 아니라 심리가 윤리로 변화하고, 규범이 날로 심리적인 필요성으로 변화되어간다. '심즉리(心卽理)'의 이(理)는 날로 외재적인 천리 규범 질서에서 내재적 자연과 정감, 심지어 욕구로 변화해간다.

심(心)이 이(理)를 벗어나는 것은 시장 안에서의 욕구와 도덕이 전도되었기 때문이다. 정의나 가치가 욕구의 이기적인 전개를 통어하지 못하기 시작할 때, 욕구는 인간해방의 외피를 둘러쓰고 자신을 정당화하기 시작한다. 마음에 따르는 것이 자유를 추구하는 것처럼 여겨지는 것이다. 생명윤리의 각 범주 또한 이와 같아서 기존 법제의 틀을 새로운 욕구/자유가 넘나들면서 기제의 변화를 요구하게 된다. 변화된 생명과학시장의 현실은 새로운 질서를 잡아가게 될 것이지만, 그때마다 균형의 추를 설정하는 것은 쉬운 일이 아닐 것이다. 게다가 누가 이 추를 이동시켜야 하는가에 관한 문제는 21세기의 오랜 과제로 남게 될 가능성이 크다.

2) 욕구 : 도덕

왕양명의 심학(心學)은 자본주의 맹아기의 자연인성에 열려 있는 태도라할 수 있다. 이른바 심이 지각이나 감성이 아닌 순수 도덕의 의미인 것은 분명하지만 '생생불이(生生不已)' '측연(惻然)' 같은 감성적인 경험을 끌고 들어온 것도 사실이다. 따라서 심학의 다음 단계는 자연인성을 향한 전진과 도덕론 간의 대립일 수밖에 없다. 전자가 현실세계의 발전과 축을 함께 하고 있다면, 후자는 정주학의 의미와 가치를 재현하고자 한다. 예를 들어 하심은(何心隱)은 "본성에 따라 맛보고, 본성에 따라서 여색을 즐기고, 본성에 따라서 말하고, 본성에 따라서 편안히 하는 것, 이것이 바로 본성이다(性而味, 性而色 性而聲, 性而安適, 性也)"[28]라고 주장한다. 반면에 유종주(劉宗周)는 "도심이 바로 인심의 본심이고, 의리의 성이 바로 기질의 본성이다(道心即人心之本心, 義理之性即氣質之本性)"[29]는 것을 강조하여 멸인욕(滅人慾)을 주장한다. 하지만 이들 간의 논쟁이 이학(理學)의 새로운 장을 열 수 있었던 것은 아니다. 오히려 이 논쟁은 '기(氣)'에서 '이(理)'로, '이(理)'에서 '심(心)'으로, '심(心)'에서 '욕(慾)'에 이르는 과정을, 다시 말해서 '천리'와 '인욕', '의리지성(義理之性)'과 '기질지성(氣質之性)'의 구분을 강조하는 것에서 시작하여 '이(理)는 욕망 가운데 있고', '욕(慾)이 바로 성(性)이다'는 것으로 끝을 내는 성리학의 미성(尾聲)이었을 뿐이다.

주체의 욕구를 시장 안의 양지(良知)가 컨트롤하지 못할 때 생산자와 소비자 간의 대립은 법제의 변화를 부르게 된다. 과학적 성과를 확인하는 제도적인 장치, 상품화 과정에 있어서의 적정이윤, 소비자의 선택에 개입하는 윤리의 내용, 바이오 뱅크 운영의 윤리적인 기저 등은 시장에서의 힘의 관계가 변화함에 따라 끝없이 흔들릴 것이다. 생명과학의 성과를 소비하고자 하는 욕구가 계급과 계층에 따라 다른 양상을 드러낼 때, 시장의 합리성 속에서 수요와 공급이 어떤 형식의 정의를 구축해야 하는가의 문제는 미래에 속한 문제가 분명하다. 하지만 생명과학 시장에서의 범주별 주체화와 시장 내에서의 이해대립은 멀지않은 장래에 어떤 식의 기제로 시장의 정의와 이윤추구의 동기를 재구성해야 하는가 하는 다양한 논의와 제도화를 거치게 될 것이다.

---

28) 하심은(何心隱), 『하심은집(何心隱集)』.
29) 황종희(黃宗羲), 『명유학안(明儒學安)』 권62.

3) 자연인성의 문제

순수도덕과 감성의 결합을 높은 인격의 경지로 구축하고자 한 왕양명이 현하의 생명과학을 윤리적으로 판단해야 한다면 어떤 태도를 취할까? 주자가 보편 윤리를 지향했다면, 왕양명은 생이 생을 낳는 개인의 다양한 고통 속에서 이 문제들을 바라보았을 것이다. 그러고는 주체 간의 욕구를 양지(良知)로 해결하려 들었을 것이지만, 시장 안의 양지로는 문제의 해결이 불가능했을 것이다. 이윤의 추구를 전제로 하는 시장은 기껏해야 합리적이지 정의로울 수는 없기 때문이다. 따라서 자연인성의 최대 강령은 합리성과 정의의 통일이며, 최소 강령은 합리적인 현상의 유지이다. 그러므로 그것은 자연인성에 대한 법제의 세련된 통어의 문제, 나아가 사회 내적인 윤리 수준의 문제를 낳게 된다. 윤리적인 중용을 택해야 할 것인가, 아니면 종교적인 전통을 따라야 할 것인가는 여기서 논의할 바는 아니다. 결국 이 문제는 자유의지가 아닌 법제의 끝없는 수립을 낳을지도 모른다. 21세기 한국사회는 욕망의 금구(禁區)가 없기 때문에 생명윤리의 문제는 끝없는 파고로 우리의 양식과 법제를 흔들 것이기 때문이다.

5. 맺음말

이(理)가 욕(慾)에 있고 욕(慾)이 바로 성(性)이라면, 생명윤리 또한 자연과학의 욕(慾)에 따라 전개되면 그뿐인 것이 근대일까? 아니면 공자의 자유의지나 맹자의 선험 윤리에 맡기면 되는 것일까? 생명과학의 성과에 대한 시장논리와 그것에 대한 통어는 인간의 삶에 관한 직접적인 문제라는 점에서 '이루어지기 힘들다는 것을 알면서도 열심히 노력하는' 태도를 요구하는 바다. "천하의 흥망에는 필부도 책임이 있다."는 고염무(顧炎武)의 말이 아니더라도, 우리 모두는 세계 내적인 기제를 형성해가는 생명과학의 생산, 유통, 소비를 인간에게 부합하는 것으로 통어함으로써 보다 인간적인 사회를 만들어야 한다. 그래야만 사람들이 기뻐하는 것을 기뻐하고 사람들이 걱정스러워하는 것을 걱정하는 맹자의 일상을 실현하는 것이 가능하다. 공자로부터 왕양명에 이르는 유가는 사회구성원 전체를 배려하는 이성정신으로 고통 속에 있는 인간에게 부자(父子)간의 정리를 나누고 계급간의 휴머니즘을 회복하고자 하면서 생명과학의 연구 성과를 윤리의 체계로 수렴하고자 할 것이다. 그러면서도 선험 윤리의 통어를 벗어나는 자연인성의 편중에 당혹스러워할 것이 분명하다. 그런 의미에서 유가의 문화유전자는 생명윤리 연구에 적대적이지도, 사회 전체에 위협적이지도 않을 것이다. 그것 자체가 모든 윤리의 문제를 내면화 심리화함으로써 자유를 얻고자 하기 때문이다. 하지만 유가의 비효율성을 극복하고 일구어낸 20~21세기 중국의 사상적인 조합은 생명과학이나 인간에 대한 위협이 될 가능성이 농후하다. 사공주의(事功主義)가 군사론(軍事論)과 결합하여 전쟁에서의 우위를 추구하고, 이것을 위한 법가적(法家的)인 제도를 인간윤리의 형식으로 강요할 때, 그것도 묵가(墨家)의 명귀(明鬼), 지신(知神)이 가미된 대약진(大躍進)이나 문화대혁명(文化大革命)의 유사 종교적인 광기로 포퓰리즘을 만들어갈 때, 중국발 생명과학의 거침없는 행보는 모든 사람을 불편하게 하는 심리적, 현실적 위협이 될 것이기 때문이다.

| 참고문헌 |

『논어(論語)』

『맹자(孟子)』

『주자어류(朱子語類)』

왕양명(王陽明), 『전습록(傳習錄)』

장재(張載), 『정몽(正蒙)』

채모(蔡模), 『근사록집주(近思錄集註)』

하심은(何心隱), 『하심은집(何心隱集)』

황종희(黃宗羲), 『명유학안(明儒學安)』

| 김용운 |

1954년생. 현재 동아대학교 중어중문학과 교수. 한국외국어대학교와 국립대만사범대학(國立臺灣師範大學), 성균관대학교 등에서 수학했다.

07
배아줄기세포 연구에 대한
불교적 관점[*]

| 윤종갑 |
동아대 생명의료윤리연구소

1. 문제제기
: 배아줄기세포 연구에 대한 불교계의 입장은 무엇인가?

최근 진행되고 있는 생명과학기술의 혁신적인 발전은 의학, 생물학, 유전학 및 법학 등의 학문 분야뿐만 아니라 인간생활 전체에 있어서 지대한 영향을 미치고 있다. 특히 복제의 측면에서 주목을 받았던 줄기세포 연구는 배아의 지위 논란과 함께 '인간이란 무엇인가', '인간 생명의 시작과 끝은 어디까지인가'와 같은 철학적·윤리적·종교적 문제를 야기시켰다. 나아가 '배아와 줄기세포의 효능과 개발은 어디까지 가능한가', '배아와 줄기세포 연구의 위험성과 부작용은 무엇인가' 등과 같은 임상학적·생물학적·의학적 문제 또한 심각하게 제기되었다. 가톨릭과 개신교를 비롯한 종교계

---

[*] 이 글은 새한철학회에서 발간하는 《철학논총》 제67집(2012년 1월)에 게재된 원고를 일부 수정한 것이다.

는 이러한 연구에 대해 많은 우려를 표명하며 심지어 반대 의사를 분명히 하기도 하였다. 그런데 황우석 사태에서 보여주었듯이 아직까지도 불교계 는 줄기세포 연구를 비롯한 배아복제에 대하여 통일된 입장을 제시하지 못 하고 있는 실정이다.

불교계가 다른 종교와 달리 일관된 통일적인 입장을 제시하지 못하는 첫 번째 이유는 아마도 다양하게 해석될 수 있는 불교 교리에 기인한다고 할 수 있다. 흔히 '8만4천의 법문'으로 일컬어지는 불교 교리는 절대적인 어 떠한 입장을 내세우지 않는 중도적인 입장을 취한다. 선과 악, 기쁨과 슬 픔, 아름다움과 추함 등 우리가 이분론적으로 생각하는 모든 것들이 사실 은 주관적인 관점에서 취해진 극단적인 판단에 지나지 않는다는 것이다. 물론 불교에서도 5계를 비롯하여 윤리적으로 지켜야 할 도덕적 규범이 존 재하며, 행위의 과보에 따라 내세가 결정되는 보편적 선악 개념이 존재한 다. 그러나 배아복제와 줄기세포 연구를 둘러싼 문제는 빛과 그림자를 동 시에 지니고 있는, 마치 칼날의 양면처럼 옳고 그름을 쉽게 판정할 수 없 다. 필자는 배아복제의 연구는 자비와 중도의 입장에서 엄격한 제재 하에 서 허용될 수 있다는 입장을 제시한 바 있다.[1] 이 글 역시 전반적으로 앞의 연구를 토대로 논의를 전개할 것이다.

줄기세포에 관한 종교적, 철학적 쟁점은 역시 배아복제의 문제이다. 그 리고 이것은 배아의 지위에 관한 것으로, 인간 생명의 경계를 어떻게 정할 것인지의 문제이기도 하다. 만약 배아가 인간의 생명과 동등한 것이라면, 배아줄기세포와 같이 배아를 이용한 연구는 살인행위와 다를 바 없는 것 으로 중단되어야 한다. 배아줄기세포를 반대하는 가톨릭을 비롯한 종교계 의 입장은 실제 배아를 이용한 연구가 존엄한 생명을 훼손하는 것으로 보

---

1) 윤종갑, 「인간배아복제에 대한 불교적 관점 −연기설과 무아설을 중심으로−」, 《한국불교학》 제 41집(한국불교학회, 2005).

고 이를 반대하며, 인간복제와 같이 인간에 의한 생명의 창조를 절대적으로 부정한다. 따라서 배아(embryos)에 그 기원을 두는 배아줄기세포 연구를 반대하며, 대신 성체조직으로부터 분리된 성체줄기세포 연구를 권장한다. 그러나 불교의 생명관은 무아 연기설에 근거하는 것으로, 생명이라고 할 만한 실체를 인정하지 않기 때문에 배아를 전제로 한 줄기세포 연구라 할지라도 그 연구 자체를 부정하지는 않는다.

실체를 인정하지 않는 불교의 무아설의 관점에서 보자면 배아는 물론 인간 존재 그 자체도 인간이라고 규정할 만한 고정된 실체를 갖고 있지 않는 연기적 존재이다. 따라서 수정에서 출산에 이르는 인간의 탄생 과정에서 어느 한 부분만을 인간 생명으로 정의할 수 없다. 다시 말해 배아를 인간과 동일시할 수도 없고 다르다고 할 수도 없다. 이러한 경우, 줄기세포 연구는 중도와 자비의 원칙에 의거하여 결정하는 것이 보다 불교적인 관점일 것이다. 따라서 이글에서는 배아줄기세포 연구를 중심으로 배아의 지위와 배아복제의 문제, 그리고 줄기세포에 대한 불교적 관점이 무엇인지를, 불교의 핵심 교리인 연기설과 윤회설, 그리고 자비사상에 의거하여 살펴보고자 한다.

2. 무아 윤회설과 배아줄기세포

줄기세포는 자가증식(self-renewal) 능력 및 다양한 세포로의 분화(differentiation) 능력을 지니고 있는 세포를 말하며 1963년 베커(Becker) 등에 의하여 처음으로 과학계에 소개되었다.[2] 이들은 골수유래의 세포가 방사선 조사 처리된 쥐의 체내에 주입되었을 때 무한한 증식의 능력을 갖고 있음

---

2) 최성준 · 유소영 · 김해원, 「전분화능줄기세포의 재생의학적 응용」, 《생화학분자생물학회소식》 9월호(생화학분자생물학회, 2011), 31쪽.

을 증명하여 줄기세포의 존재에 대한 연구를 최초로 시작하였다. 일반적으로 줄기세포[3]는 배아를 전제로 하는 배아줄기세포(embryonic stem cells, ES cells)와 성체조직으로부터 분리된 성체줄기세포(adult stem cells, AS cells) 또는 조직 특이적 줄기세포(tissue- specific stem cells)로 나뉜다. 이와 함께 최근 개발된 유도만능줄기세포(induced pluripotent stem cells, iPS cells)는 체세포의 재프로그램(reprogramming)을 통해 얻어진 세포로서 배아줄기세포와 유사한 능력을 지니고 있다. 또한 줄기세포는 분화 능력에 따라 생식세포와 같이 한 종류의 세포로만 분화할 수 있는 단분화능(unipotency)줄기세포, 그리고 모든 종류의 세포로 분화할 수 있는 전분화능(pluripotency)줄기세포로 나눌 수 있으며 배아줄기세포가 이에 해당한다.

배아줄기세포는 모든 종류의 세포로 분화할 수 있기 때문에 실제 치료에 있어서 효과가 크기 때문에 가장 선호하는 것이지만, 배아의 지위에 관한 문제로 인하여 줄기세포 연구의 최대 쟁점으로 떠오르고 있다. 즉 오늘날 줄기세포 연구에 있어 가장 핵심적인 쟁점은 과연 배아를 생명권을 지닌 인간개체로 볼 수 있는지, 그리고 수정 이후 어느 시기부터 인간개체로 인정할 것인가 하는 문제이다. 이 문제를 바라보는 관점에 따라 배아줄기세포 연구의 찬반여부가 결정될 수 있기 때문에 배아의 지위에 대한 판단은 매우 중요하다. 배아의 지위는 생물학적인 관점에 따라 다음과 같이 네

---

3) 생물을 구성하는 세포들의 기원이 되는 세포이다. 즉, 특정한 세포로 분화가 진행되지 않은 채 유지되다가 필요할 경우 신경·혈액·연골 등 몸을 구성하는 모든 종류의 세포로 분화할 가능성을 갖고 있는 세포를 말한다. 피부에 상처가 나면 시간이 지나면서 새로운 피부가 만들어지는데, 이는 피부 아래쪽에 피부세포를 만들어내는 줄기세포가 있기 때문이다. 독감에 걸리면 뇌에 있는 후각신경세포의 기능이 일시 정지되거나 없어져 냄새를 맡지 못하다가 독감이 다 나으면 다시 냄새를 맡을 수 있는 것도 후각을 담당하는 줄기세포가 재생되었기 때문이다. 이처럼 생물의 생명활동에 필요한 세포를 만들어주는 것이 줄기세포이다. Lanza R, Gearhart J, Hogan B, Melton D, Pedersen R, Thomson J, el al. "Handbook of Stem Cells", *Elsevier Academic Press*, Vol I(MA: USA, 2004) 참조.

가지로 분류할 수 있다.[4]

첫째, 전통적인 생물학적 관점에서는 인간생명의 시작을 수정(fertilization) 시점이라고 정의할 수 있지만, 수정도 어느 한 순간에 일어나는 현상이 아니라 약 24시간에 걸쳐서 점진적으로 진행되는 현상이다. 즉 정자가 난자 속으로 침투해 들어가더라도 일단 두 세포의 전핵이 분리된 상태로 있다가 나중에 합쳐져서 새로운 유전체(genome)가 형성되기 때문에 인간 생명의 시작을 수정부터라고 하여도 수정의 시점을 정확하게 정의하기가 쉽지 않다.

둘째, 수정란이 형성된 이후에도 새로운 개체의 유전자 발현은 대략 4~8 세포기 경에 시작되며, 그 이전 시기 배아의 유전자 발현은 난자의 세포정보에 의해서 조절되기 때문에 독립된 개체로서 세포기능을 시작하지 못한다.

셋째, 수정 후 인격체의 고유한 유전체가 형성되었다고 하더라도 인격체로서의 개인적 정체성이 완성되었다고 단정할 수 없다. 즉 수정란 초기에 세포가 쪼개져 일란성 쌍태아가 발생할 수 있어 다수의 인간이 생성될 수 있다. 반대로 이란성 쌍생아의 경우, 발생 중에 합쳐지거나 또는 서로 간의 유전정보가 교환되어 상대편 태아 내에서 살아남을 수 있기 때문에 한 인간 생명체 내에 두 인간 생명체의 유전자가 살아 있게 된다. 수정 후 14일 이후로 원시선(primitive streak)이 나타나며 이 시기 이후로는 분리된 일란성 쌍태아가 발생할 가능성이 없으므로 이때부터 인격체로서의 개인적인 정체성이 완성되는 시기로 생각할 수 있다.

넷째, 인격체로서 초기배아가 갖는 또 하나의 문제는 수정 후 임신 초기에 자연유산으로 소실될 확률이 높다는 점이다. 임상유산의 자연적 빈도는 대개 임신의 10~15% 정도로 알려져 있으나 최근 연구에 의하면 난자의 수

---

4) 서 경, 「착상 전 배아의 도덕적 지위」, 《대한산부회지》 제51권 제3호(대한산부인과학회, 2008), 287쪽.

정 이후 약 60%까지도 자연유산이 되는 것으로 밝혀졌다.[5] 이와 같은 자연유산은 인격체의 시작이 수정 시점이라고 주장하는 이들을 곤란하게 한다. 왜냐하면 인간의 생명이 수정된 순간 시작된다면 절반 이상의 생명체가 왜 자연적으로 소실되는지 설명하기가 쉽지 않기 때문이다. 배아의 지위를 어떻게 정할 것인가 하는 문제는 이와 같이 생물학적인 관점에서 네 가지로 나눌 수 있지만, 전체적으로 크게 나누면 대략 다음과 같은 두 가지 입장으로 정리할 수 있다.

하나는 배아줄기세포 연구 반대론자의 입장으로서 배아를 접합체 시점부터 완전한 하나의 인격체로 규정한다. 즉 "나로 성장한 신생아, 태아, 배아, 접합체가 동일한 개체라는 것이 접합체가 완전한 인간 개체임을 입증하며, 따라서 인간 개체인 배아를 무수히 폐기할 수밖에 없는 배아 연구는 허용될 수 없다."[6]는 것이다. 또 다른 입장은 배아 연구 찬성론자의 입장으로서 14일 미만의 "전배아는 일란성 쌍둥이로(혹은 그 이상으로) 분리 성장할 수 있고, 또 두 배아가 하나로 결합될 수 있다. 전배아의 모든 세포는 성숙한 개체로 성장할 잠재력을 지니고 있다."[7]라는 이유를 들어 배아줄기세포 연구를 찬성한다. 즉 14일 이전까지는 단순한 세포 덩어리에 불과하지만 14일 이후에는 원시선(primitive streak)과 구체적인 신체기관이 형성되기 때문에 배아줄기세포 연구를 반대한다.[8]

---

5) 심지어 자연유산의 확률을 이보다 더 높이 보는 경우도 있다. 즉, 여성의 생식기적 결함이 없고 호르몬의 분비가 적절하여 착상하기 좋은 자궁벽의 상태가 만들어져 있어야 착상과 임신의 상태가 가능한데 모든 배아의 75~80%는 착상하는 데 실패하고 자연적으로 소멸된다는 주장도 있다. Hyun I., Jung K. W., "Human research cloning, embryos, and embryo-like artifacts", *Hastings Cent Rep.*, Vol. 36(5), 2006, 34~41쪽.

6) 임종식·구인회, 『삶과 죽음의 철학』(아카넷, 2003), 124쪽.

7) 임종식·구인회, 앞의 책, 127쪽.

8) 2004년 미국 산부인과학회 윤리위원회에서 "Preembryo Research"라는 위원회 보고서를 간행하면서 인간의 발달과정에서 수정 이후 약 14일 원시선(primitive streak)이 나타나기까지

그런데 두 입장 모두 근본적으로는 인간이라고 규정할 만한 어떤 실체가 있다고 하는 관점에 서 있다. 배아줄기세포 연구 반대론자는 정자와 난자가 접합하는 순간부터 인간 개체의 실체성을 인정하는 반면, 배아 연구 찬성론자는 14일 이후부터 인간 개체로서 실체성을 인정한다.[9] 그러나 불교에서 배아는 물론 심지어 인간 존재 자체에 대해서조차 인간이라고 할 만한 어떤 고정된 실체성이 있다고 보지 않는다. 불교에서는 인간을 무실체(무자성)의 존재로 규정함으로써 인간이라고 할 만한 어떠한 실체도 인정하지 않고 있다. 인간이란 단지 여러 요소의 인연화합에 불과한 것으로 간주한다. 인간을 비롯한 일체의 존재를 지(地)·수(水)·화(火)·풍(風)이라는 사대(四大)의 인연화합[10]으로 보거나 색(色)·수(受)·상(想)·행(行)·식(識)의 오온(五蘊)의 인연화합[11]으로 보는 경우가 그 대표적 일례이다. 그러므로 배아줄기세포 연구에 대한 접근방식은 관계론적 생명관에 기초한 불교와 실체론적 생명관에 토대를 둔 위의 두 가지 방식이 본질적으로 성격을 달리한다.

불교의 연기론적·무아론적 입장에서 생명체는 고정된 항구불변의 단일한 요소가 아니라 끊임없이 생성·변화하는 인연화합의 전일적 과정이

를 전배아(preembryo)로 이름 붙이고, 배아 (embryo)는 수정 후 2주 이후부터 시작되어 8주 말에 끝나는 것으로 구별하고 있다. 따라서 전배아의 도덕적 지위에 관해 인간의 전배아는 비록 고유한 유전형을 갖고 있다고 하더라도 인격체가 되기 위한 생물학적 개체성 (biologic individuality)을 확실하게 확보하지 못하였으므로 전배아는 귀중하게 취급되어야 하나 인격체(human person) 수준 정도는 아니라고 구분하고 있다. 서경, 앞의 논문, 286쪽.

9) Amos Shapira, "Biomedical Law: The Aims and Limits of Regulating Biomedical Science and Technology," in Cosimo Marco Mazzoni(ed.), *Ethics and Law in Biological Research*(Kluwer Law International, 2002), 77쪽; 황성기, 「생명권의 현재 그리고 미래」; 이인영 외, 『생명인권보호를 위한 법정책』(삼우사, 2004), 68쪽 주25에서 재인용.

10) 『雜阿含經』卷2(『大正藏』2, 15下). "一切四大. 及四大所造色."

11) 『雜阿含經』卷3(『大正藏』2, 18下). "云何有身. 謂五受陰. 云何爲五. 色受陰. 受想行識受陰. 是名有身.";『雜阿含經』卷3(『大正藏』2), 40上中). "何等爲有身. 謂五受陰. 色受陰受想行識受陰."

다. 이와 마찬가지로 포유류의 발생을 통해 수정된 배아는 200여 가지 이상의 다양한 세포로 구성된 생성·변화 과정의 성체 조직으로 분화 가능한 것이다. 이러한 생성·변화는 발달 초기의 배아세포의 증식과 분화능력에 의해 가능하며 분할을 통해 증식된 배아세포는 두 가지 세포, 즉 영양아층(trophoblast)과 내부세포괴(inner cell mass)로 구성된 배반포기의 배아를 형성한다. 이때 내부세포괴 세포를 체외에서 배양하여 체내로 도입하면 생식세포를 포함한 몸을 구성하는 모든 종류의 세포로 분화 가능하다. 즉 배아는 고정된 실체가 아닌 다양한 세포로 구성된, 자가증식 할 수 있는 인연의 다발이다. 따라서 배아 자체만으로 인간의 유무를 단정하기란 쉽지 않다.

인간이라고 할 만한 특정한 실체를 인정하지 않는 불교의 연기론적·무아론적 입장에서 보자면, 배아를 인간 개체로 간주하는 것도 용납되지 않지만 인간이 아니라고 하는 것도 또한 받아들일 수 없다. 배아는 인간과 똑같은 존재는 아니지만 그러한 가능성을 충분히 갖고 있는 것으로 인간이 되기 위한 필수적인 존재이기 때문이다. 그러한 의미에서 배아는 인간과 동일하지도 않고 다르지도 않다. 따라서 배아는 인간이라고도 할 수 없고 인간이 아니라고도 할 수 없다.[12] 불교에서 말하는 인간의 생명이란 단지 현생에 국한되는 것이 아니라 과거생·현생·내생을 포함한 3세 윤회 전체를 뜻한다. 결국 특정한 어느 시점과 실체를 정하지 않은 순환적 관계의 연속적 과정이다. 그러한 연속적 과정으로서 생명관은 불교의 사유화합설(四有和合說)에 의해 잘 설명되고 있는데, 사유화합설에 의하면 인간의 생명은 생유(生有), 사유(死有), 본유(本有), 중유(中有)의 사유(四有)에 의해 단절 없이 이어진다. 그러므로 사유의 한 시기, 또는 각 사유에 있어서 특정한 한

---

12) 이러한 관점을 불교에서는 중도라고 한다. 불교는 어떤 대상을 유라고 하면 상주론에 떨어지고 무라고 하면 단멸론에 떨어지는 것으로 파악한다. 중도적 관점은 이와는 달리 유와 무를 떠난 관계론적(연기론적)인 관점에서 파악하는 것이다.

순간을 잘라 내어 그것만을 생명의 실체라고 말할 수는 없다.

사유(四有)를 설명하자면 본유(本有), 사유(死有), 중유(中有), 생유(生有)를 말한다. 본유는 출생하여 사망하기 이전까지의 생명체를 뜻하고, 사유는 사망하는 순간의 생명체를 뜻하며, 중유는 사망 이후부터 다음 세상의 생을 받기 이전의 중간 생명체를 뜻하고, 생유는 생명체가 부모의 태내에 들어가는 순간을 뜻한다.[13]

이처럼 불교의 생명체는 연속적인 업의 과정으로 이루어져 있는 전일적 통합체이기 때문에 어느 한 시점만을 지정하여 생명의 실상으로 규정할 수 없다. 이와 마찬가지로 접합자, 배아, 태아는 임신 중 시기에 따라 구분되는 인간생명 발달의 연속체이지 각각 서로 다른 생명체가 아니다. 비록 접합자, 배아, 태아가 인격체가 될 가능성에 차이가 있고 또 인간다움에 있어서 차이가 있다 하더라도 인간의 잠재성을 모두 갖추고 있다는 점에서 생명의 연속체인 것이다.[14] 불교에서는 그러한 생명의 연속적 과정을 무아(비실체)의 윤회설로 설명한다.

---

13) 『阿毘達磨發智論』卷19(『大正藏』26, 1024上). "如說四有. 謂本有死有中有生有. 云何本有. 答除生分死分諸蘊中間諸有. 云何死有. 答死分諸蘊. 云何中有. 答諸死分生分諸蘊中間諸有. 云何生有. 答生分諸蘊."

14) 불교의 윤회설은 줄기세포의 무한한 자가 재생산에 해당하는 것으로 볼 수 있다. 즉 줄기세포는 신체를 구성하는 각 조직 또는 장기에 극소수로 존재(성체줄기세포)하거나 또는 착상 전 배아의 내세포괴로부터 제작한 세포(배아줄기세포)로서 그 특징은 반복 분열하여 자가 재생산(self-renewal) 할 수 있고, 환경에 따라 특정한 기능을 지닌 세포로 분화할 수 있는 다분화 능력(tissue specific differentiation)을 갖는 세포를 일컫는다. 이처럼 줄기세포의 무한한 증식능력과 자가 재생능력, 다양한 세포로의 분화 능력 등은 업이론을 바탕으로 하는 불교의 윤회설과 그 근본 시스템에서는 동일하다고 할 수 있다. 업은 곧 세포에 해당하는 것이다. 이와 유사하게 업을 DNA로 대체시켜 배아복제를 설명하기도 한다. 최정규, 「인간복제와 불교교리는 모순되는가」, 《불교평론》 제4호(2000) 참조.

비실체론적 관점에서 윤회는 반드시 자아 간의 동일성(identity)이 전제되어야 하는 것은 아니다. 윤회는 자아들 간 연속성(continuity)만 전제되어도 가능하다. 동일성에 의한 윤회는 실체주의적 자아관을 대변하고, 연속성에 의한 윤회는 비실체주의적 자아관을 대변한다.[15]

윤회를 비롯한 연속의 과정으로서 인간의 생명현상은 연기설에 의해 설명될 수 있다. 특히 연기설 중 12지 연기는 인간의 생사유전에 관한 설명으로서 생명의 실상을 12가지의 연속적인 고리로 밝혀내고 있다. 무명(무지)으로 인해 인간이 윤회하는 과정[順觀]과 무명을 끊음으로써 해탈에 이르는 과정[逆觀]을 12지 항목(이음)으로 풀이한다. 이때 12항목 전체는 전일적으로 연결되어 한 생명체를 이루고 있기 때문에 어디서 어디까지가 생명이고 또 생명이 아니라고 경계를 지울 수가 없다. 12지 전체의 상의적(연기적) 결합에 의해 한 생명체를 얻을 수 있는 것이다. 그러므로 모든 존재는 연기의 산물이고 그 속에는 실체라고 할 만한 어떠한 것도 없다. 인간 역시 마찬가지이다.

나의 이 몸은 지(地)·수(水)·화(火)·풍(風)의 사대(四大)가 화합한 것이다. 이른바 머리칼, 손톱, 이빨, 피부, 근육, 골수, 뇌, 구색(垢色)은 지로 돌아가고, 침, 눈물, 피, 진액, 땀, 정기, 대소변 등은 수로 돌아가고, 온기는 화로 돌아가고 움직임과 운동은 풍으로 돌아가 사대가 흩어지면 이 몸은 없어진다. 곧 이 몸은 필경 실체가 없으며 가화합(假和合)한 모습으로서 환화(幻化)와 같은 것임을 알아야 한다.[16]

---

15) 안옥선, 「초기불교에서 본 무아의 윤회」, 《불교평론》 제20호(2004), 221쪽.
16) 『大方廣圓覺修多羅了義經』(『大正藏』 17, 914中). “我今此身四大和合. 所謂髮毛爪齒皮肉筋骨髓腦垢色皆歸於地. 唾涕膿血津液涎沫痰淚精氣大小便利皆歸於水. 暖氣歸火. 動轉歸風. 四大各離. 今者妄

인간(중생)이란 지(地)·수(水)·화(火)·풍(風)과 같은 "다만 몇 가지 허망한 요소의 집합일 뿐", 인간이라고 할 만한 고정된 실체를 갖고 있지 않는 환화에 지나지 않는다. 불교의 무아 윤회설은 무자성(무실체)의 생명체가 연기설(인과응보)의 이법에 의해 삼세와 육도(六道: 지옥, 아귀, 아수라, 인간, 천국)를 윤회하는 것을 말한다. 그러한 면에서 일반적인 출생설과 전혀 성격을 달리한다. 즉, 불교의 생명관은 전생의 업력과 생명체를 인정한 전제 하에서 가능하기 때문에 개인에 의해 영위되는 일련의 생명 현상에 있어 그 최초의 출발점을 가정하지 않는다.[17] 다시 말해 부모의 정자, 난자뿐만 아니라 전생의 업력[中有]이 서로 결합할 때, 현세(현생)의 한 생명체가 가능하며, 현세의 생명체는 미래의 업력으로 그 생명을 이어간다. 이러한 반복적 순환과정은 불교의 생명관이 상호관계(연기)에 의해 연속적으로 형성되는 무실체적 자아(생명)를 지향하고 있음을 보여준다. "현재의 나는 과거의 업의 산물이면서 현재의 업에 따라 초래될 수 있는 미래의 가능적 존재이기 때문에 과거에 있었던 상호작용에 의한 인과적 존재이며 미래에도 오늘의 상호작용의 결과로서 예상되는 관계아(關係我)이다."[18]

발생학적으로 인간생명(human life)의 시작을 수정 이후로 보는 것은 대부분 동의하고 있으나 인격체(person)의 시작을 언제로 보느냐 하는 문제는 간단하지 않으며 단순히 생물학적 문제만이 아니다. 인격체냐 아니냐의 중요한 판단 기준은 궁극적으로 '인격체란 어떤 것이냐'의 정의에 따라 달라질 수 있다.[19] 즉 접합자, 배아, 태아, 신생아 등이 성인 인간과 마찬가지로 인간

身. 當在何處. 卽知此身畢竟無體. 和合爲相. 實同幻化. 四緣假合."

17) 데미언 키온, 『불교와 생명윤리학』, 허남결 옮김(불교시대사, 2000), 126쪽.

18) 안옥선, 『불교윤리의 현대적 이해』(불교시대사, 2002), 318~318쪽.

19) 최근 생명윤리 담론에서 강조하는 것은 문화적 전통을 달리하는 나라에 어떻게 보편적인 생명윤리 기준을 적용할 수 있는가 하는 문제이다. 즉 서양의 개인주의적이고 자유주의적이며 실용주의적인 전통 위에 세워진 생명윤리 원칙들을 한국을 비롯한 동양사회에 그대로 적용하기

다운가 하는 문제와 관련된다. 이러한 인격체로서의 논의는 당연히 다양한 가치관, 종교 및 문화적 배경에 따라 다르기 때문에 인격체로서 인간생명에 대한 관점도 달라질 수밖에 없다. 생물학적인 측면만이 아닌 사회적·문화적·가치적 측면도 고려하여 인격체로서의 인간생명을 파악해야 한다.

따라서 배아를 인격체로 볼 것인가 말 것인가, 수정 이후 어느 시점부터 인간으로 볼 것인가 하는 문제는 불교의 입장에서 볼 때 도그마적 성격이 강하다. 불교적 관점에서는 배아를 인간으로 간주하는 것도 잘못된 것이며, 인간이 아닌 것으로 간주하는 것 역시 잘못된 것이기 때문이다. 이와 마찬가지로 배아의 인격성 여부 및 생명의 시점에 대해 단정적인 어떤 답변을 내린다고 할지라도 그것이 인간의 고뇌를 근본적으로 해결해 줄 수는 없으며, 또한 무아 윤회설의 관점에서 볼 때 인간 생명을 어느 한 시점으로 고정시켜 파악할 수도 없다.[20]

3. 연기설과 인간배아복제

2장에서 설명하였듯이 줄기세포는 기원하는 조직의 종류에 따라 크게 배아줄기세포와 성체줄기세포로 분류된다. 배아줄기세포는 발생 중의 포배기 배아(blastocyst)의 내세포괴(inner cell mass)[21]나 태아기의 원시생식세

에는 많은 어려움이 따른다. 그 이유가 바로 생명에 대한 의미와 가치 등이 다르기 때문이다. 이러한 문제에 대해서는 다음의 책을 참조하기 바란다. 이상목 외, 『한국인의 죽음관과 생명관』(부산: 세종출판사), 2005.

20) 그러므로 항상인인 생명의 실체, 즉 "고정불변의 실체적 자아를 찾는 것, 나의 모습, 느낌, 생각, 의지, 판단의식 등을 중심으로 '나 만들기'나 '나의 것 만들기'를 하는 것, 혹은 사람과 사물에 대하여 '나 만들기'나 '나의 것 만들기'를 하는 것은 잘못된 자아활동이며 고통을 부르는 삶의 방식일 뿐이다." 안옥선, 앞의 책, 147쪽.

포(primordial germ cell)에서 기원하는 반면, 성체줄기세포는 발생과정이 끝난 성인의 여러 조직 장기에서 기원한다. 이 두 가지 줄기세포는 서로 다른 기능과 특징을 갖고 있으며, 세포대체 치료의 재생의학적 관점에서 볼 때, 각각 장단점이 다르다.

배아줄기세포는 거의 모든 세포로 분화할 수 있다는 분화의 전능성을 갖고 있으며 미분화 상태에서 자가증식 능력이 뛰어나고 다량의 세포를 확보할 수 있다는 장점이 있다.[22] 반면, 대량 증식을 위한 기술과 조직 특이적인 세포로 분화를 유도할 수 있는 기술의 개발이 더욱 필요하고 면역거

---

21) 수정 후 3~5일된 상실배기(blastocyst) 배아 내부에는 '내세포괴(inner cell mass)'로 불리는 30~40개의 세포가 있는데 이 세포가 증식한 후 수 백만 개의 분화된 세포로 태아의 몸을 구성하면서 심장, 폐, 피부, 뼈 등 태아의 몸을 만들어 가게 된다. 즉, 난자와 정자가 결합하여 수정란이 된 후, 하나의 세포로 시작한 수정란은 세포분열을 통해 여러 개의 세포로 이루어진 배반포(blastocyst)가 된다. 배반포의 안쪽에 내세포괴(inner cell mass)라는 세포들의 덩어리가 있는데, 이 세포들은 세포분열과 분화를 거쳐 배아(embryo)를 형성하고, 배아는 임신기간을 거치면서 하나의 개체로 발생하게 된다. 이 과정에서 내세포괴의 세포들이 혈액, 뼈, 피부, 간 등 한 개체에 있는 모든 조직의 세포로 분화하게 되는 것이다. 이러한 내세포괴의 세포를 배반포로부터 분리하여 특정한 환경에서 배양하면, 더 이상 분화는 일어나지 않지만, 분화할 수 있는 능력은 여전히 가지고 있는 상태의 세포로 만들 수 있다. 이러한 세포를 배아줄기세포라고 한다. 이처럼 인간의 배아줄기세포는 이 내세포괴를 실험실에서 배양함으로써 만들 수 있다. Evans, M. J., and Kaufman, M. H., "Establishment in culture of pluripotential cells from mouse embryos", *Nature* 292, 1981, 154~156쪽 참조.

22) 배아줄기세포는 줄기세포의 특징인 체외에서 미분화 상태로 자가증식할 수 있는 능력과 인체의 모든 세포로 분화할 수 있는 분화능력을 갖고 있다는 점에서 과학자들의 지대한 관심을 받고 있다. 즉 줄기세포는 생체 밖의 시험용기에서 배양이 가능하며, 적절한 물리화학적 조건이 주어질 경우 시험용기 내에서 신경, 혈관, 연골, 심근 등 그 어떤 장기세포로도 분화할 수 있는데, 특히 배아줄기세포가 과학자들의 관심을 끄는 이유는 채취하기가 쉽기 때문이다. 이처럼 적합한 조건하에서 무한 증식이 가능하며 유전적 변형이 용이하기 때문에 생쥐 배아줄기세포는 지난 30여 년간 유전자 및 발생학 등의 기초연구 분야에서 방대하게 이용되었다. 이와 더불어 인간배아줄기세포는 난치병 치료를 위한 세포공급원으로서 재생의학 분야에서의 활용에 대한 기대가 증가하고 있고 현재 전세계적으로 약 1000여 종의 인간세포주가 확립되었다. 최욱환·장성규, 「줄기세포 치료의 연구 현황 및 최신 지견」, 《대한산부회지》 제50권 제4호(대한산부인과학회, 2007), 57쪽 참조.

부반응도 해결해야 할 문제이다. 성체줄기세포는 장기의 특성에 맞게 분화할 수 있는 장기 특이적 분화능(tissue-specific differentiation)이 뛰어나고 자가이식 시에 면역거부반응이 나타나지 않는다는 장점이 있다. 그러나 얻을 수 있는 세포의 수가 많지 않고 증식이 쉽지 않으며, 기원하는 조직과 다른, 다양한 형태의 세포 분화능이 있어서 실제 치료에 적용하기가 쉽지 않다. 이처럼 배아줄기세포와 성체줄기세포는 각각 그 특성이 다르며, 특히 배아줄기세포는 배아를 기원으로 한다는 점에서 윤리적인 논란의 중심에 서 있다. 이에 반해 성체줄기세포의 경우, 인체의 체세포를 이용하여 얻을 수 있기 때문에 난자 및 수정란을 이용하는 배아 줄기세포가 가지고 있는 윤리적인 문제를 피해갈 수 있다.

줄기세포 연구에 있어서 윤리적으로 가장 문제가 되는 것은 배아줄기세포 연구이며, 이것은 두 가지 관점에서 심각한 논쟁을 야기한다. 첫째, 이미 2장에서 살펴보았듯이 배아의 지위에 관한 것으로 배아를 생명체로 볼 것인가, 아니면 단순한 세포덩어리로 볼 것인가 하는 문제이다. 이에 대해 필자는 불교적 관점에서 보자면 배아를 인간으로 간주하는 것도 잘못된 것이며, 인간이 아닌 것으로 간주하는 것 역시 잘못된 것임을 앞 장에서 밝혔다. 미국 산부인과학회 윤리위원회에서 천명하고 있듯이 "배아는 인간 유전정보를 갖고 있는 생명체로서 그 자체로 존중받아야 하지만 그 가치는 상대적인 것으로 인격체와 마찬가지로 절대적으로 존중 및 보호받을 정도는 아니다. 배아는 인간(human)이지만 인격체(human person)는 아니기 때문에 경우에 따라서 배아 연구가 정당화될 수 있다."[23]는 것이 불교적 관점이다.

둘째, 본 장에서 살펴보고자 하는 인간배아복제 연구에 대한 것으로, 신

---

23) 서경, 앞의 논문, 288쪽.

학자를 비롯한 많은 종교인과 윤리학자들이 반대를 하고 있다. 인간배아 복제 연구를 반대하는 이들은 먼저 배아가 엄연한 하나의 생명체이기 때문에 배아를 훼손하는 배아복제 연구는 살생을 자행하는 것으로 간주한다. 배아복제를 반대하는 두 번째 이유는 인간배아복제의 연구 결과 인간이 만들어질 수 있다는 것이다. 실제 아직까지는 인간복제를 목적으로 하는 연구가 행해지지 않았으며, 그 어떤 나라에서도 허용하고 있지 않다. 인간배아복제 연구는 인류의 운명을 완전히 뒤바꿀 수 있는 판도라의 상자이기 때문에 그 누구도 이에 대해서 금기시 하고 있다. 그렇지만 배아줄기세포 연구가 활성화되면, 인간배아복제 연구가 음성적으로 행해질 지도 모른다. 이처럼 줄기세포 연구에 있어 윤리적으로 가장 문제가 될 수 있는 인간배아복제 연구에 대한 불교적 관점은 과연 무엇일까?

인간은 생물학적으로 세포를 단위로 하여 조직과 기관이 형성되어 개체로 만들어지며 세포와 세포 간, 조직과 조직 간, 기간과 기간 간의 상호작용을 통해 생명이 유지된다.[24] 불교에 있어서는 이와 같은 상호작용을 연기설이라 하며, 연기설에 의해 인간의 생명과 세계를 설명하고 있다. 즉 불교의 연기설은 인간의 생명을 비롯한 이 세계의 생성과 성장, 그리고 쇠퇴와 소멸의 전개과정에 대한 이법(理法)이다. 이른바 일체의 현상은 모두 상

---

[24] 인간의 생명을 유지하고 보수하는 작업의 가장 기본적인 재료는 세포라고 할 수 있으며, 인간의 손상된 기능을 복구하기 위한 연구가 줄기세포 연구이다. 몸을 구성하는 모든 세포들이 결국은 하나의 세포로부터 발생과정 동안 파생되어 나오는데, 일부는 성체가 된 후에도 계속해서 특정 세포를 공급해 주는 능력을 유지하기도 한다. 인체의 최초 빅뱅에 쓰이는 세포는 수정란이며 이렇게 계속해서 세포를 공급할 수 있는 세포를 줄기세포라고 한다. 현재는 인간발생 초기에 모든 조직을 구성할 수 있는 능력을 가지는 세포를 추출하여 세포주(cell line)화 한 인간배아줄기세포(human embryonic stem cell)와 일부 성체조직에서 추출되는 성체줄기세포가 기능복구 및 발생연구의 주 재료로서 연구되고 있다. 조명수·오선경·이학섭, 「배아줄기세포의 대안으로써 전분화능유도줄기세포의 활용 가능성 및 한계점」, 《인구의학연구논집》 제22권(서울대학교 인구의학연구소, 2009), 38~39쪽.

대적 의존 관계로서 성립하며, 이러한 관계를 떠나 어떠한 존재도 성립할 수 없다는 것이다. 결국 연기를 설하는 불교는 우주가 "모든 존재의 창조적인 상호 작용에 의해서 이루어진 것"이라고 보고, "모든 것이 한 가지 원인에서 생성되었다고 믿지 않으며, 모든 것이 둘 이상의 원인에서 생겨났다."고 주장한다.[25] 이처럼 이 세상에 존재하는 모든 존재는 서로 간의 의존적인 인연에 의해 생성되었다는 게 연기설의 핵심 내용이다. 그러한 의미에서 불교 연기설의 입장에서 보자면 배아줄기세포 연구와 그 결과 복제인간이 태어나는 것은 이 또한 그럴 만한 충분한 원인을 갖고 있기 때문에 가능한 것이다.[26] 연기설의 입장에서 보자면 어떤 사태를 발생시킬 만한 충분한 조건이 성숙하게 되면 반드시 그 조건에 상응하는 결과가 나타나게 마련이다.

연기법에 의하면 "마치 오곡의 종자를 심어 제각기 그 열매를 거두는 것"[27]같이 자신이 뿌린 씨앗의 종류에 따라 그 결과물을 얻게 마련이다. 즉 모든 존재는 자신의 미래를 스스로 불러온다. 그러한 의미에서 "모든 중생은 업의 상속자"[28]인 것이다. 복제인간 역시 마찬가지이다. 해탈하지 못한 중생들은 반드시 다시 재생(윤회)할 수밖에 없는데, 배아복제라는 수단이 남녀 결합과 똑같은 역할을 수행할 수 있는 조건을 형성하게 되면, 인간으

---

25) Takakusu, Junjiro, *The Essential of Buddhist Philosophy*(Bombay: Asia Publishing House, 1956), 23쪽.

26) 불교 윤회설의 핵심은 해탈을 못할 경우 반드시 다시 태어난다는 것이다. 이것은 결국 어떤 결과(재생)에 그 원인(비해탈)이 필수적으로 전제되어 있음을 의미한다. 그러한 의미에서 배아복제에 의한 인간의 창출은 배아복제인간이 만들어질 수 있는 필요충분조건이 주어져 있기 때문에 가능하다. 이러한 원칙에 예외는 없다. 따라서 해탈하지 못한 중생들은 양친에 의해서든 배아복제에 의해서든 반드시 다시 태어나야 하는 것이다. 이는 곧 특정한 조건이 갖추어지면 하나의 세포에서 한 인간으로 분화하는 발생학적 생명 시스템과 동일한 원리이다. 김승철, 『DNA에서 만나는 신과 인간』(서울: 동연, 2002), 89~100쪽.

27) 『增壹阿含經』 卷51 (『大正藏』 2, 827下). "如似種五穀 各獲其果實."

28) *Majjhima-Nikayā*, I, 389쪽.

로 재생할 업과 복제 도구가 연기(인연)하여 복제인간을 만들 수 있다. 그것은 '콩 심은 데 콩 나고 팥 심은 데 팥 나는 것'처럼 '배아복제'라는 씨앗을 뿌린 결과이다. 불교에서는 인간에 의해서만 인간이 태어나야 한다는 법칙은 없다. 생명체가 만들어질 수 있는 방식을 4가지로 나누는데[四有說], 그중에 하나가 '양친 없는 재생'(化生, rebirth without parents)을[29] 제시하고 있기 때문이다. 즉 『해심밀경(解深密經)』 등에 의하면 생명체가 생겨나는 방식에는 난생(卵生), 태생(胎生), 습생(濕生), 화생(化生)의 4가지가 있다.[30] ① 난생은 새들처럼 알에서 생기는 방식이며, ② 태생은 사람이나 짐승과 같이 어미의 뱃속에서 사지가 갖추어져 출생하는 방식이다. 또 ③ 습생은 모기나 귀뚜라미처럼 습기(물)에서 생기는 방식이며, ④ 화생은 양친과 같은 의지처에 의탁하지 않고 생겨나는 방식이다. 인간은 원래 태생의 방식에 의해 태어났지만, 만약 인간복제가 실현된다면 화생의 방식에 의해서도 태어날 수 있게 되는 것이다.[31] 다시 말해, 태생의 방식뿐만 아니라 인간으로 태어날 수 있는 조건(인연)만 갖추어지면 언제든지 인간으로 태어날 수 있다는 게 연기법의 필연적인 법칙이다.

불교의 윤회설은 영혼이라는 실체가 아니라 오직 업에 의해 재생될 수 있다고 주장한 점에서 독특하다. 바로 이 점 때문에 체세포 복제와 같은 생명공학의 신기술이 불교의 관점에서는 새로울 것도 획기적일 것도 없다. 그것

---

29) T.W. Rhys Davids and William Stede, *Pali-English Dictionary* (London: The Pali Text Society, 1986), 144쪽.

30) 『解深密經』 卷1 (『大正藏』 16, 692中). "或在卵生. 或在胎生. 或在濕生. 或在化生身分生起."

31) 양친에 의탁하지 않는 출생의 방식인 화생에 대해 다음과 같은 질문을 할 수 있다. '양친에 의탁하지 않는 방식이라 할지라도 정자 난자의 제공자인 부모가 엄연히 존재하기 때문에 결국은 태아의 방식과 다를 바가 없다.' 만약 그렇다면 인간복제 역시 인간의 정자와 난자에 의거해서 이루어지기만 한다면 역시 태아의 방식과 같은 것이므로 아무런 문제가 없다고 할 것이다.

은 단지 불교에서 통용되는 윤회 관념을 과학의 이름으로 채택했다는 점에서 획기적일 뿐이다. 생명복제는 과학이 종교적 상정에 불과하다는 이유로 인정하려 들지 않았던 윤회 관념을 인위적으로 실용화하려는 것과 다를 바가 없다.[32]

불교적 입장에서 볼 때, 배아줄기세포 연구에 의해 복제인간이 태어난다면 그것은 단지 업의 재생에 불과한 것으로 양친에 의해 이루어지던 윤회의 방식이 과학 기술의 조작에 의해 대체되었음을 의미할 뿐이다. 인간복제가 실제로 이루어진다면, 그러한 사실 자체가 곧 연기법의 결과이다. 연기법은 배아줄기세포 연구를 비롯한 유전자 조작은 물론이고 인간과 세계, 주관과 객관, 시간과 공간, 정신과 물질 등 우주만물 전체의 토대가 되는 이법이기 때문이다.[33]

남녀의 결합에 의해서든 배아줄기세포 연구로 인한 복제[34]에 의해서든 인간으로 태어났다는 사실은 해탈을 얻지 못해 윤회하는 존재라는 점에서 마찬가지이다. 즉 인간복제에 의해 다시 태어나더라도 양친에 의해 태어난 인간과 똑같은 삶의 과정을 겪게 될 것이다. 태어난 자는 반드시 죽을 수밖에 없다. 그러한 의미에서 복제인간은 또 다른 윤회의 굴레를 만든 것에

---

32) 정승석, 「생명복제에 대한 불교적 반성」, 《동서철학연구》 제30호(부산: 한국동서철학회, 2003), 297쪽.

33) 김성철, 「생명공학에 대한 불교윤리적 조망」, 《불교문화연구》 제3집(불교문화사회연구원, 2002), 133쪽.

34) 복제(cloning)는 다양한 기술을 포괄하는 개념이지만 유전적으로 동일한 개체나 세포의 집합을 인공적으로 생성한다는 데 그 공통점이 있다. 통상적 의미에서 인간배아복제는 원시선이 형성되어 개체로 분화하기 전인 수정 후 14일 이전까지 수정란을 생성·성장시키는 것을 의미한다. 따라서 엄격히 말하자면 우리가 흔히 말하는 배아복제는 '배아'가 아닌 '전배아' 상태의 배반포포배를 복제(pre-embryocloning)하는 것이다. 그러나 일반적으로 '전배아복제'라는 용어에 갈음하여 '배아복제'라는 용어가 사용되고 있으므로 이하에서 '배아복제'는 특별한 언급이 없는 한 인간의 전배아단계까지의 복제를 의미하는 것이다.

불과하다. 그런데 불교의 지향점은 결코 생명을 연장하거나 다시 태어나는 데 있지 않다. 불교의 지향점은 윤회로부터 벗어나 자유로운 인격(해탈)을 성취하는 것이다. 자유로운 인격은 과학 기술에 의해서 만들어지거나 얻어질 수 있는 것이 아니다.[35] 그것은 오로지 자신의 끊임없는 수행과 노력의 결과로써 주어질 뿐이다. 복제인간 역시 이러한 수행을 통하여 깨달음을 성취할 수 있을 것이다. 그러므로 배아줄기세포 연구에 의해 복제인간이 출현하게 되면 우리는 이로부터 두 가지 의미를 찾아낼 수 있다.

첫째, '뿌린대로 거둔다'는 연기법의 인과적 법칙으로서 인간으로 반드시 태어나야 할 존재들이 임신중절, 인공피임 등과 같은 과학기술의 방해로 태어나지 못했을 경우, 이에 상응하는 똑 같은 방식, 즉 복제기술(과학기술)에 의해 다시 태어난다는 사실이다. 우리는 인간복제에 대해서는 비판적·부정적 자세를 견지하면서도 임신중절과 인공피임 등에 대해서는 관용적인 태도를 취하는 이중성을 흔히 발견할 수 있다. 그러나 줄기세포 연구에 의해 복제인간을 만들어 내는 것과 똑 같은 평가가 임신중절과 인공피임에도 적용되어야 한다. 이 둘은 인위적이고 강압적인 과학기술의 힘에 의해 자연스런 생명의 흐름 자체를 차단한다는 점에서 마찬가지이다. 단지 임신중절과 인공피임 등은 생명을 파괴(억압)하는 기술 방식인 반면 줄기세포 연구에 의한 인간복제[36]는 생명을 생성(조장)하는 기술 방식이라는 차

---

35) 최정규, 앞의 논문, 90쪽.

36) 이제는 줄기세포에 있어 배아를 훼손하는 윤리적 문제는 어느 정도 피할 수 있는 단계에 이르렀다. 즉, 배아줄기세포 연구의 대안으로써 유도만능줄기세포 (induced pluripotent stem cell, iPS) 연구가 활성화되고 있는데, 이는 체세포에 전분화능을 유도하는 주요 인자를 직접 도입시키는 방법이며 유전자, 단백질, 기능성 소분자 등을 다양한 체세포에 직접 전달하여 iPS 세포를 생성할 수 있기 때문에 난자 및 배아사용의 윤리적 문제를 피해갈 수 있다. 따라서 앞으로 윤리적으로 가장 쟁점이 될 수 있는 문제는 배아의 지위에 관한 것이 아니라 인간복제 연구의 찬반 문제가 될 것이다. 武村政春, 「生命世界における‘複製’の諸相」, 《東京理科大学紀要》 43(東京理科大学教養科, 2010), 38~39쪽 참조.

이점이 있을 뿐이다. 인간의 출생이 단지 인간에 의해서 이루어져야 한다는 원칙이 존재하지 않는 불교적 입장에서는 오히려 생명을 창출하는 행위보다 생명을 파괴하는 행위가 도덕적·윤리적으로 더 악한 행위가 될 수도 있다.[37]

둘째, '인간으로 태어나야 할 존재는 반드시 인간으로 다시 태어나야 한다.'는 연기법의 필연적 법칙에 의해 복제인간은 과학기술의 힘에 의해 인간으로 다시 태어남으로써 윤회로부터 벗어날 수 있는 기회를 제공받았다는 사실이다. 불교의 연기설에 의하면 해탈한 존재는 재생하지 않는다. 즉, 해탈한 존재는 양친에 의해서든 배아줄기세포 연구에 의한 인간복제에 의해서든 어떠한 방식에 의해서도 윤회를 되풀이 하지 않는다. 인간복제가 과학기술에 의한 윤회의 또 다른 방식이라는 점에서는 분명 부정적인 측면을 안고 있다. 그렇지만 태어나지 말아야 할 존재를 새로 만들어 내는 것은 아니다. 해탈하지 못해 육도(六道)를 떠돌고 있는 중생(中有[38])들에게 다시 해탈할 수 있는 기회를 제공하는 것이다. 불교에 있어 출생의 주체자는 부모의 정자와 난자가 아닌 중유(中有)로, 생명의 탄생에 있어 반드시 필요한 존재이다. 그런데 오늘날 임신중절, 인공피임 등으로 태어나야 할 중유들이 과학기술의 인위적인 힘에 막혀 출산의 기회를 사전에 박탈당하고 있는

---

37) 오늘날 현대사회는 임신중절과 인공피임 등으로 인해 예전과 비교할 때 급격한 인구감소의 추세를 보이고 있다. 이러한 현상은 선진국에서 더욱 두드러지는데, 만약 이러한 추세가 심화된다면 인류는 심각한 위기에 처하게 될 것이다. 그렇게 되면 복제기술과 같은 방식에 의해서라도 인구를 늘여야 할 시기가 올지도 모른다.

38) 중유는 中陰, 中蘊, 中陰身이라고도 하는데, 전생과 현생의 중간에 있는 생명체를 뜻한다. 사람이 죽으면 업력에 따라 각양각색의 중유가 되는데, 선업을 많이 지은 중유는 형색이 단정하고 깨끗한 반면에 악업을 많이 지은 중유는 용모가 검고 추잡하다. 중유는 업력에 따라 두 손과 두 발이 있는 것과 네 발이 있거나 없는 것 등 다양한 모습을 띠고 있다. 이것은 지옥과 축생, 그리고 인간 등 6도에 태어날 각종의 모습을 담고 있기 때문이다. 중유는 태아에게 있어 전생의 영혼이며 전생에 지은 악업과 선업을 지닌 생명체이다.

실정이다. 인간복제는 태어나야 할 중유들에게 출산의 기회를 제공해 준다는 점에서 긍정적인 측면을 갖는다. 불교에 있어 보다 본질적인 문제는 어떤 방식에 의해 태어나는가가 아니라 어떻게 깨달음을 성취하는가에 있다.[39] 그리고 깨달음을 얻기 위해서는 무엇보다 인간으로 다시 태어나는 게 중요하다.

이러한 의미에서 보자면 배아줄기세포 연구와 인간복제는 과학기술의 발전에 따른 필연적 결과로 나타난 것으로서 긍정적인 측면과 부정적인 측면을 동시에 갖고 있다. 깨닫지 못해 윤회하는 중생(중유)에게 다시 한 번 해탈할 수 있는 인간으로서의 기회를 준다는 측면에서 긍정적인 의미를 갖는 반면, 궁극적으로 지양해야 될 윤회를 인위적으로 연장시킨다는 의미에서 부정적이다. 그러므로 배아줄기 연구 자체를 절대선 혹은 절대악으로 규정할 수는 없다. 불교적인 입장에서 보다 중요한 것은 양친에 의해 정상적으로 태어나든 복제기술에 의해 태어나든, 태어난 인간은 참된 인생(수행)을 통해 깨달음을 성취하는 데 있다.[40]

4. 배아줄기세포 연구와 자비의 윤리

앞에서 이미 살펴보았듯이 줄기세포 연구 중에서 윤리적으로 가장 쟁점

---

39) 붓다의 45년 간의 교화설법은 전부 인간의 생노병사 및 괴로움으로부터 해탈을 목표로 하였던 것으로, 그 구체적인 가르침이 연기설이다. 결국 불교의 핵심은 연기법의 이치를 깨달아 해탈을 성취하는 것으로, 그러기 위해선 피나는 노력과 수행이 필요하다. 小島一晃 외, 「原始佛教における緣起說の研究」, 《印度學佛教學研究》23-1, 印度學佛教學研究會(東京, 1982, 186쪽.

40) 이러한 차원에서 보자면 오늘날 강조되고 있는 불교사회복지의 목표 또한 보시를 통한 이타적 사회로의 이행이며 궁극적으로는 모든 사람을 해탈하게 하는 것이다. 조수동, 「대승불교의 복지사상」, 《철학논총》 제63집 제1권(새한철학회, 2011), 123쪽.

이 되는 것은 배아줄기세포 연구이다. 이는 배아줄기세포 연구가 성체줄기세포나 유도만능줄기세포보다 윤리적·종교적으로 문제가 되기 때문이다. 실제 줄기세포 연구와 직·간접적으로 밀접한 관련을 맺는 '생명윤리 및 안전에 관한 법률'도 이들 문제에 초점을 맞추고 있다.[41] 그러나 줄기세포 연구에는 배아줄기세포 뿐만 아니라 성체줄기세포도 포함되어 있으며 최근에는 유도만능줄기세포 (induced pluripotent stem cell, iPS)[42]를 이용한 연구가 각광을 받고 있다. 그런데 배아줄기세포에 비해 성체줄기세포와 유도만능줄기세포는 윤리적, 종교적으로 어느 정도 약점을 보완할 수 있는 것이라고 하지만 결코 완전하게 윤리적, 종교적 문제를 해결한 것은 아니다.

성체줄기세포는 한때 배아줄기세포 연구의 윤리적, 종교적 문제를 우회할 수 있는 방안으로 거론되었다. 즉 "성체줄기세포는 세포분화가 안정되어 있어 치료에 활용이 쉬울 뿐 아니라 상대적으로 위험이 적으며, 그것을 얻는 과정에서 배아 파괴와 같은 생명의 희생이 없기 때문에, 배아 연구에서와 같은 윤리적 문제가 없다."[43]고 생각하였다. 특히 성체줄기세포는 조직이나 장기에 있는 미분화세포로 재생할 수 있고, 조직이나 장기의 주된

---

41) 최은경·김수연·김옥주, 「줄기세포 연구자의 연구 윤리 일반에 관한 인식 및 실천」, 《생명윤리》 제9권 제2호 통권 제18호(한국생명윤리학회, 2008), 1~2쪽.

42) "질병특화줄기세포를 추출하기 위한 방법은 앞에서 설명한 체세포 핵이식(SCNT)의 접근법과 iPS cell 접근법이 있다. iPS 세포 추출 기술은 SCNT와 달리 연구에 필요한 인간 난자의 조달을 요구하지 않기 때문에 윤리적 문제 제기로부터 자유로울 수 있는 방법이다. 2006년 일본 교토의 Kazutoshi Takahashi와 Shinya Yamanaka는 mouse 피부섬유아세포에 레트로바이러스(retrovirus)를 사용하여 4개((Oct3/4, Sox2, c-Myc proteins, Klf4)의 유전자를 삽입하여, 일반세포가 배아줄기세포처럼 작용하도록 재프로그래밍 하였다. 이를 induced pluripotent stem(iPS) cell이라고 하는데, 일반적으로 iPS cell이 임상 적용을 위한 가장 유용한 방법으로 여겨진다. 그리고 iPS 세포는 환자에 대한 새로운 이론을 발견하는 최선의 희망을 제공할 순효과와 줄기세포 생물학에 대한 우리의 총체적인 이해를 확장시키는 가능성에 가장 도움이 될 것으로 기대된다." 이상목, 「줄기세포 연구와 치료의 윤리」, 미발표 논문, 5쪽.

43) 구인회, 「인간배아 연구와 관련된 윤리적 문제점들」, 《한국의료윤리교육》 제9권 1호 통권 제15호(한국의료윤리교육학회, 2006), 24쪽.

기능을 하는 세포로 분화할 수 있는 능력이 있으며, 수정란이 아닌 성인의 골수, 제대혈, 피부, 지방조직, 신경조직, 간, 췌장, 담도 등에서 발견되는 줄기세포의 총괄적 집합체로 배아줄기세포와 엄연히 구별된다. 종류로는 조혈모세포(hematopoietic stem cell)와 중간엽줄기세포, 신경줄기세포 등이 있으며, 이것은 뼈와 간, 혈액 등 구체적인 장기의 세포로 분화되기 직전의 원시세포로 배아줄기세포 연구에서 초래되는 여러 윤리적 문제를 피할 수 있을 것으로 여겨졌다.

그러나 성체줄기세포 역시 윤리적 문제로부터 결코 자유롭지 못하다. 예를 들어 성체줄기세포의 근간을 이루는 제대혈(umbilical cord blood)과 골수(bone marrow), 그리고 체세포(somatic cells) 사용에 있어 동의의 적절한 시기 설정, 질병의 감염 위험성, 기증자의 의학적 정보 노출, 기증의 공정한 분배 등 윤리적, 생리적 여러 문제점을 안고 있기 때문이다.

역분화만능줄기세포 (Reprogrammed Pluripotent Stem Cell, iPS: induced Pluripotent Stem Cell)는 줄기세포가 아닌 일반세포가 인위적인 혹은 자연발생적으로 줄기세포의 특징인 만능분화능(pluripotency)을 가지게 된 세포를 말한다. iPS는 '만능분화능'이라는 명칭 그대로 어떠한 세포로도 분화가 가능하며, 난자를 필요치 않기 때문에 오늘날 가장 뛰어난 최선의 세포로 주목받고 있다. 그럼에도 불구하고 새로운 인간복제 야기 가능성을 갖고 있기 때문에 이 역시 윤리적 문제로부터 자유롭지 못하다. 즉 야마나카와 톰슨 연구팀에 따르면 일반 피부세포가 초기의 전분화능을 가진 배아 상태로 돌아가게 만들 수 있다고 한다. 아마도 iPS 세포 연구자들은 줄기세포가 분화전의 상태, 즉 모든 삼배엽 뿐만 아니라 지원되는 여분의 배아 조직들 모두를 발생시킬 수 있는 단일 접합체 유사 세포로의 발달로까지 환원될 수 있다는 것을 발견할 것이다. 이러한 상황은 인간 복제와 정확하게 동일할 것이다.[44]

결국 iPS 역시 배아줄기세포와 마찬가지로 가장 큰 문제는 인간복제의 위험성을 안고 있다는 것이다. 따라서 줄기세포 연구에 있어 윤리적, 종교적으로 가장 문제가 되는 것은 역시 인간배아복제[45]의 문제이다. 그런데 2장에서 살펴보았듯이 불교의 생명체는 연속적인 업의 과정으로 이루어져 있는 전일적 통합체이기 때문에 어느 한 시점만을 지정하여 생명의 실상으로 규정할 수 없다. 또한 불교에서 말하는 임신(수태)의 조건은 일반적인 임신의 조건과 다르다. 불교에서는 임신이 이루어지기 위한 구성 조건으로 세 가지를 들고 있는데, 경전에 따라 설명 방식이 조금씩 다르지만 그 전체적 맥락은 거의 일치한다. 산모의 가임 가능성과 부모의 성교, 그리고 중유의 출현이 임신을 위한 세 가지 요건이 된다. 『대방등대집경(大方等大集經)』 등에 의하면, 정신적·영혼적 생명체인 중유가 물질적·생물학적 생명체인

---

44) 이상목, 앞의 논문, 6쪽.

45) 배아복제(embryo cloning)란 치료용 복제로서, 개체복제로 세포를 분리시키는 생식 목적의 개체복제(individual cloning)와 구분된다. 즉 배아복제의 목적은 인간개체를 얻으려는 것이 아니라 배아단계의 초기에 잠시 존재하는 줄기세포를 얻거나 배아의 형성 과정을 연구하기 위하여 체세포 핵이식법을 적용하여 인간배아를 복제하고자 한다. 이러한 배아복제가 진행되려면 환자의 세포로부터 얻은 핵을 난자의 핵과 치환하는 핵치환 기술이 필수적으로 요구된다. 따라서 배아복제는 핵치환 기술을 통해 환자 자신의 배아줄기세포를 대량으로 만들고 이를 의학적으로 이용하려는 점에서 주목받는 방법이다. 이는 자신의 체세포를 이용함으로써 이식에 있어서 면역 거부 반응이 없다는 점에서 유용성이 크다. 반면 황우석 교수팀의 연구에서 드러나듯이 난자채취의 문제점(난자 제공자와 여성의 상품화 문제), 배아의 폐기(하나의 배아줄기세포주를 얻기 위해 무수한 배아들이 폐기됨), 개체복제로의 가능성 등 여러 윤리적 문제가 뒤따른다. 이러한 윤리적 논란과 비판을 벗어나기 위해 그 대안으로 제시된 것이 바로 성체줄기세포(Adult stem cell)이다. 성체줄기세포는 제대혈(탯줄혈액)이나 다 자란 성인의 골수와 혈액 등에서 추출해낸 것으로, 뼈와 간, 혈액 등 구체적 장기의 세포로 분화하기 직전의 원시 세포이다. 여기에는 조혈모세포(Hematopoietic Stem Cell)와 재생의학의 재료로서 각광을 받고 있는 중간엽줄기세포(Mesenchymal Stem Cell), 신경줄기세포(Neural Stem Cell) 등이 있다. 성체줄기세포에 대한 연구는 배아복제와는 달리 윤리적 논쟁을 피할 수 있지만 분리가 쉽지 않고 이미 분화가 결정돼 있어 다양한 이식을 하는 데 한계가 있다. 특히 암을 유발할 가능성이 대두되는 등 아직까지 배아복제의 대안으로 자리매김 하기는 어려운 상황이다. 본 논문에서는 윤리적 문제가 끊이지 않는 배아복제의 문제만을 다루었을 뿐이다.

정자 난자와 결합하여 나타난 최초의 합성체를 가라라(歌羅邏: kalala)라고 한다. 가라라는 명(命)·식(識)·난(煖)으로 이루어져 있는 의식을 지닌 존재로서 생물학적 측면에서 바라본 인간과 가장 근접하는 생명의 원형체이다.

부모의 탐애심과 사랑의 인연으로 사대(四大) 화합을 이루고 정혈(精血) 두 방울이 합해져 한 방울이 되는데 그것은 콩알만 하며 가라라(kalala)라고 부른다. 이 가라라는 세 가지를 갖추고 있는데 이른바 명, 식, 난이다. 그것은 과거세의 업보(業報)의 과보이므로 짓는 자[作者]도 없고 받는 자[受者]도 없다.[46]

가라라는 명(命: jivita), 식(識: vijñāna), 난(煖: ūṣman)으로 이루어져 있는데, 명이란 수명, 풍도(風道), 입출식(入出息)을 뜻하는 것으로 호흡과 관계되는 것이며, 식이란 인식과 의식상태 등 인간의 인지능력을 의미한다. 그리고 난은 열과 체온을 의미하는 것으로 인간의 생명은 호흡과 의식, 그리고 체온을 갖고 있을 때 가능하다. 즉 이 세 요소가 하나로 된 것이 생명체로서 살아 있는 것이며 반대로 이 셋이 흩어진 상태가 죽음이다.[47] 명, 식, 난이 합체되어 전인격적인 통합체를 형성한 것이 업숙체(業塾體: kamma-vipaka)인데, 여기에는 자신의 모든 업력이 인지되어 있어 자신의 과거와 현재는 물론 미래의 운명을 담지하고 있다.[48] 소위 전인격인 통합체로서의 업숙체는 인간 그 자체라고 할 수는 없지만 인간의 원형이 된다는 점에서 인간과 가장 가까운 최초의 생명체이다. 그런데 주목할 만한 사실은 한 태

---

46) 『大方等大集經』 卷23(『大正藏』 13, 164中). "於父母所生貪愛心. 愛因緣故四大和合. 精血二滴合成一滴. 大如豆子名歌羅羅. 是歌羅羅有三事. 一命二識三煖. 過去世中業報果報. 無有作者及以受者."

47) 玉城康四郎, 『生命とは何か―ブッダをとおーての人間の原像』(東京: 法藏館, 1995), 42~43쪽 참조.

48) 김용정, 「현대 생명과학과 불교의 생명관」, 『전운덕 총무원장 화갑기념―불교학 논총』(단양: 대한불교천태종총본사 구인사, 1999), 962~963쪽.

내에 단지 하나의 중유만이 입태하는 것이 아니라 둘 이상의 중유가 시차를 두고서 입태할 수 있다는 것이다.

중유는 어느 곳으로부터 어머니의 태로 들어가는가? 어떤 이는 "중유는 거리낌이 없으므로 좋아하는 처소에 따라 곧바로 태에 들어간다."라고 말한다. … 그러므로 마땅히 중유가 태에 들어가는 데는 반드시 생문(生門)으로부터이니 이것은 좋아하는 데이기 때문이다. 이런 이치로 말미암아 모든 쌍생아는 뒤에 나는 이가 맏이가 된다.[49] 왜냐하면 먼저 태에 들어간 자가 반드시 뒤에 나오기 때문이다.[50]

위의 내용으로 볼 때 한 태내에 서로 다른 중유가 들어갈 수 있으며, 들어간 순서대로 각각 수태를 할 수가 있다. 다시 말해 최초의 생명체라고 할 수 있는 가라라가 형성되는 입태의 시기는 원시선이 완전히 형성되지 않아 쌍둥이로 될 가능성이 있는 기간이다. 배아 연구 찬성자들이 가장 강력하게 내세우는 논리적인 근거가 바로 이와 같은 수정 후 14일 미만의 배아는 '원시선이 완전하게 형성되지 않아 쌍둥이로 될 가능성'이 있기 때문에 14일 미만의 배아는 하나의 개체(individival)로서 인정할 수 없으며, 따라서 14일 미만의 배아를 연구하거나 그로부터 줄기세포를 추출하는 것은 나쁘지 않다는 것이다. 만약 이와 같은 관점을 견지한다면 불교에 있어서도 쌍

---

49) 실제 과학적(발생 의학적)으로 볼 때 이란성 쌍둥이일 경우 먼저 수정된 맏이가 뒤에 태어난다고 한다. 그래서 미국을 비롯한 일부의 나라에서는 우리와는 달리 맏이 개념이 없다고 한다.(우리의 맏이 개념은 앞서 태어난 자를 先生으로 우대하는 유교 문화의 관점에서 비롯된 것임) 이러한 관점에서 보자면 불교의 생명관(출생관)은 상당히 과학적이라고 할 수 있다.

50) 『阿毘達磨大毘婆沙論』 卷70(『大正藏』 27, 363下). "間中有何處入於母胎. 有作是說. 中有無礙適所樂處而便入胎. … 應作是說 中有入胎必從生門是所受故. 由此理趣諸雙生者後生爲長. 所以者何. 先入胎者必後出故."

둥이로 될 가능성을 갖고 있는 입태의 시기, 즉 14일 미만의 배아줄기세포 연구는 허용될 수 있을 것이다.

'연속적인 과정'이라는 불교의 생명관에 입각할 때, 배아의 존재를 인간 생명과 완전히 분리시켜 생각할 수 없다. 즉 인간이 될 잠재성을 지니고 있기 때문에 줄기세포 연구를 전적으로 찬성할 수도 없는 것이다. 따라서 불교적 관점에서 줄기세포 연구에 대한 문제는 배아 자체의 지위의 문제와 함께 자비의 원칙이 요청된다고 할 수 있다. 왜냐하면 불교에서 자비의 원칙은 모든 생명체의 고통을 해소시켜 안락으로 이끄는 무차별적인 보편적 원칙이기 때문이다.

> 어떠한 생명체라도, (예컨대) 약한 것 혹은 강한 것, 큰 것, 땅딸막한 것 혹은 중간 것, 짧은 것, 작은 것 혹은 큰 것이든지 예외 없이 눈에 보이는 것이거나 혹은 보이지 않는 것이거나, 멀리서 사는 것이거나 혹은 가까이 사는 것이거나, (이미) 태어난 것이거나 혹은 앞으로 태어날 것이거나, 모든 존재들은 부디 행복할지어다.[51]

위의 내용에서도 알 수 있듯이 자비의 대상에는 현상적인 존재만이 아니라 영적인 대상, 그리고 현존하는 것뿐만 아니라 앞으로 태어날 미래의 존재조차도 자비의 대상에 포함된다. 따라서 자비의 원칙 하에서는 지금 현존하는 인간의 생명체도 중요하지만 인간으로 태어날 잠재성을 갖고 있는 배아의 존재 역시 존중되어야 한다. 만약 잠재적 인간으로서의 배아가 아직 인격체로서 받아들이기 힘들고 덜 인간적인 생명이라고 하여 이를 희생하는 것을 정당화한다면 그와 같은 논의의 연장선상에서 임신 후반기 태아

---

51) *Suttanipāta* (London: The Pali Text Society, 1884), 146~147쪽.

를 희생시켜 성인에게 그 장기를 이식하는 것 역시 정당화 할 수 있다. 더 나아가 출생 직후 신생아, 정신지체아, 또는 지적 능력이 낮은 성인마저 인간다움에서 차이가 있다고 확대 해석할 여지도 있다. 그러나 우리는 신생아가 성인보다 덜 인간적이라 하여 신생아의 생명을 성인의 생명과 차별하지 않는다. 또한 임신 후반기의 태아는 벌써 독립된 인격체로서 존중하기 때문에 때로는 임신부의 권리와 경쟁하기도 한다.[52] 그런데 이러한 상황이 다음과 같은 경우에 적용될 때, 과연 어떻게 판단하는 것이 적절한가? 즉, 배아 보호의 자비심과 배아줄기세포 연구를 통해 고통 받는 인간을 구제하고자 하는 자비심이 서로 충돌할 때, 가장 적절한 판단은 무엇일까?

불교 윤리는 연기, 공, 혹은 무아의 실상에 근거한 자비를 행위 원칙으로 제시한다. 모든 판단과 행위의 지침이 연기적 인식에 근거한 자비인 것이다. 그런데 자비가 어느 상황에서나 표출되어야 하는 행위 원칙이기는 하지만, 두 자비가 갈등을 일으키는 서로 다른 두 상황에서는 하나의 자비는 포기될 수 있을 것이다. 또 보다 더 효율적이고, 보다 더 큰 자비의 실천을 위하여, 특정의 상황에서는 (방편적으로) 자비가 보류될 수도 있을 것이다. 요컨대 자비는 보편적 요청이지만, 그 예외적 상황이 허용된다고 생각한다. 이는 불교 윤리가 문제에 대하여 적용의 융통성을 전제한 원칙주의를 수용한다는 것을 의미한다.[53]

---

52) 태아와 임신부의 권리 주장에 있어 가장 문제가 되는 것이 낙태[임신중절]이다. "낙태의 이유는 크게 의학적인 이유, 경제적인 이유, 범죄적인 이유, 우생학적인 이유를 들 수 있지만, 무엇보다도 임신부 자신의 신체는 자신의 것이기 때문에 자신이 의도하지 않은 임신의 경우는 이를 받아들일 수 없다는 것이다. 설령 태아를 생명체로 인정한다 할지라도 모친이 허락하지 않는 한 그 모친의 신체를 사용할 권리가 없으며, 이러한 그 모친의 거부권에 대해 도덕적으로 비난할 수 없다는 것이다." 태아의 생존권과 모친(여성)의 자기결정권의 대립은 아직까지도 윤리적·법률적 논쟁이 되고 있다. 윤종갑, 「한일불교와 생명문화의 전통: 생명윤리를 둘러싼 역사적·문화적 배경」, 《철학논총》 제58집(새한철학회, 2009), 117쪽.

서로 다른 자비심이 갈등할 때는 "보다 더 효율적이고, 보다 더 큰 자비의 실천"이 필요한 것으로 이는 불교의 자비의 원칙이 '융통성을 전제한 원칙주의'를 표방하기 때문이다. 다시 말해 두 자비 가운데 하나를 선택할 때, 다른 하나를 완전히 무시하는 것이 아니라 최대한 고려하면서 보다 효율적이고 보다 자비로운 입장을 수용한다는 것이다. 이는 결국 현실적인 측면(적용의 융통주의)을 고려하면서도 본질적인 측면(원칙주의)을 간과하지 않는 중도주의적인 입장이라고 할 수 있다. 따라서 자비의 원칙 하에서 배아줄기세포 연구의 정당성 여부를 논할 때 다음과 같은 사항이 고려되어야 할 것이다.

　먼저 원칙주의적인 입장에서 배아 자체의 지위는 물론 배아와 인간의 상호 지위에 대한 인식이 필요하다. 다음으로 현실적인 입장에서 어느 쪽을 선택하는 것이 보다 더 효율적인지를 생각하여야 한다. 이 때 효율성의 의미는 단순히 공리주의적인 입장을 지향한다기보다는 어떤 상황에 가장 적합한 최적의 구체적인 해결책을 제시한다는 의미에서이다. 그런데 배아 자체의 지위에 대해서는 앞에서 이미 고찰하였듯이 14일 이전까지는 하나의 인격체(인간)로서 간주할 수 없다는 것이 불교적인 관점이다. 그렇지만 인간이 될 잠재성을 갖고 있다는 측면에서 인간이 전혀 아니라고도 할 수 없다. 이른바 배아는 인간이 될 가능성을 갖고 있는 '잠재적 인간(a potential human being)'[54]인 것이다. 이러한 잠재적 인간으로서 배아와 완전한 인격체로서 인간의 생명 가운데 어느 쪽을 우선시 할 것인가는 자비의 원칙에

---

53) 안옥선, 「응용윤리학 방법론에 대한 동양철학적 접근」, 《범한철학》 제28집(범한철학회, 2003), 146쪽.

54) 여기에서 인간배아를 '잠재적 인간존재'로 본다는 것은 배아가 출생 이후의 인간보다는 낮은 특수한 지위를 갖고 있으나 얼마간의 시기가 지나면 인간으로 자랄 수 있기 때문에 이는 어느 정도의 권리는 인정하면서 인간과 동일한 관점으로 받아들이지는 않는 관점이다. 양해림, 「인간배아복제와 책임의 윤리」, 《범한철학》 (범한철학회, 2002), 205쪽.

어느 쪽이 더 부합하는가 하는 문제이다.

주지하다시피 불교의 생명관은 삼세와 육도가 서로 넘나들 수 있는 윤회론적 세계에 토대하고 있다. 따라서 한 때 축생이었던 존재가 인간이 될 수 있으며 또 인간이었던 존재가 축생이 될 수도 있는 자리바꿈이 가능한 상호 열려진 생명체계를 갖고 있다.[55] 그러한 의미에서 생명을 지닌 모든 존재는 소중하다. 그렇다고 단지 생명을 지닌 존재라고 하여 모든 생명체를 동등하게 취급할 수는 없다. 초기불교에 의하면 "도덕적 탁월성에 따라 동물과 인간은 다르게 대우받아야 하며, 사람 또한 그리해야 한다고 본다."[56] 예컨대 도덕적 구현 정도에 따라 씨앗보다는 식물의 생명이, 식물보다는 동물의 생명이 우선하며 동물보다는 인간의 생명이 존중된다. 또한 같은 인간이라 할지라도 도덕적 인격성이 높을수록 그 생명의 가치는 존귀하다.[57] 이처럼 불교적 생명관은 생명을 지닌 모든 존재는 원칙적으로 평등한 것이지만 각 개체의 도덕적 차이를 반영하여 이에 따라 대우하는 '차등적 평등'을 내세우고 있다.[58] 이때 차등의 의미는 차별을 위한 차등이 아닌

---

55) 불교의 悉有佛性論의 관점에 따르면, 식물과 미생물을 포함한 모든 생물은 원리적으로 평등한 존재로서 상호 소통(자리바꿈)이 가능하다. 다시 말해 三千世界를 구성하는 모든 존재는 원리적으로는 서로 의존적 존재(연기적 존재)로서 동등한 내재적 가치를 갖고 있다. 山本修一, 「環境倫理と佛敎課題(2)」, 《印度學佛敎學硏究》 제48권 제1호(東京: 印度學佛敎學硏究會, 1999), 253쪽; 一島正眞, 「DNAと悉有佛性論」, 《印度學佛敎學硏究》 제47권 제2호 (東京: 印度學佛敎學硏究, 1999), 938쪽.

56) 안옥선, 「업설에 나타난 불교 생명관의 한 특징: 인간과 동물의 평등」, 《철학연구》 제89집(대한철학회, 2004), 256쪽.

57) 이와 마찬가지로 도덕성의 구현 정도에 따라 보시 받아야 할 우선순위가 정해지는데 여래를 최상의 기점으로 하여 최하의 동물에 이르기까지 14가지 등급이 있다. 그런데 비도덕적인 재가자라 할지라도 동물보다는 등급이 더 높다. 이는 아무리 인간이 비도덕적인 행위를 한다고 할지라도 동물보다는 더 나은 행위(도덕)를 한다는 것을 의미한다. *Majjhima-Nikāya*(London: Ⅲ. The Pali Text Society, 1976), 254~255쪽 참조; 안옥선, 위의 논문, 256~257쪽 참조.

58) 안옥선, 위의 논문, 259쪽.

보다 진정한 평등을 실현하기 위한 자비의 원칙에서 비롯된 것이다. 이와 같은 자비의 원칙에 의거할 때 배아에 비해 도덕적·인격적인 구현 정도가 훨씬 높은 인간의 생명이 우선시 되어야 할 것이다.

다음으로 현실적인 효율성의 관점에서 볼 때, 배아 연구로 인해 발생하는 긍정적·부정적 측면을 고려해야 한다. 반대론자들의 주장 가운데 가장 핵심적인 내용은 배아도 완전한 인간 개체이기 때문에 이에 대한 연구는 살인에 해당한다는 것이다. 즉 "지금의 나와 나로 성장한 집합체는 유전적인 연속성을 유지하고 있으며 (동일한 유전자, 유전자 코드를 지니고 있으며), 개체상(numerically) 동일한 존재(one and the same)"[59]라는 것이다. 따라서 지금의 나를 연구 및 치료 목적으로 죽이는 것이 허용될 수 없다면, 같은 목적으로 신생아, 태아, 배아, 접합체를 죽이는 것 역시 허용될 수 없다.[60] 그러나 불교적 관점에서 배아와 인간은 동일한 인격체가 아니다. 따라서 잠재적인 인간(배아)의 고통을 염려하여 현재 불치의 병으로 고통 받으며 죽어가고 있는 완전한 인격체(인간)의 생명을 간과한다는 것은 자비의 원칙에 어긋난다. 실제 배아줄기세포 연구의 찬성론자들이 내세우는 가장 주된 주장 가운데 하나가 "환자의 체세포를 복제해 만드는 방식의 배아 줄기세포는 심장병·파키슨병·척추부상·알츠하이머의 치매환자 등에게 심

---

59) 임종식·구영모, 앞의 책, 125쪽.

60) 임종식·구영모, 앞의 책, 같은 쪽. 하지만 법적인 측면에서 이 견해의 최대의 난점은 인간배아에게 생명권을 인정하게 되면, 논리상 인간 이외의 모든 생명에게 생명권을 인정할 수밖에 없게 되므로, 생명권의 주체범위가 무한정 확대될 수 있다는 점이다. 예컨대 자연환경의 보호를 위해 자연을 법적으로 객체에서 주체로 만드는 논의, 즉 자연에 대해서 권리를 인정하자는 논의가 대표적인 예이다. 이러한 자연의 권리주체성에 대한 논의는 동물의 권리주체성에 대한 논의에서 시작되었다고 할 수 있다. 또한 이러한 논리를 확장하면 수정란이 형성되기 이전의 정자나 난자 역시 생명권을 가질 수밖에 없게 되어 생명권의 주체성과 적용 범위에 대한 새로운 법적 조항이 제정되어야 할 것이다. 홍성방, 「자연의 권리주체성」, 《한림법학 FORUM》 제4권(한림대학교 법학연구소, 1994/1995), 7~29쪽 참조; 황성기, 앞의 논문, 71쪽.

장근육세포·뇌신경조직 등을 이식거부 반응 없이 제공할 수 있어 난치 및 불치병을 해결"할 수 있다는 점이다.[61] 특히 비정상적인 세포분열과 세포분화에 의해 발생하는 것으로 알려진 선천성 기형이나 암과 같은 질환의 치료도 줄기세포 연구를 통해 세포분열과 분화에 관여하는 기전을 이해함으로써 이러한 질병의 정확한 발생 근원을 알 수 있고, 이에 대한 새로운 치료 전략의 수립이 가능해질 것으로 기대된다. 그리고 암 세포주를 이용한 항암제의 개발이나 분화세포를 이용한 신약의 안전성 검사 등 광범위한 분야에 이용될 수 있을 것이다. 그 중에서도 줄기세포가 가장 유용하게 이용될 분야는 세포대체 치료 분야로서, 퇴행성 질환이나 장기손상, 장기부전 등의 수많은 난치성 질환을 앓고 있는 환자의 체내에 이식함으로써 장기이식 치료를 대체할 수 있다.[62]

위에서 살펴보았듯이 자비의 원칙에 의거하여 배아줄기세포 연구의 허용 여부를 판단할 때 원칙주의적 입장[63]뿐만 아니라 현실적인 유용성과 효

---

61) 양해림, 「인간배아복제와 책임윤리」, 《범한철학》 제27집(범한철학회, 2002), 211쪽.

62) 최욱환·장성규, 앞의 논문, 576쪽.

63) 오늘날 생명윤리학에 있어 윤리적 갈등을 최소화 할 수 있는 가장 강력한 방법론으로 '원칙주의 또는 최소한의 전략'을 들고 있다. 원칙주의자들은 이른바 "중간수준(middle level)"에 의거하여 불일치를 최소화할 수 있는 방법을 모색한다. 이때 중간수준이란 보편적인 원리가 아닌 최대한 많은 규범 지지자들이 받아들일 만한 원리를 말한다. 이로써 원칙주의자들은 구체적인 현실에서 윤리적 논쟁을 폭넓게 포용할 수 있는 최소한의 윤리적 논거로서 몇 개의 원칙을 제시하는데, 이 원칙은 특정한 상황에서 금지 또는 요구되는 최소한의 의무만을 규정한다. 그러한 점에서 원칙주의는 최소한의 전략인 셈이다. 원칙주의자의 대표적인 학자는 비첨(Tom L. Beauchamp)과 칠드레스(James F. Childress)인데, 그들이 제시하는 주요 원칙에는 ① 자율성 존중, ② 악행금지, ③ 선행, ④ 정의의 원칙이 있다.[이을상, 「생명윤리(학)의 접근방법과 도덕적 정당화를 위한 규범 이론적 근거의 모색」, 《철학논총》 제46집(새한철학회, 2006), 296쪽; Tom L Beauchamp and James F. Childress, *Principles of Biomedical Ethics*, 4th ed.(New York: Oxford University Press, 1994), 120쪽 이하 참조; R. Munson, *Intervention and Reflection*, 「의료문제의 윤리적 성찰」, 박석건·정유석 외 옮김(단국대학교 출판부, 2001), 122쪽 참조. 이 글에서 제시하고 있는 '자비의 윤리' 역시 이러한 '원칙주의 또는 최소한의 전략'과 근본적인 입장에서는 동일하다.

용성의 입장에서도 이를 찬성하는 것이 타당하다고 할 수 있다. 자비의 원칙에 있어 첫 번째 목적은 중생의 고통을 제거하는 것이다. 그런데 14일 미만의 배아는 중유가 완전히 하강했다고 볼 수 없기 때문에 가라라로 형성되었다고 할 수 없다. 그렇다면 불교에서 인정하는 최초의 생명체는 아직 형성되지 않은 단계이다. 실제 생물학적으로도 배아의 자궁 착상은 대략 수정 후 10일이 지나야 진행되는 과정이며, 14일이 지나면 완전한 착상이 이루어지며 임신의 과정이 진행된다.[64] 다시 말해, 우리가 얻는 줄기세포는 착상되기 이전의 포배 단계에서 얻을 수 있는 것이다. 물론 이 단계에서는 의식이 수반되지 않아 고통을 느낄 수도 없다. 이러한 여러 사실을 고려할 때, 배아복제에 대한 불교적 관점은 배아복제를 적극적으로 찬성하는 것은 아니지만 자비의 원칙에 따라 어떤 상황에서는 배아복제를 허용할 수도 있다는 중도적인 입장[65]을 취한다고 할 수 있다.

5. 배아줄기세포 연구의 의의와 전망

필자는 본 논문에서 줄기세포 연구 및 인간배아복제는 불교의 연기론적인 관점에서 볼 때 선악 문제를 떠나 충분한 그럴 만한 이론적 근거가 있으며, 중생구제와 깨달음의 차원에서도 긍정적인 측면이 있음을 밝히고자 하

---

64) 여성의 생식기 내에서 수정란이 형성된다고 해서 모두 다 착상이 되는 것은 아니다. 예를 들면, 여성의 생식기적 결함이 없고 호르몬의 분비가 적절하여 착상하기 좋은 자궁벽의 상태가 만들어 져 있어야 착상과 임신의 상태가 가능한데 모든 배아의 75~80% 착상하는 데 실패하고 자연적으로 소멸된다고 추측하고 있다. Hyun I., Jung K. W., "Human research cloning, embryos, and embryo-like artifacts", *Hastings Cent Rep.*, Vol. 36(5), 2006, 34~41쪽.

65) 이는 자비의 원칙에 의해 배아를 대상으로 한 연구로부터 얻은 잠재적 이익이 배아의 도덕적 지위에 비해 높을 경우에 한해서 까다로운 규제를 통해 공개적인 연구를 제한적으로 허용할 수 있다는 입장이다. 양해림, 앞의 논문, 205쪽 참조.

였다. 다시 말해 배아복제에 의해 태어난 인간이라 할지라도 그 역시 존엄한 인격성(불성)을 갖춘, 해탈할 수 있는 존재이며 인간으로 인정할 수 없는 14일 이전의 배아를 이용하여 난치병 환자 등을 치료하는 것 역시 중생구제를 위한 자비의 실천 가운데 하나라고 생각한다. 따라서 불교의 관점에서 보자면 굳이 배아줄기세포 연구를 반대할 이유가 없다.

인간의 정체성 문제를 둘러싸고 배아줄기세포 연구에 의한 인간복제를 반대하는 주장이 있다. 예컨대 동일한 인간이 둘 이상 존재할 때 느낄 수 있는 서로간의 정신적·신체적 혼란과 충격이다. 그런데 인간복제는 쌍둥이를 낳는 것과 같다는 의미에서 인간의 정체성 문제는 인간복제를 반대할 결정적인 이유가 되지 못한다. 왜냐하면 똑같은 유전자를 갖고 태어날지라도 그 유전자들이 발현되는 환경에 따라 전혀 다른 인간으로 성장할 것이기 때문이다.[66] 즉 "일란성 쌍둥이 연구는, 동일한 유전적 조성을 가진 사람들이 많은 점에서 닮아 있기는 하지만, 그들이 개별적인 정체성을 잃을 만큼 닮지는 않는다는 사실을 분명히 보여 주고 있다."[67]

인간복제를 반대하는 또 다른 이유로서 '인간 종족의 우생학적이고 인종주의적 선택'을 허용함으로써 평등의 원리에 위배됨을 들고 있다. "그러나 복제가 평등의 원리에 위배된다면 수정란 착상 전 혹은 출산 전에 행해지

---

66) "한 인간의 자아정체성에는 유전적 요소 외에 다른 요소도 작용한다. 사회는 한 인간의 자아정체성이 유전암호로 환원될 수 있다는 주장을 경계해야 한다. 왜냐하면 한 인간으로 하여금 고유한 정체성을 갖도록 만드는 것은 유전적 요소 이상이기 때문이다. 일란성 쌍둥이나 세쌍둥이는 다르게 자라고 또 삶의 경험이 다르기 때문에 결코 동일한 인격체가 아니다." Scott B. Rae and Paul M. Cox, 『생명윤리학』, 김상득 옮김(서울: 살림, 2004), 183~184쪽.

67) 리차드 L. 가드너, 「복제와 개별성」, 힐러러 퍼트남 외, 『유전자 혁명과 생명윤리』, 생물학사상연구회 옮김(서울: 아침이슬, 2004), 66쪽. 예컨대 "이러한 사실은 샴 쌍둥이라는 용어를 처음 사용하게 한 결합 쌍둥이 엥과 창 벙커에 의해 특히 강조되었다. 1811년 타이에서 태어난 이 쌍둥이는 서로 결합된 채 63년을 살았다. 동일한 유전적 조성과 난자를 공유하였지만, 이들은 개성이나 취향 또는 기호가 완전히 달랐다." 리차드 L. 가드너, 앞의 책, 66쪽.

는 이상 유무 검사 역시 그러할 것이며, 난자 공여, 정자 공여, 대리모를 통한 출산, 낙태, 개인의 선호도에 따른 파트너 선택은 말할 것도 없을 것이다. 특정 기술이 악용될 가능성이 존재한다는 사실이 그것을 금지해야 한다는 주장으로 곧바로 귀결될 수는 없다."[68]

그밖에 배아줄기세포 연구를 반대하는 이유는 기형인간의 출생가능성, 난자 채취의 문제점(난자 매매의 불법성과 여성의 상품화), 사회적 합의의 미결정, 배아의 상업적 이용 가능성 등이 있다. 그러나 이러한 문제점은 기술적, 윤리적, 그리고 법적 제도 마련과 개선에 따라 충분히 해결할 수 있는 문제로서 인간배아복제 연구를 폐기해야 할 결정적인 이유가 아니다. "미끄러운 경사 논증이나 배아 공장, 난자와 수정란의 상품화 같은 경고를 하는 사람들이 우려하는 것은 옳지만, 배아줄기세포 연구가 필연적으로 이런 위험에 처하고 말 것이라는 가정은 옳지 않다. 배아줄기세포 연구와 연구용 복제를 허용하되, 규제를 통한 인간 생명 초기의 신비에 적절한 도덕적 제한을 구현해야 할 것이다."[69]

인간복제에 의해 잃어버린 가족(친척)을 되찾을 수 있고 선택적 수정과

---

68) 존 해리슨, 「클론, 유전자 그리고 인권」, 힐러러 퍼트넘 외, 앞의 책, 108쪽.

69) 마이클 샌델, 『생명의 윤리를 말하다』, 강명신 옮김(서울: 동녘, 2010), 178쪽. "인간배아복제 연구를 허용할 것인가 말 것인가 하는 문제에 대해서 크게 세 가지 입장이 있다. 전면적으로 허용해야 한다는 입장, 전면적 금지의 입장 그리고 제한적 허용의 입장이다. 배아를 단순한 세포 덩어리로 본다면 배아를 대상으로 하는 연구는 전면적으로 허용된다. 피터 싱어가 이 입장을 취하고 있다. 전면적 금지의 입장은 두 가지로 나누어지는데, 하나는 종교적, 특히 기독교적 관점으로서 배아는 완전한 인간이기에 인간배아복제연구는 금지되어야 한다는 입장과, 비종교적 관점에서 인간배아복제연구를 금지해야 한다는 입장이 있다. 하버마스가 이 경우에 속한다. 그리고 배아를 잠재적 인간으로 보는 입장에서는 인간배아복제 연구는 제한적으로 허용될 수 있다고 생각한다."[문성학·정창록, 「인간배아복제연구의 도덕적 논쟁」, 《철학논총》 제62집(새한철학회, 2010), 85쪽] 이러한 제한적 허용을 지지하고 있는 대표적인 학자는 마이클 샌델이다. 불교 역시 마이크 샌델과 마찬가지로 엄격한 제재 하에서 제한적 허용을 인정하고 있다는 것이 필자가 이 글에서 밝히고자 하는 핵심 내용이다.

불임치료가 가능하다. 특히 해탈을 이루지 못한 중생들에겐 다시 한 번 깨달음을 얻을 수 있는 기회를 제공할 수 있다. 인간복제는 윤회를 지속시킨다는 점에서는 분명 악이지만 깨달음의 기회를 제공한다는 입장에서는 선이 된다. 그러므로 인간배아복제 자체만으로 선과 악을 나눌 수 없다. 선악의 문제는 인간배아복제를 연구하는 과학자, 복제인간, 그리고 사회 구성원들이 실제 인간배아복제 연구의 결과 어떠한 영향을 받게 되는가 하는 점과 긴밀한 연관을 맺고 있다. 불교에서는 일방적인 영향력만을 인정하는 업을 불공업(不共業), 다면적 영향력을 인정하는 업을 공업(共業)으로 분류하는데 인간생명의 문제는 수많은 유전적인 요인과 사회적 요인이 결합한 불공업과 공업의 소산으로서 개인뿐만 아니라 사회전체의 윤리적인 책임을 필요로 한다.[70] 따라서 인류 공동의 차원에서 인간배아복제에 대한 논의와 해결책이 제시되어야 할 것이다.

---

70) 특히 과학자와 의사 등 공공에 대한 책임이 강한 전문직 종사자들의 도덕적 행위와 윤리적 책임은 그 개인의 문제로서 끝나는 것이 아니라 공동체 전체에 영향을 미치는 대표적인 공업(共業)을 행사하는 분류이다. 따라서 공공을 담당하는 사람들에게는 전문적인 능력뿐만 아니라 공익을 실현할 수 있는 품성이 요구된다. 이종왕, 「과학연구의 윤리적 기초」, 《철학논총》 제51집(새한철학회, 2008), 232쪽.

| 참고문헌 |

『雜阿含經』卷2 (『大正藏』2).

『雜阿含經』卷3 (『大正藏』2).

『雜阿含經』卷45 (『大正藏』2).

『增壹阿含經』卷51 (『大正藏』2).

『大方等大集經』卷23 (『大正藏』13).

『解深密經』卷1 (『大正藏』16).

『大方廣覺圓修多羅了義經』(『大正藏』17).

『阿毘達磨發智論』卷19 (『大正藏』26).

『阿毘達磨大毘婆沙論』卷70 (『大正藏』27)

Majjhima-Nikāya, Ill, The Pali Text Society, London, 1976.

Suttanipāta, The Pali Text Society, London, 1884.

구인회, 「인간배아 연구와 관련된 윤리적 문제점들」, 《한국의료윤리교육》 제9권 1호(통권 제15호), 한국의료윤리교육학회, 2006.

김성철, 「생명공학에 대한 불교윤리적 조망」, 《불교문화연구》 제3집, 불교문화사회연구원, 2002.

김용정, 「현대 생명과학과 불교의 생명관」, 《전운덕 총무원장 화갑기념─불교학 논총》, 대한불교천태종총본사 구인사, 단양, 1999.

문성학 · 정창록, 「인간배아복제연구의 도덕적 논쟁」, 《철학논총》 제62집, 새한철학회, 2010.

서 경, 「착상 전 배아의 도덕적 지위」, 《대한산부회지》 제51권 제3호, 대한산부인과학회, 2008.

안옥선, 「불교윤리의 현대적 이해」, 불교시대사, 서울, 2002.

안옥선, 「초기불교에서 본 무아의 윤회」, 《불교평론》 제20호, 서울, 2004 가을.

안옥선, 「응용윤리학 방법론에 대한 동양철학적 접근」, 《범한철학》 제28집, 범한철학회, 2003.

양해림, 「인간배아복제와 책임의 윤리」, 《범한철학》 제27집, 범한철학회, 2002.

윤종갑, 「한일불교와 생명문화의 전통: 생명윤리를 둘러싼 역사적 · 문화적 배경」, 《철학논총》 제58집, 새한철학회, 2009.

윤종갑, 「인간배아복제에 대한 불교적 관점 ─연기설과 무아설을 중심으로─」, 《한국불교학》 41집, 한국불교학회, 2005.

이상목 외, 「한국인의 죽음관과 생명관」, 세종출판사, 부산, 2005.

이을상, 「생명윤리(학)의 접근방법과 도덕적 정당화를 위한 규범 이론적 근거의 모색」, 《철학논총》 제46집, 새한철학회, 2006.

임종식 · 구인회, 「삶과 죽음의 철학」, 아카넷, 서울, 2003.

이종왕, 「과학연구의 윤리적 기초」, 《철학논총》 제51집, 새한철학회, 2008.

정승석, 「생명복제에 대한 불교적 반성」, 《동서철학연구》 제30호, 한국동서철학회, 2003.

조명수·오선경·이학섭, 「배아줄기세포의 대안으로써 전분화능유도줄기세포의 활용 가능성 및 한계점」, 《인구의학연구논집》 제22권, 서울대학교 인구의학연구소, 2009.

조수동, 「대승불교의 복지사상」, 《철학논총》 제63집, 새한철학회, 2011.

최성준·유소영·김해원, 「전분화능 줄기세포의 재생의학적 응용」, 《생화학분자생물학회소식》 9월호, 생화학분자생물학회, 2011.

최욱환·장성규, 「줄기세포 치료의 연구 현황 및 최신 지견」, 《대한산부회지》 제50권 제4호, 대한산부인과학회, 2007.

최정규, 「인간복제와 불교교리는 모순되는가」, 《불교평론》 제4호, 2000 가을.

최은경·김수연·김옥주, 「줄기세포 연구자의 연구 윤리 일반에 관한 인식 및 실천」, 《생명윤리》 제9권 제2호(통권 제18호), 한국생명윤리학회, 2008.

황성기, 「생명권의 현재 그리고 미래」, 이인영 외, 『생명인권보호를 위한 법정책』, 삼우사, 서울, 2004.

홍성방, 「자연의 권리주체성」, 《한림법학 FORUM》 제4권, 한림대학교 법학연구소, 1994/1995.

武村政春, 「生命世界における'複製'の諸相」, 《東京理科大學紀要》 43, 東京理科大學教養科, 2010.

小島一晃 외, 「原始佛教における緣起說の硏究」, 《印度學佛教學硏究》 23-1, 印度學佛教學硏究會, 1982.

山本修一, 「環境倫理と佛教課題(2)」, 《印度學佛教學硏究》 제48권 제1호, 印度學佛教學硏究會, 東京, 1999.

一島正眞, 「DNAと悉有佛性論」, 《印度學佛教學硏究》 제47권 제2호, 印度學佛教學硏究會, 東京, 1999.

玉城康四郎, 『生命とは何か―ブッダをとおーての人間の原像』, 法藏館, 東京, 1995.

Amos Shapira, "Biomedical Law: The Aims and Limits of Regulating Biomedical Science and Technology," in Cosimo Marco Mazzoni(ed.), *Ethics and Law in Biological Research*, Kluwer Law Intermational, 2002.,

데미언 키온, 허남결 옮김, 『불교와 생명윤리학』, 불교시대사, 서울, 2000.

Evans, M. J., and Kaufman, M. H., "Establishment in culture of pluripotential cells from mouse embryos", *Nature* 292, 1981.

리차드 L. 가드너, 「복제와 개별성」, 힐러러 퍼트남 외, 『유전자 혁명과 생명윤리』, 아침이슬, 서울, 2004.

Lanza R, Gearhart J, Hogan B, Melton D, Pedersen R, Thomson J, el al. "Handbook of

Stem Cells", Vol I, Elsevier Academic Press, MA, USA, 2004.

마이클 샌델, 강명신 옮김, 『생명의 윤리를 말하다』, 동녘, 서울, 2010.

Hyun I., Jung K. W., "Human research cloning, embryos, and embryo-like artifacts", *Hastings Cent Rep.*, Vol. 36(5), 2006.

R. Munson, *Intervention and Reflection*, 박석건 · 정유석 외 옮김, 『의료문제의 윤리적 성찰』, 단국대학교출판부, 서울, 2001.

Scott B. Rae and Paul M. Cox, 김상득 옮김, 『생명윤리학』, 살림, 서울, 2004.

Takakusu, Junjiro, *The Essential of Buddhist Philosophy*, Asia Publishing House, Bombay, 1956.

Tom L Beauchamp and James F. Childress, *Principles of Biomedical Ethics*, 4th ed., Oxford University Press, New York, 1994.

T.W. Rhys Davids and William Stede, *Pali-English Dictionar*, The Pali Text Society, London, 1986.

| 윤종갑 |

부산대학교 철학과를 졸업하고 동 대학원에서 박사학위를 받았으며, 일본 도쿄대학에서 박사후과정을 마쳤다. 현재 동아대학교 생명의료윤리연구소 연구교수로 있다. 저서로는 『공과 실재 그리고 깨달음』, 『한국불교사상의 특질』, 『한국인의 생명관과 배아복제윤리』(공저) 등이 있고, 『중관사상』, 『불교철학 입문』, 『일본도덕사상사』(공역) 등의 역서와 「한일불교와 생명문화의 전통: 생명윤리를 둘러싼 역사적 · 문화적 전통」, 「불교의 사생관과 생명윤리: 사신과 자기결정권을 중심으로」, 「한용운의 근대 인식과 서양철학 이해」 등 다수의 논문이 있다.

08
동학에서 본 줄기세포 연구

| 박문현 |

동의대 철학과

1. 머리말

2005년 5월에 서울대 황우석 교수팀은 최초로 환자의 배아줄기세포 배양에 성공하여 전 세계의 주목을 끌었다. 그뿐 아니라 또 체세포 복제를 통해 탄생시킨 세계 최초의 복제 개 '스너피'가 미국 시사주간지 《타임》에 의해 2005년도의 가장 놀라운 발명품으로 선정되기도 했다. 그러나 배아를 인간생명체로 간주하는 천주교와 기독교계에서는 연구과정에서 폐기된 배아뿐 아니라 줄기세포를 얻어낸 배아도 결국은 죽게 되므로 배아줄기세포 배양은 명백한 살인행위라고 비난했다. 그러면서 천주교에서는 배아줄기세포 연구를 대신하여 생명윤리의 문제를 피해갈 수 있는 생체줄기세포 연구를 지원하겠다고 발표했다. 천주교에 이어 서울시에서도 2005년 10월 향후 5년 동안 195억이라는 거액을 투자해 '공공제대혈 은행 및 성체줄기세포 연구센터'를 조성해 성체줄기세포 연구에 본격적으로 나섰다.

이와 같이 줄기세포 연구가 인류의 건강에 희망을 줄 것으로 기대하던 중에 문제가 생겼다. 황우석 교수팀의 연구 가치가 흔들리고 도덕성이 의심받는 일이 벌어진 것이다. 2004년 1월부터 황 교수와 줄기세포 공동연구를 해온 미국의 생명공학자 제럴드 섀튼 피츠버그대 교수가 난자 채취 과정에서의 비윤리성을 거론하며 황 교수팀과의 결별을 선언했다. 드디어 2005년 11월 21일 황 교수팀의 공동연구자였던 병원 이사장에 의해 2003년 황 교수팀이 줄기세포를 연구하는 과정에서 20여 명의 여성으로부터 난자를 제공받았으며 그 중 상당수의 제공자에게 보상금을 지급한 사실이 드러났다. 또 연구에 참여한 여성 연구원에게서도 난자를 기증받았다는 것이다.

배아줄기세포를 비롯한 성체줄기세포와 인공장기, 혹은 질병모델동물은 인간의 질병을 치료하는 데 엄청난 가능성을 내포하고 있으며 많은 나라가 그 기술의 실용화를 위해 노력하고 있다. 그러나 이러한 기술은 잠재적 유용성에도 불구하고 심각한 윤리적 문제를 갖고 있다. 인간생명을 경시하고 생명을 도구화한다는 비판에 직면할 수 있는 것이다.

여기서 우리는 생명이란 무엇이며 생명윤리는 어떻게 정립되어야 하는가를 다시 한 번 생각해야 한다. 생명윤리에 대한 해법은 각 나라의 고유한 전통과 문화적 맥락에 비추어 찾아봐야 할 것이다. 이 논문에서는 우리의 민족 종교라 할 수 있는 동학을 통해 그 생명관을 고찰하고 동학의 교리와 철학을 오늘의 줄기세포 연구에 조명해보고자 한다. 이러한 작업은 작으나마 한국의 생명윤리 정립에 도움을 주고 우리나라 생명공학이 나아길 길을 찾는 데 지침이 될 것으로 기대한다.

2. 생명의 의미

생명이란 무엇인가? 간단하게는 모든 생물에 존재하는 속성을 생명이라 말하기도 하지만 '정의할 수 없는 것이 생명이다.'라고 말할 만큼 생명에 대한 명쾌한 정의는 찾아보기 어렵다. 먼저 생명의 양태가 다양하듯 생명을 보는 관점도 각각 다르다.[1] 과학적 정의로는 생물학적 개념을 통한 정의와 물리화학적 개념을 통한 정의가 있다. 생물학적 개념을 통한 정의에는 생명이 지닌 특징적 활동이라 할 수 있는 각종 생리작용을 나열하고 이러한 작용을 지닌 대상을 생명체라고 규정하는 생리적 정의, 신진대사가 생명의 가장 본질적 특징이라고 일컫는 대사적 정의, 생명의 본질적 특성을 한 개체가 자신과 닮은 또 하나의 개체를 만들어내는 특성을 지닌 존재로 규정하는 유전적 정의가 있다. 그리고 생명의 특성을 나타내는 가장 기본적인 물질 형태가 유전적 정보를 함축하고 있는 핵산 분자들, 즉 DNA분자들과 생물체 내의 화학적 반응들을 조절하는 효소분자들을 기능적으로 함유하는 체계를 생명체로 보는 입장이 생화학적 정의이며, 생명을 자유에너지 출입이 가능한 하나의 열린 체계로 보아 특정된 물리적 조건의 형성에 의하여 낮은 엔트로피, 즉 높은 질서를 지속적으로 유지해 나가는 특성을 지닌 존재로 규정하는 것이 열역학적 정의이다.[2]

철학적 관점에서 보면, 고대 그리스에서는 플라톤이 동식물의 질료 속에

1) 인간은 언제부터 인간이 되며, 어떤 조건을 갖추어야 비로소 인간이 되는가 하는 물음은 논리적으로도 선결요건이 충족되지 못하는 모순된 물음이다. 인간생명은 발생 순간, 즉 수정 순간부터 시작되어 사멸할 때까지 연속선상에서 고려되어야 한다. 다시 말해서 인간의 삶과 죽음은 어떤 확정된 분기점에서 분리될 수 없는 것이다. 인간의 생명은 다른 동물의 생명처럼 생물학적인 관점에서만 고찰될 수 있는 것이 아니며, 사회적·문화적·윤리적·종교적 관점에서도 종합적으로 고려될 수밖에 없는 문제이다. 진교훈, 「생명윤리학과 철학적 인간학—생명윤리학의 기초로서의 인간의 존엄성—」, 『자유의 빛·행복에의 염원』(신지서원, 2005), 378~379쪽.

2) 장회익, 『삶과 온생명』(솔, 1998), 168~171쪽 참조.

영혼이 들어옴으로써 생명이 발생하는 것으로 생명을 이해했다. 또 아리스토텔레스는 생명현상은 영혼이 몸과 결합했을 때 생긴다는 목적론적인 생명체론을 주장했다. 근세에 와서 데카르트는 생명현상을 기계론적으로 설명하며 생명현상은 자연 속에 있는 여러 자동기계들의 물리적 구조의 결과로서 나타나는 물리적 사태라고 했다. 그는 물질을 연장된 실체로 보고 정신을 사유하는 실체로 이원화시킴으로써 정신의 세계를 물질로부터 정화(淨化)시켰다. 또한 무엇보다도 정신을 영혼, 그리고 사유와 동일선상에서 보고 인간만이 영혼을 가지고 있다고 함으로써, 아리스토텔레스적 생명이해에 따라 전통적으로 받아들여지고 있던 동식물의 영혼을 부정하였다.

19세기 중엽에 생물학에서 출현한 다윈의 생물진화론은 생명현상을 보편적으로 관찰하고 체계화시켰으며, 그 여파는 서양의 생명사상사에서 지배적인 역할을 해왔던 플라톤주의와 아리스토텔레스주의를 무너뜨렸다. 목적론적인 세계관을 배제한 다윈의 진화론에 의해 생명은 공허하고 어떠한 위로도 받을 수 없는 것이 되었다. 다윈의 진화론은 생철학에 영향을 주었다. 생철학자인 베르그손에 따르면 모든 생명은 물질의 저항을 뚫고 진화하고 비상하려는 창조적이고 역동적인 충동 에너지를 갖고 있는데 이 힘이 엘랑 비탈(생명에 대한 충동)이다. 개체생명체뿐만 아니라 살아 있는 우주도 그 속에 내재하는 엘랑 비탈의 힘에 따라 창조적으로 진화하고 전개된다는 것이다.[3]

한스 요나스(Hans Jonas, 1903~1993)는 현상학적으로 생명현상들을 사태 자체에서부터 출발하여, 생명의 내면성의 특성을 변증법적인 자유, 초월, 살려고 애쓰는 자기목적, 죽음과의 투쟁 등으로 기술한다. 그는 생명현상을 현상학적으로 기술하는 데 그치지 않고, 현상학의 한계선상에서 더

---

3) 한정선, 『생명에서 종교로』(철학과 현실사, 2003), 138~144쪽 참조.

나아가 형이상학을 포기하지 않으며, 윤리학을 향한 지평까지 열어놓는다. 그는 모든 생명은 살려고 애쓰고 초월하는 자기목적을 가진 존재이고, 바로 이러한 사태 자체가 모든 생명의 가치를 세워주는 존재론적인 공리와 같은 것이라고 이해했다. 즉 모든 생명체가 살려고 애쓴다는 사태 자체가 그 생명체들을 그 자체로서 가치 있는 것으로 만든다는 것이다.[4]

기독교에서는 생명을 신이 주신 선물로서 이해하며, 생명의 신비를 경외에서 발견한다. 기독교의 창조설은 생명은 자연적·기계적 인과론에 의해 탄생하는 것이 아니라 실물체가 없는 허무(non-being)의 개념에서 신의 자유의지에 의해서 창조되는 것이라고 한다. 이것은 신의 의지에 의한 창조주의와 인간중심주의를 포괄하는 생명관이다.

중국 고전에서 보면 '생(生)'과 '명(命)'은 처음에는 따로 사용되었다. '生' 자는 은대(殷代)의 복사(卜辭)에 처음 나타났는데 그 본래의 의미는 초목이 생겨 나오는 것이다. 서주(西周)에 와서는 '生'이 '생명(生命)'의 의미를 갖기 시작했다. '命'은 '령(令)'자에서 온 것인데 그 용법도 '令' 자와 같이 호령을 발하는 의미이다. '命' 자는 나오자마자 곧바로 '천(天)'과 연관을 맺게 된다. '명'과 '천'이 관계를 맺게 된 데서 중국 고대의 중요한 사상이 비롯된다. '명'은 '천'이 부여한 것이고, 인간은 이와 같은 '명'을 받아들일 뿐 스스로 자주성은 없다. 주대(周代)의 '명'은 복(福)·록(祿)·수(壽)와 관계가 있기에 수명, 운명이라는 말이 생긴 것이다.

춘추시대의 사람들은 '명'과 '생', '사(死)'를 연계해서 쓰게 되고, 이에 따라 '명'은 '생명', '성명(性命)'의 의미를 갖게 되었다. 이때 사람들은 이미 생명은 곧 자연천(自然天)이 만들어낸 것이며 생명의 발생 혹은 사망은 천부(天賦)의 운명에 의해 결정되는 것으로 생각했다. 선진유가(先秦儒家)의

---

4) 같은 책, 172~173쪽.

전적에는 인간의 생명이 나고 죽는 것이나 부귀빈천은 모두 천명·운명과 관계 있다고 보았다. 예를 들어 『논어』에서는 '사생유명(死生有命) 부귀재천(富貴在天)'이라고 했는데, 곧 유가에서 보는 생명의 기원은 '천', '명', 혹은 '천명'에서 주어지는 것이고, 인간의 힘으로는 어떻게 할 수 없는 것이라 하여 일종의 종교적 색채를 띠고 있다. 그러나 『역전(易傳)』에서는 생명의 연원을 주재적인 천명에 두지 않고 우주 내의 근원적인 힘인 건(乾)과 곤(坤)에서 찾고 있다. 생명이 있는 모든 것들은 건과 곤이 화합하여 생기게 되므로 인간에게도 남과 여의 구별이 있게 된 것이다.[5] 『역전』에 따라 생명의 본원을 우주 자체의 작용에 따른 것으로 이해하는 유가의 생명관은 이때부터 이성주의의 노선을 가기 시작한 것이다.

유가와 마찬가지로 도가의 생명관도 이성주의의 특징을 가지고 있다. 그러나 유가와 달리 도가의 생명본원관은 본체론적인 면으로 한층 올라갔다. 유가가 현실적 문제에 치중하여 현존의 인류세계를 사고의 대상으로 설정하여 인간과 인간의 관계 문제를 해결하는 데 이론의 중심을 둔 데 비해, 도가는 초현실적이고 형이상적인 문제에 치중하여 사물의 현존상태를 고찰하고 나아가 현존 사물의 궁극적인 근원과 근거를 추구하였다. 우주와 인류와 만물의 시원을 추구하는 데 이론의 중심을 두고 인간과 자연의 관계문제를 해결하려 한 것이다. 요컨대 도가는 생명의 궁극적 근원은 도(道)이며 생명존재가 직접 의거하려는 것은 덕(德)이라는 것이다. 그러므로 도가의 생명본원관과 본체관의 기본내용은 그 도덕론에서 드러난다.[6]

근대과학은 생물을 지나치게 유형적인 관점에서 조명했다. 생명현상을 나타내는 유기체로서의 접근이 미약했던 것이다. 생물 자체의 구성은 유형적인 생체구성물뿐만 아니라 무형적인 요소들과 함께 어우러진 집합체이

---

5) "乾道成男, 坤道成女", 「계사전상」, 『易傳』.

6) 李霞, 『生死知慧─道家生命觀研究』(北京: 人民出版社, 2004), 69~71쪽 참조.

다. 하나의 형태적인 개념만을 가지고 생물의 구성과 생명현상을 해석하는 자체가 이미 생물을 유기체로 보는 것이 아니라 구성물의 부분 개념으로 보기 시작했다는 것이다. 총체적으로 볼 때 생명은 유형과 무형의 상보적인 조화체이다.[7] 생명을 유기체로 파악하는 관점은 동양철학적 접근방식을 요청하는 것으로 이해되는 것이 현실이기에[8] 이러한 관점에서 동학의 생명관을 살펴보자.

3. 동학의 생명관

동학의 우주관은 인간과 동식물계를 통틀어서 우주만물을 살아 있는 것으로 보고, 모든 것은 개별적으로 떨어져 있는 것이 아니라 온전히 하나의 통일체로 살아 있는 것이라 보았다. 수운(水雲) 최제우(崔濟愚, 1824~1864)는 지기(至氣)를 이렇게 설명한다.

'지(至)'라는 것은 지극함을 일컫는 말이요, '기(氣)'라는 것은 허령창창(虛靈蒼蒼)하여 어떤 일에도 간섭하지 아니함이 없고 일마다 명령하지 아니함이 없다. 그러나 모양이 있는 것 같으나 형상화하기 어렵고 들리는 듯하나 보기는 어려우니, 이것은 또한 혼원(渾元)한 한 기운이다. '금지(今至)'라는 것은 이에 입도하여 그 기가 접하는 것을 안다는 것이다.[9]

---

7) 이대식, 「생학자가 보는 생명」, 『과학사상』(1993년 겨울), 96쪽.
8) 윤찬원, 「태평경에 나타난 생명관」, 『도교와 생명사상』, 도교문화연구 제12집(국학자료원, 1998), 101쪽.
9) 「論學文」, 『東經大全』.

여기서 기가 허령창창하다는 것은 기운이 영묘하고 왕성하다는 것으로 만물이 개별적으로 분화되기 이전의 우주의 본체는 물질도 아니고 영적인 것도 아닌 허즉기(虛卽氣), 기즉허(氣卽虛)로 본 것이다. 즉 천지의 근본은 지기의 전 능력으로 발생 진화하여 현상계에서는 안으로는 영적인 것이 되고 밖으로는 물질적인 것이 되는 두 방면으로 진화한다. 또 "어떤 일에도 간섭하지 아니함이 없다."는 것은 우주 안에 개별적으로 흩어져 존재하는 모든 것은 일체가 지기 본체에서 비롯된 것이라는 의미이며, "모양이 있는 것 같으나 형상화하기 어렵고 들리는 듯하나 보기는 어렵다."는 것은 그것을 개별적으로 떼어서는 도저히 그 원리를 알아볼 수 없다는 것이다.[10] 앞에서 본 바와 같이 과학에서는 생명을 생식과 복제능력이 있는 생명체에 한정하고 기독교에서는 신의 힘을 생명으로 이해하지만, 동학에서는 만물의 존재 근거를 전체적으로 아울러 한울생명으로 본다. 따라서 개체생명과 전체생명은 모두 한 생명으로 관계하며 상호 결합되어 생성되고 성장하며 소멸하는 것으로 본다. 장회익이 말하는 온생명은 동학의 한울생명과 궤를 같이하는 것으로 볼 수 있다.[11]

---

10) 이원호, 「동학의 인간관과 현대 교육적 의미」, 『한국의 전통교육사상』(한국정신문화연구원, 1983), 230쪽 참조.

11) 장회익은 생명이란 "우주 내에 형성되는 지속적 자유에너지의 흐름을 바탕으로 기존질서의 일부 국소질서가 이와 흡사한 새로운 국소질서 형성의 계기를 이루어, 그 복제 생성률이 1을 넘어서면서 일련의 연계적 국소질서가 형성 지속되어 나가게 되는 하나의 유기적 체계"라고 규정한다. 따라서 기존의 생명개념과 다름을 이렇게 말한다. "기존의 생명개념은 대체로 하나하나의 개별 생명체들을 접하는 가운데 이들이 지닌 공통점을 추상하여 얻은 것임에 반하여 이는 지구상에 나타난 생명현상을 그 연원과 더불어 여타 물리현상과 구분되는 결정적인 특성을 파악함으로써 도출해낸 것이다. 그러므로 이러한 생명개념은 그 내포에서뿐 아니라 그 외연에서도 기존의 생명개념과 상당한 차이를 가질 수 있다. 여기서는 이 개념을 기존의 생명개념과 구분하여 '온생명'이라 부르기로 한다." 이렇게 정의된 온생명이 기존의 생명개념과 구분되는 가장 중요한 차이는 지구상에 나타난 전체 생명현상을 하나하나의 개별적 생명체로 구분하지 않고 그 자체를 하나의 전일적 실체로 인정한다는 사실이다.(장회익, 앞의 책, 178~180쪽)

그러나 온생명론은 생명을 개체생명과 전체생명으로 구분하고 개체생명이 총체적인 단일화에 관련되는 한에서만 그 정당한 존재성이 인정된다는 점을 탁월하게 정리하고자 했지만 생명 안에 내재된 특성에 대해서는 소홀했다는 한계를 갖는다. 동학의 생명관은 전통사상의 천지인적 생명이해를 기반으로 출발하여 유불도는 물론이고 민간신앙의 고유사상에서 발견되는 생명관을 흡수하고, 다시 19세기 말 서학의 생명에 대한 공격적 태도를 경계하면서 새로운 생명적 세계관을 제시했다.[12] 그래서 백세명(白世明)은 "나는 개체생명이요, 한울님은 본체생명이니만큼 본체와 개체의 관계는 마치 물과 고기의 관계와 같아서 털끝만 한 간격도 있을 수 없는 동시에 일 초 동안도 서로 분리가 될 수 없는 것이다."[13]라고 하였다.

한울은 생명의 근원이기에 최고의 가치를 지니며 존중의 대상이 된다. 한울이 생명을 내고 거두는 주체임을 수운은 다음과 같이 말한다.

천생만민(天生萬民)하였으니 필수기직(必授其職)할 것이오. 명내재천(命乃在天)하였으니 죽을 염려 왜 있으며 한울님이 사람 낼 때 녹(祿)없이는 아니내네.[14]

한울이 백성을 낳고 부모와 같이 먹여주고 입혀주는 존재일 뿐만 아니라 마침내는 생명을 거두어가기도 한다는 것이다. 더욱이 해월(海月) 최시형(崔時亨, 1827~1898)은 "부모가 나를 낳고 기르지만 자연적으로 성장하는

---

12) 노영필, 「동학의 생명사상연구」(전남대 철학박사 학위논문, 2003), 47~48쪽.

13) 白世明, 『東學經典解義』(한국사상연구소, 1963), 81쪽. 白世明은 『同歸一體』를 수운이 우주만물을 一體로 보는 사고방식으로 해석하고 동학사상은 一體原理에서 출발하고 있다고 말한다. 또 그는 人乃天을 神人一體, 個全一體의 원리로 본다. 「한국사상의 유래와 장래」, 『한국사상』 강좌 3(고구려문화사, 1960), 37~78쪽 참조.

14) 「교훈가」, 『용담유사』.

것은 천지의 조화(造化)요, 천지가 나를 화생(化生)하고 성장하게 하지만 천명(天命)을 받아 가르치고 기르는 것은 부모의 은덕이니, 천지가 아니면 나를 화생함이 없고, 부모가 아니면 나를 양육함이 없는 것이다. …… 한울님이 간섭하지 않으면 고요한 물건 덩어리니 이것을 죽었다고 하는 것이요, 한울님이 항상 간섭하면 지혜로운 한 영물(靈物)이니 이것을 살았다고 말하는 것이다. 사람의 일동일정(一動一靜)이 어찌 한울님의 시키는 바가 아니겠는가"[15]라고 말한다. 즉 한울이 인간의 생사를 주관할 뿐만 아니라 하나하나의 행동에도 관여하지 않는 바가 없다는 것이다.

그러므로 한울은 인간에게 가장 소중할 뿐만 아니라 공경과 경외의 대상이기도 하다. 그래서 동학은 한울에 대해 경(敬)을 강조한다. 경은 인간이 이 세상에 태어나 이 세상을 만나 살 때에 이 세상에 대하여 반응하는 적극성을 띤 근본적 인간반응이다. 경의 사상은 신앙과 비슷한 것이다. 특히 신앙이 신념으로만 구성된 것이 아니고, 실존적 태도라면 이 태도는 경의 태도에 접근한다. 실존적 태도로서의 신앙은 우리들에게 주어진 세계, 인간 존재의 특수한 상황과 같은 것을 받아들이는 동시에 신념에 의하여 가지게 된 이상과 행동을 위하여 결단하여 행동하게 한다. 이런 의미에서 신앙은 경의 태도를 가지고 있다. 경의 태도를 가질 때 생명에 대한 경외로 말미암은 생명과 세계를 긍정하는 태도를 가지게 된다. 만약 사람이 자기의 살려는 의지를 긍정하면 정직하고 자연스러운 행동을 하게 된다. 생명을 긍정하는 것은 생명의 진실한 가치를 실현하기 위해 존경심을 가지고 자기의 생명을 위해 자신을 바치는 것을 말한다. 곧 생명을 긍정하는 것은 생명을 심화시키고 내면화시키는 것이며, 살려는 의지를 드높이는 것이다. 경은 존재의 경이를 가져오며, 존재 자체에 대한 경외성을 갖게 하므로 이

---

15) 「道訣」, 『海月神師法說』.

에 대한 숭배와 존경을 자아낸다. 그뿐만 아니라 이런 정신적 자세는 우리로 하여금 기쁨과 감사의 생을 갖도록 해주는 것이다.[16]

수운은 이렇게 말한다.

　그 말 저 말 다 던지고 한울님을 공경하면 아동방(我東邦) 3년 괴질 죽을 염려 있을쏘냐 …… 성지우성(誠之又誠) 공경해서 한울님만 생각하소.[17]

한울을 공경하면 약 없이도 병을 낫게 할 수 있지만 만약 한울을 공경하지 않으면 벌을 받게 된다. 이것은 부모를 거역하는 것보다 더 큰 잘못이기에 사나운 범이나 긴 칼, 벼락보다 더 무섭고 두려운 벌을 받게 된다.[18]

해월은 생명을 존중하기 위한 열 가지 계율을 내놓는다. ① 한울님을 속이지 말라. ② 한울님을 거만하게 대하지 말라. ③ 한울님을 상하게 하지 말라. ④ 한울님을 어지럽게 하지 말라. ⑤ 한울님을 일찍 죽게 하지 말라. ⑥ 한울님을 더럽히지 말라. ⑦ 한울님을 주리게 하지 말라. ⑧ 한울님을 허물어지게 하지 말라. ⑨ 한울님을 싫어하게 하지 말라. ⑩ 한울님을 굴하게 하지 말라.

여기서의 한울님은 단지 한울님일 뿐만 아니라 우리의 마음일 수도 있고 인간이라 할 수도 있다. 하지만 한울님을 생명이라고 본다면 이 열 가지 계율은 생명존중의 적합한 계율이다. 그러면 사람이 한울님을 공경하지 않는 까닭은 무엇인가? 수운은 이렇게 말한다.

죽음에 다다르면 한울님을 부르는 것이 사람들의 공통된 심정이다. 사

---

16) 김하태, 『동서철학의 만남』(종로서적, 1985), 133~134쪽 참조.

17) 「권학가」, 『용담유사』.

18) 「守心正氣」, 『해월신사법설』.

람의 수명은 한울에 달렸다느니 한울이 백성을 내었다느니 하는 말은 옛 성인들이 하신 말씀으로 지금까지도 길이 남아 있다. 그러나 그런 것 같기도 하고 그렇지 않는 것 같기도 하여 뚜렷이 알 수 없기 때문이다.[19]

    사람들이 한울님을 공경하지 않는 까닭은 한울님을 명확하게 모르기 때문이다. 그러나 최제우는 자기의 가르침을 믿음을 가지고 체득하게 되면 자연스럽게 한울님을 공경하게 된다고 한다. 인간이 한 생명을 모시는 존재자라는 사실을 알기만 하면 한울님에 대해 공경하지 않을 수 없다. 그래서 "공경할 바를 알지 못하면 잠시도 우러러 사모함을 게을리 하지 말라."[20]고 말하는 것이다. 즉 믿음을 가져야 제대로 알게 되고 명확히 알게 되면 공경하게 된다. 이렇게 보면 동학의 생명윤리가 주장하는 도덕적 실천은 일상생활에서는 생명에 대한 존엄성과 외경심을 잃지 않은 채 행위해야 한다는 정언적 명령인 것이다.[21]

4. 줄기세포 연구와 생명윤리

    오늘날 우리가 살고 있는 이 시대는 과학과 의료기술의 발달로 인해 인간이 생명과 죽음을 조작할 수 있는 시대이다. 그러나 이러한 생명과학기술이 인간의 삶에 희망을 주고 병고에 시달리는 사람들을 건강하게 할 수도 있지만, 자칫하면 인간의 존엄성을 해치고 인간생명에 치명타를 가할 수도 있다. 과학과 기술의 연구과정 중에는 신체와 생명에 대한 가늠하기

---

19) 「논학문」, 『동경대전』.
20) 「전팔절」, 『동경대전』.
21) 노영필, 앞의 논문, 97쪽.

어려운 위험이 도사리고 있기에 생명윤리에 관한 진지한 논의가 절실하다. 아무리 좋은 목적을 위한 것일지라도 그것만으로 모든 수단이 정당화될 수는 없으므로 윤리적인 검토가 필요한 것이다. 특히 배아복제나 안락사 등의 문제는 충분하고 신중한 검토를 거쳐 그 목적에 타당성이 있다고 인정하는 특수한 경우에만 일반인에게 제한적으로 허용해야 할 것이다.[22]

인간배아줄기세포를 포함한 성체줄기세포와 인공장기, 혹은 질병모델동물은 인간의 질병을 치료하는 데 많은 가능성을 가지고 있지만 가볍게 볼 수 없는 심각한 윤리적인 문제들을 내포한다. 근본적으로 인간이 될 수 있는 잠재력을 가진 인간배아를 줄기세포를 만드는 데 사용할 수 있다는 점에서, 이는 인간생명을 경시하고 생명을 도구화한다는 비판에 직면할 수 있다. 아울러 이 과정에서 제작된 인간배아를 모체의 자궁에 이식하면 태아, 즉 인간개체로 발생할 수 있는 가능성을 지녔기에 1997년 복제양 돌리의 탄생 이래로 촉발된 복제인간 탄생에 대한 우려를 불러일으킨다.

그러면 최근 논란이 되고 있는 줄기세포 연구의 쟁점은 무엇인가? 핵이 제거된 난자에 체세포로부터 분리된 핵을 주입하는 체세포이식 방법으로 인간의 배아를 만들어낼 수 있는데, 그 행위에 대해 '신 노릇'이라며 우려하는 소리가 끊이지 않고 있다. 그럼에도 불구하고 생명공학자들이 배아복제에 집착하는 이유는 만들어진 줄기세포를 이용해 수많은 난치병을 치료할 수 있기 때문이다. 그렇지만 먼저 복제된 배아를 자궁에 착상시켜 복제인간을 탄생시킬 수 있다는 것과, 배아를 파괴시키지 않고는 줄기세포를 얻을 수 없다는 사실에 주목해야 한다. 특히 배아가 인간개체라면 배아를 파괴하는 행위는 결코 허용될 수 없다고 보아야 한다. 배아복제의 목적이 질병치료라는 선한 데 있다고 하더라도 그것이 곧 배아를 파괴하는 데 대한

---

22) 임종식, 구인회, 『삶과 죽음의 철학』(아카넷, 2003), 10쪽.

변명은 될 수 없다. 반면 배아가 인간개체가 아닌 세포덩어리에 불과하다면 난치병으로 고통 받고 있는 환자들을 생각할 때 배아복제를 반대할 만한 논리가 희박하다. 이와 같이 배아복제 논쟁의 핵심은 배아가 생명권을 지닌 인간개체인지의 문제로 귀착된다.[23]

배아줄기세포 연구 반대론자들은 접합체 시점부터 완전한 하나의 인격체이기에 인간개체인 배아를 무수히 폐기할 수밖에 없는 배아연구는 허용될 수 없다는 것이다. 이에 대해 배아줄기세포 연구 찬성론자들은 발생학적으로 볼 때 접합체 시점부터 14일까지는 신체기관이 형성되지 않은 단순한 세포덩어리에 불과하기에 배아줄기세포 연구를 찬성한다.

배아복제의 기술이 인간복제의 기술로 이어진다면 불임부부에게 자녀를 가질 수 있게 할 뿐 아니라 난치병으로 고생하는 수많은 사람들에게 희망을 줄 수 있을 것이다. 그러나 "인간복제는 방법상으로는 가장 냉혹하고 목적상으로는 가장 비열한 유전자 조작의 형태이다. 그것의 목표는 유전 형질을 임의로 변형시키는 것이 아니라, 자연의 지배적인 방법과는 달리 유전 형질을 임의로 균일하게 고정시키는 것"이라고 한스 요나스가 말한 것처럼 인간복제는 생물학적 측면이나 인격적 측면에서 인간 생식의 기원에 있는 구조적 상관성과 상호 보완성을 근본적으로 조작하는 것이다. 곧 복제배아를 만들기 위한 과정에서 필연적으로 드러나는 것은 인간 생식의 고유한 의미가 바뀐다는 것이다. 부모가 아닌 다른 누군가의 손에 의해 실험실에서 생산되는 복제인간에게서 산업생산의 논리, 곧 늘 새로운 실험을 통해 새로운 모델로서의 상품을 개발 생산한다는 논리를 발견하게 된다. 여기서 우리는 복제된 인간의 존엄성의 문제를 제기할 수 있다. 인간의 존엄성은 인격적 주체성에서 드러나고, 그 구체적인 표현으로서 인간은 유일

23) 같은 책, 91~92쪽.

무이하고 반복될 수 없는 존재로 드러난다. 그러나 그러한 인간 자신이 다른 사람에 의해 조작당하고 프로그래밍된다면 인간의 근본 개념은 필연적으로 변화될 수밖에 없다. 인간을 복제하여 치료용 의약품을 개발하고 부족한 장기를 원활히 공급한다는 발상 자체가 인간을 도구화하는 일이며, 인간의 존엄성 자체를 거부하는 행위이다.[24]

최근 우리나라에서는 서울대 황우석 교수가 인간배아복제 연구에서 세계가 놀랄 만한 큰 성과를 얻었다. 그러나 천주교와 기독교계에서는 배아줄기세포 연구에 반대하고 있다. 기독교계에서는 2005년 10월 '줄기세포 연구에 대한 한국교회의 입장'을 주제로 세미나를 갖고 배아줄기세포 연구 반대 입장을 결정했다. 한국기독교총연합회가 배아줄기세포 연구에 반대하는 이유는 '배아도 인간생명'이기 때문이다. 이승구 교수는 "예수께서 인성을 취하신 시점은 마리아가 성령의 능력으로 남자와 전혀 관계없이 수태하게 되었을 때이다."고 말했다. 기독교계에서는 연구과정에서 폐기되는 배아는 물론, 줄기세포를 얻어낸 배아도 결국에는 죽이는 것이므로 명백한 살인일 뿐만 아니라 환자의 생명연장을 위해 다른 생명을 죽이는 것을 당연히 여기는 이기적 세태가 우려된다고 했다.[25]

배아도 인간생명이라는 이유 때문에 그동안 일관되게 배아줄기세포 연구를 반대해온 천주교 측은 2005년 10월 5일 성체줄기세포 연구에 100억 원을 내놓기로 했다. 2005년 6월 정진석 대주교가 "배아줄기세포는 살인과도 같은 인간배아 파괴를 전제로 하는 행위이기 때문에 명백히 반대한다."는 성명을 발표했고, 7월에는 김수환 추기경도 반대의사를 확실히 했다. 따라서 천주교의 100억 원 지원 결정은 그동안 배아줄기세포 연구를 반대

---

24) 이동익, 「가톨릭교회의 입장에서 본 인간복제」, 최재천 엮음, 『과학·종교·윤리의 대화』 (궁리, 2001), 305~306쪽.

25) 《조선일보》, 2005년 10월 13일자, A23면.

해온 입장에서 한걸음 더 나아가 그 대안격인 성체줄기세포 연구를 지원하 겠다는 뜻이다. 성체줄기세포 치료법은 환자의 골수나 신생아의 탯줄 혈액 에 존재하는 줄기세포를 뽑아 이를 실험실에서 분화·증식시킨 뒤 환자에 게 이식하는 방법이다. 내 몸속의 줄기세포로 나를 치료하는 개념으로, 배 아가 아닌 다 자란 인체조직에서 세포를 얻기 때문에 성체줄기세포라 부른 다. 천주교의 연구비 지원은 이 치료법이 인간복제나 배아 희생 등의 생명 윤리적인 논란을 비켜가면서 '황우석 방식'의 대안이 될 수 있다는 기대에 서 나왔다. 배아연구에 부정적인 입장을 갖고 있는 조지 부시 미국 연방정 부도 2005년 200억 달러를 성체줄기세포 연구에 지원할 방침을 세웠다. 그 러나 배아줄기세포는 인체 모든 세포를 허용하기 때문에 치료활용도가 무 궁무진하지만 성체줄기세포는 몸속에 소량만 존재하기 때문에 치료에 필 요한 충분한 양을 얻기가 어렵다는 점과 타인의 세포를 이용할 경우 면역 거부반응이 일어날 수 있다는 점이 극복해야 할 과제이다.[26]

줄기세포는 유연성을 가진다. 신경줄기세포가 신경세포만 만들어내는 것은 아니며 조혈줄기세포가 혈액만 만들어내는 것이 아니다. 조혈모세포 는 혈액뿐만 아니라 신경세포, 간체포, 근육세포 등을 만들어낼 수 있기 때 문에 유연하다는 것이다. 이런 줄기세포들 중 하나의 개체를 만들어낼 수 있는 줄기세포가 배아줄기 세포이고, 기관이나 조직, 즉 간, 근육 등을 재 생시키거나 만들어낼 수 있는 세포가 성체줄기세포이다. 지금까지 배아줄 기세포 연구에 대한 윤리적 문제점들은 생명윤리학적 관점에서 심각하게 논의되었으나 성체줄기세포 연구에 대해서는 윤리적 논의가 그다지 일어나 지 않았다. 그러나 성체줄기세포 연구의 성격과 내용이 구체적으로 규명될 수록 생명윤리학적 논란이 일어날 수밖에 없다.

---

26) 《조선일보》, 2005년 10월 6일자, A3면.

줄기세포는 인체의 여러 곳에 함유되어 있지만 특히 골수에 많다. 골수이식을 위해서는 기증자의 엉덩이뼈에서 골수를 다량 채취해야 한다. 많게는 1,200cc정도로 연속 채취하게 된다.[27] 이때 윤리적 문제들이 야기된다. 더욱이 소아골수이식을 하게 될 경우는 윤리적 문제가 심각하게 된다. 5~7세의 어린이가 그의 가족에게 골수를 이식해주는 경우를 생각해보자. 어린이는 자신의 상황을 전혀 이해하지 못하는 상태에서 골수가 채취되고 기증될 것이다. 이런 행위가 윤리적으로 정당화될 수 있을지에 관해서는 몹시 회의적이라 할 수 있다.[28]

가장 미묘한 윤리적 문제는 죽은 태아조직의 사용이다. 태아는 생식과정에서 가장 가까운 상황에 있고, 어린이로부터 얻는 줄기세포보다 더욱 효과적인 줄기세포를 제공할 가능성이 있다. 그러나 아직까지는 연구 혹은 치료 목적으로 태아를 유산시킬 수 있는 근거는 없다. 그러므로 임상연구에 사용될 태아의 줄기세포는 자연유산이나 인공유산된 태아에게서 얻는다. 태아의 지위는 결정하기가 더 까다롭고 어려운데 이는 유산문제와 직결되기 때문이다. 여기서 연구대상이 된 태아는 모체 밖으로 나온, 즉 사후의 태아이다. 그러나 우리나라에서는 태아의 지위에 대한 법적 조항이 거의 없고 연구 혹은 태아로부터 성체줄기 세포 응용에 관한 적정한 규정도 없는 것이 문제이다.[29] 따라서 어떤 조건 하에서 어떻게 태아가 임상연구와 성체줄기세포용으로 활용될 수 있는지에 대한 원칙이 수립되어야 할

---

27) 골수 채취는 국소마취와 안정이 필요하고 경우에 따라서는 기증자에게 상당한 스트레스를 주는 침습적(invasive) 시술이다. 또 성체줄기세포는 혈액이나 골수에서와 마찬가지로 감염가능성 등의 관리 문제가 발생할 수 있다. 이것은 AIDS에 감염된 혈액이 유통되는 사고가 일어나는 것과 유사한 문제이다. 박은정 외, 『줄기세포 연구의 윤리와 법정책』(이화여자대학교출판부, 2004), 23쪽.

28) 이상목 외, 『한국인의 생명관과 배아복제윤리』(동아대학교 석당전통문화연구원, 2005), 276~277쪽 참조.

29) 박은정 외, 『줄기세포 연구의 윤리와 법정책』(이화여자대학교 출판부, 2004), 166~168쪽.

것이다.

과학은 생명현상의 특성을 설명할 수는 있어도 생명 그 자체가 무엇인지 설명하기는 곤란하다. 따라서 생명을 다루는 학문은 생명을 기능적이고 기술적으로만 다루어서는 안 된다. 생명의 본질은 깊고 넓은 것이어서 어떤 특정한 관점에서만 다룰 수도 없고 다루어서도 안 되는 근본적인 것이다. 생명윤리야말로 생명의 현상을 넘어서 생명의 본질에 접근하여 모든 생명체의 존양(尊養)과 균형, 생명의 존엄성과 정체성 문제를 규명할 수 있다. 따라서 생명의 자연지성(自然之性)을 온전히 지키기 위한 방도, 수단으로서 생명윤리의 방향이 모색되어야 한다.[30]

기독교와 천주교에 이어 불교계까지 각각 교계의 의견을 모아 배아줄기세포 연구에 대한 입장을 밝히고 있는 데 비해, 천도교는 아직까지 뚜렷한 입장을 표명하지 않고 있다.[31] 이제 동학 혹은 천도교의 사상은 배아줄기세포 연구에 어떤 반응을 보일 것인가를 생각해보아야 할 것이다.

5. 동학의 생명윤리와 줄기세포 연구

동학에서는 어디서부터 생명이라 하며 그 생명은 어느 정도까지 이용 가능한 것인가? 인간개체 형성의 단계에서 어디서부터를 인간생명이라고 할 수 있을까에 대해서 오문환은 "성체줄기세포도 한울님을 모셨지만 좀 하급이고, 난자에 체세포를 결합한 배아줄기세포는 인간으로 발전할 가능성이 높으니까 더 중요하기는 하지만, 난자와 정자가 정상적으로 수정된 수정란과는 또 질적으로 차이가 있다. 천도교 입장에서 보면 모두 시천주(侍

---

30) 노영필, 앞의 논문, 70쪽.

天主)이고 다 중요하다. 그렇지만 중요하기 때문에 모두 보호해야 한다면 우리가 먹고 마시고 숨 쉬는 것까지 문제가 된다. 고기도 살아 있던 것을 잡은 것이고 식물도 모두 생명이 있던 것이니까. 그러니까 똑같이 생명이지만 어느 선에서는 한계를 지어야 한다."고 말한다.[31] 이천식천(以天食天)의 이론에 따라 음식을 먹으면 음식의 입장에서는 죽는 것이지만 사람의 세포로 태어나기도 하고 에너지가 되기도 하여 큰 쓰임을 통해서 한울을 키우는 것이다. 그러므로 배아줄기세포도 불치병 때문에 죽는 사람에게 더 좋게 쓰이고 윤리적으로 가치 있는 일에 쓰일 수도 있다는 것이다.[32] 그는 김승복이 해설한 해월의 말을 다음과 같이 인용한다. 즉 한울님 기운이 질(質, 물질)에 응해서 체(體)를 형성하는 것은 포태될 때이다. 포태될 때, 다시 말해서 정자와 난자가 수정되어 하나의 독립된 체를 형성해나갈 때 한울님이 1차 강령하는데 이를 외유기화(外有氣化)라 본다. 그리고 태아가 어머니 자궁에서 나와서 태를 끊고 호흡을 시작할 때 한울님께서 두 번째로 강림하는데, 이때 한울님 마음이 터진다는 것이다. 이는 사람뿐만 아니라 우주에 존재하는 모든 존재들이 다 그렇다고 한다. 두 번째 강령이 되어야 생명이 탄생한다. 그런데 사람은 거기에 더해서 세 번째 강령이 되어야 한

---

31) 불교계에서는 황우석교수의 배아줄기세포 연구를 지지하고 있다. 불교 조계종에서는 2004년 황교수에게 '자랑스런 불자상'을 수여하는 등 그의 연구에 호의적인 반응을 보여오다가 2005년 12월 3일 총무원장 지관스님이 조계사에서 열린 "불교 생명윤리정립을 위한 공개심포지엄"에서 배아줄기세포 연구에 대한 지지의사를 표명했다. 그러나 대부분의 불교학자들은 찬성론자와 반대론자의 중간적 입장을 취하고 있다. "인간배아를 '잠재적 인간(a potential human being)'으로 보는 관점이다. 출생이후의 인간보다는 낮은 특수한 지위를 갖고 있으나 얼마간의 시기가 지나면 인간으로 자랄 수 있기 때문에 이는 어느 정도의 권리는 인정하면서도 인간과 동일한 관점으로 받아들이지 않는 관점이다. 이는 배아를 대상으로 한 연구로부터 얻은 잠재적 이익이 배아의 도덕적 지위에 비해 높을 경우에 한해서 까다로운 규제를 통해 공개적인 연구를 제한적으로 허용할 수 있다고 주장하는 양극단의 중간입장을 취한다. (이상목 외, 앞의 책, 162쪽.)

32) 《新人間》, 2005년 9월, 40~41쪽.

다. 그것은 주문을 통해서 이루어지는 강령이다. 한울님 기운과 한울님의 마음을 가지고 태어난 개체가 자의식적으로 노력하여 개체의 껍질을 깨고 한울님과 하나가 되는데, 이를 각지불이(各知不移)라 한다. 그러므로 맨 마지막 단계까지 되어야 사람이라고 말할 수 있다는 것이다.[33]

해월은 『내수도문』에서 "육축이라도 다 아끼며, 생순을 꺾지 말며, 어린 자식도 한울님을 모셨으니 치지 말고 욕하지 말고 화순할 것이니 이것이 한울님을 공경하는 것"이라고 했다. 이것은 모든 사람과 만물이 한울님을 모시고 있다는 시천주사상에 입각하여 사람과 자연을 한울로서 공경하라는 것이다. 시천주사상에 의하면 배아줄기세포도 생명으로서 보호를 받아야 한다. 또 육축과 나무까지 아끼라는 경물(敬物)사상은 수운의 시천주를 만물에 확대한 것이다. 우주에 가득 찬 것이 일기(一氣)이고 모든 것이 살아 있는 기로 이루어졌다면 만물에 생명, 즉 한울님이 내재되어 있으니 물물천(物物天)이고 따라서 모든 물건을 공경하지 않을 수 없는 것이다. 해월은 만물을 공경하되 부모님께 효성을 바치듯 극진히 할 것을 당부하였다.

천지는 곧 부모요 부모는 곧 천지니, 천지부모는 일체니라. 부모의 포태가 곧 천지의 포태니 지금 사람들은 다만 부모 포태의 이치만 알고 천지 포태의 이치와 기운을 알지 못하느니라… '존칭하여 부모와 더불어 같이 섬긴다.'는 것은 옛 성인이 밝히지 못한 일이요. 수운 대선생님께서 비로소 창명하신 큰 도이니라.[34]

해월은 또 만물을 그를 낳아준 부모를 공경하듯 섬기면 살생을 금하지 않아도 자연히 금해질 것으로 말한다.[35] 그러므로 살생의 우려가 있는 배

---

33) 《新人間》, 2005년 9월, 41~42쪽.

34) 「천지부모」, 『해월신사법설』.

아줄기세포 연구는 허용될 수 없다는 것이다. 배아는 인간생명체가 아니기에 이천식천(以天食天)의 사상에 따라 배아줄기세포 연구를 긍정적으로 보는 것은 잘못이다. 정자와 난자가 수정되어 하나의 독립된 체를 형성할 때를 포태라고 하는데, 이때 새 생명이 시작되며 한울님이 1차 강령하는 외유기화의 단계이다. 이 포태를 배아라고 보면 배아를 인간생명으로 보는 게 천도교의 교리이다. 해월이 「内則」에서 말한 포태부터 부인들이 지켜야 할 사항을 살펴보자.

> 포태하거던 육종(肉種)을 먹지 말며 해어(海魚)도 먹지 말며 논의 우렁도 먹지 말며, 거렁의 가재도 먹지 말며, 고기냄새도 맡지 말며, 물론 아무 고기라도 먹으면 그 고기 기운을 따라 사람이 나면 모질고 탁하니, 일삭이 되거든 기운 자리에 앉지 말며, 잘 때에 반듯이 자고, 모로 눕지 말며, 김치와 채소와 떡이라도 기울게 썰어 먹지 말며, 위태로운 데 다니지 말며, 남의 말 하지 말며, 담 무너진 데로 다니지 말며, 지름길도 다니지 말며, 성내지 말며, 무거운 것 들지 말며, 무거운 것 이지 말며, 가벼운 것이라도 무거운 듯이 들며, 방아 찧을 때에 너무 되게도 찧지 말며, 급하게도 먹지 말며, 너무 찬 음식도 먹지 말며, 너무 뜨거운 음식도 먹지 말며, 기대앉지 말며, 비껴 서지 말며, 남의 눈을 속이지 말라. 이 같이 아니하면 사람이 나서 요사(妖死)도 하고 횡사도 하고 조사(早死)도 하고 병신도 되나니, 이 여러 가지 경계하신 말씀을 잊지 말고 이 같이 십삭을 공경하고 믿어하고 조심하면 사람이 나서 체도도 바르고 총명도 하고 지국과 재기(才技)가 옳게 날 것이니 부디 그리 알고 각별 조심하옵소서. 이대로만 시행하시면 문왕 같은 성인과 공자 같은 성인을 낳을 것이니 그리 알고 수도를 지성으로 하옵소서.[36)]

---

35) 「대인접물」, 『해월신사법설』.

여기서 우리는 해월이 포태의 순간부터 태교를 하는 것이 중요함을 강조하고 있음을 볼 수 있다. 동학은 포태의 시기를 한울님을 마음속에 모시는 데 있어 외유기화하는 때로 보며, 이때부터 인간존재로 보기에 정성을 다해 태교를 해야 한다고 했다. 해월의 태교이론에 따르면 배아도 인격체이며 존중되어야 할 존재이기에 배아줄기세포 연구는 천도교에서 마땅히 반대해야 할 것이다. 반대해야 할 가장 큰 이유는 인간은 그 자체로 목적이지 수단이 되어서는 안 되기 때문이다. 인간배아 역시 인간이기 때문에 인간을 상품처럼 취급해서는 안 될 뿐더러, 인간의 건강과 생명을 위한다는 구실로 인간배아를 희생시킬 수 없기 때문이다. 인간생명의 시작에 관한 문제는 생명복제 기술의 윤리적 쟁점에서 가장 중요하게 다루어야 할 문제이다. 인간복제 기술은 인간으로서의 유전적 특성을 온전하게 포함하고 있는 인간배아를 만들어내는 것이고, 이렇게 만들어진 인간으로서의 인간배아는 필연적으로 소모품으로 전락되므로 그에 따르는 윤리적 문제는 매우 심각하다.[37]

그러면 천주교에서 배아줄기세포 연구는 반대하고 성체줄기세포 연구는 지원한다고 발표한 것과 관련하여 전통적인 천도교에서는 성체줄기세포 연구에 대해서 어떤 입장을 가질까? 인간배아 복제기술을 이용한 생명공학 분야의 연구와 실험이 윤리적 논쟁을 일으키고 비난을 받고 있는 이 시기에 인간배아가 아닌 탯줄 혈액이라든가 골수조직에서 성체줄기세포를 추출할 수 있다는 가능성이 국내외에서 잇달아 발표되고 있다. 이러한 방법은 배아줄기세포가 가져다줄 수 있는 유용성이라든가 안전성의 차원을 더 폭넓게 제공하면서 이상적인 줄기세포의 공급원이 될 수 있다고 한다. 천주교에서는 인간배아복제에 대한 대안으로 태반과 탯줄을 이용한 연구

---

36) 「內則」, 『해월신사법설』.

37) 이동익, 앞의 논문, 306쪽.

를 지지하면서 2001년 1월 1일 로마 성심대학의 부속연구소인 태반은행을 출범시켰다.[38] 천도교의 전통적인 생명관에 비춰보면 성체줄기세포도 한울님을 모신 인간신체이기에 이것을 추출하여 이용한다는 것은 용인할 수 없다. 성체줄기세포의 이식이 많은 질병을 치료할 수 있다 하더라도 골수나 제대혈을 추출하는 것 자체가 인위적이며 무위이화(無爲而化)의 자연법칙에 어긋나는 것이다.

동학에서는 한울님이 인간과 사물의 생사(生死)와 화복(禍福)을 주관하는 전능자이다.

대저 생령(生靈) 초목군생 사생재천(死生在天) 아닐런가 …… 한울님께 명복받아 부귀자는 공경(公卿)이오 빈천자는 백성이라[39]

한울님은 음양오행으로써 만민을 화생하고 오곡을 장양(長養)한, 즉 사람은 곧 오행의 가장 **빼어난** 기운이다.[40] 한울님이 인간을 내었기에[41] 한울님의 도를 배반하고 뜻을 어기면 한울님이 내리는 벌을 받게 된다. 죽음이란 한울님이 간섭하지 않는 것이요 삶이란 한울님이 항상 간섭하는 상태이다. 그러므로 한울님만 공경한다면 3년 괴질에도 죽을 염려가 없다.[42]

수운은 종교적 체험을 통해 포덕하는 두 가지 길, 즉 영부(靈符)와 주문(呪文)을 받았다. 수운이 "서교(西敎)로써 사람들을 가르치려고 하십니까?"라는 물음에 한울님은 "그렇지 않다. 나는 영부를 가지고 있는데 그 이름

---

38) 같은 논문, 310쪽.

39) 「안심가」, 『용담유사』.

40) 「도결」, 『해월신사법설』.

41) 그러나 한울과 사람의 관계는 창조주와 피조물의 상대적 관계가 아니라 전체에 대한 개체요, 大我에 대한 小我이다. 한울이란 전체 속에서 無爲而化로 化生한 것이 한울의 진화이다.

42) 「권학가」, 『용담유사』.

은 선약(仙藥)이고 그 모양은 태극과 같기도 하고 궁궁(弓弓)과 같기도 하다. 나로부터 이 영부를 받아 사람들을 질병으로부터 구해주고 나로부터 주문을 받아 사람들을 가르쳐서 나를 위하게 하여라. 그러면 너도 장생(長生)하여 천하에 포덕할 것이다."[43]라고 대답하였다. 먹으면 불로장생(不老長生)하는 선약은 놀라운 효험을 가진 부적인데 이것을 가지고 질병을 치료할 수 있을 뿐만 아니라 지상(地上)의 신선(神仙)도 될 수 있다는 것이다. 수운이 말하기를 "나도 그 말씀에 따라 그 영부를 받았다. 이것을 종이에 써서 먹어 보았더니 몸이 윤택해지고 병이 나았다. 비로소 이것이 선약임을 알게 되었다. 이것을 다른 사람들의 병에 써보았더니 어떤 사람은 낫고 어떤 사람은 낫지 않았다. 그러므로 그 까닭을 알 수 없었다. 그렇게 되는 원인을 잘 살펴보니 정성을 다하여 지극히 한울님을 위하는 사람은 번번이 효력이 있고 도덕에 따르지 않는 사람은 모조리 효력이 없었다."[44]는 것이다. 수운은 병을 낫게 하는 것은 영부 그 자체의 물질적인 것이 아니고 영부를 받는 사람의 한울님을 위한 정성과 공경이 중요하다는 것이다. 수운이 가르치는 종교는 한울님을 마음으로 믿고 정성을 드리는 것이다. 믿음이 앞서야만 정성이 이루어진다. 가장 믿을 만한 말은 '시천주'라는 수운의 말이다. 한울님을 믿고, 공경하고, 정성들이는 것이 교인의 참된 길이라고 가르친다. 이렇게 하면 놀라운 일들이 일어난다. 훌륭한 글씨를 쓸 수도 있고, 허물을 뉘우치고 재물에 대한 욕심을 버릴 수도 있으며, 용모가 신선같이 변할 수도 있고 오래된 병이 저절로 낫게도 된다는 것이다.[45] 한울님의 가르침을 받아 그 뜻을 실현하기 위해서는 인간의 주체적 자세를 요구하고 있다. 수운은 초월신이며 조화주인 한울님을 상정하고, 이에 대해 인간은

---

43) 「布德文」, 『동경대전』.

44) 「布德文」, 『동경대전』.

45) 「修德文」, 『동경대전』.

현실의 한계상황을 극복하기 위해 그 절대적 힘을 청원한다. 여기에 한울님은 지기의 형태로 현현하여 인간에게 기(氣)로써 접응하고 인간은 이것을 정성된 자세로 모셔서 그 자신의 몸에 기화(氣化)를 가져오며, 마음으로 한울님의 신령스러운 가르침을 받는 데서 이상적인 합일을 이룩하게 된다.[46]

줄기세포 연구의 성과가 생명의 질서를 교란시키면서 난치병을 치료하기 위해 노력하는 것이라면 동학은 성(誠)과 경(敬)의 마음 공부를 통해 병을 낫게 하고 장생(長生)케 할 수 있다는 것이다.[47]

성·경 二字 지켜내어 한울님을 공경하면 自兒時 있던 身病 勿藥自效 아닐런가 家中 次第 우환없어 일년 삼백 육십일을 一朝같이 지내가니 天佑神助 아닐런가[48]

동학이 배아줄기세포 연구나 성체줄기세포 연구를 부정적으로 본다면 약 없이도 저절로 병이 낫는(勿藥自效) 종교적 수행으로 병을 낫게 하고 건강을 유지하며 나아가서 장생할 수도 있을 것이다.

6. 맺음말

건강하게 오래 살기를 바라는 것이 오늘날 대부분의 사람들의 현실적인 소망이다. 건강하게 오래 살기 위한 갖가지 방법들이 지금 우리 사회의 큰 흐름으로 하나의 문화를 형성하고 있고, 웰빙이라는 삶의 한 양식은 상업적인 부추김과 결합하여 유행상품이 되고 있다. 몸과 마음을 통하여 행복

---

46) 최동희·이경원, 『새로 쓰는 동학』(집문당, 2003), 89~90쪽.

을 추구하는 웰빙문화는 생명의 가치를 존중하고 건강증진을 위한 과학기술의 발달을 촉진한다. 더욱이 생명과학은 인류의 한계상황을 넓혀나가는 이 시대의 총아로 사람들은 그 기술의 괄목할 만한 성과를 간절히 기다리고 있다. 지금까지 자연의 섭리에 맡겨두었던 생명의 수태와 출산, 수명의 연장과 죽음의 과정에 적극 개입하기 시작한 것이 생명공학이다.

그런데 인간의 편리함과 풍요로움을 위해 개발된 과학기술이 장자(莊子)의 우화 '혼돈의 죽음'에서 경고하듯 우리의 '자연성'을 죽이고 드디어는 인류를 파멸로 몰아갈지도 모른다는 두려움에 떨게 하는 아이러니를 빚고 있다. 생명의 질서를 위협하는 다양한 신기술의 개발 중 대표적인 것이 유전자 조작 기술, 생명복제 기술 등이다.

앞에서 우리는 불임이나 난치병을 치료할 수 있을 것으로 기대되는 줄기세포 연구에 대하여 그 생명윤리적 문제들을 살펴봤다. 2005년 1월부터 시행되는 '생명윤리 및 안전에 관한 법률'에서 수정 후 14일 이내의 배아는 인간생명체로 보지 않기에 실험이 가능하다는 규정은 성급한 제정이다. 최근 화제가 되고 있는 줄기세포 연구에 필요한 난자가 어떻게 확보되었는지에 대한 논란도 진지하게 윤리적 검토를 하지 않았기 때문에 발생한 중대한 실수이다. 이것은 인간의 신체를 물질적으로 파악하는 서구의 기계론적인 사고에 기인한다.

동학에서는 인간뿐만 아니라 만물을 존중받아야 할 생명체로 본다. 인간이 곧 한울님이기에 인간을 받들고 모시지 않을 수 없는 것이다. 한울님

---

47) 오문환은 "황우석교수가 아픈 세포나 장기를 교체할 수 있는 과학기술을 발견했다면 천도교는 아픈 마음이나 나쁜 버릇을 고칠 수 있는 마음공부 방법을 발견했다는 것이다"고 말하면서 "천도교의 마음공부법이 황우석교수의 연구보다 뛰어난 점은 병든 세포를 교체하지 않고 呪文에 깃들어 있는 우주기운을 이용하여 세포를 바꿀 수 있다는 것이다. 결국 마음으로 세포를 건강하게 할 수 있다는 것이 천도교"라고 말한다.(《신인간》, 2005년 9월, 46~47쪽)
48) 「권학가」, 『용담유사』.

의 뜻에 따라 수심(守心)하고 정기(正氣)한다면 병이 낫는 것은 물론이고 장생할 수 있다고 가르친다. 또 수정, 즉 포태 당시부터 인간존재로 보기 때문에 배아줄기세포 연구는 인정될 수 없다. 성체줄기세포 연구 역시 한울님을 모신 인체를 훼손할 가능성이 짙으므로 부정되어야 한다.

그러나 인류의 생명을 보전하고 건강한 미래를 열어나가기 위해서는 천도교 교단에서도 지금 이루어지고 있는 생명과학, 특히 배아줄기세포 연구 및 성체줄기세포 연구에 대한 찬,반 입장을 밝혀야 할 것이다. 나아가서 논란이 되고 있는 안락사, 장기이식 등의 문제에 대해서도 생명윤리 차원의 입장을 정리하고 표명해야 할 것이다.

| 참고문헌 |

천도교중앙총부, 『천도교경전』, 천도교중앙총부출판부, 1993.

《도교와 생명사상》, 도교문화연구 제12집, 국학자료원, 1998.

『한국의 전통교육사상』, 한국정신문화연구원, 1983.

《과학사상》, 1993년 겨울호, 범양사출판부.

《新人間》, 2005년 9월호, 신인간사.

김하태, 『동서철학의 만남』, 종로서적, 1985.

박은정 외, 『줄기세포 연구의 윤리와 법정책』, 이화여자대학교출판부, 2004.

白世明, 『東學經典解義』, 한국사상연구소, 1963.

이상목 외, 『한국인의 생명관과 배아복제윤리』, 동아대학교 석당전통문화연구원, 2005.

李霞, 『生死知慧−道家生命觀研究』, 北京：人民出版社, 2004.

임종식, 구인회, 『삶과 죽음의 철학』, 아카넷, 2003.

장회익, 『삶과 온생명』, 솔, 1998.

최동희·이경원, 『새로 쓰는 동학』, 집문당, 2003.

최재천 엮음, 『과학·종교·윤리의 대화』, 궁리, 2001.

한정선, 『생명에서 종교로』, 철학과 현실사, 2003.

홍장화, 『천도교 교리와 사상』, 천도교중앙총부출판부, 1990.

| 박문현(朴文鉉) |

경북 자인에서 태어나 경북고를 졸업하고 부산대, 영남대, 동국대에서 철학 및 동양철학을 전공했다. 1980년대 초부터 현재까지 동의대학교 철학과에 재직하면서 인문과학연구소장 및 중앙도서관장을 역임했다. 도쿄대 방문교수 및 옌볜과기대 객원교수를 거쳤다. 새한철학회 회장을 지내고 동아시아불교문화학회 회장으로 있다. 「묵자의 경세사상연구」로 철학 박사 학위를 받은 이후 묵자 사상 논문 30여 편을 국내외에 발표했다. 『묵자』(지만지), 『기(氣)의 비교문화』(한울), 『법세이야기』(지만지), 『동양을 만든 13권의 고전』(글항아리)을 번역 및 공역했고, 공저로는 『철학』(이문출판사), 『고전의 반역 4』(나녹), 『동양 환경사상의 현대적 의의』(일본), 『묵학 연구』(중국) 등이 있다.

2

**줄기세포 연구와
의학 · 생명과학적 관점**

09
줄기세포는 인간에게 친구인가? 적인가?

| 김재호 |
부산대학교 의학전문대학원

1. 들어가는 말

줄기세포란 커다란 나무줄기에서 여러 가지들이 뻗어내듯, 우리 몸을 구성하는 모든 세포로 분화할 수 있는 만능세포로서 줄기(stem)라고 일컫는다. 좀 더 전문적으로 설명을 덧붙이면, 줄기세포(stem cell)는 미분화된 세포로서 모든 다세포 생물에 존재하며, 자가 재생산 능력(self-renewal)과 정상 염색체 유지 및 다양한 세포로의 분화 능력을 가지고 있는 세포를 말한다. 1960년대 캐나다 온타리오 암 연구소(Ontario Cancer Institute)의 어니스트 맥컬로(Ernest A. McCulloch)와 제임스 틸(James E. Till)에 의해 처음 발견된 이후 줄기세포는 신체 210여 개의 장기를 구성하는 조직의 어떠한 세포로도 분화할 수 있는 만능(totipotent) 분화능으로 인해 인간을 구성하는 세포 하나에서부터 조직 및 기관으로 분화(differentiation)가 가능한 세포로 알려져 왔다. 대표적인 예로, 복제양 탄생으로 포유류의 체세포도 조

235

작을 가하면 본래 체세포의 특성을 잊어버리고 수정란처럼 분열하고 분화하여 개체로 발육할 수 있다는 것이 보고된 바 있다.

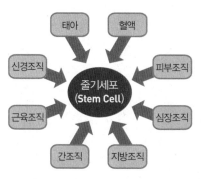

그림 1. 우리 몸속에 줄기세포가 존재하는 부위

이러한 줄기세포의 발견 및 지속적인 연구를 통해 다양한 질환이나 상처들로 인해 소실된 세포 혹은 상처 입은 세포들을 대치할 수 있는 희망을 가지게 되었다. 재생 치료 의학(Regenerative Medicine)에서 줄기세포를 이용하는 방법은 장기 이식 과정의 개념과 유사할 수 있으나 장기 대신 세포 자체를 이용한다는 점에서 크나큰 차이점을 보인다.

현재 줄기세포를 이용한 연구는 불치병 혹은 각종 만성 질환들에 대해 보다 효과적인 치료 방법을 제시해줄 수 있는 새로운 치료제로서 각광받고 있다. 그러나 세포 치료제로서의 장점에도 불구하고 줄기세포는 인체에 치명적인 영향을 미칠 수 있는 능력을 보유하고 있다는 사실들이 최근 발표되는 연구논문들을 통해 조금씩 증명되고 있다. 따라서 여기에서는 줄기세포의 특징 및 종류 그리고 임상적 응용이 가능한 영역 및 실험적으로 증명된 결과들과 앞으로의 줄기세포 연구가 지향해야 할 점들에 관해서 살펴보고자 한다.

2. 줄기세포의 특징 및 종류

줄기세포는 개체를 구성하는 세포나 조직의 근간이 되는 세포로서 반복적인 자가 복제(self-renewal)가 가능하고 환경에 따라 특정한 기능을 지닌 세포로 분화할 수 있는 다분화 능력을 지니고 있다(표 1). 이것은 태아의 발생과정 중 모든 조직에서 생겨나며, 성인이 되어서도 골수, 상피조직 등 세포가 활발히 교체되는 일부 조직에서 발견되고 있다(그림. 2).

줄기세포의 기능은 수정 후 태아의 발생과정에서부터 시작된다. 수정된 난자는 인체를 이루는 모든 세포를 만들어낼 수 있기 때문에 전능성줄기세포(totipotent stem cell)이다. 수정란은 수차례의 세포분열을 거쳐 낭

표 1. 줄기세포의 특징

성장 능력 (proliferation)
자가 복제능 (self-renewal)
많은 수의 분화세포를 생산할 수 있는 능력
조직의 재생과 유지

배(blastocyst)를 형성한다. 낭배는 외세포층과 내세포괴(Inner cell mass), 그리고 그 주위의 빈 공간의 구조를 갖추고 있다. 낭배의 외세포층은 자궁 내에서 태아발육에 필요한 태반 등 지지조직을 형성하고, 내세포괴는 인체를 구성하는 모든 조직을 형성한다. 내세포괴는 다능성 줄기세포(pluripotent stem cells)로 구성되어 있으며 이들은 주위환경인자의 영향을 받아 내배엽(Endoderm), 중배엽(Mesoderm), 외배엽(Ectoderm)을 구성하는 세포로 분화된다.

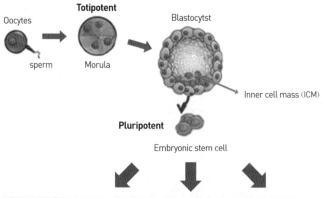

Ectoderm	Mesoderm	Endoderm
Brain	Heart	Lining of the
Spinal cord	Kidneys	respiratory system
Nerves	Bones	Lining of digestive tract
Skin	Cartilage	Liver
Nails	Muscles	Pancreas
Hair	Blood cells	Bladder

그림 2. 발생과정에서 나타나는 줄기세포

1) 전능성줄기세포(Totipotent stem cell)

전능성 줄기세포는 하나의 단일세포가 분열하고 분화하여 모든 세포로 분화될 수 있는 능력을 가진 줄기세포다. 정자(sperm)와 난자(oocyte)가 결합하여 생성된 수정란에서 접합자(zygote)로 발달하면서 태아의 형성에 필요한 모든 구조(태아와 태반)를 만들어낼 수 있는 전능한 상태가 되는데, 이런 접합자의 상태를 전능성 줄기세포라고 말할 수 있다. 그리고 접합자가 분열하여 생기는 할구도 초기에는 전능하여 그 할구를 떼어내어 자궁에 각각 착상시키면 독립된 태아로 발생하게 된다 (그림 2).

2) 만능줄기세포(Pluripotent stem cell)

만능줄기세포는 수정란보다 발생이 약간 진행된 상태의 줄기세포로서 발생 중 낭배의 내세포괴(ICM)가 이에 해당한다. 내세포괴는 태아의 몸을 구성하게 될 세포집단으로서 태반이 될 바깥의 영양세포(trophoblast)와 구별된다. 이 내세포괴를 자궁에 넣어주면 태반이 형성되지 않아 태아가 생겨날 수 없다. 하지만 여전히 내세포괴는 내배엽, 중배엽, 그리고 외배엽과 같은 계통(lineage)으로 분화할 수 있는 능력, 즉 전분화능(pluripotency)을 가지는 세포가 존재한다. 이 세포들을 배아줄기세포라 일컫는다. 생쥐의 배아줄기세포를 다시 포배기의 배아에 넣어주면 기존의 내세포괴와 섞인 후, 생식세포를 포함한 모든 종류의 세포로 분화하여 자손에게 그 형질이 유전되는 것으로 중복발생 능력을 확인할 수 있다. 1998년에 톰슨(Thomson)이 배양에 성공한 인간의 배아줄기세포는 실험적으로 전분화능이 증명되지 않은 상태이다. 다만 생쥐의 배아줄기세포와 비교하면 형태적, 생화학적 특징이 유사한 점으로 미루어 전분화능이 있을 것으로 여겨지고 있다.

3) 다분화능성줄기세포 (Multipotent stem cell)

다분화능성줄기세포는 발생이 더 진행된 다음에 나타나며, 특정한 계통(lineage)으로만 분화하도록 어느 정도 세포의 운명이 결정된 상태이다. 이 세포는 태아뿐만 아니라 어린이, 성인에도 존재하며, 세포의 교체주기가 빠른 조직에서 지속적으로 세포를 충당하는 역할을 하게 된다. 대표적인 예로, 골수에 있는 조혈모줄기세포(hematopoietic stem cell)가 있다. 이

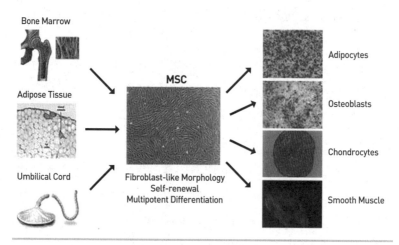

그림 3. 중간엽 줄기세포의 분화

조혈모줄기세포는 소화기벽을 구성하는 상피조직으로 분화능력을 가지고
있다. 또한 그동안 재생능력이 없다고 알려진 성인의 중추신경계에서도 이
와 같은 다분화능성줄기세포가 존재함을 밝혔다.

　다분화능성줄기세포는 성인에게서도 얻을 수 있어서 배아줄기세포와 달
리 윤리적인 문제를 야기하지 않으며, 배아줄기세포에 비하여 분화된 세
포의 종류가 이미 제한되어 있기 때문에 특정한 형질을 지닌 세포를 얻기
가 오히려 용이하다는 장점이 있다. 이러한 배아 및 다분화능성줄기세포
가 지닌 각각의 특성을 이용하여 인간세포 및 조직을 개발하기 위한 연구
가 세계적인 생명과학 관련 기업들에 의해 진행되고 있다. 기업에서 중점
적으로 연구하고 있는 대상은 조혈모줄기세포(hematopoietic stem cell), 신
경줄기세포(neural stem cell), 중간엽줄기세포(mesenchymal stem cell)이다.
조혈모줄기세포는 골수이식 후 림프구(lymphocyte), 백혈구(leukocyte), 적
혈구(erythrocyte) 등의 혈액세포로 주로 분화하게 된다. 신경줄기세포는

신경원세포(neuroblast), 별세포(star cell) 등의 신경조직을 구성하는 세포가 된다. 중간엽줄기세포는 골수, 지방조직 및 제대혈에서 분리할 수 있으며 배양 조건에 따라서 지방세포(adipocyte), 골수세포(osteocyte), 근육세포(muscle) 및 연골세포(chondrocyte)로 분화가 가능하다(그림 3). 이런 다분화능성줄기세포는 주변 환경을 바꾸어주면 전혀 다른 종류의 세포로 분화할 수 있는 잠재력을 갖고 있는 줄기세포이다.

3. 줄기세포는 친구(Friends)인가 적(foes)인가?

현재 줄기세포에 대한 실험은 두 종류의 줄기세포를 이용하여 대부분의 연구가 진행되고 있는데, 그 첫 번째가 배아줄기세포이고 다른 하나가 성체줄기세포이다. 만능줄기세포인 배아줄기세포는 모든 조직의 세포로 분

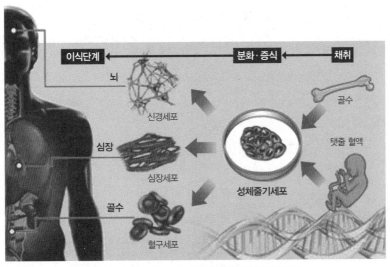

그림 4. 성체줄기세포 개념도 (출처 : 고맙다 줄기세포(라정찬))

화할 수 있는 능력을 지니고 있으며, 이론상으로는 무한정 세포분열을 할 수 있다. 이러한 특성을 이용하여 부상이나 질병 등으로 조직이 손상되었을 때 배아줄기세포를 이용하여 원하는 조직으로 분화시켜 손상된 조직의 재생 및 회복이 가능할 것으로 기대하고 있다. 그러나 배아를 임상적으로 응용하는 것에 대한 윤리적인 비판과 사회적 반대에도 불구하고 현재까지 연구개발이 진행되고 있다. 그에 반해 성체줄기세포의 경우, 다분화능성줄기세포를 환자로부터 얻을 수 있어 윤리적인 문제들에서 자유롭고 환자 본인의 세포를 이용하는 것이기 때문에 면역 거부반응도 최소화할 수 있다. 성체줄기세포는 필요한 때에 특정한 조직의 세포로 분화를 할 수 있는 유익한 이점을 가지고 있지만(그림 4), 몸 안에 소량으로 존재하기 때문에 분리해내기가 쉽지 않다는 단점이 있다. 한 조직에 있는 성체줄기세포는 오직 그 조직의 세포로만 분화한다고 알려져 있던 것이(일례로 골수에서 얻은 성체줄기세포는 골수로 분화), 최근 발표되는 연구 자료들을 통해 다른 조직의 세포로도 분화할 수 있다는 연구 결과들이 발표되고 있다. 즉 골수줄기세포에서 신경세포, 근육세포, 골세포 등을 만들어낼 수 있다는 것이 밝혀져 성체줄기세포를 이용해 다양한 병을 치료할 수 있는 방법이 연구 중에 있다.

1) 줄기세포는 친구(Friends)?

인간 복제에 대한 여러 가지 윤리적 논란에도 불구하고 줄기세포가 미래에 갖는 최고의 가치는 훼손된 조직을 대체할 수 있는 세포나 조직을 다량으로 얻을 수 있게 되어 간, 뼈, 신경, 심장 등 각종 장기를 생산할 수 있고, 당뇨병, 암, 알츠하이머, 파킨슨병 등 난치성 질병의 치료에 이용할 수 있다는 점이다.

(1) 간조직 재생 모델

최근 발표된 연구사례에서 성체줄기세포의 하나인 조혈모줄기세포를 이용하여 간세포로 분화될 수 있는 가능성이 제시된 결과가 있다. 2000년 Lagasse 연구팀에서 발표한 결과로서, 이 연구에서는 FAH(fumaryl acetoacetate hydrolase)의 결핍에 의한 제1형 타이로신 혈증이 있는 쥐를 이용하여 실험을 하였다. 이 실험용 쥐들은 유전성 타이로신혈증1형 치료약으로 시판되는 NTBC(Nitisinone)를 투여하지 않으면 사망하게 되어 있는 동물이다. 이 연구팀은 정상 쥐의 혈액에서 조혈모줄기세포(Sca-1+/CD34+/CD45+)를 분리하여 실험용 쥐에 주입시켰을 때, NTBC 투여를 중단한 후에도 50%정도 실험군 쥐들이 생존하였으며 이들 간조직에서 정상 쥐에서 분리한 조혈모줄기세포가 새로운 간세포를 형성하였음을 보고하였다. 이렇게 재생된 간세포는 전체 간조직의 30~50%에 도달하는 것을 관찰하였다. 또한 미분화된 조혈모세포(c-kit+/Sca-1/Lin-)의 성질과 혈액세포(CD45+)의 특성을 갖춘 세포들이 간세포 재생에 관여를 하며 이보다 분화된 세포에서는 간세포 재생이 진행되지 않음을 확인하였다. 이로써 미분화된 조혈모세포가 직접 hepatocyte로 분화된 것임을 증명하였다. 이와 관련 최근 성체줄기세포의 형성성에 대한 가능한 기전중의 하나로 미분화세포의 자연융합(spontaneous cell fusion)이 제시된 바 있다.

(2) 심혈관 재생 모델

국내 연구진이 환자 자신의 지방조직으로부터 분리한 성체줄기세포를 혈관평활근세포로 분화하는 기술을 세계 최초로 개발해 세포치료제로서 활용가능성을 제시했다(그림 5). 이 연구팀에서는 사람 피하지방으로부터

줄기세포를 이용한 인공혈관 제작 과정

지방조직

줄기세포의 분리 배양

스핑고실포스포릴콜린의 처리 및 배양

지방줄기세포

혈관근육세포로의 분화

심혈관 치료용 세포치료제로 활용 인공혈관의 제작

심혈관질환의 치료 및 손상된 혈관의 재생

혈관근육세포

그림 5. 혈관평활근세포 분화 과정

분리한 줄기세포를 혈관평활근세포로 효과적으로 분화시키는 기술을 개발, 이를 조절하는 물질과 작용원리를 규명하였다. 줄기세포로부터 혈관근육 세포로의 분화는 심혈관질환용 세포치료제의 생산과 인공관의 제작에 필요한 핵심 과정이다. 혈관평활근세포는 혈관의 수축과 이완을 담당하여 혈압을 조절하는 역할을 한다. 동맥경화, 심근경색 등 심혈관 질환의 치료와 조직손상으로 인한 혈관파손을 치료하기 위해서는 줄기세포로부터 혈관평활근세포를 대량 만들 수 있어야 한다. 특히 소동맥처럼 작고 수축과 이완이 중요한 혈관을 제작하는 것은 사람 혈관평활근세포를 대량 생산하는 문제에서의 기술적 한계로 불가능한 것으로 알려져 있다. 이 연구팀에서는 지방조직으로부터 분리한 줄기세포를 혈관평활근세포로 분화시킬 때, 환자 자신의 지방조직으로부터 분리된 성체줄기세포를 활용함으로써 면역거부나 윤리적 문제가 없어 세포치료제로서 활용가능성이 매우 크다. 연구진은 스핑고실포스포릴콜린(sphingosylphosphorylcholine)이라는 물질이 지방줄기세포를 혈관평활근세포로 분화 유도시킨다는 점을 처음 발견하고 이 물질의 작용원리도 규명하였다. 이러한 연구 성과는 지방줄기세포가 혈관평활근세포로 분화하게 하는 물질과 세포 신호전달기전을 규명함으로써 동맥경화, 심근경색 등 심혈관질환의 발병 원인을 밝히고, 심혈관질환의 치료를 위한 세포치료제 및 인공혈관의 개발 가능성을 제시하였다.

2) 줄기세포는 적(foes)?

줄기세포가 만성질환이나 조직재생에 매우 유용한 장점들이 많음에도 불구하고 최근에 들어서는 인체에 치명적인 역할을 수행하고 있다는 연구결과들이 발표되고 있다. 특히 암과의 관계에서 간접적 관여 (indirect involvement) 혹은 직접(direct involvement)적 관여를 통해 줄기세포가 암의 이동, 침투, 전이 및 재발에 어떠한 영향을 미치는지에 대한 연구가 활발히 진행되고 있다.

(1) 간접적 관여(Indirect involvement)

암세포에 대해 줄기세포가 간접적인 관여를 할 때의 역할에 대해서는 여전히 많은 연구자들이 상반된 의견들 제시하고 있다. 한편에서는 줄기세포가 암세포의 증식을 억제하는 역할을 수행할 것이라고 주장하지만, 다른 한편에서는 줄기세포가 항세포사멸(anti-apoptotic effect), 세포증식(proliferation) 및 전이(metastasis), 항생제 저항성(drug-resistance)을 향상

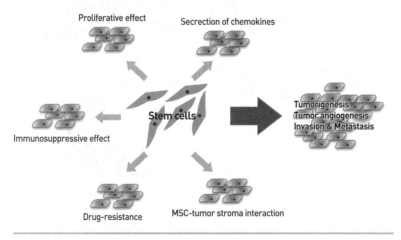

그림 6. 줄기세포의 간접적인 관여

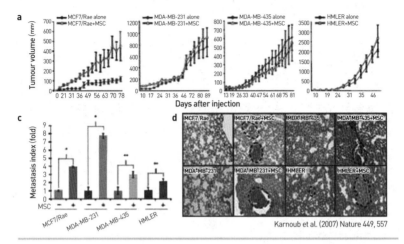

그림 7. 줄기세포의 간접적 관여 연구사례 − 1

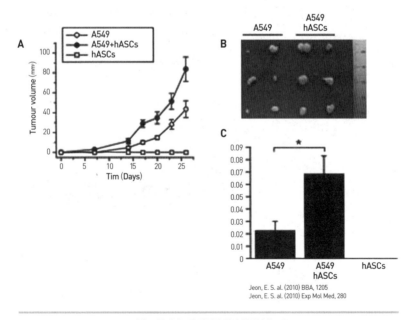

그림 8. 줄기세포의 간접적 관여 연구사례 − 2

시킴으로써 암세포의 생존을 유지시키는 기능을 가지고 있을 것이라고 주장한다(그림 6).

예를 들어 라마사미(Ramasamy)가 발표한 논문에 따르면, 줄기세포는 종양세포의 세포사멸을 억제하는 동시에 세포증식도 제한함으로써 일시적으로 종양세포를 세포주기의 G1에 휴면시키는 역할을 한다고 발표하였다. 또한 2007년 미국의 로버트 와인버그(Robert A. Weinberg)가 발표한 연구 결과에 따르면 골수에 있는 줄기세포인 중간엽줄기세포(mesenchymal stem cell)와 유방암세포(breast cancer)를 누드마우스(nude mouse)에 이식시켰을 때, 유방암세포만 이식시켰을 때보다 폐로 이동하는 암세포가 7배 이상 증가한다는 연구 결과를 과학저널《네이처》에 투고하였다(그림7). 또한 유방암세포주(breast cancer cell line)뿐만 아니라, 다른 조직의 암세포주를 통해서도 줄기세포가 암세포의 증식을 촉진시키는 연구 사례가 최근에 발표되었다. 또한 국내 연구진에서도 A549 폐암 세포주를 이용한 종양 형성능 동물실험에서 A549 폐암 세포주만 누드마우스의 피하지방층에 이식시켰을 때보다 지방조직에서 분리해낸 중간엽줄기세포와 같이 이식시켰을 때, 종양의 크기와 무게가 훨씬 더 증가됨을 확인하였다(그림 8).

(2) 직접적인 관여 (direct involvement)
줄기세포가 암세포의 증식을 향상시키거나 항생제 저항성을 증진시키는 역할을 할 뿐만 아니라, 줄기세포 악성 형질 변환(malignant transformation)을 통해서 암세포로 변환되는 연구 사례도 보고되고 있다. 이러한 경우가 줄기세포의 직접적인 관여에 해당한다(그림 9). 세포 치료 연구에서 악성 형질 변환은 세 가지 환경 조건에 의해서 유도된다. 첫 번째는 줄기세포의 세

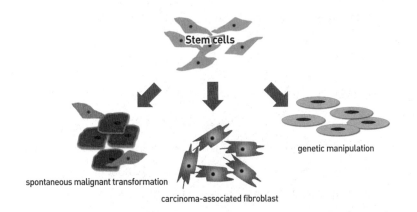

그림 9. 줄기세포의 직접적인 관여

포배양과정에서 대용량으로 배양할 때 발생하게 되는데, 이러한 현상을 자발적 악성 형질 변환(spontaneous malignant transformation) 이라고 말하며, 2005년 루비오(Rubio) 박사가 처음으로 발표하였다. 이 연구에서는 지방 조직에서 분리한 중간엽줄기세포를 오랜 시간 배양하면, 중간엽줄기세포 자체가 저절로 세포불멸화(immortalization)가 되고 형질 변환이 발생하게 되는데 이러한 현상은 염색체 불안정성(chromosomal instability)때문에 발생하는 것임을 증명하였다.

두 번째는 줄기세포가 암세포나 암조직으로 이동(migration)하여 암조직의 미세환경(microenviroment)에 의해서 암세포의 증식 및 전이를 도와주는 암세포화된 섬유아세포 (CAF:car-cinoma-associated fibroblast)로 분화되는 것이다. 최근에는 암조직 내에서 줄기세포로부터 분화된 섬유아세포에서 분비되는 다양한 단백질 및 사이토카인들이 암세포의 흡

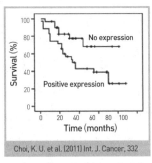

그림 10. 줄기세포의 직접적인 연구사례-1

착, 증식, 이동 및 전이에 중요한 역할을 할 것이라는 연구가 보고되고(그림10) 있다. 예를 들어 페리오스틴(periostin)이라는 세포외기질을 구성하는 분비성 단백질의 경우, 난소암 환자에서 발현이 높으며, 말기암 환자일수록 발현정도가 증가하고 있음이 보고되었다(그림10). 또한 이종이식(xenograft) 동물모델에서, 페리오스틴을 제거한 줄기세포를 A549 폐암세포와 함께 누드마우스에 주입시켰을 때, 원형 그대로의 줄기세포와 폐암세포를 주입했을 때보다 암조직의 부피와 무게가 훨씬 감소하는 것을 통해 줄기세포에서 분비되는 단백질인 페리오스틴이 암세포의 증식에 중요한 역할을 하고 있음을 발표하였다(그림11).

세 번째로는 유전자 조작(genetic manipulation)을 통한 악성 형질 변환이다. 이 방법은 바이러스 매개체(viral vector)를 이용하거나 non-viral 방법을 이용하여 줄기세포를 인위적으로 장기간 배양이 가능하도록 만들기 위해서 고안된 것이다. 최근에는 이러한 실험방법이 뇌질환, 혈관, 근육이상 및 암과 같은 다양한 질환들에 대한 치료의 목적으로 광범위하게 연구되고 있다.

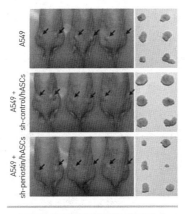

그림 11. 줄기세포의 직접적인 연구사례-2

3. 결론 및 전망

1) 글로벌 경쟁시대

세계 각국의 바이오기업들은 줄기세포 치료제 시장을 선점하기 위해 치열하게 경쟁하고 있다. 미국국립보건원(NIH)에 따르면 전 세계에서 3,200건이 넘는 줄기세포 임상연구가 진행되고 있는데, 그중 상업화를 위한 임상시험은 230건 정도다. 국내에서는 17건의 줄기세포 임상시험이 이뤄지고 있다. 생명공학 전문 정보지인《BCC 리서치》에 따르면 미국에 386개, 영국 133개, 유럽 93개, 동아시아 32개, 캐나다에 24개 등 700여 개의 줄기세포 전문기업이 경쟁 중이다(2009년 기준).

줄기세포 시장에 기업과 연구자들이 관심을 갖는 이유는 이 시장이 '블루오션'이 될 것으로 예상하기 때문이다. 《BCC 리서치》에 따르면 세계 줄기세포 시장은 2005년 69억 달러에서 2009년 172억 달러로 성장했다. 2012년에는 대략 324억만 달러에 달해 8년간 연평균 25%가량 시장 규모가 커질 것으로 추산 된다(그림 12). 2009년 기준으로 성체줄기세포는 99억 달러, 제대혈줄기세포는 47억 달러, 배아줄기세포는 27억 달러로 각각 57.3%, 27.3%, 15.4%의 비중을 차지하고 있다. 또한 앞으로도 지속적인 투자가 증가할 것이라고 예측할 수 있다. 하지만 이는 줄기세포 치료제가 나오지 않은 시점의 (연구·뱅킹) 시장 규모라 향후 어떻게 핵폭발할지는 아무도 예측할 수 없다.

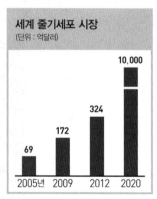

그림 12. 세계 줄기세포 투자 예상액
(출처 : BBC 리서치)

2) 국내 경쟁력 현황 및 확보

국내 줄기세포의 경쟁력 확보를 위해 범부처 차원에서 줄기세포 연구계획을 수립하고 체계적인 지원을 위해 노력하고 있다. 그러나 국내 줄기세포의 정부투자비는 미국대비 1/20 수준으로 줄기세포 개발연구 선도국에 비해 뒤처져 있는 상태이다. 따라서 효율적인 줄기세포 연구지원을 위한 연구계획을 수립하는 것이 시급하다. 또한 국내 줄기세포 연구는 상당부분 정부에 의지하고 있어 안정적 줄기세포 R&D추진을 위해 민간투자를 적극적으로 유도해서 줄기세포 산업화를 보다 촉진할 필요가 있다. 뿐만 아니라 지금보다 효율적으로 줄기세포 개발연구가 진행되기 위해서는 미국이나 영국과 같이 국가인간배아줄기세포은행을 설립하여 줄기세포 연구를 위한 효율적인 자원관리 시스템을 도입하고 국내에서도 국가차원의 시스템 및 인프라를 구축하는 것이 필요하다. 현 시점에서 줄기세포 개발연구는 전세계적으로 태동기 및 초기단계이다. 따라서 정부와 민간의 직간접적인 투자와 제반 여건을 갖춰 경쟁력을 확보할 수 있다면 줄기세포의 기술적·산업적 우위를 선점함으로써, 다른 선도국보다 앞서는 경쟁력을 확보할 수 있을 것이다.

3) 이제부터 시작이다.

최근에 밝혀지고 있는 줄기세포의 분화능 및 다능성에 관한 연구는 줄기세포에 대한 새로운 개념의 정립을 요구함과 함께 이들에 대한 의학적 응용의 범위를 새롭게 확대하고 있다. 또한 줄기세포 자체도 여전히 양날의 검과 같아서 어떤 관점에서 연구를 진행하느냐에 따라 인체 내에서 줄

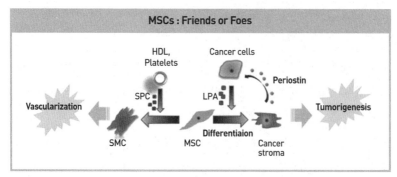

그림 13. 줄기세포의 좋은 측면과 나쁜 측면

기세포의 역할이 긍정적인 측면, 즉 손상된 장기를 회복하거나 혈관을 재생시키는 등의 역할을 수행할 수도 있고, 부정적 측면에서는 줄기세포가 암세포 혹은 암조직으로 이동(migration)과 침투(invasion)를 통해 오히려 암의 증식과 성장을 촉진할 수 있도록 도와주는 역할을 하게 된다 (그림 13). 따라서 줄기세포의 특징인 다능성과 분화능에 관해 현재까지 축적된 과학적 연구들은 아직까지 초기상태의 소견들에 해당한다고 볼 수 있다. 앞으로 여기에 대한 단일 세포단위에서의 교차분화(transdifferentiation) 및 다중성에 대한 정밀한 연구가 좀 더 진행되어야 할 것으로 보이며, 특히 분화능에 관한 세포학적 관찰을 통한 증명과, 의학적 이용도가 충분할 정도의 분화능을 이끌어낼 수 있는 응용방안에 대한 연구가 필요할 것이다. 이와 더불어 줄기세포가 일반적으로 가지고 있는 한계요인인 극히 제한된 숫자와, 이들의 증식 및 자가재생능력을 촉진할 수 있는 방안에 대한 연구가 세포치료적 요구에 더욱 필요하게 될 전망이다.

| 김재호 |

현재 부산대학교 의학전문대학원 생리학교실에 재직 중이다. 포항공과대학교 생명과학과에서 이학박사 및 박사후연구원 과정을 마치고 존스홉킨스 의과대학에서 박사후연구원을 지냈다. 주요 논문은 아래와 같다.

1. Jeon, E. S. et al. (2008) Cancer—derived lysophosphatidic acid stimulates differentiation of human mesenchymal stem cells to myofibroblasts—like cells. Stem Cells. 26(3): 789—797

2. Jeon, E. S. et al. (2008) A Rho Kinase/MRTF—A—Dependent Mechanism Underlies the Sphingosylphosphorylcholine—Induced Differentiation of Mesenchymal Stem Cells into Contractile Smooth Muscle Cells. Circ. Res.103(6):635—42.

3. Kim, M. R., Jeon, E. S., Kim, Y. M., Lee, J. S., Kim, J. H. (2009) Thromboxane A2 Induces Differentiation of Human Mesenchymal Stem Cells to Smooth Muscle—Like Cells. Stem Cells. 27(1):191—9.

4. Lee, M. J., Kim, J., Kim, M. Y., Bae, Y. S., Ryu, S. H., Lee, T. G., **Kim**, **J. H.** (2010) Proteomic analysis of tumor necrosis factor—alpha—induced secretome of human adipose tissue—derived mesenchymal stem cells. J. Proteome Res. 9(4):1754—62.

5. Heo, S. C., Jeon, E. S., Lee, I. H., Kim, H. S., Kim, M. B., and **Kim**, **J. H.** (2011) Tumor Necrosis Factor—α—Activated Human Adipose Tissue—Derived Mesenchymal Stem Cells Accelerate Cutaneous Wound Healing through Paracrine Mechanisms. J. Invest. Dermatol.131(7):1559—67.

6. *Shin, S. H., Kim, J., Heo, S. C., Kwon, Y. W., Kim, Y. M., Kim, I. S., Lee, T. G., and Kim, J. H. (2011) Proteomic identification of betaig—h3 as a lysophosphatidic acid—induced secreted protein of human mesenchymal stem cells: paracrine activation of A549 lung adenocarcinoma cells by betaig—h3. Mol Cell Proteomics, 11(2):M111.012385.*

10
인간배아줄기세포치료제 개발현황

| 정형민 |

차의과학대학교

1. 머리말

줄기세포(stem cells)란 미분화세포로서 생체 내 항상성(homeostasis) 유지를 담당하고 증식능(proliferation activity)과 분화능(differentiation activity)을 지닌 세포를 의미한다. 줄기세포는 기원에 따라 착상 전 수정란(preimplantation stage embryo)에서 유래하는 배아줄기세포(embryonic stem cell), 각종 장기조직으로부터 유래하는 성체줄기세포(adult stem cell), 역분화 조절을 통해 생산하는 유도만능줄기세포(induced pluripotent stem cell)로 구분하기도 하며, 면역원성(immunogenecity)에 따라 자가줄기세포(autologous stem cell)와 동종(타가)줄기세포(allogenic stem cell)로 구분하기도 한다.

줄기세포는 지난 30여 년 동안 질병치료의 직/간접적 수단으로 활용되어왔으며 그 작용기작에 대해서는 아직 정확히 규명되지 않았다. 다만 생체 이식된 줄기세포가 손상된 조직이나 장기로 이동하여 생착되어 새로운 세포로서 작용하는 세포의 직접적 효과(cellular effect), 이식된 줄기세포로부터 분비되는 다량의 성장인자, 면역관용인자, 항산화제 등으로 인해 생체 내 존재하는 전구세포(precursor cell) 또는 세포의 재생을 촉진하는 간접적 효과(humoral or paracrine effect)로 알려져 있다.

줄기세포를 이용한 세포치료 연구학문을 재생의학(regenerative medicine)이라 일컬으며 현재 전 세계적으로 3,000여 건의 줄기세포치료제가 임상시험에 진입해 있다. 거의 모든 국가에서는 줄기세포치료제를 새로운 바이오의약산업으로 선정하여 전폭적인 재정지원과 제도완화 등을 통해 기술개발을 촉진하고 있다. 인간배아줄기세포는 줄기세포 중에서 가장 우수한 증식능을 보유한 세포이며, 인체를 구성하는 모든 종류의 세포로 분화할 수 있는 능력을 지닌 전분화능(pluripotency) 세포이다. 배아줄기세포는 착상 전 수정란을 이용하여 생산해야 하는 이유로 생명윤리적 문제점을 갖고 있으나 잠재적·치료적 능력으로 인해 각국마다 이들의 이용에 대한 법규 또는 가이드라인을 설정하고 있다.

현재 임상적으로 연구되고 있는 세포치료제는 대부분 성체줄기세포 유래의 세포치료제로서 혈액암이나 악성빈혈 등의 질환을 제외하고는 거의 성체조직에서 간엽줄기세포 (mesenchymal stem cell: MSC)를 분리 및 증식한 뒤 이를 이식하는 방식을 취하고 있다. 반면 인간배아줄기세포를 세포치료제로 개발하기 위해서는 반드시 특정세포로 분화유도, 순수분리 및 증식과정을 거쳐야 하고 동시에 종양발생을 억제할 수 있는 미분화세포 제거 기술등을 해결해야만 세포치료제로서 이용가능하다.

2. 인간배아줄기세포 유래 세포치료제 개발

1) 세포치료제 개념 및 개발과정

나라마다 표현방식은 다소 차이가 있지만 세포치료제는 바이오의약품으로 분류되고 있으며, 이를 임상적으로 활용하기 위해서는 신약개발과 거의 유사한 과정을 통해서 개발되어야 한다. 배아줄기세포치료제 개발을 위해서는 특정세포로의 분화유도기술, 미분화세포 제거기술, 특정세포 증식기술 및 장기보관 기술 등과 같은 기초원천 기술개발이 필수적이다. 이러한 선결문제가 해결될 경우 임상적으로 이용하기 위해 세포치료제로서의 제조공정 및 품질관리시스템 개발과 다양한 동물을 이용한 전임상 독성, 안전성 및 유효성 평가를 필수적으로 수행하고 임상시험 계획과 함께 해당 국의 식약청 임상시험 승인 절차를 거쳐야 한다. 임상시험 승인 후에는 일상적인 임상 1상에서 3상에 이르는 임상연구를 진행하게 되는데, 일반의약품이나 단백질의약품의 경우와는 달리 임상시험 1상부터 환자를 대상으로 안전성 및 내약성 시험을 하는 경우가 대부분이다. 또한 임상 1상과 2상을 동시에 수행하는 경우가 통상적이다. 이러한 연유로 줄기세포를 이용한 세포치료제 개발에는 대개 5~10년 정도의 상당한 기간과 바이오의약품 개발

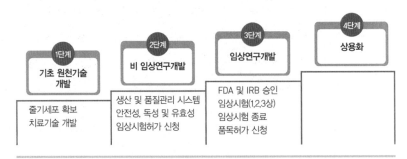

그림 1. 줄기세포치료제 개발과정

에 소요되는 막대한 자본이 필요하다.

2) 인간배아줄기세포 유래 세포치료제 연구개발 동향

인간배아줄기세포는 성체줄기세포와는 달리 특정 세포로의 분화유도기술, 분화된 세포 내 미분화세포 및 타세포 제거기술, 세포증식기술 및 전임상 수준의 세포의 안전성, 독성 및 효력시험 등과 같은 매우 복잡한 기술개발과정을 필수적으로 해결해야만 세포치료제로 이용가능하다. 특히 인간배아줄기세포 자체가 최초로 보고된 지 13년에 지나지 않아 그 연구역사가 매우 짧고, 관련기술의 개발 역시 상당한 시간이 필요하므로 성체줄기세포에 비해 임상시험에 진입된 세포치료제는 매우 적다.

〈표 1〉에서 보는 바와 같이 인간배아줄기세포 유래의 세포치료제는 기술적 한계와 짧은 연구역사로 인해 현재 임상에 진입한 것은 급성척수손상과 망막손상에 의한 실명질환이 유일하며 대부분 전임상 안전성 및 독성평가가 진행되는 상황이다. 특히 대상질환이 척수손상과 망막질환에 집중되어 있는 것은 배아줄기세포 자체가 동종(allogenic) 세포치료제로서 생체 내이식 시 면역거부반응이 나타날 수 있기 때문이다. 따라서 면역거부반응이 일어나지 않거나 매우 약한 중추신경계질환과 망막질환을 우선 대상으로 개발된 것이 특징이라 할 수 있다. 특히 망막색소상피세포를 이용한 실명질환의 치료제 개발은 차병원그룹을 포함하여 3개국 이상에서 진행 중일만큼 경쟁이 매우 치열한 분야이다. 그 외에 면역거부반응이 없는 적혈구와 혈소판 생산연구와 면역거부반응을 해결하기 위해 포매한 내배엽성세포를 활용하는 당뇨병 치료제 연구 등이 전임상 평가 중에 있다.

표1. 세계 인간배아줄기세포 유래 세포치료제의 개발현황

기관명	대상질환	임상현황	분화세포명
Geron Inc.	Acute spinal cord injury (급성척수손상)	Phase I (임상중단)	Oligodendrocyte progenitor cells (OPCs, 희소돌기아전구세포)
ACT/CHA	Stargadt's macular dystrophy (SMD, 스타가르트병)	Phase I (USA, Korea)	Retinal pigment epithelial cells (PREs, 망막색소상피세포)
ACT/CHA	Age-related macular dystrophy (AMD, 노인성 황반변성증)	Phase I/II (USA, Korea)	Retinal pigment epithelial cells (PREs, 망막색소상피세포)
CHA	Diabetic & Ischemic retinopathy (당뇨성 및 허혈성 망막손상)	Preclinical stage	Perivascular progenitor cells (PVPCs, 혈관주위주변세포)
CHA/ACT (SCRMI)	Transfusion (수혈)	Preclinical stage	RBC (적혈구), Platelet (혈소판),
CHA	Myocardiac infarction (심근경색)	Preclinical stage	Beating cardiomyocytes (심근세포)
Viacyte (formaly Novocell)	Diabetes (당뇨병)	Preclinical stage	Encapsulated pancreatic endodermal cells (포매한 췌장전구세포)
Pfizer (London Moorefield Hospital)	Age-related macular dystrophy (AMD, 노인성 황반변성증)	Preclinical stage	Retinal pigment epithelial cells (PREs, 망막색소상피세포)
Cell Cure Neuroscience	Age-related macular dystrophy (AMD, 노인성 황반변성증)	Preclinical stage	Retinal pigment epithelial cells (PREs, 망막색소상피세포)

3) 인간배아줄기세포 유래 특정세포 분화유도 및 특성분석

인간배아줄기세포는 전분화능줄기세포로서 이를 임상적용 시 미분화세포의 혼재나 특정분화세포 외 다른 세포의 존재는 생체 내 종양발생의 가능성을 높이거나 이상반응을 야기할 수 있다. 따라서 줄기세포치료제 개발을 위해 필수적인 특정세포로의 분화유도는 특정 분화유도물질을 처리하여 이용하는 방법, 특정 분화유도물질을 분비하는 세포와 공배양해서 분화유도하는 방법, 유전자 과발현을 통해 분화유도하는 방법 및 자연분화 과정에서 특정세포만을 선별하는 방법 등 다양한 기술의 개발이 보고되었

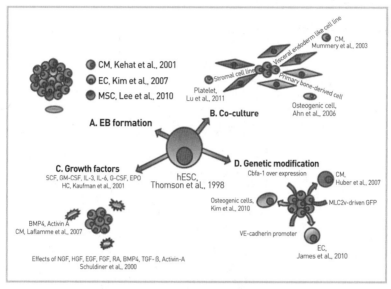

그림 2. 인간배아줄기세포를 이용한 다양한 분화유도기술 방법

다. 저자의 연구팀에서는 인간배아줄기세포를 이용한 중배엽성세포로의 분화유도 연구를 진행하였으며, 현재까지 혈관내피세포(endothelial cell), 혈관주위주변세포(perivascular progenitor cell), 골아세포(osteoblast) 및 심근세포(cardiomyocyte)의 분화유도기술과 외배엽성세포로 망막색소상피세포(retinal pigment epithelial cell) 분화유도기술을 개발했다.

한편 특정세포로 분화유도된 세포는 배양과정을 통해 증식을 유도하는 동시에 미분화세포를 포함하는 세포치료제 개발 시 원치 않는 세포를 제거하는 공정기술이 요구된다. 미분화세포는 특정세포 증식배지 내에서의 자

연선택(natural selection) 과정에서 미분화세포를 제거하는 방법과 미분화 마커를 이용한 세포선별(sorting)을 통하여 제거할 수 있으며, 원치 않는 세포를 선별하기 위해서는 특정배지를 이용하는 방법과 분화세포 특이 마커를 이용하여 선별하는 방법이 이용되고 있다. 분화유도, 증식 및 선별과정이 이루어진 세포에 대해서는 염색체 안전성 평가와 특정세포의 특성분석과 기능분석을 통하여 최종적으로 세포분화유도기술의 개발이 완료될 수 있다. 다음에서는 저자의 연구실에서 개발된 망막색소상피세포와 혈관내피세포의 분화유도 및 특성분석의 사례를 소개하고자 한다.

(1) 망막색소상피세포의 분화유도 및 특성분석

망막색소상피세포(retinal pigment epithelial cell: RPE)는 외배엽성세포로서 안구의 망막을 구성하는 세포이다. 이들 세포는 망막 전체에 걸쳐 광수용체(photoreceptor)의 기능과 유지에 핵심적 역할을 담당하는 세포로서 광수용체의 재생, 비타민 A의 운반, 대사 및 저장, 막대 광수용체 단편의 식균작용, 망막 및 맥락막 사이의 이온과 작은 분자물질의 운반, 브루흐막(Bruch's membrane)의 유지 및 사물의 형상을 선명하게 볼 수 있게 하는 다양한 기능을 갖는다. 망막색소상피세포가 손상을 받으면 중심시력(central vision)의 소실을 초래하여 실명(blindness)의 주요 원인이 된다. 대표적으로 망막색소상피세포의 손상으로 인해 발생되는 질환으로는 청소년기에 발병하고 광수용체 기능과 관련된 유전자인 ABC4와 ELOV4 유전자의 돌연변이에 의해 유발되는 스타가르트병(Stargardt macular dystrophy: SMD), 50세 이상의 노화와 더불어 발병하는 노인성 황반변성증(Age-related macular degeneration: AMD)이 있다. 저자의 연구실에서는 이러한 망막질환에 대한 세포치료제로서 인간배아줄기세포로부터 망막색소상피세포로의 분화유도기술을 미국 ACT사 (Advanced Cell Technology Inc.)와 공동개발하였으며 미국과 한국 식약청으로부터 임상시험 승인을 받아 현재 임상시험을 진행 중에 있다.

① 인간배아줄기세포로부터 망막색소상피세포로의 분화유도 및 특성분석

미분화된 임상등급 수준의 인간배아줄기세포를 이용하여 이를 bFGF(basic fibroblast growth factor)와 지지세포가 없는 배지조건 하에서 배양함으로써 분화 초기단계의 세포인 배상체(embryoid body: EB) 형성을 유도한다. 그리고 효소처리를 통해 배상체 세포군을 단위세포로 분리한 다음, 이를 Laminin 또는 fibronectin 등과 같은 세포외기질로 피복한 배양접시 위에서 30~45일간 배양하였다. 배양과정에서 일부의 세포가 자연적 분화를 거쳐 망막색소상피세포 덩어리(RPE cluster)로 관찰되면 기계적 방법을 통해 이들 세포만을 선별하여 이를 재차 배양과정을 거쳐 미분화세포를 제거하는 한편, 망막색소상피세포의 선별과 증식을 유도하였다. 최종적으로 분화 유도된 망막색소상피세포의 대량증식과 동결보존을 통해 치료용 세포를 제작하였으며 분화유도기간은 평균 3.5개월이 소요되었다.

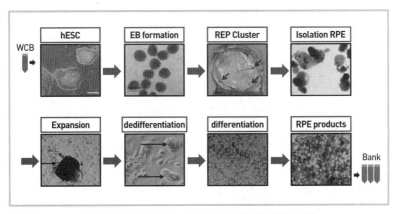

그림 3. 인간배아줄기세포 유래 망막색소상피세포의 분화유도 과정

분화유도된 망막색소상피세포는 다각형 모양의 형태와 세포 내 색소의 침착이 관찰되는 형태학적 특성을 나타냈으며, 망막세포의 특이적 분화마커에 대한 면역화학분석을 실시한 결과 MITF와 ZO-1 유전자에 특이적 발현을 나타내어 망막색소상피세포임을 확인하였다. 세포치료제 공정을 위한 기준 및 시험법의 구축과 세포은행(MCB, WCB) 구축을 진행하였으며, 이러한 제조공정 및 품질관리시스템을 통과한 세포에 대한 전임상 안전성, 유효성 및 독성시험을 진행하였다.

② 인간배아줄기세포 유래 망막색소상피세포의 전임상 평가

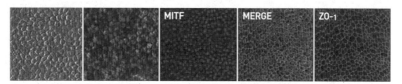

그림 4. 인간배아줄기세포 유래 망막색소상피세포의 형태학적 특성 및 특이마커의 발현

생산된 망막색소상피세포의 유효성 평가를 위해 황반변성증 동물모델인 RCS rat과 Elov14 유전자변형동물을 대상으로 세포의 망막하이식(subretinal injection)을 시행한 다음 이식된 세포의 생착과 시력회복의 정도를 관찰하였다. 그 결과 세포가 이식된 질환동물 모두에서 유의적으로 시력의 회복이 관찰되었으며, 최적의 세포이식농도 시험을 통해 안구당 5만 개의 세포를 이식하는 것이 치료의 효율이 가장 높은 것으로 판명되었다.

한편 세포이식술을 시행한 동물에 대해 안구적출 후 조직분석을 통해 세포의 생사여부를 확인한 결과, 그림 6에서 보는 바와 같이 이식한 세포가 망막 하에 성공적으로 생착되었다. 이 연구를 통해 개발된 망막색소상피세포는 망막 부위에 생착됨으로써 시력회복에 직접 참여함을 확인할 수 있었다(그림 6).

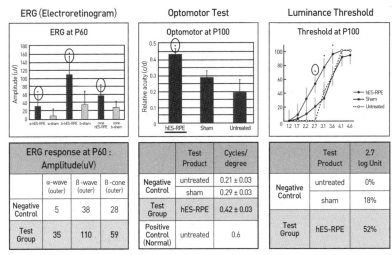

ERG (Electroretinogram)	Optomotor Test	Luminance Threshold

ERG at P60 / **Optomotor at P100** / **Threshold at P100**

ERG response at P60 : Amplitude(uV)			
	α-wave (outer)	β-wave (outer)	β-cone (outer)
Negative Control	5	38	28
Test Group	35	110	59

	Test Product	Cycles/ degree
Negative Control	untreated	0.21 ± 0.03
	sham	0.29 ± 0.03
Test Group	hES-RPE	0.42 ± 0.03
Positive Control (Normal)	untreated	0.6

	Test Product	2.7 log Unit
Negative Control	untreated	0%
	sham	18%
Test Group	hES-RPE	52%

그림 5. RCS rat의 망막하이식 방법으로 세포이식된 동물의 시력회복능 분석

또한 세포치료제 전임상평가 시 중요한 검사항목 중 하나인 종양원성 시험을 진행하였으며 그 결과 망막색소상피세포를 이식한 모든 동물에서

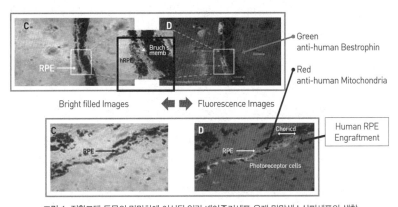

그림 6. 질환모델 동물의 망막하에 이식된 인간 배아줄기세포 유래 망막색소상피세포의 생착

종양발생은 관찰되지 않았으며, 안구 내 망막하에 이식한 세포는 이식된 안구 외에 다른 안구는 물론 모든 장기나 체조직 내로 이동하지 않음을 확인했다. 이로써 개발된 망막색소상피세포가 유효성 외에도 안전성 및 독성

이 없는 세포치료제임을 알 수 있다.

③ 인간배아줄기세포 유래 망막색소상피세포의 임상시험

인간배아줄기세포로부터 분화 유도된 망막색소상피세포는 제조공정 및 품질관리시스템 확립과 전임상 안전성, 효력 및 독성 시험 평가를 거쳐 최종적으로 미국과 한국의 식품의약품안전청(FDA)으로부터 청소년기에 발생하는 망막변성증으로 희귀난치성질환인 스타가르트병 (Stargardt's macular dystrophy: SMD)과 건성 노인성 황반변성증(Dry age-related macular dystrophy: Dry-AMD)에 대한 임상승인을 받은 뒤 임상시험을 진행하고 있다. 최근 공동연구 협력사인 미국 ACT사는 스타가르트병 환자와 노인성 황반변성증 환자 각 1명에 대한 세포이식술을 시행한 결과, 세포이식 후 4개월 동안 어떠한 의학적 부작용이 발생하지 않아 이 연구를 통해 제조 및 품질관리된 인간배아줄기세포 유래 망막색소상피세포의 안전성 및 내약성을 입증하였다. 또한 시력회복 정도를 관찰한 결과 한명의 환자는 손가락의 수 분별, 손목시계의 시각측정이 가능한 수준으로 향상되었으며, 다른 한명의 환자는 시력측정기의 상단의 글자를 식별할 수 있을 뿐만 아니라 혼자서 쇼핑몰을 다녀올 수 있을 정도로 회복되고 있어 세포치료제의 성공적 치료가능성에 대한 낙관적 결과가 도출되고 있다. 현재는 총 13명의 환자가 세포치료를 진행하고 있고 최근에는 세포의 이식수를 기존의 50,000개에서 100,000개로 늘려 이식하는 시험이 진행중에 있다. 향후 보다 많은 환자에 대한 임상시험과 장기간의 추적관찰이 진행하여 최종 세포치료제의 안전성과 치료적 효력능을 입증해야 하겠지만 망막색소상피세포는 배아줄기세포 유래의 최초의 세포치료제로 개발될 가능성이 매우 높을 것으로 판단된다.

(2) 혈관내피전구세포 분화 및 세포치료제 개발

혈관내피전구세포(endothelial progenitor cell: EPC)는 혈관, 골수, 제대혈, 태반 등과 같은 다양한 체조직에 존재하며 이들 세포는 혈관의 기능을 조절하는 매우 중요한 세포이다. 혈관내피전구세포의 이상이 발생될 경우 뇌출혈, 뇌졸중, 심혈관 이상, 말초혈관 이상 및 당뇨성 족부궤양 등과 같은 다양한 허혈성질환(ischemic diseases)의 원인이 된다. 저자의 연구실에서는 만능줄기세포인 인간배아줄기세포로부터 혈관내피전구세포로의 분화유도 기술을 개발하고 이를 활용하는 세포치료제 개발을 진행하고 있다.

① 혈관내피전구세포의 분화유도 및 특성분석

혈관내피전구세포의 분화유도기술을 개발하기 위해 미분화 인간배아줄기세포로부터 배상체로의 발생을 유도한 다음, gelatin coating dish에 세포를 배양하여 이를 공초점레이저현미경을 통해 면역화학분석을 실시했다. 그 결과 혈관내피전구세포 특이발현 유전자인 PECAM의 발현이 일어난 세포의 대부분이 배상체 중심 주위에 위치함을 확인했다. 미세조작을 통해 배

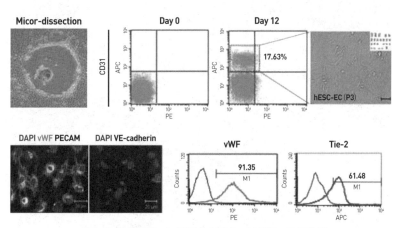

그림 7. 인간배아줄기세포 유래 혈관내피전구세포의 분화유도 및 특성분석

상체 중심 부위의 세포군만을 분리하여 EGM2/MV 배지하에서 증식을 유도한 결과, 증식된 세포의 대부분이 혈관내피전구세포 특이 마커인 vWF, PECAM, VE-cadherin과 Tie-2를 발현하는 세포군임을 확인하였다.

한편 분화유도 및 순수 분리된 인간배아줄기세포 유래 혈관내피전구세포의 생체 내 이식을 통한 치료능력을 검증하기에 앞서 체외 기능분석을 시행하였다. 먼저 혈관내피전구세포의 고유 특성 중 하나인 LDL uptake 시험을 실시한 결과, 모든 분화 및 증식된 세포 내에서 ac-LDL이 세포질 전체로 유입되는 것을 확인하였으며(그림 8 상단 좌측) 이들 세포를 matrigel 상에서 24시간 동안 배양한 결과 모든 세포가 원시혈관 형태의 구조를 구축하는 것을 확인하였다(그림 8 상단 우측). 이러한 원시혈관 형태의 세포는 면역염색 시 모두 혈관내피전구세포 특이발현 유전자인 PECAM, vWf 및 VE-Cadherin이 발현되어 연구에서 개발된 인간배아줄기세포 유래의 혈관내피전구세포는 세포분자학적 특성유지와 함께 생체 외의 기능성을 나

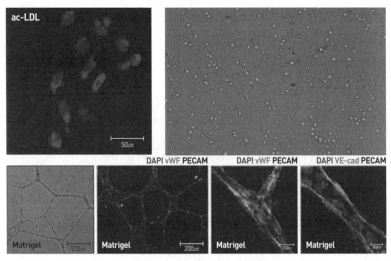

그림 8. 인간배아줄기세포 유래 혈관내피전구세포의 체외기능해석

타내는 세포임을 확인하였다.

② 혈관내피전구세포의 생체 내 이식을 통한 기능성 평가

개발된 혈관내피전구세포의 치료적 가능성을 타진하기 위해 먼저 말초혈관질환 중 하나인 하지허혈증(hindlimb ischemic disease) 동물모델을 제작하고 허혈조직 주변에 분화유도된 혈관내피전구세포를 근육 내 주사함으로써 이식된 세포의 치료적 기능성을 분석하였다. 그 결과 하지허혈질환 모델동물에 이식된 세포의 수가 증가할수록 치료능력은 우수함을 확인하였고, 반면 세포를 이식하지 않은 동물에게서는 모두 하지의 절단이 관찰되었다. 또한 Laser doppler imaging system을 이용하여 말초혈관 내의 혈류량을 측정한 결과, 세포이식군의 경우 최적의 세포이식농도인 3x105 세포를 이식하면 80% 정도의 혈류량의 회복능을 나타냄을 보았다. 이 연구를 통해 개발된 혈관내피전구세포는 다양한 허혈성 질환에 대한 세포공급원으로서의 가능성을 확인하였다(그림 9).

세포이식 후 4주가 지나 일부의 동물에 대해 이식된 세포의 생착과 신생

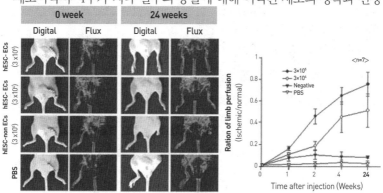

그림 9. 하지허혈 질환동물모델로의 분화유도된 혈관내피전구세포의 세포이식과 혈류량 개선효과

혈관 형성의 참여 여부를 확인한 결과, 이식된 세포는 성공적으로 허혈조직 내에 생착되고 신생혈관 형성에 참여함이 드러나 이식세포의 생착과 증식이 성공적으로 이루어짐을 볼 수 있었다(그림 10). 특히 허혈조직 내의 신생혈관은 모두 이식한 인간배아줄기세포 유래의 혈관내피전구세포와 허혈조직 주변의 생쥐 혈관세포가 혼합된 hybrid vessel 형태로 관찰되었으며 혈관 내에는 다수의 적혈구가 관찰되어 기능성을 지닌 혈관임이 밝혀졌다. 이러한 결과는 이식한 혈관내피전구세포가 세포의 생착과 증식을 통해 직접적으로 혈관형성에 참여할 뿐만 아니라, 다양한 혈관형성 촉진인자의 방출을 유도하고 이들 물질에 의해 생체 내 존재하는 혈관전구세포 혹은 체세포의 활성화를 유도함으로써 혈관형성을 촉진하는 간접적 치료능을 동시에 보유하고 있음을 확인한 것이다.

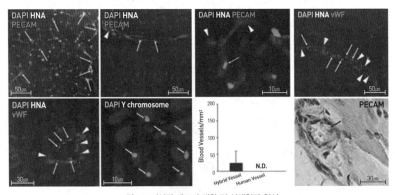

그림 10. 이식된 세포의 생착 및 신생혈관 형성

③ 혈관내피전구세포 분비성분의 분석 및 이들의 치료적 잠재능 평가

분화유도, 세포의 증식 및 고순도 분리를 통해 얻어진 혈관내피전구세포의 생체이식을 통한 연구를 통해 이들 세포는 다양한 혈관형성 촉진인자를 방출하고 이들의 생체 내 세포의 활성화 유도에 관여함을 확인했다. 분화유도된 혈관내피전구세포로부터 분비되는 물질을 분석한 결과, 혈관형성을 촉진하는 것으로 알려진 bFGF, Angiopoietin-I 및 VEGF 등의 다른 체세포 유래의 혈관내피전구세포에 비해 유의적으로 높은 수준으로 분비함을 확인할 수 있었다(그림 11). 이러한 결과를 바탕으로 혈관내피전구세포의 배양산물 자체가 실제 치료능력을 보유하고 있는지를 확인하기 위해 중증의 창상(cuteneous wound model) 동물모델을 제작한 다음, 창상 주변 부위에 배양물을 주사하여 창상조직의 수복능을 조사하였다. 그 결과 배

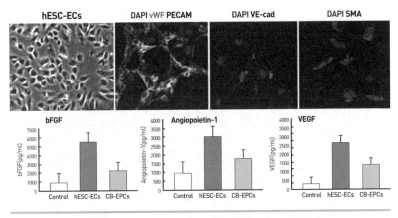

그림 11. 혈관내피전구세포로부터 분비되는 혈관형성 촉진인자의 분석

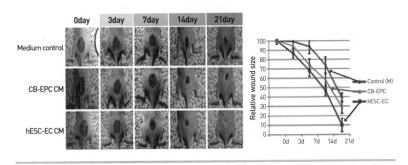

그림 12. 중증창상동물모델에 대한 혈관내피전구세포 분비성분의 주입을 통한 치료능 분석

아줄기세포 유래의 혈관내피전구세포 배양물을 주입한 군의 경우 신속한 창상조직의 재상피화(reepithelization)를 촉진하여 조직수복이 이루어지는 치료능을 확인할 수 있었다. 이러한 치료능은 무처리군이나 제대혈 유래의 혈관내피전구세포에 비해 통계적으로 유의하게 높은 것이다.

이러한 결과를 바탕으로 이 연구에서 확립된 인간배아줄기세포 유래의 혈관내피전구세포의 세포의 직접효과 외에 다양한 혈관형성 촉진인자의 방출에 의한 간접효과가 존재함을 확인하였다. 이를 구체적으로 증명하기 위해 혈관내피전구세포를 생분해성 물질인 matrigel로 포매(encapsulation)하여 하지허혈증 동물모델에 이식함으로써 이식된 혈관내피전구세포가 질환동물의 생체 내로 노출되지 않으면서 분비되는 혈관형성 촉진인자로 인

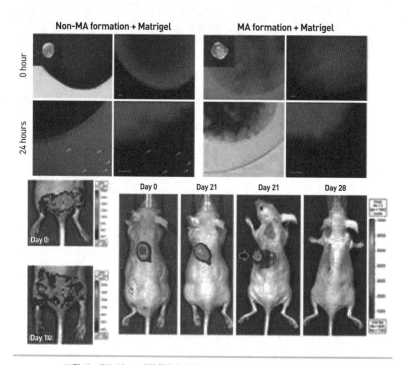

그림 13. 세포 또는 포매된 혈관내피전구세포의 생체내 세포의 이동 및 생착 분석

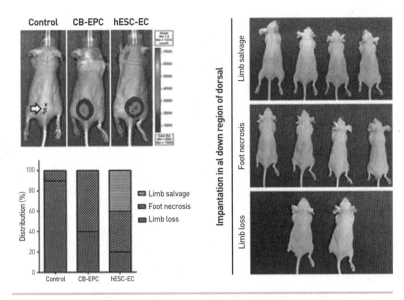

그림 14. 포매된 혈관내피전구세포 이식을 통한 하지허혈증 동물의 치료효과 분석

한 하지허혈증의 치료가 가능한지를 조사하였다. 그림 13과 같이 혈관내피전구세포를 등배부위에 이식하고 이미징을 촬영한 결과, 이식 후 14일에는 이식부위 외에 다양한 부위로 산재되는 것이 관찰되었다(그림 13 하단 좌측). 하지만 포매한 혈관내피전구세포의 경우 이식 후 21일까지 포매된 형태로 존재하며 이를 외과적으로 제거하기도 용이함을 확인하였다. 이어 이러한 방법을 통해 혈관내피전구세포를 포매하여 하지허혈증 동물모델의 등배부위에 이식한 다음 허혈증의 치료여부를 조사한 결과 전체동물의 40%가 허혈증 치료가 가능하였다. 반면 제대혈 유래 혈관내피세포 또는 배양액만을 처리한 군에서는 이러한 치료효과가 인정되지 않았다. 이상의 연구결과를 종합해볼 때 인간배아줄기세포로부터 분화 및 증식이 유도된 혈관내피전구세포는 허혈성 질환의 세포치료제로서 안전성 및 치료적 가능성이 인정되며 동시에 이로부터 분비되는 다양한 유용물질 역시 치료

적 능력이 존재함을 확인할 수 있었다.

(3) 심근세포 분화 및 세포치료제 개발

심근세포(cardiac muscle cell)는 심장조직을 구성하는 주요 세포로서 심장의 기능조절에 중요한 역할을 담당한다. 심근경색증(myocardial infraction)은 심장근육 또는 혈관조직의 손상에 의해 기인되는 질환으로 암을 제외하고 사망 원인의 수위를 차지하고 있다. 최근 다양한 세포 혹은 성체줄기세포를 활용한 심근경색 질환의 치료를 위한 세포이식이 진행되고 있으나 치료적 능력을 지닌 세포의 공급이 어렵고 실제 임상시험 시 임상적 활용가능성에 대한 논란도 존재한다. 따라서 본 연구실에서는 무한대 증식능과 분화능을 지닌 배아줄기세포로부터 기능성 심근세포로의 분화유도와 대량증식을 통해 새로운 줄기세포치료제의 대안을 개발하고자 연구를 진행하였다.

① 심근세포의 분화유도 및 특성분석

일반적으로 배아줄기세포로부터 특정세포로의 분화유도를 위해서 다양한 방법을 적용하고 있는데 이 연구를 위해서는 인간의 초기발생, 특히 심장발생과정에서 내배엽 유래의 세포와 상호작용함으로써 심장의 발생이 이루어진다는 점을 활용했다. 곧 인간배아줄기세포 유래의 내배엽성세포의 배양과정에서 얻어지는 배양액을 배아줄기세포 배양에 적용할 경우, 박동성을 지닌 배상체(contractile embryo body)가 형성될 수 있다는 점을 이용하여 심근세포의 분화유도를 진행하였다. 세포분화유도 2주 후에 얻어진 박동성을 지닌 배상체를 효소처리하여 단일세포로 제작한 다음, 이를 배양하면 전체세포 중 50% 정도가 심근세포로 분화되는 것을 확인하였다.

또한 이를 혈청성분이 함유되지 않은 배지성분을 이용하여 배양할 경우, 배양된 모든 세포가 자연선별과정을 통해 심근세포만 선별 배양되는 것을 확인하였다. 이들 세포는 심근세포 특이발현인자인 cTNT와 sMHC 발현이 이루어졌으며 분화효율은 90%를 나타내었다(그림 15).

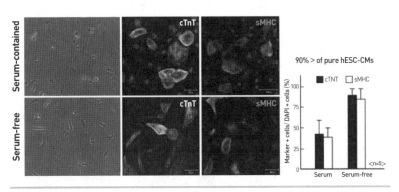

그림 15. 무혈청배지하에서 심근세포의 순수분리 및 분화효율

이러한 방법에 의해 생산된 심근세포의 증식을 위한 기술을 개발하여 최종적으로 심근세포 특이적 마커의 발현과 체조직 내에 존재하는 심근세포와 동일한 형태(sarcomic structure)를 나타내는 심근세포의 생산에 성공하였다(그림 16). 또한 이들 세포에 대한 기능평가를 실시하여 patch clamp recording 시험결과 심근세포가 특이한 세 가지 형태(ventrical, atrial, nordal-like cardiomyocytes)로 구성되어 있으며, 무혈청 배지에서 유래된 심근세포의 경우 실제 치료적 기능을 나타내는 ventrial type의 심근세포가 70% 이상임을 확인할 수 있었다(그림 17).

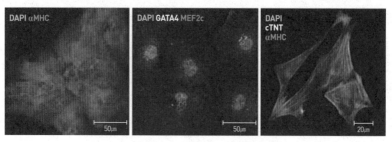

그림 16. 분화 및 증식된 심근세포의 형태학적 특성

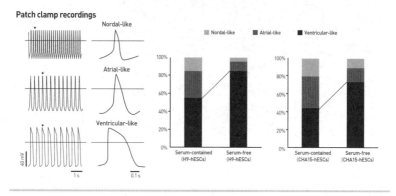

그림 17. 분화유도된 심근세포의 기능평가

이러한 방법에 따라 생산된 심근세포를 세포의 밀도를 조정하여 배양한 결과 그림 18에서 보는 바와 같이 세포와 세포 사이의 gap junction이 형성되고 심근근육 조직의 형태를 구현하여 모든 세포의 박동수가 동기화됨을 확인하였다. 최종적으로 배아줄기세포로부터 심근세포로의 분화율은 평균 90%를 나타냈다.

한편 분화 및 증식이 유도된 심근세포의 생체 내 기능성을 평가하기 위해 급성심근경색증 동물을 제작하고, 이들 동물의 손상된 심근조직 주변에 단일세포 형태와 다세포응집(multicellular aggregation: MA) 형태로 세포를

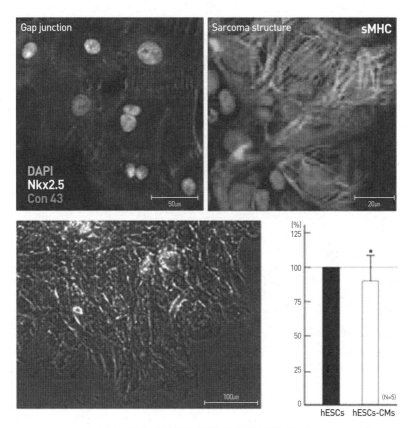

그림 18. 증식된 심근세포의 형태학적 특성 및 심박동의 동기화

이식했다. 세포이식 후 심근기능 분석을 실시한 결과, 세포이식군의 경우 심근기능지수인 심박출계수가 통계학적으로 유의하게 심근기능의 향상을 나타내었다. 특히 세포이식 시 단일세포 형태보다 다세포응집 형태로 이식할 경우 세포의 생존 및 심근조직의 기능향상이 유의하게 증가되는 것을 확인하였다(그림 19).

그뿐만 아니라 세포를 이식한 급성심근경색 동물모델에서 중장기 분석

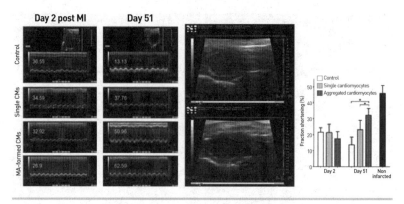

을 시행하였을 때, 종양형성이나 부정맥 등과 같은 부작용은 발생하지 않았으며 이식된 세포가 생착과 증식이 이루어짐을 확인하였다. 이상의 연구 결과를 종합해볼 때 이 연구를 통해 개발된 심근세포는 새로운 심근경색증 세포치료제로 치료적 가능성이 매우 높을 것으로 판단된다.

3. 맺음말

줄기세포로 대변되는 재생의학(regenerative medicine)은 전 세계적으로 초입단계의 학문이며 차세대 의학 분야에 새로운 패러다임을 바꿀 수 있는 블루오션 산업으로서 세계적 경쟁 속에 연구개발이 진행되고 있다. 국내의 경우 이미 세계 최초의 성체줄기세포치료제의 상용화가 구현되어 이 분야의 경쟁력을 확보하였다고 볼 수 있다. 반면 인간배아줄기세포의 경우 세계적으로 임상연구 단계에 진입할 정도로 매우 초기개발 단계이며, 최근 급성척수손상 환자에 대한 임상시험을 진행하던 미국의 Geron사가 경제적 제약점으로 인해 임상을 중단하여 실질적으로는 차병원 그룹과 협력사인 미국의 ACT가 개발 중인 망막손상으로 인한 실명증 치료제가 유일하다. 다행스럽게도 망막손상에 의한 실명증 임상시험을 통해 이식된 배아줄기세포 유래의 망막색소상피세포가 매우 안정적이고 일부에서 시력개선 효과가 나타난다는 연구결과가 발표되는 등 이 분야 연구개발의 활성화와 저변확대가 이루어지고 있다. 줄기세포치료제는 궁극적으로 의료기관과 난치병 환자 및 보호자가 수요자인 특성을 지니고 있고, 세포의 기준 및 시험법과 전임상 안전성, 독성 및 유효성 평가를 거쳐 최종적으로 임상적용 및 산업화가 가능하다. 따라서 연구개발의 투명성을 보장함과 동시에 국제수준의 임상시험을 통한 신뢰도 확보, 임상시험을 통한 다양한 기술의 개발이 필요한 시점이며 보다 다양한 세포로의 분화유도기술개발과 함께 세포치료제 개발의 가속화가 요구된다.

| 참고문헌 |

Ahn S. E., Kim S., Park K. H., Moon S. H., Lee H. J., Kim G. J., Lee Y. J., Park K. H., Cha K. Y., Chung H. M. Primary bone-derived cells induce osteogenic differentiation without exogenous factors in human embryonic stem cells. *Biochem Biophys Res Commun*, 2006 Feb 10;340(2):403~408.

Cell Therapy Markets : Trends, Industry, Participants, Product Overviews and Market Drivers, *TriMark Publication*, 2007.

Cho SW, Moon SH, Lee SH, Kang SW, Kim J, Lim JM, Kim HS, Kim BS, Chung HM. Improvement of postnatal neovascularization by human embryonic stem cell derived endothelial-like cell transplantation in a mouse model of hindlimb ischemia. *Circulation* 2007; 116: 2409~2419.

Draper J. S., Andrews P. W. Embryonic stem cells: advances toward potential therapeutic use. *Curr Opin Obstet Gynecol*, 2002 14(3):309~315.

Gabriel I., Nistror, Minodora O., Totoiu, Nadia Haque, Mellisa K. Carpenter, Hans S. Keoirstead. Human Embryonic Stem Cells Differentiate into Oligodendrocytes in High Purity and Myelinate After Spinal Cord Transplantation. *Glia* 2007; 49:385~396.

Kim J. M., Moon S. H., Lee S. G., Cho Y. J., Hong K. S., Lee J. H., Lee H. J., Chung H. M. Assessment of differentiation aspects by the morphological classification of embryoid bodies derived from human embryonic stem cells. *Stem Cells Dev.* 2011, Nov;20(11):1925~1935.

Kim J., Moon S. H., Lee S. H., Lee D. R., Koh G. Y., Chung H. M. Effective isolation and culture of endothelial cells in embryoid body differentiated from human embryonic stem cells. *Stem Cells Dev*, 2007 Apr;16(2):269~280.

Kim M. J., Park J. S., Kim S., Moon S. H., Yang H. N., Park K. H., Chung H. M. Encapsulation of bone morphogenic protein-2 with Cbfa1-overexpressing osteogenic cells derived from human embryonic stem cells in hydrogel accelerates bone tissue regeneration. *Stem Cells Dev*, 2011 ;20(8):1349~1358.

Kim S., Kim G. J., Miyoshi H., Moon S. H., Ahn S. E., Lee J. H., Lee H. J., Cha K. Y., Chung H. M. Efficiency of the elongation factor-1 alpha promoter in mammalian embryonic stem cells using lentiviral gene delivery systems. *Stem Cells Dev*, 2007 Aug;16(4):537~545.

Klimanskaya I., Hipp J., Rezai K. A., West M., Atala A., Lanza R. Derivation and comparative assessment of retinal pigment epithelium from human embryonic stem cells using transcriptomics. *Cloning Stem Cells* 2004; 6(3):217~245.

Lee J. E., Kang M. S., Park M. H., Shim S. H., Yoon T. K., Chung H. M., Lee D. R. Evaluation of 28 Human Embryonic Stem Cell Lines for Use as Unrelated Donors in Stem Cell Therapy: Implications of HLA and ABO Genotypes. *Cell Transplantation* 2010; 19(11):1383~1395.

Lee M. J., Kim J., Lee K. I., Shin J. M., Chae J. I., Chung H. M. Enhancement of wound healing by secretory factors of endothelial precursor cells derived from human embryonic stem cells. *Cytotherapy*, 2011 Feb;13(2):165~178.

Lu B., Malcuit C, Wang S., .et al. Long-term safety and function of RPE from human embryonic stem cells in preclinical models of macular degeneration. *Stem Cells* 2009; 27: 2126~2135.

Lu SJ, Feng Q, Caballero S, Chen Y, Moore MA, Grant MB, Lanza R. Generation of functional hemangioblasts from human embryonic stem cells. *Nature methods* 2007; 4: 501~509.

Lu S. J., Li F., Yin H., Feng Q., Kimbrel E. A., Hahm E., Thon J. N., Wang W., Italiano

J. E., Cho J., Lanza R. Platelets generated from human embryonic stem cells are functional in vitro and in the microcirculation of living mice. *Cell Res* 2011; 21(3):530-45.

Lund RD, Wang S, Klimanskaya I, Holmes T, Ramos-Kelsey R, Lu B, Girman S, Bischoff N, Sauvé Y, Lanza R. Human embryonic stem cell-derived cells rescue visual function in dystrophic rats. *Cloning Stem Cells* 2006; 8: 189~199.

Moon S. H., Kim J. S., Park S. J., Lee H. J., Do J. T., Chung H. M. A system for treating ischemic disease using human embryonic stem cell-derived endothelial cells without direct incorporation. *Biomaterials*, 2011 ;32(27):6445~6455.

Moon S. H., Kim J. S., Park S. J., Lim J. J., Lee H. J., Lee S. M., Chung H. M. Effect of chromosome instability on the maintenance and differentiation of human embryonic stem cells in vitro and in vivo. *Stem Cell Res*, 2011 ;6(1):50~59.

Schwartz, S. D., Hubschman, J. P., Heilwell, G., Franco-Cardenas V., Pan, C. K., Ostrick, R. M., Mickunas, E., Gay, R., Klimanskaya, I., Lanza, R. Embryonic stem cell trials for macular degeneration: a preliminary report. *Lancet* 6736(12):60028~2.

NIH Website. www.clinicaltrial.gov.

Adult Stem Cells Market Trends 2011, *Select Biosciences*, 2011.

| 정형민 |

차의과학대학교 의학전문대학원 및 바이오산업응용학과 교수이자 통합줄기세포 치료연구센터 연구소장과 ㈜차바이오앤디오스텍 사장으로 활동하고 있다. 주요 연구 분야는 인간배아줄기세포주 확립 및 특성분석, 인간배아줄기세포 유래 중배엽성 세포 분화유도기술 및 세포치료제 개발, 생체내 줄기세포 추적 및 기작규명과 줄기세포 치료제 개발 등이다. 2010년 차세대바이오대상을 수상했다.

11
조혈줄기세포로부터
자연살해세포의 분화

| 정진웅 |
동아대 생명과학과

자연살해세포는 종양 감시와 선천성 면역에서 중요한 역할을 한다. 자연살해세포는 분화하는 동안 골수에서 순차적으로 기능적 수용체를 획득하며, 골수의 미세환경과 전사인자, 막 인자, 사이토카인과 같은 많은 인자들이 세포에 영향을 준다. 자연살해세포는 주 조직 적합성 복합체 I 혹은 연관 분자에 결합할 수 있는 반복적인 활성·저해 수용체를 발현한다. 이와 같은 활성·저해 수용체의 균형은 표적세포에 대한 자연살해세포의 기능을 결정한다. 주 조직 적합성 복합체 I과 저해 수용체의 결합은 NK세포 매개 세포독성으로부터 표적세포를 보호하는 자연살해세포를 생성한다. 그러므로 자연살해세포는 주조직적합성 복합체 I을 통해서 자가 세포를 인식할 수 있다.

특히 자연살해세포는 여러 종류의 암세포 치료에 사용되고 있다. 최근 자연살해세포는 줄기세포 이식거부반응과 질병 재발 감소에 이용되고 있다. 본 연구에서는 항암면역 치료를 위한 자연살해세포의 임상적 응용 및

치료와 다양한 자연살해세포의 수용체의 기본적인 기전에 대해 살펴보고
자 한다.

1. 머리말

골수의 조혈줄기세포로 얻을 수 있는 성숙한 림프구인 자연살해세포는
변성된 세포 혹은 감염된 세포를 즉시 제거 하는 선천성 면역 매개로써 중
요한 기능을 하는 대핵 과립성 림프구이다. 또한 그들의 다양한 사이토카
인의 방출은 면역시스템의 구성요소를 자극하여 감염된 세포를 즉시 제거
한다. 그러므로 자연살해세포는 선천성 면역반응과 후천성 면역반응 모두
에 참여하며, 두 반응 모두 중요한 역할을 한다[1].

자연살해세포는 주로 수용체를 통하여 표적을 인식하며, 주 조직 적합
성 복합체 I이 결핍된 쥐에서 변형된 세포나, 감염된 세포를 우선적으로 제
거한다. 이 특이성은 사람과 쥐의 CD94와 NKG2A 저해 복합체에 의존한
다[2]. 강한 자극이 있을 때 자연살해세포는 바이러스에 감염된 세포 혹은
변형된 세포의 세포자살을 유도하기 위해 퍼포린, 과립과 몇몇 종양 괴사
패밀리 리간드를 방출한다.[3] 또한 IFN-γ, IL-1β, IL-2, IL-3, IL-4, IL-
5, IL6 와 같은 다양한 사이토카인을 방출한다[4]. IL-2 혹은 IFN-α/β는 자
연살해세포의 독성 능력의 증가를 이끌며 다양한 암세포를 공격한다. 전구
자연살해세포에서 성숙한 자연살해세포의 발달은 아직 명확하게 알려지지
않았다. 그럼에도 불구하고 자연살해세포의 분화 과정 동안 효과세포의 기
능뿐만 아니라 특정 마커의 표현형은 명확하게 밝혀졌다. 골수에서 초기
조혈줄기세포로부터 자연살해세포의 기능적 표면 수용체를 순차적으로 습
득하지만, 전구 자연살해세포는 림프절, 비장, 흉선에서도 찾을 수 있다[5]

초기 자연살해세포분화는 세포의 표면 마커에 의존한다. 쥐에서는 NK 1.1, DX5, Ly49, 사람에서는 CD161, CD56, CD16, KIRs이다. 일반적으로 조혈줄기세포에서 자연살해세포로의 분화는 전구 자연살해세포와 성숙 자연살해세포의 마커 의존적으로 크게 두 가지 단계로 나눌 수 있다. 쥐에서 전구 자연살해세포는 공통적으로 IL-2/IL-5 수용체의 β 소단위체, CD122의 발현에 의해 결정된다. 이러한 수용체를 통해서 IL-15는 자연살해세포의 성숙 신호를 전달하는 중요한 역할을 한다. 이후 그들은 CD94-NKG2와 Ly49와 같은 다른 기능적 수용체와 DX5, NK 1.1를 얻게 된다. 완전히 성숙된 자연살해세포는 CD11β와 CD43을 강하게 발현한다[6]. 사람에서 전구 자연살해세포는 기저세포에서 분비하는 성장인자인 c-kit 리간드와 Flt3 리간드에 의해 생산되며, CD34^{bright}CD122+CD56에 의해 특징을 가지게 된다. 이와 같은 전구세포들은 IL-15에 의해 다양한 저해·활성 수용체를 포함하는 성숙한 자연살해세포로 분화하기 시작한다. 사람과 쥐에서 골수의 미세 환경은 자연살해세포의 주요 성장 인자이며, 기저세포는 자연살해세포의 완전한 분화에 필요한 인자를 분비 한다[7]. 그러므로 골수의 기저환경은 자연살해세포 발달에 중요하다.

2. 자연살해세포 분화 인자

자연살해세포 분화조절 인자에 대해서는 아직 많은 연구가 진행되지 않았다. 그러나 세포와 세포의 상호작용과 미세환경의 수용성 인자, 그리고 IL15와 같은 몇몇 인자가 밝혀졌다. 비록 자연살해세포의 분화에서 골수의 미세환경이 필수적이지만, SCF, Flt3L와 IL-7 이 세 가지 사이토카인에 의해 부분적으로 대체 될 수 있다. 이 사이토카인들은 전구 자연살해세포에서 그들의 수용체를 통하여 반응하여 CD122가 유도된다고 보고되었다. 최근 스트레스 반응 유전자(Vitamin D3 upregulated protein 1; VDUP1)는 IL-15와 반응하며, CD122의 발현 조절에 의해 자연살해세포분화를 조절한다고 보고되었다[8].

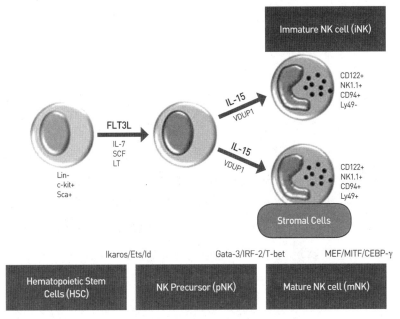

그림 1. 쥐의 조혈줄기세포로부터 자연살해세포 발달 인자. 조혈줄기세포로부터 전구 세포 형성은 LT와 SCF, IL-7 뿐만 아니라 Flt3 리간드에 의존한다. Ikaros, Ets, Id패밀리와 같은 전사 인자들은 자연살해세포의 초기 발달 단계에 관여 한다. 전구 자연살해세포는 주로 IL-15에 의해 조절되며, 골수 기저세포 또한 자연살해세포 발달에 많은 영향을 미친다. VDUP1은 CD122의 발현을 증가시킴으로써 IL-15에 더욱 민감하게 반응 할 수 있도록 해준다. 이 단계에서 Gata-3, IRF-2, T-bet과 같은 전사 인자들이 자연살해세포에 반응한다. 마지막으로 기능적 수용체의 발현과 자연살해세포의 활성은 MEF, MITF, CEBP-γ와 같은 전사 인자들에 의해 조절된다.

전구 자연살해세포에서 기저세포로부터 LTβ 수용체와 조혈줄기세포로부터 lymphotoxin(LT)α1β1 사이에 상호작용이 중요하다고 알려져 있지만[9], LTα/LTβR은 자연살해세포 성숙 후기에 포함된다고 보고되었다[10]. 또한, IL-15 는 자연살해세포 발생을 위해 필수적인 것으로 알려져 있음에도 불구하고[11] 조혈줄기세포로부터 전구세포로의 전환에는 IL-15이 관여하지 않는 것으로 밝혀졌다[12]. 그러므로 자연살해세포 발생에서 IL-15는 의존/비의존적으로 간주된다. 그들의 수용체는 IL-15 반응에 의해 성숙한 자연살해세포의 기능적 특징과 표현형을 습득한다. 사람에서 IL-2는 전구 혹은 미성숙 자연세포에서 CD19와 KIRs 수용체의 습득을 향상시킬 수 있다. 하지만 IL-2가 결핍 쥐에서 정상적인 자연살해세포가 나타났으며, 이로 인해 IL-2는 자연살해세포의 발달에 필수적인 인자가 아닌 것을 알 수 있다.

몇몇 전사 인자들은 자연살해세포 발달에 중요한 역할을 한다고 알려져 있다(그림. 1). 전사인자의 첫 번째 그룹은 PU.1과 Ets-1, Ikaros 멤버와 같은 전사 인자 이다[13]. 이 전사 인자들은 자연살해세포에서 요구되는 중요한 사이토카인들의 조절을 통하여 전구 자연살해세포의 특이성과 성장유지에 필수적인 인자로 보고되었다. 예를 들어 Ikaros가 부재 시, 전구 자연살해세포는 IL-15에 반응하는 CD122가 발현되지 못하게 되고 결국 자연살해세포는 발달하지 못한다[14]. DNA결합 저해자와 기본적인 HLH E-box 전사인자, E2A,E2-2 그리고 HEB는 또한 자연살해세포 발달의 초기단계에서 세포 운명을 결정하는 데 중요하다. 그리고 Gata-3, IRF-2, T-bet은 두 번째 그룹으로서 자연살해세포의 후기 성숙과정에 필요하다[15]. 이와 같은 인자들의 부재 시 자연살해세포의 미성숙한 표현형 혹은 자연살해세포 기능의 미완성적인 발달을 이끈다[16].

마지막으로 세 번째 그룹인 MEF, MITF, CEBR-r은 완전히 성숙된 자연살해세포의 독성효과세포로서의 기능을 조절한다. 쥐에서 이와 같은 전사인자가 부재 시 정상적으로 자연살해세포가 분화되지만, 세포독성 능력과 사이토카인 생산이 현저히 감소한다.

비록 다른 T세포와 B세포와 같은 다른 림프구의 발달과정과 명확하게 비교할 수 없지만, 여러 수용성 인자와 막 인자, 그리고 전사인자들이 NK 세포 발달 매커니즘을 조절한다. 이러한 외부인자와 전사 인자의 협력은 활성·억제 수용체를 발현하는 자연살해세포의 다양한 레퍼토리를 생산한다.

3. 자연살해세포 레퍼토리의 다양성

자연살해세포는 표면에 활성·저해 수용체 형태와 같은 다양한 수용체의 레퍼토리를 발현한다[17]. 저해 수용체는 ITIMs (immunoreceptor tyrosine based inhibition motif)의 유무에 의해 특징지어 진다. 반면 활성 수용체는 ITIMs가 부족하며, 적응분자인 DAP-12와 함께 ITAM(immunoreceptor tyrosine based activation motif)이 포함되어 있다. 자연살해세포 효과 기능은 표적세포에서 주 조직 적합성 복합체 I혹은 연관 분자에 결합하는 활성·저해 수용체의 항상성 균형에 의해 조절된다. 활성 수용체는 자연살해세포의 기능 활성에 필수적이며, 그 결과 세포독성과 사이토카인을 생산한다. NCR(Natural cytotoxicity receptors)는 NKp30, Nkp44, Nkp46로 구성되어 있으며, 이 구성요소는 적응분자인 DAP12,FCγ,CD3ζ과 연관 신호를 통하여 종양 괴사에서 중요한 인자로 작용한다[18]. 자연살해세포의 기능은 표적세포에서 주 조직 적합성 복합체 I에 결합하는 저해 수용체에 의해 음성으로 조절된다. 자연살해세포 저해 수용체의 결합은 표적세포를 자연살해 매개 세포 독성으로부터 보호하도록 만든다. 표적세포에서 자가 주조직 적합성 복합체 I이 부족할 때, 자연살해 세포는 죽일 표적세포와 주 조직 적합성 복합체 I을 통한 저해 신호를 받을 수 없다. 이와 같은 현상을 '자가 인식 소실'이라 부른다[19]. 그러므로 숙주 주조직 적합성 복합체 I 분자는 자연살해세포 활성과 내성의 발달을 조절한다. 그러므로 자가 주 조직 적합성 복합체 I을 발현하지 않는 변형된 세포는 자가 자연살해세포에 의해 공격 받을 수 있다. 이 자연살해세포 내성에 관한 패러다임은 클론과 다클론 자연살해세포 수준에서 증명된 이후 모든 자연살해세포는 적어도 하나의 주 조직 적합 복합체 특이 저해 수용체를 발현해야 한다고 제안하였다[20]. 그러나 최근 쥐의 연구에서 몇몇 자연살해세포는 자가 주 조직 적합성 복합체 저해 수용체를 발현하지 않았다고 보고하였다[21]. 사람에서는 주 조직 적합성 복합체 I 미발현은 TAP(transporter-associated antigen processing) 결핍 때문이며, 자연살해세포 기능의 감소를 확인 할 수 있다[22].

이와 같은 저해 수용체에 결합하는 특이 주 조직 적합성 복합체 I 의 발현이 부족한 자연살해세포는 완전한 기능을 하지 못하고 약한 반응을 보이며, 이러한 반응은 주 조직 적합성 복합체 I 리간드에 의해 '라이센싱'의 부족 때문에 일어나는 것으로 제안된다. 라이센싱은 자연살해세포의 발달 동안 완전한 효과기전 획득을 위해 주 조직 적합성 복합체 I을 인지하는 것이 필요하다는 가설이다(그림. 2).

자연살해세포 수용체 레퍼토리는 단일 자연세포에 의해 발현되는 자연살해 수용체의 조합뿐만 아니라 각각 사용되는 자연살해 수용체로 구성되어 있다. 자연살해 수용체의 조합적 발현은 자연살해세포 CD94:NKG2A가 발현되며, 그리고 나서 KIRs가 자연살해세포 발달 중 후기 단계에 일어난다. CD94:NKG2A 유전자는 자가 내성 매커니즘과 연관되어 있으며, KIRs는 다양한 수용체 레퍼토리를 제공한다[23]. 그러나 아직 NKR의 조합에는 기본적인 구조가 규명되지 않았다. KIR과 Ly는 각각 쥐의 개체에서도 다르게 나타난다[24][25]. KIRs와 Ly29은 확실히 쥐와 HLA-E 사람에서 비분류 MHC-Qa-1b를 인지하는 CD94-NKG2 수용체와 주조직 적합성 복합체 I의 대립형질을 결정하는 데 중요한 수용체이다[26]. 쥐에서 Ly49는 주 조직 적합성 복합체 Ia 분자 H-2D와 H-2K를 인지한다[27]. Ly49 A, Ly49G

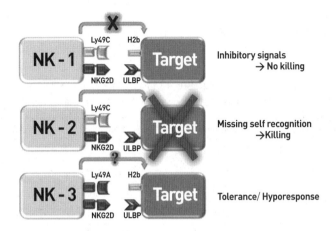

그림 2. 자연살해세포의 활성과 내성. 자연살해세포의 활성은 표적세포의 주조직 적합성 복합체에 저해 수용체의 결합에 의해서 조절 된다. 자가 주조직 적합성 복합체 I 리간드와 자연살해세포 저해 수용체의 결합은 표적세포를 자가 인식에 의한 사멸로부터 표적세포를 보호한다. 표적세포에 주조직 적합성 복합체 I이 부족할 때, 자연살해세포는 표적세포를 시멸 시킨다. 그러므로 숙주의 주조직 적합성 복합체 I은 자연살해세포의 활성과 내성의 발달을 조절한다. 특이적인 주조직 적합체 I을 위한 저해 수용체의 발현의 부족은 자연살해세포 발달동안 적절한 주조직 적합성 복합체 I에 라이센싱이 부족하기 때문이다. 이것은 자연살해세포 발달에서 저해 수용체 신호 의한 기능의 습득과 연관 되어 있음을 제안한다.

와 Ly49D는 H-2D를 인지하는 반면, Ly49/CI는 H-2kb에 강한 친화력을 가지고 있지만 낮은 정도로 H-2kd와 결합한다[28]. 사람에서 KIRs는 HLA I분자, HLA-A, HLA-B, HLA-C 대립형질 그룹 간에 차이를 가진다[29]. KOR2DL과 KIR2DS는 HLA-C 대립형질을 인식하는 반면 KIR3DL1은 HLA-Bw4 대립형질과 KIR3DL1을 인지하며, HLA-A 대립형질을 인식한다[30](표 1).

KIR 유전자는 개개인마다 다르게 유전되고, KIR 유전자는 자연살해세포 레퍼토리에서 선별적으로 분산된다[31]. 자연살해세포 저해 수용체의 분산과 특이성 때문에 세포들은 자연살해 반응에 감염되기 쉬운 비인식 주조직 적합성 복합체 I를 발현한다. 이 기능은 백혈병 환자를 치료하는 임상에 이용될 수 있다.

표1. MIC, MHC class I 연관 항원; ULBPs, UL16 결합 단백질; KIR, killer immunoglobulin like receptor; HLA, human leukocyte antigen; H, human; M, mouse.

Function	Receptors	Ligand (s)	Species
Activation	CD94/MKG2C	HLA-E/Q^a-1^b	H, M
	NKG2D	MICA/B, ULBPs	H, M
	NKG2E	HLA-E/Q^a-1^b	H, M
	NKp30	Unknown	H
	NKp44	Unknown	H
	NKp46	Unknown	H, M
	NKR-P1A	Unknown	H, M
	NKR-P1C	Unknown	M
	NKR-P1F	Unknown	M
	Ly49C	H-2D/H-2K	M
	Ly49D	H-2D	M
	Ly49H	MCMV m157	M
	KIR2DS1, KIR2DS2	HLA-C	H
Inhibition	Cd94/NKG2A	HLA-E/Q^a-1^b	H, M
	NKRP1B	Unknown	M
	NKRP1D	Unknown	M
	LY49A	H-2D	M
	LY49E	Unknown	M
	LY49G	H-2D	H
	KIR2DL1, KIR2DL2	HLA-C	H
	KIR3DL1	HLA-BW4	H
	KIR3DL3	HLA-A	H
	2B4	CD48	H, M

4. 자연살해세포 기반 세포치료

자연살해세포는 악성 종양 치료제로써 많이 공급되고 있다. 광범위한 표적세포에 반응하며, 특히 다른 약물 없이 세포용해 기능이 뛰어나기 때문에 자연살해세포는 암 치료 후보 치료제로 각광 받고 있다. 현재 몇몇 연구팀에서 자연살해세포를 이용하여 암을 치료하는 전략적 방법이 제시되었다[32].

자연살해세포의 첫 번째 임상실험은 실험관 내에서 IL-2를 분비하는 LAK 세포에서 시행되었다[33]. 그러나 기존의 LAK 실험방법으로는 큰 효과를 거두지 못했다. 그래서 다른 대안으로 자연살해세포를 활성화하기 위해 높은 농도의 IL-2를 주입하였지만, 암환자에서는 치료 효율이 증가하지 않았고 대부분 심각한 부작용을 유발하였다.

몇 가지 임상 실험에서 IL-2를 투여함으로써 자연살해세포의 확장과 활성화에 대하여 그 효과가 입증되었다. 종양에서 내부 자연살해세포의 반응을 높이기 위해 IL-2, IL-12, IL-15, IL-18, IL-21을 포함한 사이토카인과 type I IFNs가 사용되었다[34].

선택적인 세포 전달은 최근에 자연살해세포 주인 NK-92 세포에서 시행되었다. NK-92 세포는 몇몇 자연살해세포 활성 수용체를 발현하고 KIR의 억제가 없다. 그리고 몇몇 종양 세포에서 상당한 세포독성을 보인다. NK-92 세포의 주입은 안정성을 제공하고 몇몇의 경우에서 항암 효과를 발생시켰다. 종양선택마커로 사용되는 종양세포의 표면에서 발현되는 Hsp20 단백질이 발견되었다.

자연살해세포 독성기능의 임상적 적용은 줄기세포의 이식에서 찾아 볼 수 있다. 자연살해세포는 줄기세포 주입에 앞서 환자의 상태를 조절하기 위해 사용될 수 있다. 동종이계 줄기세포 이식은 AML과 급성 ALL과 같은 혈액성 악성종양 환자의 기증자 형제 혹은 형제 아닌 사람의 조혈줄기세포를 이식하는 것을 포함한다. 이식 후 공여자로부터 얻게 되는 T세포는 수여자의 항원제시세포에 의해 활성화된다. 활성화된 T세포는 조직에 상해를 야기하며, 이 같은 반응을 이식대숙주병(Graft-versus-host-disease; GVHD)이라 부른다. 그러나 공여자의 T세포 또한 수여자의 암세포를 인지하며 죽이게 되는데, 이러한 반응을 이식편대종양(Greaftr-versus-tumor; GVT)이라 부른다. 특히 줄기세포 이식 향상에 있어 해결해야 될 부분 중 하나는 GVHD 반응을 최소화 하고, GVT 반응을 향상시키는 것이다. 최근 공여자의 조혈줄기세포로부터 자연살해세포를 발달시키는 것뿐만 아니라 공여자에게 직접 얻은 자연살해세포에 의해 GVT 반응을 감소시킨다는 보고가 있었다[35].

T세포와 달리 자연살해세포는 GVT 효과 반응을 매개로 하며 그들은 GVHD를 유발하지 않는다.

Velardi's 그룹은 AML로부터 면역 거부반응에 의한 백혈병의 재발을 막고 오랜 기간 유지하는 기술을 처음 증명하였다[36]. 수여자의 T세포를 감소시키는 동종반응 자연살해세포는 GVHD의 감소와 GVL의 향상에 의해 환자의 생존률을 증가시킨다. 몇몇 연구에서 KIR 리간드의 부조합이 공여자의 생존과 재발을 감소하는 것으로 확인하였다. 자연살해세포의 동종인식에 대한 활성의 전제 조건은 공여자에 비해 수여자는 하나 혹은 많은 KIR 리간드가 부족해야 한다는 것이다. 공여자는 이러한 상황에서 수여자의 세포에 리간드가 없는 저해 KIR을 발현하는 자연살해세포를 가진다. 그러므로 공여자 KIR 리간드 부 조합은 면역치료로서 효율을 증가시켜줄 것이다.

면역 치료로서 자연세포를 사용하기 위해서는 몇 가지 고려할 문제점이 있다. 먼저 공여자의 선별기준이 있어야 하며 환자에게 맞는 자연살해세포를 준비해야 한다. 또한 자연살해세포의 복용규정과 시간을 결정하는 것이 요구된다.

5. 맺음말

현재 자연살해세포 수용체 레퍼토리와 발달의 조절에 관한 연구가 많이 진행 중이다. 그럼에도 불구하고, 자가 인식 누락의 획득과 다양한 자연살해세포 수용체의 발현에 관한 기본적인 구조가 아직 해결되지 않았다. 비록 자연살해세포 발달과 T 혹은 B 림프구와 연관이 명확하지는 않지만 자연살해세포 분화는 수용성 인자, 다양한 전사 인자뿐만 아니라 골수의 미세환경에 의해 조절된다. 이러한 인자들의 협력은 주 조직 적합성 복합체 I을 인지하는 활성·저해 수용체를 포함하여 다양한 레퍼토리를 생산한다. 특히 많은 연구가 축적된다면, 면역치료로써 자연살해세포를 이용할 수 있을 것이다.

그러나 암환자의 면역치료에는 아직까지 한계가 있다고 보고되고 있다. 최근 자연살해세포의 생물학적인 이해와 발달은 이식과 비이식 상태에서 암 치료를 위한 자연살해세포를 기반으로 한 면역치료의 사용은 새로운 전략적 치료의 발전을 이끌어 줄 것이다. 따라서 자연살해세포는 미래의 인간 면역치료에 확실한 치료제로서 자리할 것이다.

| 참고 문헌 |

1) Di Santo, J. P. (2006) Natural killer cell developmental pathways: question of balance. Annu. Rev. Immunol. 24, 257~286.

2) Ljunggren, H. G. and Karre, K. (1985) Host resistance directed selectively against H-2-deficient lymphoma variants. Analysis of the mechanism. *J. Exp. Med.* 162, 1745~.1759.

3) Maki, G., Klingemann, H. G., Martinson, J. A., and Tam, Y. K. (2001) Factors regulating the cytotoxic activity of the human natural killer cell line, NK-92. J. Hematother. Stem Cell Res. 10, 369~383.

4)Saito, S., Nishikawa, K., Morii, T., Enomoto, M., Narita, N., et al. (1993) Cytokine production by CD16-CD56bright natural killer cells in the human early pregnancy decidua. Int. Immunol. 5, 559~563.

5) Ikawa, T., Fujimoto, S., Kawamoto, H., Katsura, Y., and Yokota, Y. (2001) Commitment to natural killer cells requires the helix-loop-helix inhibitor Id2. Proc. Natl. Acad. Sci. USA 98, 5164~5169.

6) Williams, N. S., Moore, T. A., Schatzle, J. D., Puzanov, I. J., Sivakumar, P. V., et al. (1997) Generation of lytic natural killer 1.1+, Ly-49- cells from multipotential murine bone marrow progenitors in a stroma-free culture: definition of cytokine requirements and developmental intermediates. J. Exp. Med. 186, 1609~1614.

7) Ogasawara, K., Hida, S., Azimi, N., Tagaya, Y., Sato, T., et al. (1998) Requirement for IRF-1 in the microenvironment upporting development of natural killer cells. Nature 391, 700~703.

8) Lee, K. N., Kang, H. S., Jeon, J. H., Kim, E. M., Yoon, S. R., *et al.* (2005) VDUP1 is required for the development of natural killer cells. *Immunity* 22, 195~.208.

9) Lian, R. H., Chin, R. K., Nemeth, H. E., Libby, S. L., Fu, Y. X., *et al.* (2004) A role for lymphotoxin in the acquisition of Ly49 receptors during NK cell development. Eur. J. Immunol. 34, 2699~.2707.

10) Kather, A., Chantakru, S., He, H., Minhas, K., Foster, R., *et al.* (2003) Neither lymphotoxin alpha nor lymphotoxin beta receptor expression is required for biogenesis of lymphoid aggregates or differentiation of natural killer cells in the pregnant mouse uterus. Immunology 108, 338~.345.

11) Budagian, V., Bulanova, E., Paus, R., and Bulfone-Paus, S. (2006) IL-15/IL-15 receptor biology: a guided tour through an expanding universe. Cytokine Growth Factor Rev. 17, 259~280

12) Vosshenrich, C. A., Ranson, T., Samson, S. I., Corcuff, E., Colucci, F., et al. (2005) Roles for common cytokine receptor gamma-chain-dependent cytokines in the generation, differentiation, and maturation of NK cell precursors and peripheral NK cells in vivo. J. Immunol. 174, 1213~1221.

13) Singh, H., Medina, K. L., and Pongubala, J. M. (2005) Contingent gene regulatory networks and B cell fate specification. Proc. Natl. Acad. Sci. USA 102, 4949~4953.

14) Boggs, S. S., Trevisan, M., Patrene, K., and Geogopoulos, K. (1998) Lack of natural killer cell precursors in fetal liver of Ikaros knockout mutant mice. Nat. Immun. 16, 137~145.

15) Lian, R. H. and Kumar, V. (2002) Murine natural killer cell progenitors and their requirements for development. Semin. Immunol. 14, 453~460.

16) Taki, S., Nakajima, S., Ichikawa, E., Saito, T., and Hida, S. (2005) IFN regulatory factor-2 deficiency revealed a novel checkpoint critical for the generation of peripheral NK cells. J. Immunol. 174, 6005~6012.

17) Colonna, M. and Samaridis, J. (1995) Cloning of immunoglobulin-superfamily members associated with HLA-C and HLAB recognition by human natural killer cells. Science (New York, N.Y) 268, 405~408.

18) Farag, S. S. and Caligiuri, M. A. (2004) Cytokine modulation of the innate immune system in the treatment of leukemia and lymphoma. Adv. Pharmacol. (San Diego, Calif) 51, 295~318.

19) Ljunggren, H. G. and Karre, K. (1990) In search of the 'missing self': MHC molecules and NK cell recognition. Immunol. Today 11, 237~244.

20) Draghi, M., Yawata, N., Gleimer, M., Yawata, M., Valiante, N. M., et al. (2005) Single-cell analysis of the human NK cell response to missing self and its inhibition by HLA class I. Blood 105, 2028~2035.

21) Kim, S., Poursine-Laurent, J., Truscott, S. M., Lybarger, L., Song, Y. J., et al. (2005) Licensing of natural killer cells by host major histocompatibility complex class I molecules. Nature 436, 709~713.

22) Vitale, M., Zimmer, J., Castriconi, R., Hanau, D., Donato, L., et al. (2002) Analysis of natural killer cells in TAP2-deficient patients: expression of functional triggering receptors and evidence for the existence of inhibitory receptor(s) that prevent lysis of normal autologous cells. Blood 99, 1723~1729.

23) Carson, W. E., Giri, J. G., Lindemann, M. J., Linett, M. L., Ahdieh, M., et al. (1994) Interleukin (IL) 15 is a novel cytokine that activates human natural killer cells via

components of the IL−2 receptor. J. Exp. Med. 180, 1395~1403.

24) Makrigiannis, A. P., Pau, A. T., Schwartzberg, P. L., McVicar, D. W., Beck, T. W., et al. (2002) A BAC contig map of the Ly49 gene cluster in 129 mice reveals extensive differences in gene content relative to C57BL/6 mice. Genomics 79, 437~444.

25) Roth, C., Carlyle, J. R., Takizawa, H., and Raulet, D. H. (2000) Clonal acquisition of inhibitory Ly49 receptors on developing NK cells is successively restricted and regulated by stromal class I MHC. Immunity 13, 143~153.

26) Held, W., Coudert, J. D., and Zimmer, J. (2003) The NK cell receptor repertoire: formation, adaptation and exploitation. Curr. Opin. Immunol. 15, 233~237.

27) Ryan, J. C. and Seaman, W. E. (1997) Divergent functions of lectin−like receptors on NK cells. Immunol. Rev. 155, 79~89.

28) Dorfman, J. R. and Raulet, D. H. (1998) Acquisition of Ly49 receptor expression by developing natural killer cells. J. Exp. Med. 187, 609~618.

29) Moretta, A., Bottino, C., Sivori, S., Marcenaro, E., Castriconi, R., et al. (2001) Natural killer lymphocytes: "null cells" no more. Ital. J. Anat. Embryol. 106, 335~342.

30) Lanier, L. L., Corliss, B. C., Wu, J., Leong, C., and Phillips, J. H. (1998) Immunoreceptor DAP12 bearing a tyrosine−based activation motif is involved in activating NK cells. Nature 391, 703~707.

31) Townsend, M. J., Weinmann, A. S., Matsuda, J. L., Salomon, R., Farnham, P. J., et al. (2004) T−bet regulates the terminal maturation and homeostasis of NK and Valpha14i NKT cells. Immunity 20, 477~494.

32) Ljunggren, H. G. and Malmberg, K. J. (2007) Prospects for the use of NK cells in immunotherapy of human cancer. Nat. Rev. Immunol. 7, 329~.339.

33) Rosenberg, S. (1985) Lymphokine−activated killer cells: a new approach to immunotherapy of cancer. J. Natl. Cancer Inst. 75, 595~.603.

34) Becknell, B. and Caligiuri, M. A. (2005) Interleukin−2, interleukin−15, and their roles in human natural killer cells. Adv. Immunol. 86, 209~.239.

35) Ruggeri, L., Mancusi, A., Burchielli, E., Aversa, F., Martelli, M. F., et al. (2006) Natural killer cell alloreactivity and haploidentical hematopoietic transplantation. Cytotherapy 8, 554~558.

36) Ruggeri, L., Capanni, M., Urbani, E., Perruccio, K., Shlomchik, W. D., et al. (2002) Effectiveness of donor natural killer cell alloreactivity in mismatched hematopoietic transplants. Science (New York, N.Y) 295, 2097~.2100.

| 정진웅 |

고려대학교 생물학과를 졸업하고 미국 Illinois Institute of Technology에서 석사와 박사학위(이학박사)를 취득하였으며, Johns Hopkins University에서 박사후과정을 마쳤다. 고려대 생명과학대학 연구교수와 한국생명공학연구원 선임연구원을 거쳐 현재 동아대학교 생명과학과 교수로 재직 중이다. 주요 논문은 아래와 같다.

1. M i Sun Kim, Kil Soo Bae, Hye—Jin Kim, Suk—Ran Yoon, Doo Byung Oh, Kwang Woo Hwang, Woo Jin Jun, Sang In Shim, Kwang—Dong Kim, Yong—Woo Jung, So—Young Park, Ki Sun Kwon, Inpyo Choi, and **Jin Woong Chung**. Protein Expression Analysis in Hematopoietic Stem Cells during Osteopontin—Induced Differentiation of Natural Killer Cells. Biomolecules &Therapeutics 2011 Apr 19(2): 206—210.
2. **Jin Woong Chung**, ZH Piao, SR Yoon, MS Kim, M Jeong, SH Lee, JK Min, JW Kim, YH Cho, JC Kim, JK Ahn, KE Kim and I Choi. Pseudomonas aeruginosa eliminates natural killer cells via phagocytosis—induced apoptosis. 2009.08. Plos Pathogens 5(8): e1000561.
3. P iao Z.H., Yoon S.R., Kim M.S., Jeon J.H., Lee S.H., Kim T.D., Lee H.G., Bae K.H., Min J.K., Chung S.J., Kim M., Cho Y.S., Oh D.B., Park S.Y., Choi I and **Chung J.W**. VDUP1 potentiates RASmediated angiogenesis via ROS production in endothelial cells. 2009. 02 Cellular and Molecular Biology TM 55, OL1096—OL1103

3

줄기세포 연구와
법 · 규정 · 정책적 관점

12
줄기세포주 등록 및 이용에 관한 법적 규제와 쟁점

| 최경석 |

이화여대 법학전문대학원

1. 머리말

「생명윤리 및 안전에 관한 법률」(이하 '생명윤리안전법'으로 약칭)은 2008년 6월 5일 개정되면서 줄기세포주 등록제를 도입하였다. 이 글에서는 우선 줄기세포주 등록제에 대한 내용을 소개하고, 등록제 도입과 함께 규정된 줄기세포주 제공과 이용에 대한 법률 내용을 소개 및 설명하고자 한다. 이러한 설명에는 등록제 도입에 따라 2008년 개정 이후 줄기세포 연구에 어떤 변화가 야기되었는지도 설명하는 부분을 포함할 것이다. 아울러 국제줄기세포학회의 가이드라인은 줄기세포 연구와 관련하여 어떤 규정을 갖고 있는지 설명할 것이다.

필자는 생명윤리안전법의 내용과 국제줄기세포학회 가이드라인의 내용을 설명하는 것뿐만 아니라, 등록제 도입과 줄기세포주 제공 및 이용에 대한 생명윤리안전법의 몇 가지 쟁점들에 대해 소개하고 필요하다면 간단하게 필자의 의견도 피력하고자 한다. 이와 같은 내용은 줄기세포주 연구에 대한 일반적인 설명을 시작으로 줄기세포주의 등록, 줄기세포주의 제공, 줄기세포주의 이용 순으로 전개될 것이다.

2. 줄기세포주 연구

1) 용어 설명과 생명윤리안전법

줄기세포주 연구를 이해하기에 앞서 배아줄기세포주의 정의부터 살펴보기로 하자. 흔히 사람들이 많이 오해하고 있는 것은 배아와 배아줄기세포주를 동일한 것으로 이해하는 것이다. 그러나 배아와 배아줄기세포주는 존재론적으로 차이가 있다. 우선 배아는 만능(totipotent)세포로서 인간개체로 발달할 수 있는 반면, 배아줄기세포주는 그렇지 않다.

국제줄기세포학회(ISSCR: International Society for Stem Cell Research)는 「인간배아줄기세포 연구를 위한 가이드라인(Guidelines for the Conduct of Human Embryonic Stem Cell Research)」(이하 「ISSCR 가이드라인」으로 약칭)에서 세포를 다음과 같이 구분하여 정의하고 있다. 만능(totipotent)세포는 "유기체에서 발견되는 모든 형태의 분화된 세포 및 태반과 같이 배아를 지탱해주는 배아 외부구조를 생성할 수 있는 가능성을 지닌 세포 상태"이며, "하나의 만능세포는 자궁 내 분할(division in utero)에 의해 온전한 유기체를 생성할 수 있다."[1]고 정의한다. 배아는 바로 만능세포이다.

전분화능(pluripotent)세포는 "유기체의 모든 조직으로 분화할 수 있는

---

1) 「ISSCR 가이드라인」 16.1b 참조. 생명윤리정책연구센터 엮음, 「제1장 인간배아줄기세포 연구를 위한 'ISSCR 가이드라인'」, 『각국의 줄기세포 연구 가이드라인』(생명윤리정책연구센터, 2008), 33쪽 참조.

가능성을 지니나, 단독으로는 완전한 유기적 발달을 지원할 수 없는 단일세포 상태"로 정의하고 있으며, 그 이유는 "일례로 이 세포는 배아를 지탱해주는 배아 외부구조인 태반을 생성할 수 있는 능력이 부족하기 때문이다."[2]라고 설명하고 있다. 배아를 통해 과학자들이 수립하고자 하는 배아줄기세포주는 바로 전분화능세포임을 알 수 있다. 따라서 배아줄기세포는 배아로부터 유래하기는 했지만 배아와 동등한 존재론적 지위를 갖고 있지 않다.

새로운 치료제로서 줄기세포에 대한 일반인들의 관심은 과학자들만큼이나 뜨겁다. 그러나 우리는 '줄기세포'라는 용어를 사용할 때 그것이 어떤 줄기세포인지 명확히 밝히며 이 용어를 사용할 필요가 있다. 왜냐하면 일반적으로 '줄기세포'라고 말하면 그것은 배아줄기세포와 성체줄기세포 모두를 의미하기 때문이다. 그러나 전자는 배아를 파괴하고 수립된 줄기세포이지만 후자는 배아와는 무관하기 때문에 관련된 윤리적 논란이 매우 다르다는 점을 유념할 필요가 있다. 따라서 '줄기세포'라고 단순히 말하기보다는 '배아줄기세포'인지 '성체줄기세포'인지 분명히 언급할 필요가 있으며, 배아와 성체의 구분에 따른 줄기세포의 명명이 부적절하다고 생각한다면, 전분화능세포인지 다분화능(multipotent)세포인지 분명히 할 필요가 있다.

또한 '주(line)'라는 것은 여러 계대 배양을 통해서도 동일한 유전정보를 지닌 세포들이 배양될 수 있을 때 사용하는 용어이다. 동일한 유전정보를 지닌 세포들이 여러 계대 배양을 통해서도 생산될 때, 우리는 '줄기세포주'가 수립되었다고 부른다. 따라서 성체줄기세포에는 '줄기세포주'라는 용어를 사용하지 않고, '배아줄기세포주', '체세포복제배아줄기세포주', '단성생식배아줄기세포주'라는 용어가 사용된다. 이들 줄기세포주의 수립은 인간 개체로 발달할 수 있는 만능세포인 해당 배아로부터 전분화능세포인 줄기

---

2) 같은 곳.

세포주를 수립하는 것이다. 따라서 배아의 파괴와 관련된 격렬한 윤리적 논란을 불러일으키고 있다. 흔히 말하는 배아 연구는 바로 줄기세포주를 수립하려는 연구이다.

그러나 그렇다고 하여 성체줄기세포 연구가 윤리적 문제나 쟁점으로부터 자유롭다고 생각하는 것은 잘못이다. 성체줄기세포 연구 역시 성체줄기세포를 얻기 위한 침습적 행위가 정당했는지, 충분한 정보에 의한 동의를 획득하고 세포를 채취했는지, 연구목적과 방법 등을 설명했는지, 개인정보 보호와 관련된 조치를 설명했는지, 나아가 이러한 성체줄기세포를 가지고 임상시험을 하는 경우 일반적으로 임상시험에 적용되는 윤리적 기준과 법적 절차를 제대로 준수했는지 등이 문제가 된다.

'줄기세포주'는 생명윤리안전법 제2조 제10호에서 '줄기세포주'란 배양 가능한 조건 하에서 지속적으로 증식이 가능하고 다양한 세포로 분화할 수 있는 세포주를 말한다."라고 정의되어 있다. 우리는 이 정의에서도 줄기세포주는 앞서 소개한 전분화능세포임을 쉽게 확인할 수 있다. 또한 현행 생명윤리안전법에서 언급하고 있는 '줄기세포주'란 배아줄기세포주와 제 23조 제2항의 준용 규정에 의해 체세포복제배아줄기세포주만을 의미한다. 따라서 현행 생명윤리안전법에 따르면 단성생식배아줄기세포주는 이 법의 규율대상에서 제외된다. 이러한 문제점을 해결하기 위해 2012년 2월 1일 개정되어 2013년 2월 2일부터 시행되는 생명윤리안전법 전부개정법에서는 '배아줄기세포주(Embryonic stem cell train)'란 배아, 체세포복제배아, 단성 생식배아 등으로부터 유래한 것으로서, 배양 가능한 조건에서 지속적으로 증식(增殖)할 수 있고 다양한 세포로 분화(分化)할 수 있는 세포주(細胞株)를 말한다."라고 정의하고 있다. 따라서 향후 생명윤리안전법은 단성생식배아의 문제도 포섭하여 규율하게 된다.

그러나 생명윤리안전법은 성체줄기세포와 관련된 조항을 갖고 있지 않다. 따라서 현재 성체줄기세포 연구를 통한 세포치료제 개발은 약사법 시행규칙 별표 3 〈생물학적제제등 제조 및 품질관리기준〉과 별표 3의 2 〈의약품 임상시험 관리기준〉, 그리고 식품의약품안전청의 〈생물학적 제제 등의 품목허가·심사 규정〉이란 고시에 의해 규율되고 있다.

　생명윤리안전법 전부개정법에서는 인체유래물[3] 연구[4] 및 인체유래물은행[5]에 관한 규정을 신설하고 있어 성체줄기세포에 대한 연구나 성체줄기세포를 보관하여 은행의 기능을 수행하는 경우도 규율의 대상으로 삼고 있다. 따라서 생명윤리안전법 전부개정법이 시행되면, 체외에서 진행되는 성체줄기세포의 연구는 생명윤리안전법의 인체유래물연구에 대한 규정의 적용을 받게 될 것이고, 체내에서 진행되는 연구는 생명윤리안전법상의 인간대상연구에 대한 규정의 적용을 받게 되고, 앞서 언급한 약사법 시행규칙의 〈생물학적 제제 등 제조 및 품질관리기준〉과 〈의약품 임상시험 관리기준〉, 그리고 식품의약품안전청의 〈생물학적제제 등의 품목허가·심사 규정〉이라는 고시의 적용대상이 된다. 아울러 성체줄기세포를 보관, 분양하는 경우에는 생명윤리안전법의 인체유래물은행 관련 규정에 의해 규율될 것이다.

---

3) 생명윤리안전법 전부개정법 제2조 제11호에서 "'인체유래물(人體由來物)'이란 인체로부터 수집하거나 채취한 조직·세포·혈액·체액 등 인체 구성물 또는 이들로부터 분리된 혈청, 혈장, 염색체, DNA(Deoxyribonucleic acid), RNA(Ribonucleic acid), 단백질 등을 말한다."라고 규정하고 있어 성체줄기세포가 인체유래물임은 분명하고, 배아줄기세포주 역시 인체유래물에 포함되는 것으로 해석될 가능성이 높다.

4) 생명윤리안전법 전부개정법 제2조 제12호에서 "'인체유래물연구'란 인체유래물을 직접 조사·분석하는 연구를 말한다."라고 규정하고 있다.

5) 생명윤리안전법 전부개정법 제2조 제13호에서 "'인체유래물은행'이란 인체유래물 또는 유전정보와 그에 관련된 역학정보(疫學情報), 임상정보 등을 수집·보존하여 이를 직접 이용하거나 타인에게 제공하는 기관을 말한다."라고 규정하고 있다. 참고로 유전정보는 현행 생명윤리안전법과 달리 생명윤리안전법 전부개정법 제2조 제14호에서 "'유전정보'란 인체유래물을 분석하여 얻은 개인의 유전적 특징에 관한 정보를 말한다."라고 규정하고 있다.

2) 관련 쟁점

최근 문제가 되었던 성체줄기세포 시술문제는 세포치료제로서의 국내 허가규정의 적용을 받지 않기 위해 외국으로 해당 줄기세포를 보낸 후, 환자가 외국기관에서 주입 받는 방식으로 시술한 것이었다. 이런 행위는 설사 해당 행위를 규제하는 법률이 없어 법적인 처벌여부에 논란이 있을 수 있다 하더라도 윤리적으로는 임상시험의 기본적인 원칙을 어긴 대단히 중대한 비윤리적 행위이다. 왜냐하면 연구와 시술은 구분되어야 하며, 연구는 그것이 정착된 표준치료제를 사용하는 것이 아니기 때문에 충분한 정보에 의한 동의 획득은 대단히 중요한 윤리 원칙이기 때문이다. 또한 전임상 단계의 충분한 연구 없이 성급하게 시험적인 치료제를 환자에게 적용하는 것은 환자를 불필요한 위험에 처하게 할 수 있다. 특히 어떤 치료도 존재하지 않는 취약한 환경에 처한 환자들을 대상으로 하는 임상시험은 환자의 불우한 처지를 악용하는 위험이 있다.

3. 줄기세포주의 등록

1) 법률 내용

현행 생명윤리안전법은 2008년 6월 5일 개정을 통해 줄기세포주 등록제를 도입하였다. 우선 해당 조항을 소개하면 다음과 같다.

제20조의 2 (줄기세포주의 등록) ① 줄기세포주를 수립(수립)하거나 수입한 자는 그 줄기세포주를 제20조의 3에 따라 제공하거나 제20조의 4에 따라 이용하기 전에 보건복지가족부령으로 정하는 바에 따라 그 줄기세포주를 보건복지가족부장관에게 등록하여야 한다.

② 보건복지가족부장관은 줄기세포주의 등록을 신청한 자가 다른 중앙행정 기관의 장으로부터 과학적 검증을 받은 경우에는 제1항에 따른 등록을 하는 데에 그 검증자료를 활용하여야 한다.

③ 보건복지가족부장관은 제1항에 따라 줄기세포주를 등록한 자에게 줄기세포주의 검증 등에 든 비용의 전부 또는 일부를 지원할 수 있다.

[본조신설 2008.6.5.]

우선 위와 같은 등록제의 도입은 줄기세포주 은행의 설립과 무관하게 도입되었다는 특성을 지닌다. 줄기세포주은행이 설립·운영되는 전제조건으로 등록제가 도입되었다면 그것은 기본적으로 은행을 위한 등록제이다. 예를 들어 미국의 와이셀(WiCell)이나 영국의 줄기세포은행(Stem Cell Bank)은 은행 운영을 위해 등록 업무를 수행하고 있다. 그러나 생명윤리안전법은 향후 은행의 설립·운영을 배제하고 있지는 않지만 은행과 무관하게 등록제를 도입하였다. 생명윤리안전법에서의 등록제 도입 취지는 윤리적 타당성과 과학적 타당성이 확보된 줄기세포주가 연구에 이용되어야 한다는 점에 있다.

윤리적 타당성이 확보된 줄기세포주가 이용되어야 한다는 생각은 배아줄기세포주의 수립은 배아 파괴를 전제로 하는 만큼 배아연구와 관련된 법률적 규정을 준수해야 한다는 생각을 담고 있다. 따라서 적법한 범위 내의 연구였는지, 동의는 제대로 획득했는지가 중요한 관심사항이다.

배아연구 자체를 부정하고 비판하는 입장에서는 여기서의 '윤리적 타당성'이라는 용어가 매우 부적절하다고 생각할 수 있다. 이들에게는 배아연구 자체가 어떤 식으로든 윤리적 타당성을 획득하지 못한다고 생각할 것이기 때문이다. 그러나 여기서의 윤리적 타당성이란 이런 의미의 윤리적 타당성을 의미하지 않는다. 윤리적 타당성에 대해 최소한의 요건으로 법이 규정하고 있는 절차를 준수했는지가 관심 사안이다.

과학적 타당성이 확보된 줄기세포주가 이용되어야 한다는 생각은 해당 줄기세포주의 특성이 과학적으로도 검증되어 이를 공개적으로 알리고 이를 이용하는 연구자가 과학적 특성에 대한 의심 없이 이용할 수 있고, 나아가 중복된 특성을 지닌 줄기세포주를 또다시 수립함으로써 불필요하게 배아를 파괴해야 하는 일을 막고자 하는 것으로 볼 수 있다.

줄기세포주의 등록은 보건복지부장관에게 신청해야 하며, 생명윤리안전법의 위임 규정에 의해 등록 업무는 질병관리본부장이 수행하고 있다. 등록해야 하는 줄기세포주는 국내 수립 배아줄기세포주와 체세포복제배아줄기세포주이며, 현행 생명윤리안전법에서는 수입한 줄기세포주 역시 등록을 의무화하고 있다. 생명윤리안전법 전부개정법 초안에서는 수입한 줄기세포주의 등록을 삭제하였으나, 개정법안의 심의과정에서 수입한 줄기세포주도 등록해야 하는 현행법 내용으로 회귀하였다. 아울러 전부개정법에서는 단성생식배아줄기세포주가 등록 대상에 포함되었다.

등록은 줄기세포주의 제공과 이용을 가능하게 하는 효과를 지닌다. 위에서 소개한 제20조의 2 제1항에서 확인할 수 있듯이 줄기세포주를 제공하거나 이용하기 전에 해당 줄기세포주가 등록되어 있어야 하기 때문이다.

또한 나중에 제공 및 이용과 관련하여 다시 언급하겠지만 생명윤리안전법 제20조의 3 제2항에 따라 줄기세포주를 제공하는 자는 보건복지부장관에게 줄기세포주 제공현황을 보고해야 하며, 동법 제20조의 4 제3항에 따라 기관위원회의 심의를 거쳐 해당 기관의 장으로부터 줄기세포주의 이용에 대해 승인 또는 변경승인을 받은 자는 이를 보건복지부장관에게 보고하여야 한다. 따라서 정부는 줄기세포주의 등록제 도입과 함께 줄기세포주의 제공 및 이용에 대한 현황 역시 파악할 수 있게 되었다.

등록제 도입에 따라 검증에 필요한 소요비용은 앞서 소개한 생명윤리안전법 제20조의 2 제3항에서 규정하고 있는 바와 같이, 보건복지부장관이 "비용의 전부 또는 일부를 지원할 수 있다." 그러나 이 조항은 보건복지부장관이 지원할 수 있다는 것이지 지원해야 한다는 조항이 아님에 유념할 필요가 있다. 또한 동법 제20조의 2 제2항에서 밝히고 있듯이 다른 중앙행정기관의 장으로부터 과학적 검증을 받은 경우 그 자료를 활용해야 한다고 규정하여 국가예산을 낭비하지 않도록 하고 있다.

등록에 필요한 서류는 생명윤리안전법 시행규칙에 다음과 같이 규정되어 있다.

시행규칙 제12조의 2(줄기세포주의 등록)

① 법 제20조의 2 제1항에 따라 줄기세포주를 등록하려는 자는 별지 제12호의 2 서식의 줄기세포주 등록신청서에 다음 각 호의 서류를 첨부하여 질병관리본부장에게 제출하여야 한다. 이 경우 질병관리본부장이 정하여 공고하는 기관(이하 "수입기관"이라 한다)으로부터 수입한 줄기세포주에 대하여는 수입기관이 발급하는 서류로 대체할 수 있고, 2005년 1월 1일 전에 수립된 줄기세포주에 대하여는 제1호 외의 서류의 제출을 생략할 수 있다.

1. 줄기세포주 특성설명서(별지 제12호의 3 서식)
2. 줄기세포주의 수립에 사용된 잔여배아의 연구용 이용에 관한 동의서 사본
3. 잔여배아 이용 목록(별지 제12호의 4 서식)

위 시행규칙에서 확인할 수 있듯이 일반적으로는 세 가지 서류를 제출해야 한다. 그러나 2005년 이전에 수립된 줄기세포주의 등록은 줄기세포주 특성설명서만 제출하면 되도록 규정하고 있다. 또한 수입한 줄기세포주의 경우에는 수입기관이 발급하는 서류로 대체할 수 있다고 규정하고 있

다. 따라서 현실적인 운용에서는 줄기세포주 특성설명서와 물질양도협약서(MTA: Material Transfer Agreement)를 제출하도록 요구하고 있다.[6]

그리고 위 조항에서 말하는 "잔여배아의 연구용 이용에 관한 동의서"란 〈잔여배아 이용 동의서〉를 의미한다. 〈잔여배아 이용 동의서〉는 줄기세포주를 수립하는 배아연구기관이 아니라 배아생성의료기관에서 작성하고 있다. 따라서 줄기세포주 수립을 위해 배아연구기관은 배아생성의료기관에 동의서 사본을 요청해야 한다.

등록기준에 대해서는 생명윤리안전법 시행규칙에 다음과 같이 규정되어 있다.

시행규칙 제12조의 3(줄기세포주의 등록기준)

① 법 제20조의 2 제1항에 따른 줄기세포주의 등록기준은 다음 각 호와 같다.

  1. 수립 방법과 동의 절차가 법에서 허용하고 있는 범위 안일 것

  2. 줄기세포주의 개체식별, 유전자발현, 분화능력 등이 과학적으로 검증되었을 것

② 제1항에도 불구하고 다음 각 호의 어느 하나에 해당하는 경우에는 줄기세포주의 등록기준에 적합한 것으로 본다.

  1. 2005년 1월 1일 전에 수립된 줄기세포주가 제1항 제2호를 충족하는 경우

  2. 외국기관으로부터 수입한 줄기세포주인 경우

[본조신설 2009.12.31]

위 시행규칙 제1항에서 "수립 방법과 동의 절차가 법에서 허용하고 있

---

6) 생명윤리안전법 시행규칙 제12조의 2 제1항에 따른 별지 제12호의 2 서식인 〈줄기세포주 등록 신청서〉 참조.

는 범위 안일 것"이라는 것은 윤리적 타당성 확보의 기준이고, "줄기세포주의 개체식별, 유전자발현, 분화능력 등이 과학적으로 검증되었을 것"이란 과학적 타당성 확보의 기준이다. 위 시행규칙 제2항에서는 2005년 이전에 수립된 줄기세포주는 과학적 타당성이 확보되었는지 여부가 등록기준이고 외국기관으로부터 수입한 줄기세포주는 등록기준에 적합한 것으로 간주하고 있다. 여기서 '외국기관'이란 단순히 외국에 있는 기관이라는 의미가 아니라 시행규칙 제12조의 2에서 규정한 바와 같이 "질병관리본부장이 정하여 공고하는 외국의 기관"을 의미한다. 따라서 질병관리본부장이 등록에 문제가 없는 줄기세포주를 제공하고 있다고 판단하는 외국기관들을 정해놓고 있기 때문에 "외국기관으로부터 수입한 줄기세포주인 경우" 자체가 하나의 등록기준이 될 수 있다.

2) 줄기세포주 등록 관련 쟁점

위 시행규칙에서 확인할 수 있듯이 일반적으로는 국내에서 수립된 배아 줄기세포주의 등록을 위해서 세 가지 서류를 제출해야 한다. 그러나 2005년 이전 수립된 줄기세포주의 등록은 줄기세포주 특성설명서만 제출하면 되도록 규정하고 있다. 이것은 과학적 타당성에 대한 검증만을 시행하겠다는 것을 의미한다. 현실적으로는 대부분의 경우, 임의 양식으로 획득된 동의서가 존재하지만 생명윤리안전법이 시행되기 이전에는 이와 같은 동의 획득의 요건이 법적으로 의무화된 것은 아니다. 따라서 동의 획득의 미비나 동의를 획득했더라도 그 절차나 방법에 부족함이 있는 경우, 또는 구두 동의는 있었으나 서면 동의가 없었던 경우 등록을 포기하는 줄기세포주가 존재하지 않게 하려는 의도가 있었다고 본다.

또한 수입한 줄기세포주의 경우에는 수입기관이 발급하는 서류로 대체할 수 있다고 규정하고 있다. 따라서 현실적인 운용에 있어서는 줄기세포주 특성설명서와 물질양도협약서(MTA: Material Transfer Agreement)를 제출하도록 요구하고 있다.[7] 수입한 줄기세포주의 등록과 관련하여 우리와 다른 규제 내용을 지닌 국가에서 수립된 배아줄기세포주, 예를 들어 매매된 난자를 이용하여 생성된 배아를 이용하여 수립된 배아줄기세포주의 등록을 허용할 것인지에 대해서는 논란의 여지가 있다.

끝으로 등록제 도입과 함께 가장 심한 논란의 대상이 되었던 것은 동의서 사본의 제출이었다. 연구자가 동의설명문을 작성하여 서명이 기재된 동의서와 함께 연구참여자와 연구자가 각각 1부를 갖도록 하는 것은 CIOMS(Council for International Organizations of Medical Sciences) 가이드라인에 규정된 바 있다. 하지만 우리 법은 이와 같은 사항을 명시적으로 규정하고 있지 않다. 따라서 위 조항에서 말하는 "잔여배아의 연구용 이용에 관한 동의서"란 〈잔여배아 이용 동의서〉를 의미한다고 볼 수밖에 없다.

법정서식으로서 동일한 양식을 지니고 있는 〈잔여배아 이용 동의서〉는 구체적으로 어떤 내용을 전달했는지, 얼마나 충분히 설명하고 동의를 획득했는지 확인하는 데 한계가 있다.[8] 개별 동의서들의 차이는 결국 누가 언제 동의했느냐는 정보와 2009년 12월 31일 개정 서식에 추가된 내용으로서 배아생성 동의일, 잔여배아 수 및 상태에 대한 정보에 차이가 있을 뿐이다. 결국 동일한 서식의 사본을 제출하는 이유가 무엇인지 의문이 생길 수밖에 없다.

게다가 〈잔여배아 이용 동의서〉는 줄기세포주를 수립하는 배아연구기관이 아니라 배아생성의료기관에서 획득하고 있다. 따라서 수립된 배아줄기

---

7) 생명윤리안전법 시행규칙 제12조의 2 제1항에 따른 별지 제12호의 2 서식인 〈줄기세포주 등록 신청서〉 참조.

8) 〈잔여배아 이용 동의서〉의 문제점에 대해서는 최경석 · 김현철, 『「생명윤리 및 안전에 관한 법률」의 쟁점과 이해』(생명윤리정책연구센터, 2010), 89~91쪽 참조.

세포주의 등록을 위해 배아연구기관은 배아생성의료기관에 동의서 사본을 요청해야 한다. 개인식별정보를 담고 있는 동의서 사본을 그대로 제출하는 것은 생명윤리안전법에서의 개인정보보호 취지와 맞지 않는다. 왜냐하면 동법 제26조 제2항에 따르면 유전자검사기관 외의 자가 검사대상물을 채취하여 유전자검사기관에 유전자검사를 의뢰하는 경우, 유전자검사기관 외의 자가 서면동의를 얻어 이를 첨부하도록 규정하고 있다. 그런데 이 경우 개인정보를 보호하는 조치를 취하도록 규정하고 있어, 그 구체적인 방법으로 동법 시행규칙 제17조 제3항에서는 검사대상자의 성명, 생년월일 등 개인 신상을 식별할 수 있는 사항을 삭제하도록 규정하고 있다. 따라서 생명윤리안전법에서의 개인정보보호에 대한 입장을 따를 때 〈잔여배아 이용 동의서〉의 사본 제출 역시 유사한 방식을 따라야 할 것이다. 따라서 실제 운영에서 등록을 위해 제출하는 동의서 사본은 성명 중 이름 부분은 가리고 성만 드러나도록 복사하여 제출하고 있다.

또한 배아줄기세포주가 2005년 이후 수립되었지만, 사용된 배아가 2005년 이전 획득되어 생명윤리안전법상의 법정서식을 사용할 수 없었던 경우에 대해 생명윤리안전법은 구체적으로 규정하고 있지 않다. 따라서 이 경우에는 임의 양식의 동의서에서 개인식별정보를 일부 가리고 이를 복사하는 방식으로 동의서 사본을 제출하고 있다.

3) 줄기세포주의 기탁 관련 「ISSCR 가이드라인」

국내 줄기세포주 등록제의 도입은 줄기세포주은행의 설립과 연동될 때 그 의의를 제대로 확립할 수 있을 것으로 판단한다. 향후 국내 줄기세포주은행의 설립을 위해 「ISSCR 가이드라인」을 소개하고자 한다. 이 가이드라인에서는 줄기세포주은행의 설립을 지지하고 있으며, 줄기세포주의 기탁과 관련하여 다음과 같은 입장을 천명하고 있다.

12. 2 줄기세포주의 기탁: 국제줄기세포학회는 새로 추출된 줄기세포주를 기탁 받고 국제적 차원에서 분양할 국가적, 국제적 보관기관의 설립을 지지한다. (중략) 보관기관은 명확하고 접근이 용이한 물질양도각서(MTA)가 있어야 한다. (중략) 보관기관마다 분양을 위한 각각의 기준이 있을 수 있다. 세포주가 그 기준에 미달할 경우 보관기관은 거절할 권리가 있다.

12. 2a 보관기관에는 인간배아줄기세포주 및 그와 관련된 시료의 기탁과 보관 및 분양을 위한 명확하고, 일반에 공개된 프로토콜이 있어야 한다.[9]

위 규정에서 확인할 수 있듯이 국제줄기세포학회는 국가적, 국제적 보관기관의 설립을 지지하는 입장을 지니고 있으며, 일반에 공개된 프로토콜에 따라 기탁, 보관 및 분양 업무가 수행될 것을 요구하고 있다. 따라서 연구자들은 한 국가뿐만 아니라 국제적인 은행을 통해 연구에 필요한 줄기세포주를 명확한 원칙에 의해 분양받을 수 있게 하고 있다.

기탁의 경우 기탁자가 제출해야 하는 서류로는 다음과 같은 것을 언급하고 있다.

12. 2b 기탁의 경우, 보관기관은 기탁자의 SCRO 절차와 관련된 문서를 제출받아야 한다. 이 문서들은 보관기관에서 보관되어야 한다. 여기에는 본 지침이 제시하는 윤리적, 법적 원칙에 따라 연구시료 획득과정이 이루어졌다는 기관과 SCRO(둘 다 혹은 양자 중 하나)의 승인 증명기록, 새로운 세포주 확립 프로토콜에 대한 승인기록, 충분한 정보에 근거한 공여동의서 사본 그리고 만일 공여자에게 직접 비용 또는 어떠한 재정적 고려사항에 대한 보상이 제공된 경우에는 그 내역서 사본 등이 포함된다.[10]

---

9) 「ISSCR 가이드라인」 12.2. 앞의 책, 24쪽 참조.
10) 「ISSCR 가이드라인」 12.2b. 같은 곳.

위 규정에서 우리는 국제줄기세포학회는 학회의 윤리적, 법적 원칙을 준수한 줄기세포주를 보관기관이 등록받도록 요구하고 있다. 또한 동의서 사본 역시 제출할 것을 요구하는데, 이것은 어떤 내용으로 동의를 받았는지 확인하고자 하는 것으로 파악된다. 아울러 보관기관은 기탁자로부터 줄기세포주의 과학적 특성과 관련하여 다음과 같은 정보를 확보해야 한다고 규정하고 있다.

12. 2c 보관기관은 기탁자로부터 세포주 확립 방식, 배양 조건, 전염병 검사, 계대 배양 횟수(passage number), 특성감별(characterization) 정보 등 모든 기술적 정보를 얻어야 한다. 보관기관은 이 정보를 일반 대중에게 공개해야 한다. 만일 보관기관이 기탁자의 프로토콜을 수정하거나 추가자료를 입수할 경우, 그러한 것들도 공개되어야 한다.[11]

위 규정에서 우리가 주목해야 할 것은 위와 같은 정보가 일반 대중에게 공개되어야 한다는 점이다. 끝으로 보관기관이 해야 하는 업무에 대해서는 다음과 같이 규정하고 있다.

12. 2d 보관기관은 다음과 같은 일을 수행해야 한다.
① 기탁 신청서의 접수 및 심사
② 기탁물의 고유한 등록번호(catalogue number) 지정
③ 세포주의 특성감별
④ 병원체 검사
⑤ 인간배아줄기세포주의 증식, 관리, 저장

---

11) 「ISSCR 가이드라인」 12.2c. 같은 책, 24~25쪽.

⑥ 모든 절차 적격여부의 보증 및 통제

⑦ 관련 특성감별 자료와 인간배아줄기세포주의 프로토콜과 입수가능성을 보여주는 웹사이트의 운영

⑧ 분양된 세포주의 추적 관리

⑨ 명확한 시료 분양 가격표의 기재, 보관기관은 국제배송도 해야 하며 운송료와 취급수수료 등 필요비용만을 청구해야 한다.[12)]

위에서 우리는 은행의 기본적인 기능, 즉 줄기세포주의 증식, 관리, 저장 기능의 수행에 대한 언급과 나아가 분양된 세포주의 추적 관리 업무가 언급되고 있음에 유념할 필요가 있다. 국내 줄기세포주 등록제 도입으로 분양된 세포주의 추적 관리 시스템은 이미 갖추어진 상황이라 할 수 있다. 이제 실질적인 은행 설립을 통해 줄기세포주의 증식, 관리, 저장 기능만 추가된다면 국제적 표준에 부합하는 국내 줄기세포주 은행의 설립이 가능할 것으로 판단된다.

4. 줄기세포주의 제공

1) 법률 내용

앞서 살펴보았듯이 국내에서 수립된 줄기세포주와 수입된 줄기세포주는 등록해야 하고, 등록된 줄기세포주만 제공될 수 있다. 줄기세포주의 제공과 관련하여 생명윤리안전법은 다음과 같이 기관위원회의 심의를 거쳐 제공하도록 규정하고 있다.

---

12) 「ISSCR 가이드라인」 12.2d. 같은 책, 25쪽 참조.

제20조의3 (줄기세포주의 제공) ① 제20조의 2에 따라 줄기세포주를 수립하거나 수입한 자가 그 줄기세포주를 제공하려면 보건복지가족부령으로 정하는 바에 따라 기관위원회의 심의를 거쳐야 한다.

② 제1항에 따라 줄기세포주를 제공한 자는 보건복지가족부령으로 정하는 바에 따라 보건복지가족부장관에게 줄기세포주의 제공현황을 보고하여야 한다.

③ 제1항에 따라 줄기세포주를 제공하는 경우에는 무상으로 하여야 한다. 다만 줄기세포주를 제공하는 자는 이를 제공받는 자로부터 줄기세포주의 보관 및 제공에 필요한 경비를 지급받을 수 있다.

④ 제1항부터 제3항까지의 규정에 따른 줄기세포주의 제공 및 보고, 경비의 산출 방법 등에 필요한 사항은 보건복지가족부령으로 정한다. [본조신설 2008.6.5]

위 조항에서 주목해야 하는 것은 무상 제공의 원칙에 대한 부분이다. 그러나 보관 및 제공에 소요되었던 실비를 줄기세포주를 이용하려는 자에게 요청하여 지급받는 것은 허용된다. 실비보상에 대한 조항은 구체적인 실비보상의 항목에서 다소 차이는 있지만, 난자제공에 대한 실비보상[13]과 유전자은행의 유전정보 등(검사대상물·유전자 또는 개인정보가 포함된 유전정보) 제공에 대한 실비보상 규정[14]과 맥을 같이하고 있다.

끝으로 제공과 관련하여 기관위원회는 생명윤리안전법 시행규칙 제12조의 4에 규정된 바와 같이 줄기세포주 이용기관의 기관위원회 심의결과와 제공되는 줄기세포주의 특성 및 수량의 적절성에 대해 심의한다. 또한 시행규칙 제12조의 5에 규정된 바와 같이 줄기세포주를 제공한 자는 줄기세

---

13) 생명윤리안전법 제15조의 4, 동법 시행규칙 제5조의3 참조.
14) 생명윤리안전법 제34조 제2항 참조.

포주 제공에 대한 현황보고를 〈줄기세포주 제공대장〉이라는 법정서식[15]에 따라 작성하여야 하며 해당 연도의 현황을 다음 연도 2월 말까지 질병관리본부장에게 제출하여야 한다.

2) 줄기세포주의 제공 관련 쟁점

제공에 대해 규정한 생명윤리안전법 제20조의 3에서 언급하고 있는 '기관위원회'는 구체적으로 생명윤리안전법상의 어떤 기관위원회를 의미하는가? 생명윤리안전법과 동법 하위법령은 이 부분에 대해 구체적으로 규정하고 있지 않다. 이 문제에 대해 수립한 자의 경우와 수입한 자의 경우로 나누어 생각해보자.[16]

수립한 자의 경우, 배아줄기세포주 또는 체세포복제배아줄기세포주를 수립한 국내 기관이 제공하는 것이므로 배아연구기관 또는 체세포복제배아연구기관의 기관위원회가 제공에 대한 심의를 해야 하는 것으로 해석된다.

수입한 경우에는 어떤 기관위원회가 심의해야 할까? 비록 위 조항에서 수입한 자도 줄기세포주의 제공 시 기관위원회의 심의를 의무화하고 있지만 현실적으로는 이런 일이 발생하기가 어렵다. 왜냐하면 수입하는 자가 줄기세포주를 제공하는 국외 은행과 체결하는 물질양도협약서에서는 통상 수입한 자가 다시 타인에게 제공하는 것을 허용하지 않고 있기 때문이다.

또한 제공하는 기관의 기관위원회가 시행규칙 제12조의 4에 따라 줄기세포주 이용기관의 기관위원회 심의결과를 심의한다는 것은 불필요한 일이 아니냐는 의견이 있다. 줄기세포주를 이용하려는 연구자 입장에서는 자신의 기관에서 기관위원회 심의를 받았음에도 불구하고 제공하는 기관에서 또 심의를 받는 것이라고 생각하기 때문이다.

---

15) 생명윤리안전법 시행규칙 별지 제12호의 6 서식.
16) 이 부분에 대한 보다 상세한 설명은 최경석·김현철, 앞의 책, 168~169쪽 참조.

그러나 제공 여부에 대한 심의는 이용기관의 심의와 구별된다. 연구자들은 통상 동일한 연구계획서를 이용 심의와 제공 심의의 자료로 제출하지만 이용 심의는 연구계획서를 심의하고, 제공 심의는 이용계획서를 심의하기 때문이다. 본질적으로 같은 내용이라고 생각할 수 있지만 연구계획서와 달리 이용계획서 심의는 제공기관의 입장에서 요청한 줄기세포주를 제공할 만한 가치가 있는 연구인지, 요청한 줄기세포주의 종류와 수량이 적절한지, 어떻게 제공할 것인지를 심의하는 것이다. 따라서 연구의 윤리적 타당성과 과학적 타당성을 심의하는 이용기관의 기관위원회 심의와는 다른 관점의 심의이다. 또한 제공기관은 줄기세포주를 제공하면서 개인식별정보의 익명화 등 개인정보보호를 위한 적절한 조치를 취하고 제공해야 하는 윤리적 의무가 있다.

또한 생명윤리안전법이 줄기세포주의 제공과 관련하여 실비보상은 허용하지만 무상 제공의 원칙을 천명하고 있는 것은 기본적으로 수립된 줄기세포주의 제공은 영리추구의 대상이 되어서는 안 된다고 보기 때문인 것으로 이해된다. 줄기세포주의 수립이 정자, 난자 또는 배아의 기증으로 가능했기 때문에 기증자의 순수한 정신을 이어받을 필요는 있다. 그러나 그렇다고 하여 줄기세포주 수립에 투여된 노력과 기술력 등의 문제를 전혀 고려하지 않고 무상으로만 제공해야 한다는 것은 다소 문제가 있다. 수립된 줄기세포주의 제공은 단순히 신체의 일부를 기증하는 것과는 다른 측면이 있다. 장기이식의 경우 장기 그 자체에 어떠한 조작이나 변형을 가하는 것은 아니기에 배아로부터 줄기세포주를 수립하는 과학적 기술이 개입된 줄기세포주의 제공과는 다소 차이가 있다. 줄기세포주의 수립은 기증된 배아의 특성을 변형시켜 줄기세포주로 만드는 노력을 필요로 한다는 점을 고려할 필요가 있다.

줄기세포주 수립 연구는 국가의 지원을 받는 경우가 많아 무상 제공을 의무화해도 현재까지는 문제가 없다. 하지만 국가의 지원이 없는 경우에는 동일하게 적용해야 할 것인지 생각해볼 필요가 있다. 나아가 수립된 줄기세포주를 이용하여 특정 특성으로 분화된 세포를 만든 경우 이런 세포들의 제공에 대해서는 직접적인 명분의 규정이 없다. 따라서 이런 세포들을 제공하는 경우에도 무상 제공의 원칙이 그대로 적용될 것인지에 대해서는 논의가 필요하다.

3) 줄기세포주의 제공 관련「ISSCR 가이드라인」

제공과 관련하여 국제줄기세포학회는 개인정보보호를 위해 다음과 같은 규정을 갖고 있다.

12. 3 줄기세포주의 출처: 인간줄기세포주의 생성과 관련된 시료의 특성상 공여자의 프라이버시와 공여자 정보 보호를 위해 적절한 안전장치가 있어야 한다. 줄기세포주가 가장 유용하게 쓰이고 차후에 치료과정에서 적용하기 위해 세포주와 함께 인종배경, 병력, 전염병 검사 등 최대한 많은 공여자 정보를 유지해야 할 것이다. 각국의 법에 따라 공여 샘플과 세포주는 사생활 보호에 관련된 국제기준에 부합하도록 익명화하고 암호화하여야 한다. 보관기관은 충분한 정보에 근거한 동의와 획득 과정에서 제공된 직접 비용의 보상 내지 여하한 재정적 보상의 여부를 포함한 공여자 정보를 수집하고 유지할 것이다. 세포주가 연구자 공동체에 널리 이용되기 위해서는 세포주의 출처를 기록하는 것이 매우 중요하며 관련 문서를 통해 쉽게 출처를 입증할 수 있어야 한다.[17]

위 규정에서 확인할 수 있듯이「ISSCR 가이드라인」은 줄기세포주 제공과 관련하여 개인정보가 엄격하게 보호되도록 국제기준에 부합하는 익명화와 암호화를 요구하고 있다. 생명윤리안전법은 유전정보와 관련하여 개인정보보호에 대한 엄격한 관리를 규정하고 있는 반면, 줄기세포주의 제공과 관련해서는 개인정보보호에 대한 직접적인 명문의 규정이 없다. 그러나 동법의 취지를 고려할 때 배아줄기세포주를 수립한 자는 줄기세포주 제공 시 개인식별정보에 대한 익명화가 요구된다고 이해할 수 있다.

또한 현실적으로는 배아줄기세포주를 수립하는 국내 배아연구기관은 개인식별정보를 직접적으로 취급하지 않는다는 특성이 있다. 왜냐하면 연구에 사용되는 배아는 잔여배아로서 배아생성의료기관으로부터 제공받기 때문이다. 게다가 법정서식인 〈잔여배아 이용 동의서〉는 "동의권자의 개인정보는 법에 따라 철저히 보호되며, 배아생성의료기관은 개인정보 보호의 의무가 있습니다."라고 밝혀놓고 있다.

따라서 비록 줄기세포주 제공과 관련하여 직접적인 명문의 규정은 없지만 국제적 지침에 부합하는 개인정보보호가 달성되도록 하는 운영체계를 갖추고 있다고 볼 수 있다. 다만 체세포복제배아연구기관의 경우 체세포는 연구기관이 직접 채취할 수 있으므로 체세포복제배아줄기세포주가 수립된 경우 이를 제공하는 경우에도 마찬가지로 개인식별정보는 익명화하여 제공하는 것이 원칙이라 할 수 있다.

5. 줄기세포주의 이용

등록제 도입과 함께 국내에서 수립된 줄기세포주와 수입된 줄기세포주는 등록해야 하고, 등록된 줄기세포주만 이용될 수 있다. 생명윤리안전법은 줄기세포주의 이용에 대해 다음과 같이 규정하고 있다.

---

17) 「ISSCR 가이드라인」 12.3. 앞의 책, 25~26쪽 참조.

제20조의 4 (줄기세포주의 이용) ① 제20조의 2에 따라 등록된 줄기세포주는 체외에서 다음 각 호의 연구 목적으로만 이용할 수 있다.

1. 질병의 진단 · 예방 또는 치료를 위한 연구

2. 줄기세포의 특성 및 분화에 관한 기초연구

3. 그 밖에 심의위원회의 심의를 거쳐 대통령령으로 정하는 연구

② 제1항에 따라 줄기세포주를 이용하려는 자는 해당 연구계획에 대하여 보건복지가족부령으로 정하는 바에 따라 기관위원회의 심의를 거쳐 해당 기관의 장의 승인을 받아야 한다. 승인을 받은 연구계획서의 내용 중 대통령령으로 정하는 중요한 사항을 변경하는 경우에도 또한 같다.

③ 제2항에 따라 승인 또는 변경승인을 받은 자는 보건복지가족부령으로 정하는 바에 따라 그 사실을 보건복지가족부장관에게 보고하여야 한다.

④ 제2항에 따라 승인을 받은 자는 줄기세포주를 제공한 자에게 제공받은 줄기세포주의 이용계획서를 제출하여야 한다.

⑤ 제2항에 따라 연구를 승인한 기관의 장은 연구를 하는 자가 연구계획에 적합하게 연구를 실시하도록 감독하여야 한다.

[본조신설 2008.6.5]

제1항에서는 줄기세포주의 이용은 체외에서 "1. 질병의 진단 · 예방 또는 치료를 위한 연구, 2. 줄기세포의 특성 및 분화에 관한 기초연구, 3. 그 밖에 심의위원회의 심의를 거쳐 대통령령으로 정하는 연구"에만 가능하도록 규정하고 있다. 줄기세포주의 이용이 체외에서만 가능하도록 한 이 조항에 대한 해석은 많은 쟁점을 불러 일으켰는데 이 부분에 대해서는 쟁점을 다루는 부분에서 따로 논의할 것이다.

제2항에서 확인할 수 있듯이, 줄기세포주의 이용을 위해서는 줄기세포주를 이용하려는 자가 자신이 소속된 기관의 기관위원회로부터 심의를 거

쳐 해당 기관의 장으로부터 승인을 받으면 된다. 이 조항의 신설로 이전에 배아줄기세포주 연구도 배아연구와 마찬가지로 보건복지부장관의 승인을 받아 연구했던 잘못된 절차를 바로잡을 수 있게 되었다. 잘못된 절차라고 말하는 이유는 앞서도 언급했듯이 배아와 배아줄기세포주는 존재론적 특성이 상이함에도 불구하고 배아줄기세포주 연구를 배아연구와 동일하게 취급하여 보건복지부장관의 승인을 받도록 했기 때문이다.

제3항은 기관위원회의 심의를 거쳐 기관의 장으로부터 연구에 대해 승인을 받았거나 주요한 변경사항에 대해 변경 승인을 받은 자는 이를 보건복지부장관에게 보고하도록 규정하고 있다. 이 규정에 의해 보건복지부장관은 줄기세포주 이용 현황을 파악할 수 있게 되었다.

아울러 제4항에서 연구자는 자신의 연구기관 기관위원회에 연구계획서를 제출하고 승인을 받은 후 제공기관에 이용계획서를 제출하도록 하여 앞서 살펴본 바와 같이 줄기세포주 제공기관의 심의가 가능하도록 규정하고 있으며, 제5항에서 연구기관의 장에게 연구에 대한 감독 의무를 부여하고 있다.

1) 줄기세포주의 이용 관련 쟁점

줄기세포주 이용과 관련된 최대의 쟁점은 현행법상 배아줄기세포를 체내에 도입하는 임상시험이 가능한가에 대한 논란이다. 이 논란은 국내 모 병원에서 미국의 임상 등급 줄기세포를 수입하여 이를 임상연구에 이용하겠다고 하면서 더 뜨거워졌다.

현행 생명윤리안전법은 배아줄기세포주의 이용을 체외에서의 연구에 한정시키고 있다. 그러나 여기서 논란의 쟁점은 "이용"의 의미와 범위에 있다.

우선 위 연구가 현행법상 가능하다는 입장을 지지하는 사람들은 "배아줄기세포주의 이용"이란 배아줄기세포주의 직접적인 이용을 의미하는 것으로 해석한다. "배아줄기세포주"란 생명윤리안전법 제2조 제10호에 따르면 "배양 가능한 조건 하에서 지속적으로 증식이 가능하고 다양한 세포로 분화할 수 있는 세포주를 말한다." 따라서 테라토마를 형성하는 배아줄기세포주를 체내에 이용해서는 안 되고, 당연히 체외에서 이용해야 한다고 해석한다. 이 입장을 견지하는 사람들이 주장하고자 하는 것은 임상 등급의 줄기세포는 생명윤리안전법상의 줄기세포주가 아니며 임상 등급의 줄기세포 이용은 생명윤리안전법의 규제 대상이 아니라는 것이다. 이러한 이용은 약사법 시행규칙의 〈생물학적 제제 등 제조 및 품질관리기준〉과 〈의약품 임상시험 관리기준〉, 그리고 식품의약품안전청의 〈생물학적 제제 등의 품목허가·심사 규정〉이라는 고시에 의해 규제된다는 것이다. 따라서 임상 등급의 줄기세포를 체내에 도입하는 것은 현행법상 금지되어 있지 않다고 주장한다.

반면 현행 생명윤리안전법은 줄기세포주 이용에 대한 규정을 제정할 당시 임상 등급 배아줄기세포는 존재하지 않았고, 이런 세포를 만들어내는 데 상당한 시간이 소요될 것이라 판단하여, 안전성이 확인될 때까지 배아줄기세포의 임상 적용을 금지하려는 입법 취지가 있었다고 보는 입장이 있다. 이런 입장에 선 사람들도 줄기세포주 이용에 대한 현행법의 규정은 과학 발전을 예견하지 못했던 잘못된 입법임을 인정한다. 따라서 "체외에서"라는 문구를 삭제하여야 한다는 입장을 취한다.[18] 실제로 생명윤리안전법 전부개정안 초안에서는 "체외에서"라는 문구를 삭제했었다. 현행법을 이와 같이 해석하는 이유는 "줄기세포주의 이용"이란 단순히 테라토마를 형성하는 줄기세포주의 직접적인 이용뿐만 아니라 이런 줄기세포주를 이용하여 특정 세포로 분화시킨 세포의 이용 역시 줄기세포주의 이용이라고 해석하

---

18) 최경석·김현철, 앞의 책, 174쪽 참조.

기 때문이다. 또한 줄기세포주를 질병의 진단·예방 또는 치료를 위해 이용한다는 것은 단지 테라코마를 형성하는 줄기세포주만을 이용하는 것이라고 해석하기에는 너무 제한적이다.

그런데 국가생명윤리심의위원회는 첫 번째 해석에 손을 들어주었고, 해당 병원은 임상시험을 수행할 수 있었다. 하지만 동일한 줄기세포를 이용한 임상연구를 세계 최초로 수행했던 미국은 다시 원점에서 안전성을 검토하고 있다. 이것이 무엇을 시사하는지 진지하게 생각해볼 필요가 있다. 과학기술은 이윤을 추구한다. 그러나 이러한 이윤추구는 윤리적으로 타당해야 하고 개인과 사회를 위험에 빠뜨리지 않는 범위 내에서 허용되어야 한다.

사소한 쟁점이기는 하지만 줄기세포주를 이용하는 기관의 기관위원회가 구체적으로 생명윤리법상 어떤 기관위원회를 지칭하는 것인지 명확하지 않다. 통상 줄기세포주의 이용이 줄기세포주를 수립한 배아연구기관이나 체세포복제배아연구기관에서 이루어진다면 이들 기관의 기관위원회가 심의하면 된다. 그러나 줄기세포주를 제공받아 연구하는 기관은 이 두 기관에 한정되지 않을 것이며 매우 다양한 성격의 기관에서 줄기세포주를 이용하는 연구가 수행될 가능성이 높다. 생명윤리안전법 전부개정법이 2013년 2월 2일 시행된 후에는 거의 모든 연구기관이 기관위원회를 설치해야 한다. 따라서 전부개정법이 시행된 후에는 생명윤리안전법상의 기관위원회라면 어떤 기관위원회든 상관없다고 보아야 할 것이다. 그러나 어떤 기관위원회든 줄기세포주 이용 연구에 대한 심의의 전문성을 갖고 있다고 장담하기 어렵다. 따라서 기관위원회는 해당 분야의 전문가로부터 자문을 얻어 심의를 진행하는 것이 바람직할 것이다. 생명윤리안전법 전부개정법이 시행되기 전인 2012년 한 해 동안도 생명윤리법상 기관위원회라면 어느 기관이든 심의를 진행할 수는 있지만 심의의 전문성을 확보할 수 있도록 해당 기관위원회는 적절한 조치를 취해야 할 것이다.

2) 줄기세포주의 이용 관련 「ISSCR 가이드라인」

배아줄기세포주의 이용과 관련하여 국제줄기세포학회는 다음과 같은 규정을 갖고 있다.

8.1 … 인간 만능세포나 인간 전분화능세포를 혼입하여 동물 키메라를 만드는, 인간배아줄기세포 연구에 관한 모든 실험은 연구의 특수성을 평가할 수 있는 역량을 갖춘 특별 감독 체제 또는 기구의 심사와 승인 그리고 지속적인 감시를 받아야 한다. 연구자는 줄기세포 연구감독(SCRO) 절차를 통해 승인을 얻어야 한다.[19]

위 규정은 줄기세포 연구에 대해서는 줄기세포 연구에 대한 심의능력을 갖춘 SCRO(Stem Cell Research Oversight)라는 심의 체제로부터 심의와 승인을 획득하도록 요구하고 있다. 물론 전면적인 SCRO의 심사를 면제받는 실험으로서 기존 IRB의 심사로 허용 가능한 실험들이 존재한다. 이런 연구 형태에 대해서는 다음과 같이 규정하고 있다.

10.1 범주 1: 전면적인 SCRO 심사는 면제받는 실험으로, 현행 법규 하에서 기존 기관위원회의 심사로 허용 가능한 실험들.
이런 실험들에는 이미 존재하는 인간배아줄기세포주를 이용하여 세포배양만 하는 실험 또는 면역결핍쥐에서 기형종(teratoma) 형성을 분석하는 것과 같이 통상적이고 표준적인 연구 활동과 관련된 실험들이 포함된다. 이러한 연구를 수행하는 기관은 a) 이러한 연구가 인간조직 연구, 동물실험, 바이오안전성, 방사능 등을 관할하는 위원회에 의해 합당하게 심사를 받으며,

---

19) 「ISSCR 가이드라인」 8.1. 앞의 책, 8쪽 참조.

b) SCRO 체제 또는 기구에 의한 전면적인 심사는 요구되지 않는다는 것을 결정하는 체제를 마련할 것을 우리는 권고한다. 이러한 체제는 사용될 인간 배아줄기세포주의 출처가 검토됐으며, 본 문서에 제시된 원칙에 따라 사용이 허용된다는 것과 이 연구가 과학적, 법적, 윤리적 규범을 따르고 있음을 결정하는 것을 포함한다.[20]

위 규정에서 주목해야 하는 것은 "이미 존재하는 인간배아줄기세포주를 이용하여, 세포배양만 하는 실험 또는 면역결핍쥐에서 기형종(teratoma) 형성을 분석하는 것과 같이 통상적이고 표준적인 연구 활동과 관련된 실험들"은 SCRO의 심의에서 면제되지만, 기존 IRB의 심의는 받아야 한다는 것이다. 따라서 "인간조직 연구, 동물실험, 바이오안전성, 방사능 등을 관할하는 위원회에 의해 합당하게 심사"를 받을 것을 권장하고 있다.

또한 반드시 SCRO의 심의를 추가로 받은 후에만 허용되는 연구형태들이 존재하는데, 그 내용은 다음과 같다.

10.2 범주 2: SCRO 기능과 같이 줄기세포 연구 관련 사안들을 다루기 위해 특별히 구성된 체제나 기구의 포괄적인 심사를 추가로 받은 후에만 허용되는 연구형태. (중략)

10.2a 어떤 수단을 이용하든 새로운 인간 전분화능세포주를 확립하는 연구 형태.

10.2b 만능세포나 전분화능세포를 확립해낸 배반포, 생식세포, 또는 체세포를 제공한 공여자의 신원을 연구자가 쉽게 확인하거나 알 수 있는 연구.

10.2c 인간 만능세포나 전분화능 줄기세포를 착상 전 단계의 인간배아와

---

20) 「ISSCR 가이드라인」 10.1. 앞의 책, 12~13쪽 참조.

융합시키는 연구.(중략)

10.2d 인간 만능세포나 전분화능세포로부터 유래한 세포를 살아 있는 인간 피험자에게 이식하는 임상 연구.

10.2e 인간세포를 이용해 동물 키메라를 생성하는 연구. 이런 연구에는 만능세포나 전분화능 인간 줄기세포를 수정 후 태아 단계, 또는 출산 후 발달 단계의 동물에게 도입하는 것 등을 포함한다. (중략)[21]

위 규정에서 우리가 주목해야 하는 것은 "어떤 수단을 이용하든 새로운 인간 전분화능세포주를 확립하는 연구 형태"와 "인간 만능세포나 전분화능세포로부터 유래한 세포를 살아 있는 인간 피험자에게 이식하는 임상 연구"가 반드시 SCRO의 심의를 받아야 하는 연구형태에 포함되어 있다는 점이다. 따라서 국내 모병원의 임상연구 역시 「ISSCR 가이드라인」에 따르면 반드시 SCRO의 심의를 받아야 하는 연구에 해당한다.

참고로 국제줄기세포학회는 연구를 수행해서는 안 되는 연구형태들에 대해서도 다음과 같이 규정하고 있다.

10.3 범주 3: 압도적인 과학적 근거가 부족하거나 심각한 윤리적 우려를 야기한다는 폭넓은 국제적 합의가 있어 현재 수행해서는 안 되는 연구 (중략)

10.3a 확립 방식에 관계없이 수정 후 단계의 인간배아 또는 인간기관의 특징이 나타날 수 있는 조직화된 세포구조를 14일 이상이나 원시선 형성시기까지 — 어떤 상황이 먼저 발생하는지에 관계없이 — 체외에서 배양하는 연구

---

21) 「ISSCR 가이드라인」 10.2. 같은 책, 13~14쪽 참조.

10.3b 인간 만능세포나 전분화능세포를 포함한 연구의 산물을 인간 또는 영장류 동물의 자궁에 이식하는 연구

10.3c 생식세포를 형성할 가능성이 있는 인간 세포를 지닌 동물 키메라 간의 교배연구.[22]

국제줄기세포학회는 SCRO의 승인을 받았다는 것을 다음과 같이 연구 결과를 출판하는 과정에서 확인하도록 요구하고 있다.

9.2 학술지의 편집인은 ISSCR의 줄기세포 연구에 대한 국제 지침 (International Guidelines For Stem Cell Research)을 준수하였다는 진술 서, 또는 이와 동등한 지침 또는 해당 규정을 준수했다는 진술서와 적합한 SCRO 승인절차 이후에 연구가 이루어졌다는 진술서를 요구해야 한다.[23]

6. 맺음말

지금까지 줄기세포주 등록제 도입과 줄기세포주 제공 및 이용에 대한 법률의 내용과 그 해석의 문제를 살펴보았다. 아울러 몇 가지 쟁점들을 통해 법률 해석과 관련된 문제를 해결하고자 하였고, 쟁점과 관련하여 서로 다른 해석을 제시하는 입장들에 대해서도 살펴보았다. 또한 현행법의 미비점이 무엇인지도 살펴보았고, 쟁점들에 대한 논의를 통해 향후 학술적으로 어떤 부분에 대한 추가적인 연구가 진행되어야 하는지도 제안하고자 했다.

생명윤리의 문제와 관련된 법률제정은 과학자, 법학자, 윤리학자, 실무

---

22) 「ISSCR 가이드라인」 10.3. 같은 책, 15쪽 참조.
23) 「ISSCR 가이드라인」 9.2. 같은 책, 11쪽 참조.

가, 시민, 정부 및 국회의원 등이 함께 참여하는 집단적인 작업이다. 연구 현장을 제대로 이해하고 윤리적으로가 아니라 법적으로 무엇을 규제해야 하는지 결정하는 일은 해당 사안의 이해당사자들이 중첩적 합의를 찾아가는 과정이다. 이러한 과정이 성공적으로 수행되기 위해서는 서로 다른 견해를 지니고 있음을 인정하고 서로의 합리적인 의견을 존중하면서, 열린 마음으로 진지하게 대화하고 토의하고 때로는 합리적인 논쟁을 거치면서, 합의에 도달하려는 노력이 필요하다. 이런 점에서 한 사회가 생명윤리의 문제를 해결하는 방식이나 해결을 위한 담론의 수준은 한 사회의 민주주의가 어느 정도 성숙되었는지 보여주는 시금석이기도 하다.

| 최경석 |

이화여자대학교 법학전문대학원 및 일반대학원 생명윤리정책 협동과정에 재직 중이다. 주요 논문으로 「생명윤리에서 윤리적 허용가능성 담론과 법제화」(2012), 「생명의료윤리에서의 '자율성'에 대한 비판적 고찰」(2011), 「인간배아의 도덕적 지위와 잠재성 개념」(2006) 등이 있다.

13
개정생명윤리법에 따른
줄기세포 연구의 법적 쟁점*

| 김현철 |

이화여자대학교 법학전문대학원

1. 들어가는 말

2005년에 제정된 "생명윤리 및 안전에 관한 법률(이하 생명윤리법)"이 지난 2012년 2월 1일 개정되어 2013년 2월 2일 시행을 앞두고 있다. 이번에 개정된 생명윤리법은 인간대상 연구와 인체유래물 연구 일반으로 법의 적용범위를 확장하고, 기관위원회와 관련된 여러 조항을 개정하는 등 기존의 생명윤리법을 전면적으로 수정·보완하고 있다는 점이 특징이다.

이 글은 새로 개정된 생명윤리법의 내용 중 줄기세포 연구와 관련된 부분을 점검하고 명확하게 하려는 데 그 목적이 있다. 특히 기존의 생명윤리법은 주로 배아줄기세포 연구와 관련된 부분만 규율하고 있었으나, 개정된 생명윤리법은 인간대상 연구 및 인체유래물 연구 일반을 규율하기 때문에

---

* 이 연구는 21세기 프론티어 연구개발사업인 세포응용연구사업단의 연구비 지원으로 진행되었으며, 이화여자대학교 《법학논집》 제16권 3호에 게재된 원고를 일부 수정한 것이다.

배아줄기세포, 체세포핵이식배아줄기세포, 단성생식배아줄기세포 이외의 줄기세포, 즉 배아에서 유래하지 않았지만 전분화능(pluri-potent)을 가지고 있는 iPS나 정원줄기세포, 태아유래줄기세포뿐 아니라, 다분화능(multi-potent)을 가지고 있는 성체줄기세포에 관한 연구도 인간대상 연구 혹은 인체유래물 연구의 범주에 속하기 때문에 이에 관한 규정들의 적용을 받게 된다. 따라서 이런 규정들이 새롭게 적용되면 연구자들은 어떤 절차를 거쳐야 하는지 명확하게 분석될 필요가 있다.

새로 개정된 생명윤리법의 줄기세포 연구에 관한 내용 중에는 비판적으로 검토되어야 할 부분도 있는 것이 사실이다. 이 글은 개정법의 내용을 점검하고 분석하는 것 이외에도 여러 문제점을 제기하고 이에 대해 대안을 모색해보고자 한다. 그럼으로써 향후 더 나은 입법이 되기 위한 쟁점들이 부각될 것이고, 그 쟁점들에 대한 사회적 토론이 이루어질 것이라고 생각한다.

또한 이 글은 생명윤리법학의 미래를 위해서도 의미 있는 역할을 하고자 한다. 생명윤리 법학은 아직 해석법학으로서의 위상을 가질 만큼 연구가 많이 진행되지 못하고 있는 것이 사실이다. 생명윤리법학은 주로 입법론이거나 아니면 헌법, 형법, 민법 등 개별 법학의 관점에서 검토한 연구들로 채워져 왔다. 그러나 해석법학으로서의 위상을 가지면서도 특정 개별 법학의 관점에 의지하지 않는 전문법학으로서의 생명윤리법학에 관한 연구는 많지 않다. 이런 문제의식 하에서 필자는 이 글을 통해 생명윤리법의 해석을 둘러싼 쟁점들을 꼼꼼하게 도출하고 그 쟁점들에 대해 개인적인 견해를 논증하기 위하여 노력하였다. 이런 시도가 있어야 후속 연구들은 각 쟁점에 대해 학문적으로 토론하고 비판할 수 있게 될 것이다.

2. 개정생명윤리법에 따른 법적 쟁점

1) 개괄

기존 생명윤리법에서 '줄기세포'라는 용어를 표제로 사용한 것은 많지 않았다. 제20조의 2(줄기세포주의 등록), 제20조의 3(줄기세포주의 제공), 제20조의 4(줄기세포주의 이용), 제45조(성체줄기세포 연구의 지원) 그리고 제2조(정의)의 제10호에서 '줄기세포주'를 정의하고 있는 것이 전부이다. 그러나 배아줄기세포주를 수립하기 위해서는 배아를 사용해야 하기 때문에, 배아연구에 관한 규정들은 사실상 배아줄기세포주 연구에 관한 규정이라고 할 정도이다. 그런데 배아연구에 사용될 배아들은 배아생성의료기관으로부터 제공받아야 하기 때문에 배아생성에 관한 규정들은 직접적으로 줄기세포 연구와 관련되지는 않는다 하더라도 간접적으로는 줄기세포 연구와 관련된 규정이라고 할 수 있다. 또 체세포핵이식배아에 관한 연구를 규정하고 있는 제22조, 제23조도 체세포핵이식배아로부터 줄기세포주를 수립하려는 것이 대체적인 연구의 목적이기 때문에 당연히 줄기세포와 관련된 규정이라고 할 수 있다. 마지막으로 배아생성의료기관, 배아연구기관, 체세포핵이식배아 연구기관, 줄기세포주를 수립·수입하거나 이용하려고 하는 자는 기관생명윤리심의위원회(이하 기관위원회)의 심의를 받아야 하기 때문에 기관위원회에 관한 규정도 줄기세포 연구에 적용되어야 하는 규정이다.

그러나 이런 규정으로 현재 행해지고 있는 줄기세포 연구의 다양한 실제 현상을 모두 포괄적으로 규율할 수는 없었다. 특히 배아나 체세포핵이식배아에서 유래하지 않은 줄기세포에 관한 연구는 실제 줄기세포 연구의 상당한 부분을 차지하고 있음에도 불구하고 기존 생명윤리법의 적용대상은 아니었다. 그러나 앞서 언급했듯이 개정 생명윤리법은 인간대상 연구와 인체유래물 연구 일반을 규율할 수 있는 조항을 새로 도입하였기 때문에, 기존 생명윤리법의 적용대상이 아니었던 줄기세포 연구들이라 하더라도 그 연구가 인간대상 연구 혹은 인체유래물 연구에 해당한다면 그에 관한 개정 생명윤리법의 규정들이 당연히 적용될 것이다. 이하에서는 개정 생명윤리법에 따르면 어떤 조항들이 줄기세포 연구에 적용되게 되는지 구체적으로 살펴보자.

2) 배아줄기세포주

배아줄기세포 연구에 관한 조항은 개정 생명윤리법은 기존 생명윤리법과 큰 차이를 보이고 있지 않다. 개정 생명윤리법에서도 기존 생명윤리법처럼 배아줄기세포주를 수립하는 연구는 배아연구에 해당한다. 다만 개정 생명윤리법에서는 기존 생명윤리법과 달리 '배아줄기세포주'를 정의하고 있다.[1]

기존 생명윤리법은 '줄기세포주'에 대한 정의만을 두고 있어서 줄기세포주 연구에 관한 제20조의 2 내지 제20조의 4 등 3개 조항이 배아줄기세포주를 의미하는지 아니면 배아에서 유래한 줄기세포주가 아닌 줄기세포주, 예를 들어 역분화유도전분화능 줄기세포(iPSc)도 의미하는지 불분명하였다. 사견으로는 사실 기존 생명윤리법의 줄기세포주는 단순히 "배양 가능한 조건 하에서 지속적으로 증식이 가능하고 다양한 세포로 분화할 수 있는 세포군"으로만 정의되었기 때문에, 형식적인 문언해석에 의하면 반드시 배아에서 유래한 것이 아니라도 정의상 생명윤리법상의 줄기세포주가 될 수 있는 가능성이 있다고 생각한다.

---

1) 개정법 제2조 제10호 "배아줄기세포주란 배아, 체세포복제배아, 단성생식배아 등으로부터 유래한 것으로서, 배양 가능한 조건에서 지속적으로 증식할 수 있고 다양한 세포로 분화할 수 있는 세포주를 말한다."

그러나 제20조의 2 내지 제20조의 4는 법체계적으로 볼 때 제20조를 전제하고 있는 조문이라고 할 수 있고, 이 제20조는 잔여배아의 제공과 관리에 관한 규정이라는 것도 고려해야 한다. 또한 이 조항들은 모두 제3장 제2절 인공수정배아에 속한 규정들이다. 이런 이 조항들의 체계적 위치를 고려하면 입법자의 의사는 줄기세포주를 배아에서 유래한 줄기세포주만을 의미하는 것이었다고 해석하는 것도 충분히 가능하다. 더구나 생명윤리법의 강력한 입법취지 중의 하나가 인간개체로 발달할 수 있는 배아의 특수한 인격적 지위를 보호하고자 하는 것이라는 것을 고려하여야 한다. 그렇다면 배아에서 유래하지 않은 줄기세포주는 일단 기존 생명윤리법에서 주된 고려사항이 아니며, 그 점을 감안한다면 기존 생명윤리법의 줄기세포주는 배아줄기세포주만을 의미한다고 하여야 할 것이다. 이런 조항의 체계적 지위와 주요 입법취지 두 점을 고려한다면 기존 생명윤리법의 줄기세포주는 특히 배아줄기세포주만을 의미한다고 해석하는 것이 타당하다고 생각한다.

그렇다면 기존 생명윤리법 제20조의 2 내지 제20조의 4는 체세포복제배아에서 유래한 줄기세포주에도 적용되는가? 만일 기존 생명윤리법의 줄기세포주를 배아줄기세포주로 해석하는 주된 논거 중의 하나가 제20조의 2 내지 제20조의 4가 인공수정배아의 절 아래에 있다는 것이라면, 이와 절을 달리하여 제3절에서 규정하고 있는 체세포복제배아에 관한 연구는 제20조의 2 내지 제20조의 4와 체계적 지위를 달리한다고도 볼 수 있기 때문이다. 그러나 체세포복제배아의 생성 및 연구에 관한 기존 생명윤리법 제23조 제2항에서는 "제10조 내지 제21조의 규정은 체세포복제배아의 연구에 관하여 이를 준용한다. 이 경우 '잔여배아'는 '체세포복제배아'로 본다."고 하고 있으므로 제20조의 2 내지 제20조의 4도 이 규정에 의해 당연히 체세포복제배아 연구에 준용되어야 한다. 따라서 기존 생명윤리법 제23조 제2항의 준용규정에 따라 제20조의 2 내지 제20조의 4, 즉 줄기세포주에 관한 규정은 체세포복제배아에서 유래한 줄기세포에도 적용된다.

개정 생명윤리법은 이러한 해석상의 불분명한 점을 고려하여 기존 생명윤리법의 제20조의 2 내지 제20조의 4에 해당하는 부분을 "배아줄기세포주"라는 표제를 가진 별도의 절로 독립시켜서 제33조 내지 제35조에서 따로 정하고 있다. 그 내용은 기존의 규정과 동일하나 "줄기세포주"라고 하고 있던 부분을 "배아줄기세포주"라고 수정한 것이 차이점이다. 여기서 주의할 점은 개정 생명윤리법에서는 제2조의 정의 조항도 수정하여 기존 생명윤리법상 "줄기세포주" 대신 "배아줄기세포주"를 정의하고 있으며, 이에 따르면 "배아줄기세포주"를 배아뿐만 아니라 체세포복제배아, 단성생식배아 등에서 유래한 줄기세포주도 포함하는 것으로 규정하고 있다. 따라서 기존 생명윤리법에서 불분명했던 부분을 입법적으로 명확하게 수정하였고, 체세포복제배아 이외에 실제 연구가 행해지고 있는 단성생식배아에 관한 부분도 규정하여 연구현실과도 조화를 이루도록 하고 있다.

3) 배아줄기세포주의 수립

개정 생명윤리법에서도 기존 생명윤리법과 마찬가지로 배아줄기세포주를 수립하는 것은 배아를 사용하는 연구이기 때문에 배아연구의 범주에 포함된다. 따라서 배아줄기세포주를 수립하기 위해서는 배아생성의료기관에서 제공한 배아를 사용하여야 한다.[2] 그리고 개정 생명윤리법에서도 기존 생명윤리법과 마찬가지로 배아줄기세포주를 수립하는 연구에 대해서 보건복지부 장관의 승인을 얻어야 한다.[3]

---

2) 개정법 제26조 제1항 전단 "배아생성의료기관은 연구에 필요한 잔여배아를 제30조 제1항에 따라 배아연구계획서의 승인을 받은 배아연구기관에 제공하 …(이하 중략) 는 경우에는 무상으로 하여여야 한다."

그럼에도 불구하고 개정 생명윤리법 제29조 제1항은 배아연구의 목적에 관하여 기존 생명윤리법 제17조의 내용과 거의 다르지 않게 규정하고 있다.[4] 여기서 문제되는 것은 배아줄기세포주를 수립하는 연구는 실제로는 구체적인 질병에 대한 치료법을 개발하거나 직접 치료를 하는 연구가 아니라는 점이다. 배아줄기세포주를 수립하는 연구는 그 배아줄기세포주를 분양받아 구체적인 치료법을 실제로 개발하는 연구와는 그 성격이 확연히 다른 기초연구에 해당한다. 배아줄기세포주를 분양받은 연구자는 다양한 질병의 치료를 위하여 자신의 연구를 수행할 수 있지만, 배아줄기세포주 그 자체를 수립하는 연구자는 구체적인 질병을 염두에 두고 있을 수가 없다. 그렇다면 배아줄기세포주를 수립하기 위해 잔여배아를 제공받아 연구하는 사람은 엄밀히 말해 기존 생명윤리법 제17조에서 정한 연구 목적에도, 개정 생명윤리법 제29조에서 정한 연구 목적에도 해당하지 않게 된다.

다만 이렇게 법문언과 배아줄기세포주 수립연구의 현실이 어긋나는 것을 피하기 위하여 최대한 조화롭게 해석할 필요성은 있다. 그렇다면 배아줄기세포주를 수립하는 것 자체가 지금 당장 희귀·난치병의 치료를 목적으로 하는 것은 아니지만 이러한 질병의 치료제 개발이라는 장래 목적을 달성하기 위한 배아줄기세포주 연구를 뒷받침하기 위해 배아줄기세포주를 수립하는 것임을 강조할 수밖에 없다.[5] 그러나 이런 해석은 너무 현실과 맞지 않기 때문에 지나친 확장 해석이라고 할 수 있다. 그러므로 입법적으

---

3) 개정법 제30조 제1항 "배아연구기관은 잔여배아의 연구를 하려면 미리 보건복지부장관에게 배아연구계획서를 제출하여 승인을 받아야 한다. 배아연구계획서의 내용 중 대통령령으로 정하는 중요한 사항을 변경하는 경우에도 또한 같다."

4) 기존 생명윤리법 제17조와 개정 생명윤리법 제29조 제1항은 두 가지 점에서 차이가 있다. 첫 번째는 기존 생명윤리법에 있던 "보존기간을 5년 미만으로 정한 잔여배아를 이용하고자 하는 경우에는 동의권자로부터 해당 목적으로의 이용에 대하여 새로이 동의를 받아야 한다."는 조항이 삭제된 것이고, 두 번째는 연구목적 제1호에 있던 "불임치료법 개발을 위한 연구"를 "난임치료법 개발을 위한 연구"로 수정한 것이다.

로 배아줄기세포주를 수립하는 기초연구도 배아연구의 범위 안에 명시적으로 포함시키는 것이 명확할 것이다.[6]

4) 체세포핵이식배아 연구와 단성생식배아 연구

개정 생명윤리법에서는 기존 생명윤리법에서 규정하고 있던 체세포핵이식배아 연구 이외에 단성생식배아 연구에 관한 내용이 새롭게 도입되었다. 이는 이론적으로 체세포핵이식배아 이외에 단성생식배아도 개체로 발생할 가능성이 있으며, 실제로 단성생식배아에 관한 연구가 행해지고 있어 단성생식배아 연구를 허용해 달라는 요청이 보건복지부 장관에게 접수된 적이 있다는 점을 고려한 것이라고 생각된다. 단성생식배아 연구는 개정 생명윤리법에서 체세포핵이식배아와 동일한 요건과 절차로 진행할 수 있도록 규정하고 있다.[7]

그리고 체세포핵이식배아 연구와 단성생식배아 연구를 통해 배아줄기세포주를 수립하기 위한 난자제공에 관한 규정도 정비되었다. 기존 생명윤리법에서는 체세포핵이식배아 연구를 위해 필요한 난자의 제공에 대하여 명확한 규정을 두고 있지 않아 해석상의 혼란이 있었다. 즉 연구에 필요한 난자는 배아연구와 마찬가지로 배아생성의료기관으로부터만 제공되어야 하

---

5) 예컨대 최경석·김현철, 『생명윤리 및 안전에 관한 법률의 쟁점과 이해』(생명윤리정책연구센터, 2010), 112~113쪽은 이런 해석을 취하고 있다.

6) 현재 입법적으로 배아줄기세포주를 수립하는 기초연구를 개정 생명윤리법 제29조 제1항의 배아연구의 목적 범위 내로 인정할 수 있는 방법으로는 법률을 개정하는 방법 이외에 시행령에 포함시키는 방법이 가능하다. 개정 생명윤리법 제29조 제1항 제3호에서는 "그 밖에 국가위원회의 심의를 거쳐 대통령령으로 정하는 연구"도 허용하고 있기 때문이다. 따라서 국가위원회의 심의를 거친 후 개정 생명윤리법에 의해 새롭게 제정될 시행령에 배아줄기세포주를 수립하기 위한 연구를 추가하는 것이 필요하다.

7) 개정 생명윤리법 제2조 제7호에서는 "단성생식행위란 인간의 난자가 수정 과정 없이 세포분열하여 발생하도록 하는 것을 말한다."라고 하고 있으며, 같은 조 제9호에서는 "단성생식배아란 단성생식행위에 의하여 생성된 세포군을 말한다."라고 정의하고 있다.

는지, 아니면 기증의사를 밝힌 여성으로부터 직접 제공받아도 되는지가 불분명했다. 그래서 기존 생명윤리법에서는 시행령 제12조의 3을 신설하여 이에 대해 입법적으로 해결하려고 하였다.[8] 특히 시행령 제12조의 3 제2항에서는 "배아생성의료기관은 제1항에 따라 체세포핵이식행위의 연구목적으로 난자를 제공하려면 난자를 기증한 자로부터 서면동의를 얻어야 한다."고 규정하고 있다. 그러나 이는 문언상 배아생성의료기관이 연구목적으로 난자를 제공할 때 따라야 할 내용으로 읽을 수 있으며, 반드시 배아생성의료기관만이 난자를 제공하여야 할 뿐 개인 기증자를 허용하지 않겠다는 뜻으로 해석하기는 어렵다. 더구나 체세포핵이식 연구에 사용되는 난자 중에는 체외수정을 전제로 하지 않는 종류의 난자 즉 '적출한 난소에서 채취한 난자'도 포함되어 있어 반드시 배아생성의료기관만이 연구용 난자를 제공할 수 있다고 이해하기도 어렵다. 그렇다면 이 시행령은 어떤 취지로 만들어졌는지 그 자체로 모호한 상태라고 할 수 있다.

이와는 달리 개정 생명윤리법에서는 법률상 난자의 제공에 관한 규정을 두고 있다. 개정 생명윤리법 제26조 제1항에서는 배아생성의료기관이 체세포복제배아 연구기관 및 단성생식배아 연구기관에게 제공하는 경우 무상으로 하여야 한다고 규정하고 있다. 기존 생명윤리법에서는 배아생성의료기관이 체세포복제배아 연구기관에게 난자를 제공하는 것과 관련된 규정이 없었던 것에 비하면 사태를 상대적으로 명확하게 규율할 수 있게 되었

---

8) 시행령 제12조의 3에서는 체세포핵이식 연구의 요건으로 다음의 세 가지를 제시하고 있다. 첫째, 체세포복제배아를 생성하고 이를 이용하여 줄기세포주를 수립하는 연구일 것. 둘째, 연구에 사용되는 난자는 다음 다섯 가지 중의 하나일 것. ① 배아 생성을 위하여 동결보존하는 난자로서 임신이 성공되는 등의 사유로 폐기할 예정인 난자. ② 미성숙한 난자나 비정상적인 난자로서 배아를 생성할 계획이 없어 폐기할 예정인 난자. ③ 체외수정시술에 사용된 난자로서 수정이 되지 아니하거나 수정을 포기하여 폐기될 예정인 난자. ④ 불임치료를 목적으로 채취된 난자로서 적절한 수증자가 없어 폐기될 예정인 난자. ⑤ 적출한 난소에서 채취된 난자. 셋째, 발생학적으로 원시선이 나타나기 전까지의 체세포복제배아를 체외에서 이용할 것.

다고 평가할 수 있다. 그럼에도 불구하고 이 규정은 배아생성의료기관만이 난자를 제공할 수 있다고 해석하기에는 상당한 난점이 있다. 그렇다면 개정 생명윤리법에 의하더라도 배아생성의료기관만이 체세포핵이식배아 연구나 단성생식배아 연구를 위해 난자를 제공하는 것은 아니라고 해석해야 한다.

그런데 이렇게 해석하게 되면 연구용으로 자신의 난자를 기증하는 여성을 보호할 수 있는 법적 규정은 없게 된다. 개정 생명윤리법에서는 기존 생명윤리법의 내용을 이어받아 제27조에 난자 기증자의 보호를 위한 규정을 두고 있으나, 이 규정들은 모두 배아생성의료기관을 주어로 하고 있다. 그렇다면 배아생성의료기관이 아닌 체세포핵이식배아 연구기관이나 단성생식배아 연구기관에서 직접 난자 기증자로부터 난자를 채취할 경우에는 개정 생명윤리법 제27조에서 규정하는 건강검진, 건강기준에 미치지 못하는 경우 난자 채취 금지, 난자채취 빈도의 제한 등은 적용되지 않는다는 문제점이 있다.

더욱이 배아생성은 반드시 배아생성의료기관에서 해야 한다는 조항이 있기 때문에 배아연구기관에서 연구용으로 제공받는 배아는 배아생성의료기관 외에서는 받을 수 없도록 되어 있는 논리구조와 비교할 필요가 있다. 난자제공에는 이러한 배아생성의료기관이 갖는 배아생성에 관한 배타성이 적용되지 않기 때문에, 연구용 난자를 사용하는 연구기관에 대해서는 입법적으로 그 제공의 주체를 분명히 해줄 필요가 있다. 만일 입법자가 배아생성의료기관 이외의 난자 기증이 가능하다고 생각하여 이런 형식의 입법을 했다면 적어도 난자 기증자를 보호하기 위한 개정 생명윤리법 제27조를 배아생성의료기관 이외의 난자 기증자에게 적용될 수 있도록 준용규정이라도 두어야 마땅했을 것이다. 따라서 개정 생명윤리법은 이 사안에 관하여 입법적 불비상태에 있다고 평가할 수 있다.

5) 배아줄기세포주 등록, 제공, 이용

개정 생명윤리법 제4절 제33조 내지 제35조는 배아줄기세포주의 등록, 제공, 이용에 관하여 규정하고 있다. 이 내용은 기존 생명윤리법 제20조의 2 내지 제20조의 4의 내용과 거의 유사하다. 그렇기 때문에 개정 생명윤리법의 조항은 기존 생명윤리법의 조항들이 가지고 있던 문제점들을 거의 똑같이 갖고 있다고 할 수 있다.

먼저 개정 생명윤리법은 기존 생명윤리법과 마찬가지로 배아줄기세포주를 수입한 경우에도 보건복지부장관에게 등록하도록 하고 있다. 그러나 이에 대해서 여전히 등록의 의미가 무엇인지, 등록하는 것이 필요한지 등에 대한 실제적 논란이 있다.[9] 이 논란은 법적인 문제는 아니므로 이 글에서는 다루지 않는다.

문제는 개정 생명윤리법 제34조 제1항에서 "배아줄기세포주를 수립한 자가 그 배아줄기세포주를 타인에게 제공하려면 보건복지부령으로 정하는 바에 따라 기관위원회의 심의를 거쳐야 한다."라고 규정하고 있고, 제35조 제2항에서 "제1항에 따라 배아줄기세포주를 이용하려는 자는 해당 연구계획서에 대하여 보건복지부령으로 정하는 바에 따라 기관위원회의 심의를 거쳐 해당 기관의 장의 승인을 받아야 한다."라고 정하고 있다. 이 규정들은 물론 기존 생명윤리법에도 있는 내용들이다. 어쨌든 이 규정들에 의하면 배아줄기세포주를 수립하여 타인에게 제공하려는 자도, 이를 제공받아 연구용으로 이용하려는 자도 기관위원회의 심의를 거쳐야 한다. 따라서 어느 경우에나 기관위원회의 심의는 반드시 필요하다. 그런데 문제는 이 기관위원회가 어떤 기관위원회인가 하는 점이다.

기존 생명윤리법에서도 이것은 주요 쟁점 중의 하나였다. 기존 생명윤리

---

9) 수입한 배아줄기세포주를 등록해야 하는지 여부에 대해서는 과학자들 사이에서 찬반양론이 있다. 이에 대해서는 최경석·김현철, 앞의 책, 154~155쪽 참조.

법 제20조의 3 제1항에서는 "제20조의 2에 따라 줄기세포주를 수립하거나 수입한 자가 그 줄기세포주를 제공하려면 보건복지부령으로 정하는 바에 따라 기관위원회의 심의를 거쳐야 한다."고 규정하고 있었다. 문제는 줄기세포주를 수립하는 것은 배아연구 혹은 체세포핵이식배아 연구에 해당하기 때문에, 줄기세포주를 수립한 자의 기관위원회는 당연히 배아연구기관 혹은 체세포핵이식배아 연구기관의 기관위원회라고 해석할 수 있다. 문제는 줄기세포주를 수입한 자의 기관위원회가 어디냐는 것이었다. 나아가 기존 생명윤리법 제20조의 4 제2항은 개정 생명윤리법 제35조 제2항과 같은 내용을 규율하고 있는데, 이때 줄기세포주를 이용하려는 자가 반드시 배아연구기관 혹은 체세포핵이식배아 연구기관이라는 보장은 없는 것이다. 오히려 지금은 대부분의 배아줄기세포주를 연구하는 기관이 직접 배아줄기세포주를 수립하지 않는 경우가 더 많다. 그런데 기존 생명윤리법 제9조 제1항에서는 기관위원회 설치에 관한 규정을 두면서 줄기세포주 수입기관과 줄기세포주 이용기관의 기관위원회는 규정하지 않고 있어서, 이 기관위원회의 성격에 대해서 의문이 생기게 된 것이다.

기존 생명윤리법의 이런 문제에 대해서는 첫째, 이 기관위원회는 법적인 요건을 갖추지 않아도 되는 임의적인 형태의 것이어도 된다는 해석가능성과 둘째, 법적인 요건을 갖춘 기관위원회라면 어떤 기관위원회(예를 들어 유전자검사기관위원회)라도 괜찮다는 해석가능성이 있다. 첫째 해석도 이 규정의 취지에 어긋나지는 않는다고 생각된다. 그러나 해당 조문에는 분명히 "기관위원회"라는 용어를 쓰고 있고 기존 생명윤리법 제9조 제1항은 기관위원회가 기관생명윤리심의위원회의 약어로 사용한다고 분명히 규정하고 있으므로 이때의 기관위원회는 생명윤리법상 기관위원회를 의미한다고 해석하는 것이 타당하다.[10]

그런데 개정 생명윤리법 제34조에서는 배아줄기세포주를 타인에게 제공할 때 기관위원회의 심의를 거쳐야 하는 자로 배아줄기세포주를 수립한 자만 포함할 뿐, 배아줄기세포주를 수입한 자는 제외하고 있다. 따라서 배아줄기세포주를 수립한 자는 당연히 배아연구기관 혹은 체세포핵이식배아연구기관이나 단성생식배아 연구기관이어야 하기 때문에 개정 생명윤리법 제34조의 기관위원회는 이들 연구기관의 기관위원회를 의미하게 될 것이며, 배아줄기세포주를 수입한 자의 기관위원회 심의는 개정법에서 제외되었기 때문에 이에 대한 기존의 논란은 사라지게 된 것이다.[11]

그러나 개정 생명윤리법에 의하면 여전히 배아줄기세포주를 이용하려는 자도 기관위원회의 심의를 받아야 하는데, 이때 기관위원회가 무엇을 의미하는지는 기존 생명윤리법에서와 마찬가지로 쟁점이 된다. 물론 배아줄기세포주 이용에 관한 개정 생명윤리법 제35조 제2항은 기존 생명윤리법 제20조의 4 제2항과 거의 똑같은 문구로 이루어져 있다.[12] 그러나 개정 생명윤리법은 기존 생명윤리법과 다르게 인간대상 연구와 인체유래물 연구에 대한 새로운 규정을 가지고 있다. 그리고 이 규정들은 배아줄기세포주를 이용하려는 연구자에게 적용되는 규정들이기 때문에, 이 규정들을 고려하여 배아줄기세포주 이용에 관한 심의를 하는 기관위원회의 성격을 해석할

---

10) 이에 대해서는 최경석·김현철, 앞의 책, 174~175쪽 참조. 나아가 임상시험의 연구계획서를 심의하는 IRB 또는 대학에 설치된 생명윤리심의위원회도 이 기관위원회로 볼 수 있을지 여부도 검토해볼 수 있다. 그러나 본문과 같은 이유로 생명윤리법상 기관위원회가 아니라면 여기서 말하는 기관위원회가 아니라고 하여야 하기 때문에, 그 위원회가 생명윤리법상 기관위원회로 등록되지 않았다면 해당 심의는 할 수 없다고 해석하는 것이 타당할 것이다.

11) 다만 배아줄기세포주를 수입한 경우, 이를 제공하는 것에는 아무런 심의를 받지 않아도 되는지 여부에 관한 실제적 논란은 남는다. 배아줄기세포주를 수입해서 연구하는 경우에도 등록은 해야 하므로 아무런 규율도 받지 않는 것은 아니다. 수입한 배아줄기세포주가 윤리적인 절차 속에서 수립되었는지에 대해서 우리나라가 실제적인 관할권을 행사할 수 없다는 점을 고려하고, 대체적으로 우리나라 연구자들이 사용하는 수입배아줄기세포주는 윤리적인 절차를 상대적으로 잘 정비한 나라에서 수립된 것이라는 현실을 생각한다면 수입된 배아줄기세포주를 제공할 때도 심의를 해야 할 필요성이 그렇게 크지 않다고 생각된다.

필요가 있다.

개정 생명윤리법 제2조 제11호에 의하면 인체유래물은 "인체로부터 수집하거나 채취한 조직·세포·혈액·체액 등 인체 구성물 또는 이들로부터 분리된 혈청, 혈장, 염색체, DNA, RNA, 단백질 등"을 의미한다. 그리고 같은 조 제12호에 의하면 인체유래물 연구를 "인체유래물을 직접 조사·분석하는 연구"라고 규정하고 있다. 한편 같은 조 제1호에서는 인간대상 연구를 "사람을 대상으로 물리적으로 개입하거나 의사소통, 대인 접촉 등의 상호작용을 통하여 수행하는 연구 또는 개인을 식별할 수 있는 정보를 이용하는 연구로서 보건복지부령으로 정하는 연구"로 정의하고 있다.

일단 이 정의 조항들에 따르면 배아줄기세포주는 배아에서 유래된 것이라면 "인체로부터 수집되거나 채취된 세포"에 해당하므로 인체유래물의 범주에 속한다고 해석할 수 있다. 물론 이에 대해서도 몇 가지 논란은 남아 있다. 만일 자연적으로 수정된 배아를 채취한다면, 배아는 일종의 세포군[13]을 말하고 인체에서 유래한 세포는 인체유래물이므로 정의상 배아는 바로 인체유래물이 될 것이다. 그런데 배아줄기세포주를 수립하기 위해 사용하는 배아는 체외에서 인공적으로 수정시킨 체외수정배아이다. 체외수정배아 그 자체는 직접적으로 인체에서 유래한 것이 아니다. 이 경우 직접 인체에서 유래한 것은 체외수정배아를 만들기 위해 필요한 난자와 정자와 같은 생식세포이다. 그리고 체외수정배아 이외에 체세포핵이식배아나 단성생식배아도 배아줄기세포주를 수립하는 원천이 될 수 있는데, 이 경우 역시 인체에서 직접 유래한 것은 난자와 체세포이다. 그런데 배아줄기세포주는 이런

---

12) 유일한 차이는 기존법이 '연구계획'이라고 표현한 것을 개정법은 '연구계획서'라고 수정해서 표현한 것뿐이다.

13) 개정 생명윤리법 제2조 제3호 "배아"란 인간의 수정란 및 수정된 때부터 발생학적으로 모든 기관이 형성되기 전까지의 분열된 세포군을 말한다.

체외수정배아, 체세포핵이식배아 혹은 단성생식배아 그 자체도 아니고 한 번 더 조작을 거쳐서 생성된 것이다.

그렇다면 이처럼 인체에서 직접 유래한 세포를 이용하여 새로운 산물을 만들어 낸 것도 인체유래물의 범주에 포함되는가? 체외수정배아, 체세포핵이식배아, 단성생식배아는 개정 생명윤리법에 인체유래물 연구의 장과 별도의 장으로 규율하고 있으므로 특별한 문제는 되지 않는다.[14] 여기의 문제도 배아줄기세포주에 관한 것이다. 사견으로는 인체유래물에 대한 개정 생명윤리법의 정의에서 '직접' 유래해야 한다는 단서가 존재하지 않고, 그 범위에 있어서도 '등'이라는 표현을 써서 폭넓은 해석이 가능하도록 하고 있으며, 인체유래물을 윤리적으로 신중하게 취급하라는 개정 생명윤리법의 요구는 개체발생이 가능한 체외수정배아나 체세포핵이식배아 혹은 단성생식배아에서 유래한 배아줄기세포주에도 동일하게 적용되는 것이라고 해석하는 것이 배아줄기세포주의 이용에 대해 기관위원회의 심의를 요구하는 법규정과 정합하는 해석이라고 생각된다. 따라서 배아줄기세포주를 직접 조사·분석하는 것은 인체유래물 연구의 한 종류라고 판단된다. 그렇다면 배아줄기세포주를 직접 조사·분석하는 형태로 연구하려는 자[15]는 개정 생명윤리법 제10조 제1항 제2호에 따라 설치된 기관위원회에서 연구계획서의 심의를 받으면 된다.[16] 만일 인체유래물 연구자가 교육·연구기관

---

14) 다만 체외수정배아의 연구 등에 관한 이 규정들이 인체유래물 연구에 관한 규정의 특별규정인 가 아니면 아예 배아 등은 인체유래물과 범주를 달리하는 것으로 상정한 것인가에 관한 의문은 남아 있다.

15) 거의 대부분의 배아줄기세포주 이용은 이 형태가 될 것이다. 비록 동물실험의 형태로 배아줄기세포주를 직접 조사·분석하고 단지 동물에게 적용하기만 하는 연구가 있다 하더라도, 현재 연구의 실제를 보면 이런 종류의 연구는 전체적으로는 배아줄기세포주에 대한 직접 조사나 분석을 위한 하나의 과정이나 부분에 불과하기 때문이다.

16) 개정 생명윤리법 제10조 제1항 제2호 "인체유래물 연구를 수행하는 자가 소속된 교육·연구기관 또는 병원 등"을 규정하여 이 기관들은 기관위원회를 설치하도록 의무화하고 있다.

또는 병원에 속해 있다면, 제10조 제1항 제2호에 해당하는 기관위원회가 없을 수 있다. 이 경우에는 개정 생명윤리법에 새로 도입된 공용기관생명윤리위원회(공용위원회)에서 심의를 받을 수 있다.[17]

그런데 배아줄기세포주를 제공받아 직접 조사·분석하려는 연구자가 속한 기관이 마침 배아연구기관으로 등록되어 있어 배아연구 기관위원회가 있다면, 그 경우에도 반드시 인체유래물 연구 기관위원회에서 심의를 받아야 할 것인가? 현실적으로 배아연구 기관위원회는 배아줄기세포주 수립에 관한 심의를 담당할 경우가 많으므로 일반적인 인체유래물 연구 기관위원회보다 배아줄기세포주에 관한 한 더 전문성을 가진 위원들이 참여할 가능성이 높다. 그렇다면 현실적으로는 배아연구 기관위원회에서 심의하는 것이 더 타당할 것이다. 논리적인 해석론으로는 배아줄기세포주를 이용하는 연구는 인체유래물 연구에 해당하므로 인체유래물 연구 기관위원회에서 심의하는 것이 옳지만, 현실 상황에서 만일 배아연구 기관위원회에서 심의를 받을 수 있다면 그곳에서 심의를 받는 것이 훨씬 바람직하다. 이 딜레마를 어떻게 해결할 것인가? 사견으로는 논리적으로 배아연구 기관위원회도 인체유래물 연구 기관위원회의 범주에 포함되지만, 단지 특별법적인 지위를 가지는 것으로 판단된다. 따라서 배아연구 기관위원회도 넓게는 인체유래물 연구 기관위원회의 범주에 포함되기 때문에 배아줄기세포주 이용자가 속한 기관에 배아연구 기관위원회가 있다면, 이 기관위원회의 심의를 받는 것도 논리적으로 부당한 것은 아니라고 생각된다.

그리고 만일 배아줄기세포주를 직접 조사·분석하는 것이 아니라 배아줄기세포주를 인간에게 직접 적용하는 경우라면 어떻게 될 것인가? 앞서

---

17) 개정 생명윤리법 제12조 제1항 제2호 "교육·연구기관 또는 병원 등에 소속되지 아니한 인간대상 연구자 또는 인체유래물 연구자가 신청한 업무"를 규정하여 이 업무를 공용위원회에서 수행하도록 하고 있다.

본 개정 생명윤리법 상의 정의조항에 의하면 이는 일단 인간대상 연구에 해당할 것이다. 왜냐하면 이 연구는 사람을 대상으로 물리적으로 개입하는 행위를 필수적으로 수반하기 때문이다. 만일 이 연구가 허용된다면, 이런 형태의 연구를 하려는 자는 인체유래물 연구의 경우와 마찬가지로 인간대상 연구에 관하여 본인이 소속한 기관에 설치된 기관위원회 혹은 본인이 소속된 기관이 없다면 공용위원회를 이용하여 배아줄기세포주 이용에 관한 심의를 받게 될 것이다. 그러나 개정 생명윤리법은 기존 생명윤리법과 마찬가지로 배아줄기세포주는 체외에서만 이용할 수 있도록 강제하고 있다.[18] 따라서 배아줄기세포주를 인체에 적용하는 연구는 현 단계에서 금지되어 있으므로 이런 종류의 연구에 관한 심의를 맡을 기관위원회를 논하는 것은 실익이 없다.[19]

6) 배아줄기세포주 연구 이외의 줄기세포 연구

앞서 언급한 대로 개정 생명윤리법에서는 인간대상 연구와 인체유래물 연구에 대해서도 그 연구를 수행하기 위해서는 기관위원회에 연구계획서 심의를 받아야 한다고 규정하고 있다.[20] 따라서 배아줄기세포주 연구 이외

---

18) 개정 생명윤리법 제35조 제1항 "제33조 제1항에 따라 등록된 배아줄기세포주는 체외에서 다음 각 호의 연구목적으로만 이용할 수 있다."

19) 그럼에도 여전히 남은 문제는 있다. ISSCR 가이드라인 등 줄기세포 연구에 관한 권위 있는 국제지침에서는 배아줄기세포주 뿐만 아니라 그 세포주에서 유래한 세포는 비록 외견상 분화가 더 이상 진전되지 않아 분화가 끝났다는 판단이 가능한 경우에도 안전을 위해 배아줄기세포주와 동일한 주의와 고려를 할 것을 요구하고 있다. 이런 견해에 의한다면, 개정 생명윤리법에서 배아줄기세포주의 이용을 '체외에서'라고 못 박고 있는 한, 배아줄기세포주로부터 유래된 세포를 이용한 세포치료제 임상시험은 불가능하다는 논리가 성립된다. 어쨌든 개정 생명윤리법은 배아줄기세포주를 정의하면서 "분화할 수 있는 세포주"라는 표현을 사용하고 있기 때문에 논리적으로 분화할 가능성이 없는 세포는 이에 해당하지 않고 따라서 체외에서만 이용 가능한 배아줄기세포주의 범주에 속하지 않는다.

20) 개정 생명윤리법 제15조 제1항 "인간대상 연구를 하려는 자는 인간대상 연구를 하기 전에 연

의 줄기세포 연구도 만일 그 연구가 인간대상 연구와 인체유래물 연구의 범주 안에 포함된다면 당연히 인간대상 연구와 인체유래물 연구로서 기관위원회의 심의를 받아야 할 것이다. 연구계획서에 대한 심의 이외에도 인간대상 연구의 경우에는 개정 생명윤리법 제16조(인간대상 연구의 동의), 제17조(연구대상자에 대한 안전대책), 제18조(개인정보의 제공), 제19조(기록의 유지와 정보의 공개) 등 규정의 적용을 받게 된다. 그리고 인체유래물 연구의 경우에도 연구계획서에 대한 심의 이외에 제37조(인체유래물 연구의 동의), 제38조(인체유래물 등의 제공), 제39조(인체유래물 등의 보존 및 폐기) 등 규정의 적용을 받으며 제40조(인체유래물 연구자의 준수사항)에 따라 인체유래물 기증자에 대한 안전대책 및 기록의 유지와 정보공개 등에 관하여 인간대상 연구에 관한 제17조와 제19조의 적용을 받게 된다.

이런 인간대상 연구와 인체유래물 연구에 관한 조항들은 우선 그동안 생명윤리법의 규율대상이 아니었던 성체줄기세포 연구자들에게 새롭게 적용될 것이다. 대체로 성체줄기세포를 직접 조사·분석하는 연구는 인체유래물 연구에 해당하고, 성체줄기세포를 이용한 임상연구는 인간대상 연구에 해당할 것이기 때문이다. 그중 임상연구에 대해서는 기존에도 약사법에 관련 규율이 있어서 법적 규율의 대상이 되었지만, 성체줄기세포를 직접 조사·분석하는 연구에 대해서는 기존에 전혀 규율이 없었기 때문에 개정 생명윤리법의 이 규정들은 기존의 연구현실에 큰 변화를 가져올 것이 틀림없다.

성체줄기세포뿐만 아니라 새로운 전분화능 줄기세포 연구의 최첨단에 해당하는 역분화유도 전분화능줄기세포(iPSc)나 정원줄기세포, 태아유래

구계획서를 작성하여 기관위원회의 심의를 받아야 한다." 그리고 제36조 제1항 "인체유래물 연구를 하려는 자는 인체유래물 연구를 하기 전에 연구계획서에 대하여 기관위원회의 심의를 받아야 한다."

전분화능줄기세포 등에 관한 연구도 인체유래물 연구에 해당되어, 관련 규정의 적용을 받게 될 것이다. 특히 전분화능을 가진 줄기세포는 개체로 발생할 위험은 없지만 인체의 거의 모든 세포나 조직, 장기로 분화할 수 있으며 분화조절 등에 관한 많은 위험을 갖고 있기 때문에 완전히 연구자의 자유에 맡겨두는 것보다 사회적 공론의 장으로 가지고 오는 것이 바람직하다. 특히 역분화유도 전분화능줄기세포는 체세포의 유전자를 인위적으로 조작하여 분화가 끝난 체세포를 전분화능을 가진 세포로 바꾸어 만든 것이기 때문에 유전공학적인 윤리적 우려를 여전히 갖고 있다. 따라서 이에 관한 직접적인 규율은 비록 법에 없지만 인체유래물 연구에 관한 규정을 통하여 규율할 수 있게 된 것은 바람직한 결과라고 생각된다.

나아가 만일 약사법 상의 임상연구에 해당하지 않는 연구 중에 줄기세포를 인체에 적용하는 연구가 있다면, 이는 적어도 개정 생명윤리법의 인간대상 연구에는 포함될 것이기 때문에 연구계획서의 심의나 피험자의 동의 그리고 피험자를 위한 안전대책과 개인정보보호 대책 등에 관한 규정을 준수하여야 할 것이다. 이처럼 개정 생명윤리법의 인간대상 연구 및 인체유래물 연구에 관한 규정은 최소한의 규범적 요청, 즉 연구계획서의 심의, 피험자 혹은 인체유래물 기증자에 대한 동의, 개인정보보호 등을 한국의 연구현장에서 실현할 수 있는 근거가 될 수 있다. 이는 이번 개정 생명윤리법의 가장 큰 의의가 아닌가 생각된다.

3. 마치는 말

이상으로 개정 생명윤리법의 내용을 중심으로 크게 다섯 가지 범주를 중심으로 검토해보았다. 그리고 각 범주별로 몇 가지의 쟁점을 도출하고 이를 비판적으로 분석하였다. 그렇게 쟁점들을 분석하고 검토한 결과 몇 가지 큰 결론을 도출할 수 있다.

첫째, 개정 생명윤리법의 가장 큰 의의는 앞서 언급한 대로 인간대상 연구와 인체유래물 연구를 전반적으로 규율할 수 있게 됨에 따라 기존 생명윤리법에서는 규율대상이 아니었던 많은 줄기세포 연구의 유형이 새롭게 규율대상으로 편입되었다는 점이다. 이에 대해서는 연구의 자유라는 측면에서 바람직하지 않다는 비판도 있을 수 있고, 또 그런 연구에 대한 규범적 통제가 바람직하다 하더라도 반드시 법률의 형태를 취해야 하는가에 대해서도 이의를 제기할 수 있다고 생각한다. 그러나 개정 생명윤리법이 규율하고 있는 내용은 국제적으로 공인된 규범적 고려이다. 구체적으로 말하면 연구자보다는 연구자가 속한 기관에 더 많은 의무를 부과하는 형태로 되어 있으며, 이런 과정을 통해 사회 전반적으로 바람직한 과학연구의 문화가 형성될 수 있다는 점에서 개정 생명윤리법은 의의가 크다고 생각한다.[21]

둘째, 배아줄기세포주를 이용하려는 자가 그 연구계획서에 대해 심의를 받아야 하는 기관위원회의 성격에 대해 있었던 논란은 이 글의 해석처럼 인체유래물 연구 기관위원회의 심의를 받는 것으로 결론지을 수 있었다. 그리고 배아줄기세포주 이외의 줄기세포 연구에 있어서도 인체유래물 연구 기관위원회의 심의를 받을 수 있다는 결론도 도출할 수 있었다. 그럼에도 불구하고 본문에서 밝힌 대로 인체유래물 연구 기관위원회가 반드시 줄기세포에 관한 연구를 적절히 심의할 수 있는지는 명확하지 않다. 인체유래물 연구의 범위가 워낙 넓고 다양하기 때문이다. 그런데 세계줄기세포학회의 가이드라인이나 미국 국립과학원 가이드라인 등에서는 줄기세포 연구에 대

---

21) 사실 벌칙조항만 살펴보더라도 인간대상 연구나 인체유래물 연구에 관한 규정을 위반한 연구자를 처벌하는 형벌규정은 없으며, 그런 연구자에게 기관위원회 등의 기구를 마련하여야 하는 소속기관에 대한 과태료 규정이 있을 뿐이다.

한 심의를 위해 전문성을 가진 ESCRO 혹은 SCRO 제도를 채택할 것을 권유하고 있다. 이 기구는 줄기세포 연구를 감독하는 데 적절한 인력과 체제를 갖춘 특화된 형태의 심의위원회를 뜻한다. 입법론적으로 국제규범의 권유에 맞게 위 제도들을 도입할 수 있도록 검토하는 것이 필요할 것이다.

셋째, 체세포핵이식 연구나 단성생식 연구에 소요되는 난자에 대해서도 개정 생명윤리법에서 몇 가지 보완을 하였지만, 보다 명확한 입장을 입법적으로 표현하는 것이 좋다고 생각한다. 본문에서 언급하였듯이, 배아생성의료기관을 유일한 연구용 난자 제공기관으로 할 것인가의 문제와 배아생성의료기관을 통하지 않고 직접 난자를 기증한 여성에 대해 보호조치가 필요하다는 것은 서로 연결되어 있는 논점들이다. 향후 이 부분에 대한 보완이 필요할 것으로 보인다.

| 참고문헌 |

• 단행본

권복규·김현철, 『생명윤리와 법』, 이화여대출판부, 2009.

권복규·박은정, 『줄기세포 연구자를 위한 생명윤리』, 세창출판사, 2007.

박은정 외, 『줄기세포 연구윤리의 어제와 오늘』, 세창출판사, 2007.

박인회·김현철·장영민, 『생명윤리법 연구1』, 이화여대생명의료법연구소, 2007.

생명윤리정책연구센터(편), 『각국의 줄기세포가이드라인』, 생명윤리정책연구센터, 2008.

최경석·김현철, 『생명윤리 및 안전에 관한 법률의 쟁점과 이해』, 생명윤리정책연구센터, 2010.

최경석, 『인간생명의 시작은 어디인가』, 프로네시스, 2006.

• 논문

김옥주 외, 「줄기세포 연구의 윤리적 문제에 대한 연구자들의 인식조사」, 《생명윤리》 제7권 제1호 (한국생명윤리학회, 2006)

김장한, 「'생명윤리및안전에관한법률'의 분석」, 《생명윤리》 제5권 제1호(한국생명윤리학회, 2004)

김장한, 「기관생명윤리심의위원회 구성 및 운영의 개선방안」, 《생명윤리》 제7권 제1호, 한국생명윤리학회, 2006.

김중호 외, 「생명윤리및안전에관한법률'에 대한 비판적 분석」, 《한국의료윤리학회지》 제8권 제1호, 한국의료윤리교육학회, 2005.

박준석, 「줄기세포 연구에 대한 헌법학적 논의의 문제점」, 《세계헌법연구》 제13권 제1호, 국제헌법학회, 2007.

서계원, 「인간배아복제의 문제점과 해결방안: 생명윤리법의 개선방안을 중심으로」, 《생명윤리》 제6권 제1호, 한국생명윤리학회, 2005.

정규원, 「생명윤리및안전에관한법률에 대한 검토: 배아연구와 줄기세포 연구를 중심으로」, 《가족법연구》 제19권 제2호, 한국가족법학회, 2005.

정문식, 「생명윤리법상 배아줄기세포 연구 제한에 대한 헌법적 평가:연구자의 학문의 자유 측면에서」, 《한양법학》 제21집, 한양법학회, 2007.

홍석영, 「생명윤리및안전에관한법률'에 대한 비판적 검토」, 《생명윤리》 제5권 제1호, 한국생명윤리학회, 2004.

홍석영, 「인간배아줄기세포 연구에 대한 윤리적 고찰」, 《국민윤리연구》 제60호, 한국국민윤리학회, 2006.

| 김현철 |

서울대학교 법학박사로 법철학 및 생명법을 전공했다. 현재 이화여자대학교 법학전문대학원 교수로 「생명윤리와 법」(공저) 등 다수의 저서와 논문이 있다.

14
줄기세포의 특허권과 재산권
: 줄기세포 연구 결과물에 대한 특허권 하에서의 보호

| 김미경 |
서울대학교 의과대학

1998년 위스콘신 대학과 존스 홉킨스 대학의 과학자들은 인간만능분화능줄기세포(human pluripotential stem cell)를 분리하고 배양하는 데 성공하였다. 이는 로슬린 연구소(The Roslin Institute, The University of Edinburgh, Scotland, U.K)의 윌멋과 그의 공동 연구자들이 성체세포핵이전술(somatic cell nuclear transfer)을 사용하여 복제양 돌리를 성공적으로 탄생시킨 후 2년 만에 이루어진 줄기세포 연구 분야의 대발견이다. 이를 기점으로 줄기세포 연구가 재생 의학 등에서 큰 발전을 이룬다면 향후 많은 줄기세포 연구 결과물의 기술이전 및 상용화가 추진됨으로써 의과학자들과 환자 및 환자 가족들이 기대하는 수준의 치료제로 당국의 판매허가를 받고 표준 의료의 일부로 정착될 수 있을 것이다.

기술이전 및 상용화, 그리고 임상시험을 추진하는 과정에서 명확한 재산권 및 특허권의 권원(權原)을 확립할 수 있는 시스템은 매우 중요하다. 그 이유는 기술이전 및 상용화, 그리고 임상시험을 추진하는 과정이 일련의 재산권 및 특허권의 거래이고, 이 때 명확한 재산권 및 특허권의 권원이 이러한 거래의 전제 조건이 되기 때문이다. 더욱이 재산권 및 특허권, 그리고 그 실시권을 관계자들 간에 공유하고 배분하는 방식은 일종의 인센티브 수여 시스템으로서 장기적으로 줄기세포 분야의 기술혁신을 촉진하는 데 큰 영향을 미치게 된다. 반면에 줄기세포 연구를 근간으로 한 치료법이 생명 연장과 질적인 삶을 보장하는 데 중요하게 되는 시점에서는, 균등한 의료 혜택을 제공하기 위하여 관련된 재산권 및 특허권 행사를 공권력으로 제한하려는 노력이 필요할 수 있다.

앞으로의 논의는 줄기세포 연구 결과물을 특허권 하에서 보호하는 시나리오로 한정하여, (1) 줄기세포 연구 결과물에 대한 특허권 취득, (2) 특허권의 권원 및 소유권, 그리고 (3) 특허권 행사가 제약될 수 있는 경우를 기술해 보고자 한다. 특허권 논의에서 제기되는 이상의 이슈들이 재산권의 논의에서도 유사하게 제기될 것으로 사료된다.

1. 줄기세포 연구 결과물에 대한 특허권 취득

1) 줄기세포 연구 결과물에 적용되는 특허등록 요건들

다양한 인간배아줄기세포 연구의 산물들은 일반적인 특허 요건들인 신규성, 진보성, 기재요건[1] 등을 충족하거나, 산업상 이용할 수 있는 발명[2]으로 여겨지는 경우 특허로 등록되어 적절하게 보호받을 수 있다. 이는 미국의 차크라바르티 판례[3] 이후 바이오테크놀로지 특허의 대상이 태양 아래

---

1) 발명은 해당 기술 분야에서 통상의 지식을 가진 (당업)자가 그 발명을 용이하게 실시할 수 있을 정도로 상세하게 기재되어 있어야 한다.

인간이 만든 모든 것으로 확장되었고, 그 결과 자연 상태로 존재하는 박테리아, 인간의 유전자나 호르몬 등도 연구자의 노력으로 시험관 내에서 분리, 정제, 제조되는 경우에는 특허의 대상이 될 수 있었기 때문이다. 실제로 배아줄기세포 연구와 관련된 다수의 조성물(composition of matter) 특허와 프로세스 특허가 이미 출원, 등록되었다.

하지만 일반적인 바이오테크놀로지 발명과는 달리 인간복제 및 배아줄기세포 연구 성과물의 경우에는 특허 등록을 제한할 수 있는 몇 가지 요건들이 있다. 현재 미국특허청에서는 '인간범위' 특허와 비도덕적인 발명에 대한 특허를 금지하고 있다. 또한 유럽 및 한국 특허청에서는 일반적인 특허 요건을 만족하는 줄기세포 연구 성과물에 대하여 공공질서주의(public order doctrine)에 위배되면 특허 대상에서 제외할 수 있다. 하지만 지금까지 많은 나라에서 인간 복제와 배아줄기세포 연구를 기본적으로 금지했기

---

2) 특허법 제29조(특허요건) ① 산업상 이용할 수 있는 발명으로서 다음 각 호의 어느 하나에 해당하는 것을 제외하고는 그 발명에 대하여 특허를 받을 수 있다. 〈개정 2001.2.3, 2006.3.3〉

1. 특허 출원 전에 국내 또는 국외에서 공지되었거나 공연히 실시된 발명

2. 특허 출원 전에 국내 또는 국외에서 반포된 간행물에 게재되거나 대통령령이 정하는 전기 통신 회선을 통하여 공중이 이용 가능 하게 된 발명

②특허출원전에 그 발명이 속하는 기술분야에서 통상의 지식을 가진 자가 제1항 각호의 1에 규정된 발명에 의하여 용이하게 발명할 수 있는 것일 때에는 그 발명에 대하여는 제1항의 규정에 불구하고 특허를 받을 수 없다. 〈개정 2001.2.3〉

① 사람을 수술하는 방법, ② 사람을 치료하는 방법, ③ 사람을 진단하는 방법, ④ 청구범위에 의료행위 및 비의료행위 구성요소가 혼재하는 방법, ⑤ 치료 효과와 비치료 효과를 동시에 가지는 방법이 산업상 이용가능성이 없는 발명이고, ① 사람을 제외한 동물의 수술, 치료 또는 진단하는 방법, ② 임상적 판단을 포함하지 않는 진단관련 방법, ③ 의료기기에 의한 의료행위 관련 방법, ④ 사람으로부터 배출 또는 채취된 것을 처리하는 방법이 산업상 이용가능성이 있는 발명이다. 따라서 특허법상 의료행위는 특허를 받을 수 없다. 의료행위란 의사(한의사 포함) 또는 의사의 지시를 받은 자가 의학적 지식을 기초로 하여 사람을 수술, 치료 또는 진단하는 행위를 말하는데, 사람을 수술, 치료 또는 진단하는 방법의 발명은 원칙적으로 특허법 제29조 제1항 본문에서 규정하는 산업상 이용가능성이 있는 발명에 해당하지 않기 때문이다.

3) *Diamond v. Chakrabarty*, 447 U.S. 303 (1979)

때문에 인간 복제 및 배아줄기세포 연구와 관련하여 특허 등록이 가능한 범위를 충분히 탐사해 볼 기회는 없었다.

(1) '인간범위' 특허 금지 요건

'인간범위' 특허를 금지한다는 근거는 1987년 미국특허청이 발표한 '인간범위' 특허 금지 성명서와 2003년 개정된 특허심사절차메뉴얼((MPEP, Manual of Patent Examining Procedure)의 '인간을 지향'하거나 '인간을 포함'하는 청구 항은 특허 대상에서 제외한다는 기술에 기반을 두고 있다. 이러한 미국특허청의 태도는 노예제도를 금하는 미국 헌법의 기본 사상과 같이 인간은 재산처럼 소유할 수 있는 대상이 아니라는 생각에 그 근거를 두고 있다. 그렇다면 특허 대상에서 제외되는 '인간범위'는 어디부터 어디까지일까? 앞서 언급한 대로 인간 유전자, 인간 호르몬을 포함하여, 인간 세포로부터 유도된 세포주, 특정 인간 유전자를 표현하는 박테리아 등 인간을 구성하는 많은 것들이 특허의 대상으로 받아들여져 왔다. 또한 인간의 유전자를 갖고 있는 유전자변형 동물을 대상으로 한 특허들도 등록되었고[4], 더 나아가 중증 병합형 면역결핍증에 걸린 생쥐에 인간골수를 이식한 동물실험 모델도 특허의 대상이 되었다. 이와는 달리 미국특허청은 인간과 타동물의 세포융합(키메라)의 경우에는 공공정책 및 유용성 요건에 위배될 수 있으며, 잠재적으로 '인간'의 범위 내에 포함하는 것으로 해석될 수 있는 청구 항은 기각될 가능성이 높다는 의견을 표명하였다.

앞서 언급한 대로 배아줄기세포 연구와 관련된 특허는 조성물 특허와 프로세스 특허가 모두 가능하다. 이중 미국특허청의 '인간 범위' 특허의 금지와 주로 관련이 되는 것은 조성물 특허이다. 특허의 대상이 되는 조성물

---

4) 그 대표적인 예가 발암실험모델로 사용하기 위해 인공적으로 인간암 유전자를 주입하여 개발한 하버드 유전자변형 생쥐이다.

의 예로는 (1) 배아줄기세포 연구에 사용되거나 연구의 결과물인 각종 변형된 인간세포들, (2) 체세포핵이전을 하여 유도된 인간배아줄기세포주, (3) 인간성인줄기세포주, (4) 인간배아줄기세포 자체를 정제한 프레퍼레이션 등이다. '인간범위' 특허 금지 정책 하에서 복제배아, 복제배아에서 유도된 인간조직 및 장기가 특허 대상이 될 수 있을지는 논란의 여지가 있으며 그 결과는 예측하기 어렵다. 다만 청구하는 조성물이 '인간범위'에 해당하는지 결정함에 있어서 중요한 판단 기준은 개입된 배아의 발달 단계, 사용된 유성생식의 방식, 그리고 만삭으로 발달될 수 있는 잠재력의 유무 등이 아닐까 짐작해 본다.

조성물 특허와는 달리 프로세스 특허는 배아줄기세포 연구와 관련되었다고 하더라도 다른 산업 분야의 프로세스 특허들과 비교하여 볼 때 등록에 있어서 별다른 제약이 없는 것처럼 보인다. 그 동안 특허 등록된 프로세스로는 복제기술과 관련된 핵 이전방법, 유전자변형 포유동물제조법, 생식체(gametes), 접합체(zygotes), 그리고 배아조직의 배양방법, 세포나 조직을 유전적으로 변형하는 방법 등이 있다. 또한 인간을 포함한 포유동물의 미수정 난자를 배아로 바꾸는 방법, 줄기세포를 분리 정제하고 연구하는 방법에 관한 특허도 등록되었고, 세포배양, 조직이식, 약물발견, 그리고 유전자치료 영역에서의 여러 가지 응용방법들도 특허로 등록되었다. 여기서 흥미로운 점은 해당 프로세스에 인간배아줄기세포가 사용되거나, 그 프로세스의 결과물이 '인간범위'에 해당하는 경우에도, 해당 프로세스에 대한 특허 등록을 할 때 별다른 제약을 받지 않는다는 것이다.

(2) 비도덕적이어서 유용하지 않은 발명에 대한 금지

특허의 대상이 되는 경우에도 특허 요건들 중의 하나인 유용성 원칙에 따라 발명의 용도가 비도덕적이거나, 사회질서 및 풍속을 문란하게 하는 발명은 특허를 받을 수 없다. 바이오테크놀로지 발명에 대한 유용성 요건은 미국특허청 심사 관점에서는 두 가지 요소로 구성되어 있다. 하나는 발명의 유용성 그 자체에 관한 요소이고, 또 하나는 도덕성 원칙에 기반을 두고 있다.[5] 2001년 이후의 출원자는 첫 번째 요소를 만족시키기 위하여 심사관에게 '잘 확립된 유용성(well-established utility)'이나 '특정적이고, 실제적이며, 신빙성 있는 유용성(specific substantial and credible utility)'을 보여줄 수 있어야 한다. 두 번째 요소를 만족시키기 위하여 출원자는 비도덕적인 용도의 발명을 고안해서는 안 된다.

인간배아줄기세포 연구의 결과물이 첫 번째 요소를 만족시키는 것은 어렵지 않을 것이다. 즉 대부분의 인간배아줄기세포 연구 결과물들은 재생의학의 연구 혹은 치료 도구로서의 용도가 분명하기 때문에, 이를 토대로 출원자는 심사관에게 자신의 발명이 유용함을 쉽게 보일 수 있다. 반면 복제배아 자체나 복제배아로부터 얻은 줄기세포들을 이용한 발명의 경우 미국특허청의 심사관들은 두 번째 요소를 내세워 기각하려고 할 가능성이 적지 않다. 하지만 발명 과정에 비도덕성이나 속임수가 개입되더라도 종국적으로는 사회적으로 더 큰 선을 가져올 수 있는 경우에 과연 출원자가 비도덕적인 용도의 발명을 한 것인지 판단하기는 쉽지 않을 것이다.

2) 줄기세포 연구 결과물에 적용되는 기타 제한들 공공질서주의 등

줄기세포 연구 결과물에 적용되는 기타 제한들은 각 국의 배아줄기세포에 대한 인식 차이로부터 기인한다. 예를 들면, 앞서 언급한 바와 같이 미

---

5) 전자를 practical utility & operability, 후자를 beneficial utility로 볼 수 있겠다.

국에서는 배아줄기세포 연구와 관련된 프로세스 특허가 다른 프로세스 특허와 비교하여 등록에 있어서 별다른 제약을 받지 않는 반면, 유럽 연합에서는 유럽특허협의회 규칙에 따라 인간복제와 관련된 프로세스들은 특허 대상이 될 수 없다.[6] 또한 유럽특허협의회의 규칙에서는 인간배아를 산업적 혹은 상업적인 목적으로 사용하는 발명들도 특허 대상에서 제외하는데, 실제로 이를 근거로 유럽특허청은 2002년에는 분자마커들을 사용하여 줄기세포를 동정하는 기법에 관한 '에딘버그특허' 사안에서 인간을 포함한 동물배아세포에 관한 언급을 모두 삭제하도록 판정하였고, 2004년에는 미국에서 이미 등록된 톰슨특허의 유럽에서의 특허 등록을 기각하였다.[7] 또한 유럽의 법원은 2006년에는 신경학적 외상 및 질병을 치료하는 데 이용하기 위하여 배아세포를 신경세포로 전환하는 방법을 구현한 독일 본 대학의 브뤼슬(Brustle)특허를 무효라고 판결하였는데, 경제적인 이윤을 추구하기 위해 인간배아를 파괴하고 그로부터 생성된 세포를 사용하는 발명은 비도덕적인 것으로 판단하기 때문이라고 그 이유를 밝혔다.

그러나 이상의 판결들은 일반적인 인간줄기세포나 줄기세포 배양에 관한 특허에 대하여 기판력(旣判力)은 갖지 못하여 배아를 파괴하지 않고 인간 배아줄기세포주를 만드는 방법에 관한 특허가 등록될 가능성은 여전히 열려 있다. 또한 당뇨나 심장질환과 같은 질병치료에 사용하기 위해 인간 배아세포를 조직으로 분화시키는 프로세스에 대한 특허의 등록 가능성 역시 열려 있다.

---

6) 관련조항은 European Patent Convention Rule 28 Exceptions to Patentability (a)와 (C)이다 (Under Article 53(a), European patents shall not be granted in respect of biotechnological inventions which, in particular, concern the following: (a) processes for cloning human beings; . . . (c) uses of human embryos for industrial or commercial purposes).
7) 2008년에 유럽특허청의 최상위 항소국은 2004년의 유럽특허청의 톰슨특허 등록 기각 결정을 지지하였다.

우리나라에서는 다른 특허 요건들을 모두 만족하는 발명인 경우에도 공공의 질서 혹은 선량한 풍속을 문란하게 하거나 공중의 위생을 해할 염려가 있는 경우에는 특허를 받을 수 없다.[8] 따라서 인간에게 위해를 끼칠 우려가 있거나 혐오감을 줄 수 있거나, 동물에 관한 발명이지만 그 동물의 범위에 인간이 잠재적으로 포함될 수 있는 경우, 인간의 존엄성을 손상시키는 결과를 초래할 수 있는 발명이 여기에 해당된다. 줄기세포 연구와 관련된 예로는 인간에게 위해를 끼치는 인위적인 방법으로 얻어진 인간세포, 인간을 복제하는 공정, 그리고 인간 생식세포계열의 유전적 동일성을 수정하는 공정 및 그 산물을 들 수 있겠다.

이외에도 필드제한[9], 법령적 배제[10], 권리행사제한[11]을 통하여 줄기세포 연구산물을 특허등록 대상에서 제외할 수 있다.

---

8) 특허법 제32조 (특허를 받을 수 없는 발명) 공공의 질서 또는 선량한 풍속을 문란하게 하거나 공중의 위생을 해할 염려가 있는 발명에 대하여는 제29조제1항 및 제2항의 규정에 불구하고 특허를 받을 수 없다.
　공서양속을 문란하게 하는 발명의 예는 ① 성 보조기구와 관련된 발명, ② 생태계를 파괴할 우려가 있거나 환경오염을 초래할 우려가 있는 발명, ③ 인간에게 위해를 끼칠 우려가 있거나 인간의 존엄성을 손상시키는 결과를 초래할 수 있는 발명, ④ 인간을 배제하지 않은 형질전환체에 관한 발명, ⑤ 생명윤리 및 안전에 관한 법률에 의해 금지되는 행위 또는 연구, ⑥ 생명윤리 및 안전에 관한 법률에 의해 금지되는 행위 또는 연구 성과물에 관한 발명이다.
　공중위생을 해할 염려가 있는 발명의 예는 ① 보조적 성분으로 유해물－안정제, 착색제, 피복제 등을 사용하는 치료위생용 물품(예 : 의치,의족,인공뼈,인공피부,소독제 등)에 관한 발명, ② 마약 등을 인체에 투여하는 기구 등에 관한 발명이다.
9) 비즈니스 방법이나 소프트웨어와 같이 하나의 필드로서 제약을 주는 방법이 있겠으나 미국에서는 모든 특허들이 동일한 규칙을 기반으로 한 단일 특허 시스템하에서 취급된다.
10) 예를 들면 미국에서는 인체유전적 물질을 특허 등록하는 것을 금지하도록 하는 입법안(The Genomic Research and Accessibility Act of 2007)이 제안되었으나 법령으로 통과되지 못했다.
11) 미국에서는 특허로 보호되는 수술방법에 대한 침해 행위에 대하여 권리행사를 할 수 없다.

3) 줄기세포 관련 특허

2005년 8월까지 공개된 전 세계 줄기세포 특허 건수를 살펴보면 총 5,738건이었고, 국가별로는 미국이 미국등록특허 802건, 미국공개특허 1,069건, 유럽공개특허 704건, 그리고 국제공개특허 1,106건으로 압도적으로 선두를 달리고 있다.[12] 우리나라는 미국등록특허 3건[13], 미국공개특허 22건, 유럽공개특허 28건, 그리고 국제공개특허 49건으로 세계 12위에서 8위 사이이다. 기술분야별로는 성체줄기세포와 관련된 기술이 50.1%, 배아줄기세포 28.3% (잉여수정란 관련기술 22.0%, 체세포핵이식이 6.3%)이었다. 또한 동일한 내용을 2개국 이상에서 출원하는 패밀리 특허출원이 활발한 양상을 보였다. 배아줄기세포 주요 출원인은 앞서 언급한 제론(Geron Corporation, Menlo Park, CA, U.S.A.)과 WARF(Wisconsin Alumni Research Foundation, Madison, WI, U.S.A.), 그리고 어드밴스드셀테크놀로지사 (Advanced Cell Technology, Inc., Santa Monica, CA, U.S.A.)이며, 성체줄기세포 주요 출원인은 시스테믹스사(SyStemix, Inc., Palo Alto, CA, U.S.A.)와 오시리스 테라퓨틱스사(Osiris Therapeutics, Inc., Columbia, MD, U.S.A.)로서 모두 미국 국적의 회사들이다.

이중에서 특히 중요한 특허는 윌멋과 톰슨이 보유한 동물 복제와 배아줄기세포 분야의 핵심 특허들인데 배아줄기세포 연구 분야의 주요 이슈는 후속 발명가들이 새로운 방법을 이용하여 성공적으로 인간배아세포를 유도하는 경우 배아줄기세포와 관련된 지적재산권을 지배하고 있는 기존의 특허들을 우회할 수 있는지 여부다. 후속 발명자들의 입장에서는 로열티를

---

12) 특허청 보도자료 2006-04-26

13) 한국의 마리아바이오텍은 임진호, 박세필, 김은영이 발명한 U.S. Pat. No. 6921632 미국등록 특허 1건을 가지고 있다.

지급하고 그 실시권을 얻거나 보다 진보된 발명을 함으로써 우회해야 할 장애물로 작용할 수 있다.

(1) 톰슨의 배아줄기세포 연구 관련 특허

1998년 위스콘신 대학의 제임스 톰슨은 최초로 인간배아줄기세포주의 유도를 보고하였고 이와 함께 일련의 특허를 출원, 등록하였다. 톰슨이 인간발명자로 명기된 배아줄기세포 특허들의 계보는 다음과 같이 구성된다. 1998년에 등록된 정제된 영장포유류 배아세포 프레퍼레이션과 영장포유류 배아세포 분리법[14], 2001년에 등록된 정제된 인간 배아세포 프레퍼레이션과 인체 배아세포 분리법[15], 그리고 2006년에 등록된 복제하는 인간 배아세포들의 시험관 내 배양이다[16]. 톰슨의 인간배아줄기세포에 관한 앞의 두 가지 핵심 특허는 미국에서는 2015년에 만료될 예정이다.

톰슨의 핵심 특허들은 줄기세포 및 줄기세포주와 관련된 몇 가지 조성물과 줄기세포 및 줄기세포주를 만드는 과정과 관련된 방법을 청구하고 있다. 톰슨은 조성물로는 1) 시험관 내에서 일년 이상 증식할 수 있고, 안정된 정 배수의 염색체 수효를 유지하며, 3배엽[17]으로 분화할 수 있는 잠재력이 있으나, 섬유아세포 보양층에서 배양하면 그 분화가 억제될 수 있는 만능분화능의 영장류[18] 혹은 인간배아줄기세포들[19], 2) 자발적으로 배아

---

14) U.S. Pat. No. 5,843,780 Purified primate ES cells preparation Method of isolating primate ES cell

15) U.S. Pat. No. 6,200,806 Purified human ES cells preparation Method of isolating human ES cell

16) U.S. Pat. No. 7,029,913 In vitro culture of replicating human ES cells

17) 3 배엽은 endoderm, mesoderm, ectoderm을 함께 칭하는 말임.

18) '780 Patent Claim 1.

19) '806 Patent Claim 1 and '913 Patent Claim 1.

외 조직으로 분화할 수 있는 인간배아줄기세포들, 3) 특정 마커를 갖는 인간배아줄기세포들을 청구하고 있다. 또한 톰슨은 줄기세포 및 줄기세포주를 만드는 과정과 관련된 구체적인 방법으로 1) 인간배아를 블라스토시스트 단계로 키우고, 2) inner cell mass의 세포를 제거하고, 3) 제거한 inner cell mass의 세포를 배아용 섬유아세포 위에 층으로 깔고, 4) 세포집단을 구성하는 세포를 해체하고, 5) 해체된 세포를 배아양분공급세포 위에 다시 층으로 깔고, 6) 높은 핵-세포질 비율과 현저한 핵소체를 갖는 세포로 구성되어 치밀한 형태를 갖는 세포군집을 선택하고, 마지막으로 7) 선택된 군집의 세포를 배양하여 줄기세포주를 얻는 일련의 과정을 청구하고 있다.

톰슨의 업적이 평범하지 않은 이유는 이전에 생쥐, 돼지, 그리고 양에서 배아세포를 분리하고 세포주로 만드는 것은 성공하였지만, 사람을 포함한 영장 포유동물들에서 동일한 것을 성취하는 것은 아래의 두 가지 이유로 여전히 쉽지 않을 것으로 여겨져 왔기 때문이다.[20] 첫째는 기술적인 이유로서 배양된 상태에서 배아세포가 만능분화능을 유지하는 것은 용이하지 않고, 생쥐나 돼지, 혹은 양을 대상으로 성공한 실험조건이나 기술이 인간배아를 대상으로 하는 실험에 곧장 도입되어 적용되기는 어렵기 때문이다. 둘째는 실험에 이용할 인간배아를 구하는 것 자체가 매우 어려운 것에서 기인한다.

톰슨이 '780 특허'와 '806 특허'에서 청구한 인간 블라스토시스트의 분리방법과 블라스토시스트의 inner cell mass로부터 세포를 분리하는 방법들은 향후 배아줄기세포 연구의 중요한 도구가 되었기 때문에, 그 청구 범위는 후속 발명자들에게 매우 중요한 이슈가 되었다. 톰슨의 특허 청구항

---

20) 톰슨특허 재심사 등을 제기하면서 몇몇 과학자들은 톰슨이 성공한 이유로 배아세포주를 유도함에 있어서 혁신적인 기술보다는 이스라엘로부터 손쉽게 인체배아를 얻을 수 있었던 여건을 강조하였다.

은 광범위하여 인간배아세포의 유도방법과 무관하게 모든 인간배아줄기세포와 그 하위의 치료제 및 진단용 제품들을 특허권 침해로 해석될 수 있는 여지가 있다고 판명되어 한동안 논란의 대상이 되었다. 이와 관련하여 중요한 이슈 중의 하나는 새로운 방법을 이용하여 성공적으로 인간배아세포를 유도하는 경우 배아줄기세포와 관련된 지적재산권을 지배하고 있는 기존의 특허들을 우회할 수 있는가의 문제였다. 즉 톰슨 이후 다른 연구자들이 줄기세포주 만드는 과정을 보다 정련하고 변경하여, 심지어 완전히 다른 방법들을 개발하는 데 성공하였는데[21], 새로운 배아세포/체세포핵이전기술을 사용하는 경우에도 톰슨의 광범위한 청구 범위에 해당하여 결과적으로 톰슨특허를 침범하는 것으로 판단될 지가 많은 사람들의 의문이었다.[22]

(2) 윌멋의 체세포핵이전기술에 관한 특허

윌멋은 비인간 포유동물 체세포핵이전기술을 처음으로 개발하여 미국을 포함하여 여러 나라에서 특허를 취득하였다. 미국특허의 경우, 로슬린 연구소에 양도되었다가 제론으로 이전되어 2016년에 만료될 예정이다. 윌멋은 공여자의 세포핵을 동종의 수령자 세포로 이전하는 과정에 관한 여러 가지 변형된 형태들을 특허 청구하고 있다. 체세포핵이전 과정에는 핵이전 후 활성화하는 단계, 체세포핵이전 산물을 배양하는 단계, 블라스토시스트를 자궁 내로 이전하여 발달시키는 단계가 포함되는데, 핵을 제거한 난자, 접합체, 혹은 난할(cleavage)후 빼낸 세포를 수령세포로 사용할

---

21) Taymor KS, Scott CT, Greely HT, "The Paths around Stem Cell Intellectual Property", *Nature Biotechnology* 24(4), April 2006, 411~3쪽. 인체배아줄기세포의 특성을 많이 갖고 있는 세포주들을 유도하는 방법으로 parthenogenesis, embryo biopsy, cellular fusion, altered nuclear transfer, 그리고 여러가지 정제된 체세포핵이전 기술이 제안되었다.

22) 앞의 논문, 같은 쪽.

수 있으며, 물리적인 흡인법과 비 침습적인 자외선을 이용한 방사선 조사를 사용하여 난자에서 핵을 제거할 수 있다고 기술하고 있다. 월멋특허는 동물을 복제하기 위한 용도로 체세포핵이전기술을 사용하는 것을 기술하고 있으나, 동일 기술을 사용하여 체세포핵이전기술을 기반으로 하는 인간배아줄기세포를 생성할 수 있고, 이렇게 생성된 세포를 전임상 테스트하는 데 필요한 동물모델을 만들어 낼 수 있다는 점에서 그 중요성이 더 크다고 하겠다.

(3) 우리나라의 줄기세포 관련 특허 현황

한국의 황우석 박사가 2006년 2월까지 국내등록특허 6건, 국내공개출원 26건, 국제공개출원 7건을 한 것으로 집계된 바 있다. 황우석 박사와 공동연구를 한 것으로 알려진 노성일 박사는 2006년 2월까지 국내공개출원 3건, 국제공개출원 3건을 한 것으로 알려져 있다. 이 중 국제공개출원 2건인자가 체세포 핵 이식란으로부터 유래한 배아줄기세포주 및 이로부터 분화된 신경세포[23]와 배아줄기세포주 및 이를 만들어 내는 방법[24]이라는 발명은 공동으로 출원되었다. 우리나라에서 줄기세포 치료제 관련 기술의 연도별 특허 출원 현황을 보면 2002년 5건에서 지속적으로 증가하여 2010년에는 60건으로 총 281건이었다. 출원자는 한국 국적의 대학 및 병원에서 대다수를 출원하였고 기술별로는 성체줄기세포가 43%, 수정란 배아줄기세포가 36%, 그리고 유도만능줄기세포가 9%를 차지하였다.

---

23) "Embryonic stem cell line from embryo transferred by somatic cell nucleus and neural cells differentiated therefrom"

24) "Embryonic stem cell line and method for preparing the same"

2. 줄기세포 연구 결과물에 대한 특허권의 권원 및 소유권

중요한 길목 특허인 톰슨특허는 다소 광범위하게 청구하고 있기 때문에 특허 라이선스 계약 조건이 과도하게 특허권자에게 유리하다고 느껴지는 경우 라이선스를 얻고자 하는 후발 연구개발자들과 특허 분쟁의 소지가 클 것으로 예측된다. 또한 줄기세포 연구를 통하여 연구기법이나 치료법 개발의 측면에서 중요한 업적을 성취하게 되는 경우 그러한 업적의 경제적 중요성 때문에 그 업적의 기반을 구성하는 특허들의 권원과 소유권 문제가 대두될 것이다.

배아줄기세포 연구 결과물들에 대한 초기의 특허는 그 소유권이 거의 전적으로 민간부문에 치중되어 있는데, 이러한 경향은 지속될 가능성이 많다. 이처럼 줄기세포에 의한 치료법이 상용화될수록 비단 경쟁하는 연구개발자들뿐만 아니라 새로운 치료법의 혜택을 원하는 환자 및 시민단체들도 특허 분쟁에서 중요한 목소리를 낼 것으로 생각된다.

1) 민간 부문에 치중된 소유권

현재 배아줄기세포 및 핵 이식과 관련된 중요한 특허들에 관한 실제 실시권은 미국의 제론사가 가지고 있다. 톰슨특허는 WARF가 소유하고 있으나, 제론이 위스콘신 대학에서 톰슨이 수행한 배아줄기세포 연구를 지원함으로써 연구 결과로 나온 주요 인간배아세포 특허들은 제론에게 라이선스되었다. 구체적으로 제론은 배아세포주를 사용하여 치료 혹은 진단작인 용도로 신경, 심장, 그리고 인슐린을 생산하는 세포를 만들어 낼 수 있는 비배타적 라이선스를 취득하였다. 또한 제론은 1999년 영국회사인 Roslin

Bio-Med를 인수함으로써 로슬린이 양도받은 핵 이식 관련 특허들을 취득할 수 있게 되었다. 특기할 점은 미국연방정부가 배아줄기세포 및 핵 이식과 관련된 중요한 특허들에 관한 어떠한 권리도 갖고 있지 않다는 것인데, 이는 미국 내에서 여러 가지 면에서 배아줄기세포 연구에 대한 제약을 가하는 상황에서, 배아줄기세포 연구자들은 사기업의 연구비 지원에 의존할 수밖에 없었던 상황과 유관할 것으로 사료된다.

결과적으로 타 연구기관들이나 회사가 톰슨특허를 사용하여 앞서 언급한 신경, 심장, 그리고 인슐린생산 세포로 분화해 나갈 수 있는 줄기세포 연구를 하기 위해서는 WARF의 비영리 분지인 와이셀연구재단(WiCell Research Foundation)및 제론과 물질이전계약(material transfer agreement)을 개별적으로 협상하여 체결해야만 한다.[25] 특허 재심사 전에 사용된 표준 물질이전계약서에 따르면 연구자들은 서두에 사용료를 현금으로 지불해야 하고, 상용화를 위한 연구를 하기 위해서 다시 별도의 라이선스를 체결해야만 하는데 이러한 상용화 연구를 위한 라이선스에서는 일종의 'reach-through' 권리로서 (와이셀 혹은 제론과의) 이윤 공유를 요구하고 있었다.[26]

제론은 미국등록특허 47건, 국제등록특허 126건, 출원중인 특허 240건으로 구성된 배아줄기세포 특허 포트폴리오를 가지고 있다.[27] 여기에는 배아줄기세포에서 유도된 간세포, 아일릿세포, 심근세포, 올리고덴드로사이트, 보양세포 없이 배아줄기세포 키우는 방법, 신경세포를 생산하는 방법

---

25) 결과적으로 줄기세포 연구자들은 거의 모두가 제론으로부터 라이선스를 취득하여야 한다.

26) NIH는 연구자들이 물질이전이나 라이선스 계약에서 'reach-through' 권리조항을 삽입하는 것을 절제하도록 권고한다. 하지만 배아줄기세포기반 치료법 개발은 요원한 반면 특허만료시점이 멀지 않은 경우, 특허권자가 사용할 수 있는 전략은 WARF처럼 'reach-through' 권리조항을 넣은 라이선스 계약인 경우가 많을 것이다.

27) http://www.geron.com/technology/glossary/patents.aspx 참조(2011년 12월 18일 방문)

에 관한 특허가 포함되어 있다.[28] 또한 제론은 미국등록특허 21건, 국제등록특허 51건, 출원중인 특허 12건으로 구성된 핵 이전 특허 포트폴리오를 가지고 있다.[29]

상기한 바와 같이 중요한 특허를 보유하고 세계 최초의 인간 배아줄기세포 치료법을 개발하기 위한 임상시험을 수행하던 제론은 지난 2011년 11월 임상시험을 중지하고 줄기세포 사업에서 완전히 철수하겠다고 발표하였다.[30] 이에 따라 제론은 자사의 줄기세포 프로그램을 계속할 다른 회사를 물색할 예정이다.[31]

2) 톰슨특허 무효화 분쟁

2006년 7월 미국 캘리포니아에 기반을 둔 '납세자 및 소비자권리재단(Foundation for Taxpayer and Consumer Rights)'은 특허 감시기관인 공공특허재단(Public Patent Foundation)과 함께 주도적으로 몇 가지 선행기술을 언급하면서 톰슨의 3가지 줄기세포 특허가 신규성이 결여되어 있고, 통상의 지식을 가진 자에게는 자명한 발명이기 때문에 처음부터 특허를 수여해서는 안 되는 발명이라고 주장하면서 미국특허청에 특허의 재심사를 청원하였다. 2007년 4월 특허청은 재심사 결과 영장류 배아줄기세포를 분리하고 장기간 지속시키는 것이 예측이 어렵다는 점을 감안하여 해당 청구항들

---

28) http://www.geron.com/technology/glossary/patents.aspx 참조(2011년 12월 18일 방문)

29) http://www.geron.com/technology/glossary/patents.aspx 참조(2011년 12월 18일 방문)

30) http://www.nytimes.com/2011/11/15/business/geron-is-shutting-down-its-stem-cell-clinical-trial.html 참조(2012년 7월 30일 방문)

31) http://www.nytimes.com/2011/11/15/business/geron-is-shutting-down-its-stem-cell-clinical-trial.html 참조(2012년 7월 30일 방문)

은 자명하지 않다고 판정하였다. 재심사를 거치는 동안 WARF는 이후 보다 합리적인 실시료를 요구하는 방향으로 정책을 선회하였고, 청구항을 수정배아로부터 유도된 배아줄기세포로 한정하고 복제나 유도된 만능분화능줄기세포로부터 나온 만능분화능세포는 제외하였다.

활발한 줄기세포 연구를 통하여 재생의학에서 돌파구를 찾으려는 과학자들과 새로운 재생의학적 치료법을 기다리고 있는 환자들의 입장에서는 특허권을 내세워 비싼 실시료를 요구하는 WARF를 매우 부당하게 느꼈을 터이다. 그 결과 톰슨특허에 대한 합동 공격을 시작한 것으로 추측된다. 우세한 기존 특허권을 우회할 수 있는 일반적인 방법은 1) 법정에서 특허의 유효성에, 혹은 (소송의 위협을 받은 후에) 특허 불침해의 선언적 판결(declaratory action)을 구하거나, 2) 특허를 받은 발명의 구성의 일부 또는 전부를 변경하거나, 3) 특허권자가 요구하는 실시료를 지불하거나, 4) 특허 재심사를 요청하는 것이다. 특허 재심사 요청이 받아들여지는 경우 재심사가 종결될 때까지 특허권은 없는 상태가 된다.

3. 공중 보건상의 위기 상황에서 특허권 행사의 제약

획기적인 의학적 돌파구로서 생명을 구할 수 있는 치료법이 개발된 경우, 이를 상용화한 주체가 터무니없이 높은 독점적 가격을 요구할 경우 혹은 공중 보건상의 위기를 모면하기 위하여 그 사용이 필수적인 경우 특허 소유자는 여전히 해당 치료법과 관련된 특허를 아무런 제약 없이 행사할 수 있을까? 일반적으로 정부가 어떤 제품이나 서비스의 가격 또는 이윤을 조절하는 것은 극단적인 시장 개입의 형태로 보고 바람직하지 않다고 여기는 반면, 공중 보건상의 위기를 극복하기 위한 경우에는 정부가 공권력을 동원하여 사유재산으로 되어 있는 치료법도 배급할 수 있어야 한다고 여기는 경향이 있다.

공중보건상의 위기 시에는 정부가 민간이 소유권을 갖고 있는 치료법을 분배할 수 있는 권한이 있는데, 미국의 경우 연구비 지원 기관으로서의 권한과 정부의 핵심 기능을 수행하기 위해 발동하는 '사실상의 강제실시권(*de facto* compulsory license)'이 유사한 공권력의 근거가 되고 있다.[32] 연구비 지원 기관으로서 갖는 권한의 예로는 (1) 미국의 바이-돌 법 하에서의 정부의 '국가개입권(march-in-right)'과 '강제실시권(compulsory license)', 그리고 (2) 정부의 '사실상의 강제실시권'을 들 수 있다.

미국의 바이-돌 법 하에서의 공권력이 발동될 수 있는 대상은 공적인 지원을 받은 연구 결과물을 기반으로 획득한 특허권이다. 의학적인 돌파구를 마련한 새로운 치료법들은 대부분 공적인 지원을 받아 개발되기 때문에 이와 관련된 특허들도 대부분 바이-돌 법의 국가개입권과 강제실시의 대상이 될 것으로 생각된다. 미국의 바이-돌 법 하에서 공권력들이 발동될 수 있는 첫 번째 요건은 상용화를 부지런히 추진하지 않는 경우로서, 특허를 사용하지 않거나 상용화에 실패한 경우이다. 둘째는 특허를 비합리적으로 사용하는 경우인데, 이런 경우에는 정부가 심지어 가격이나 이윤을 규제할 수 있어야 한다고 주장하는 사람들도 있다. 바이-돌 법이 부여하는 국가개입권과 강제실시권은 모두 정부에게 특허 소유자의 권리를 무시하고 필요한 제품이나 서비스를 시장에 공급할 수 있는 권리를 부여하는데, 전자에서는 정부가 민간 계약자에게 기술 실시권을 수여함으로써, 후자에서는 정부가 직접 기술을 실시함으로써 이를 실현한다는 점이 차이가 난다.

정부의 '사실상의 강제실시권'은 일종의 공용징발권(eminent domain)으

---

32) Sean M. O'Connor, "Intellectual Property Rights and Stem Cell Research: Who Owns the Medical Breakthroughs?", *New England Law Review*, Vol. 39:665~714, 2005.

로서 특허로 보호되는 기술을 정부의 고용인들과 국민들에게 제공하는 것이 필요할 경우, 정부가 사전에 특허권자에게 통보하거나 요청할 필요 없이, 민간 업자로 하여금 해당 기술을 정부를 대신하여 실시할 수 있도록 허가할 수 있는 권리이다. 이 권리는 연구비 지원과 무관하게 정부가 갖고 있는 권리로서 정부의 핵심적인 기능을 수행하기 위해 필수적인 경우에 행사될 수 있는데[33] 저소득층 및 빈곤층에 저가 혹은 무료로 중대한 기본적인 의료 서비스를 공급하는 것도 이에 해당될 수 있다.

결론적으로 일부분이라도 정부의 지원을 받아서 개발된 줄기세포 연구 산물과 관련된 특허의 사용이 공중 보건 및 의료에 긴급하고 불가결한 요소가 되는 경우에는 이상의 모든 공권력에 의해 특허 소유자의 권리가 제한될 수 있다.

우리나라에서도 미국과 유사하게 국가의 비상사태에 대처하기 위해서나 공익적 필요에 의하여 특허발명을 실시할 필요가 있는 경우에 한하여 국가는 특허권자의 의사와 관계없이 특허권의 수용, 강제실시, 통상실시의 재정(裁定)을 할 수 있도록 특허법에 명시되어 있다.[34] 또한 타국에서 질병이

---

33) 흔한 예는 전시에 필요한 군사용 물품을 정부가 직접 제조할 수 없는 경우, 민간 업자에게 특허로 보호된 기술을 사용할 수 있는 허가서 혹은 동의서를 주고 정부 대신 생산하도록 하는 경우이다.

34) 제106조(특허권의 수용) ① 정부는 특허발명이 전시, 사변 또는 이에 준하는 비상시에 있어서 국방상 필요한 때에는 특허권을 수용할 수 있다. 〈개정 2010.1.27〉
제106조의2(정부 등에 의한 특허발명의 실시) ① 정부는 특허발명이 국가 비상사태, 극도의 긴급상황 또는 공공의 이익을 위하여 비상업적으로 실시할 필요가 있다고 인정하는 경우에는 그 특허발명을 실시하거나 정부 외의 자로 하여금 실시하게 할 수 있다.
제107조(통상실시권 설정의 재정) ① 특허발명을 실시하고자 하는 자는 특허발명이 다음 각호의 1에 해당하고 그 특허발명의 특허권자 또는 전용실시권자와 합리적인 조건하에 통상실시권 허락에 관한 협의(이하 이 조에서 "협의"라 한다)를 하였으나 합의가 이루어지지 아니하는 경우 또는 협의를 할 수 없는 경우에는 특허청장에게 통상실시권 설정에 관한 재정(이하 "재정"이라 한다)을 청구할 수 있다. 다만, 공공의 이익을 위하여 비상업적으로 실시하고자 하는 경우와 제4호의 규정에 해당하는 경우에는 협의를 하지 아니하여도 재정을 청구할 수 있다. 〈개

창궐하여 보건 상황을 위협하는 상황에서 해당 질병을 치료하기 위한 의약품의 특허권이 국내의 의약자나 의약회사에 있는 경우 신속하게 대량의 의약품을 생산하기 위하여 특허권이 없는 자라 하더라도 비상업적으로 특허발명을 강제실시할 수 있도록 하는 규정도 명시되어 있다.[35]

정 2005.5.31〉

35) 제107조(통상실시권 설정의 재정) ① 특허발명을 실시하고자 하는 자는 특허발명이 다음 각호의 1에 해당하고 그 특허발명의 특허권자 또는 전용실시권자와 합리적인 조건하에 통상실시권 허락에 관한 협의(이하 이 조에서 "협의"라 한다)를 하였으나 합의가 이루어지지 아니하는 경우 또는 협의를 할 수 없는 경우에는 특허청장에게 통상실시권 설정에 관한 재정(이하 "재정"이라 한다)을 청구할 수 있다. 다만, 공공의 이익을 위하여 비상업적으로 실시하고자 하는 경우와 제4호의 규정에 해당하는 경우에는 협의를 하지 아니하여도 재정을 청구할 수 있다. 〈개정 2005.5.31〉

5. 자국민 다수의 보건을 위협하는 질병을 치료하기 위하여 의약품(의약품 생산에 필요한 유효성분, 의약품 사용에 필요한 진단키트를 포함한다)을 수입하고자 하는 국가(이하 이 조에서 "수입국"이라 한다)에 그 의약품을 수출할 수 있도록 특허발명을 실시할 필요가 있는 경우

⑧제1항제5호의 규정에 따른 의약품은 다음 각 호의 어느 하나에 해당하는 것을 말한다. 〈신설 2005.5.31〉

1. 특허된 의약품
2. 특허된 제조방법으로 생산된 의약품
3. 의약품 생산에 필요한 특허된 유효성분
4. 의약품 사용에 필요한 특허된 진단키트

| 김미경 |

서울대 의대를 졸업하고 의사면허취득 (87년)을 비롯해 병리전문의 자격취득(91년), 의학박사학위취득(94년), University of Washington School of Law에서 JD취득 (05년), 미국 캘리포니아주 및 뉴욕주 변호사 자격(07년) 을 취득했다. 단국대 의대 조교수(91-94)를 거쳐 삼성서울병원 성균관의대 부교수 (94-02), Stanford Law School The CLB Fellowship (2005-2007), KAIST 기술경영전문대학원 부교수 (2008-2011)를 지냈고 현재는 서울대 의대 의학과 교수(2011-현재)로 있다. 줄기세포와 관련된 주요 논문 및 저서는 아래와 같다.

Mikyung Kim, "An Overview of the Regulation and Patentability of Human Cloning and Embryonic Stem Cell Research in the United States and Anti-Cloning Legislation in South Korea", Santa Clara Computer & High Technology Law Journal, Vol. 21, Issue 4 (May 2005).

Mikyung Kim, "Oversight framework over oocyte procurement for somatic cell nuclear transfer: comparative analysis of the Hwang Woo Suk case under South Korean bioethics law and U.S. guidelines for human embryonic stem cell research", Theor Med Bioeth (2009) 30:367-384 DOI 10.1007/s11017-009-9113-5.

Mikyung Kim and Kyu Won Jung, "Oophorectomy specimens as a potential source of oocytes for human embryonic stem cell research", In: Tyler N. Pace, ed. Bioethics: Issues and Dilemmas (Nova Science Publishers, Inc., 2010)

줄기세포 연구와 생명의료윤리

1판 1쇄 찍음 2012년 9월 12일
1판 1쇄 펴냄 2012년 9월 24일

지은이 | 이상목 외
펴낸이 | 김정호
펴낸곳 | 아카넷

출판등록 2000년 1월 24일(제2-3009호)
100-802 서울 중구 남대문로 5가 526 대우재단빌딩 8층
전화 6366-0511(편집) · 6366-0514(주문) | 팩시밀리 6366-0515
책임편집 | 김일수
www.acanet.co.kr

Printed in Seoul, Korea.

ISBN 978-89-5733-250-4 94190
ISBN 978-89-5733-138-5 (세트)